中国商事争议解决年度观察

2023

Commercial Dispute Resolution in China:
An Annual Review and Preview (2023)

编委会
主　任：郭　卫
副主任：王利明
委　员：李跃平　易继明　孟庆国　陈　洁
　　　　李曙光　靳　晖　师　虹　王贵国
　　　　威廉·布莱尔　姜丽丽

编辑部
主　编：姜丽丽
执行主编：陈福勇
成　员：张皓亮　林晨曦　马骁潇　尹　通
　　　　杨雨菲　沈韵秋　王晓鑫　付翔宇
　　　　程逸婷　冯易晗　钱　扬　李文喆

中国法制出版社
CHINA LEGAL PUBLISHING HOUSE

前　言

2022年，新冠疫情仍然影响着世界经济，加之大国竞争和地缘政治局势不断变化，中国商事争议解决为适应新的经济形势，呈现出了新的变革，迎来了新的发展。

在商事仲裁领域，仲裁法修改被纳入全国人大常委会年度立法审议项目，立法工作加速推进，中国仲裁协会完成注册，引起了行业内外的广泛关注。包括北京仲裁委员会/北京国际仲裁中心（以下简称北仲）在内的仲裁机构完善线上仲裁相关制度规则，创新仲裁服务供给，推动了仲裁实践的发展。此外，我国仲裁司法监督、仲裁对外开放等方面亦亮点纷呈、引人关注。

在商事调解领域，"总对总"在线多元解纷工作全面推进，因应时势，推动了诉讼、仲裁、调解等多元解纷机制的有效联动，取得了良好效果，各调解组织不断完善规则，创新服务模式，有力促进了商事调解发展。

重点专业领域的法治建设和争议解决不断适应新的经济形势需求。在建设工程领域，随着《中华人民共和国民法典》和《最高人民法院关于审理建设工程施工合同纠纷案件适用法律问题的解释（一）》对行业影响的不断深入，中国建设工程法律体系及其争议解决均产生了重大变化，对相关细分领域的管理规范不断出台，新的格局逐步形成。在房地产领域，政策呈现出了一定程度的放松，但是市场恢复仍然需要时间，由于房企爆雷导致的房企与金融机构、投资方、购房者之间的争议仍然是该领域急需化解的重大问题。在能源领域，受地缘政治影响，全球性能源危机与气候问题和化石能源转型热潮并存，涉及中国企业的能源争议案件呈现增长态势，能源立法围绕加强环境保护和推动优化营商环境展开。在金融领域，系统性、群体性金融纠纷仍然给争议解决机构带来巨大的风险和压力，《中华人民共和国期货和衍生品法》颁布，最高人民法院颁布多项裁判规则指引，有利于提升金融裁判专业化水平。在投资领域，《破产法》和《公司法》的修订持续推动，《中华人民共和国市场主体登记管理条例》及其实施细则正式施行，地方法院出台审判白皮书，公开典型案例，有效提升了裁判的可预期性。在国际贸易领域，各项双多边贸易协定签订或是落地，我国积极应用WTO等争端解决机制化解国际贸易争端，体现了当前国际形势下国际贸易合作与竞争的态势。在知识产权领域，预防滥用知识产权、实现"保反兼顾"、数据权益的知识产权保护成为新的关注焦点。在民用航空领域，全国人大常委会批准《北京公约》，对保护我国航空运输业健康发展具有重要作用。民航业亦深受地缘政治和国际形势影响，航空领域国际贸易与合作纠纷的风险大幅增加，将对航空业争议解决提出新的需求。在影视娱乐领域，行业监管保持高压，行业内防腐、反舞弊力度加大，在线影视产品的形式不断丰富，监管日益完善，进而产生的新型争议亦推动着影视娱乐行业争议解决的发展。

北仲自2013年起持续组织行业资深专家撰写《中国商事争议解决年度观察》（以下简称年度观察），并以中英双语面向全球发布。年度观察及以其为基础的年度高峰论坛已经成为境内外各界人士了解中国商事争议解决发展状况的重要窗口，搭建了境内外争议解决业内人士交流互动的重要平台。

《中国商事争议解决年度观察（2023）》继续传承年度观察立足实践、服务实践的理念，通过对行业概览、重点法规政策、典型案例分析、热点问题观察和来年行业展望等方面进行系统梳理，为市场主体进行商业决策、增强风险防范和纠纷化解能力提供助力。

年度观察的出版离不开所有参与年度观察撰写、点评的行业专家的卓越贡献，更离不开广大读者的持续支持。北仲对所有关注并支持年度观察的朋友致以诚挚的感谢！期待继续和业界同人及读者朋友一道，推进年度观察持续发展，影响力持续扩大，推动中国商事争议解决的知识分享和行业交流更进一步！

《中国商事争议解决年度观察》编委会
二〇二三年九月

作者简介

《中国商事仲裁年度观察（2023）》

师 虹

上海市方达（北京）律师事务所主任、合伙人、国际商会（ICC）仲裁院副主席，曾任国际律师协会亚太区仲裁小组的联席主席、香港国际仲裁中心程序委员会委员，现兼任中国国际经济贸易仲裁委员会等多个仲裁机构的仲裁员。被钱伯斯誉为"代理仲裁业务的标杆"，代理过上百件涉及股权并购、石油天然气开采合作、酒店管理、建筑工程等领域具有影响力的纠纷案件，并成功代表多家跨国公司及大型中国企业处理在中国法院的诉讼案件及在国际商会（ICC）仲裁院、新加坡国际仲裁中心（SIAC）、香港国际仲裁中心（HKIAC）、中国国际经济贸易仲裁委员会（CIETAC）进行的仲裁案件，以及依据《联合国国际贸易法委员会仲裁规则》进行的临时仲裁案件。此外作为仲裁员审理过50余起仲裁案件，以及在中国香港、加拿大法院的诉讼案件及香港国际仲裁中心仲裁案件、伦敦的临时仲裁案件中就中国商事法律问题出具法律意见并出庭做证。师虹律师有中国和纽约州律师资格。

《中国商事调解年度观察（2023）》

费 宁

北京汇仲律师事务所管理合伙人，费宁律师担任中国国际经济贸易仲裁委员会（CIETAC）、深圳国际仲裁院（SCIA）、上海仲裁委员会（SHAC）、国际商会仲裁院（ICC）、香港国际仲裁中心（HKIAC）、新加坡国际仲裁中心（SIAC）以及韩国商事仲裁院（KCAB）等多个仲裁机构的仲裁员。费宁律师是深圳国际仲裁院咨询委员会委员以及环太平洋律师协会（IPBA）争议解决委员会的副主席。费宁律师还担任国际商会"一带一路"委员会（ICC Belt and Road Commission）副主席。2013年至2019年间，费宁律师是第一位出任香港国际仲裁中心理事的内地人士。2023年1月，费宁律师被迪拜国际仲裁院（DIAC）聘为仲裁院委员，被中华仲裁协会续聘为中华仲裁国际中心仲裁院委员兼副院长。2023年2月，费宁律师当选国际商事仲裁理事会（ICCA）理事会理事（Governing Board Member）。

杨雪瑜

北京汇仲律师事务所北京办公室管理合伙人，香港国际仲裁中心（HKIAC）仲裁员，深圳国际仲裁院（SCIA）仲裁员，以及新加坡国际调解中心（SIMC）调解员。杨律师多年来钻研国际商事仲裁、国际投资仲裁和跨境商事诉讼，对于国际投资争端解决中心（ICSID）、常设仲裁法院（PCA）、国际商会国际仲裁院（ICC）、香港国际仲裁中心（HKIAC）、新加坡国际仲裁中心（SIAC）、中国国际经济贸易仲裁委员会（CIETAC）、北京仲裁委员会（BAC）以及包括最高人民法院在内的国内不同级别法院受理的各类高度复杂争议拥有丰富的经验。GAR市场评论人士称杨律师"反应迅速、聪明、缜密，令人印象深刻"。被商法杂志评选为中国"The A-List法律精英"（2022）。

杨晓夫

北京汇仲律师事务所合伙人，主要的执业领域是商事仲裁和诉讼。目前已经在中国国际经济贸易仲裁委员会及其分会（CIETAC）、北京仲裁委员会（BAC）、上海国际经济贸易仲裁委员会（SHIAC）、深圳国际仲裁院（SCIA）、上海仲裁委员会(SHAC)、香港国际仲裁中心（HKIAC）等仲裁机构，以及最高人民法院和北京、上海、广东各级人民法院进行的各类国内国际商事仲裁、诉讼案件中代理过案件，涉及金融投资、公司财务及股权、合资合作、保险及再保险、国际贸易、地产开发、PPP特许经营、商事租赁等。杨晓夫律师作为校外任课教师，2019—2022年已经连续四年参与北京大学秋季学期《仲裁实务课程》的教学工作。

《中国建设工程争议解决年度观察（2023）》

赵 杭

北京通商律师事务所高级顾问，中国国际经济贸易仲裁委员会（CIETAC）、北京仲裁委员会（BAC）、上海国际仲裁中心（SHIAC）、深圳国际仲裁院（SCIA）、香港国际仲裁中心（HKIAC）仲裁员，作为首席或独任仲裁员审理结案了数百起仲裁案件。凭借在仲裁领域的丰富经验，被钱伯斯列为大中华地区"最受欢迎的仲裁员"。钱伯斯评价"赵杭律师具有长期执业经历并专注于与建设工程相关的仲裁事务，经常在案件中担任独任或首席仲裁员"；"他对具有跨境元素的案件的熟练处理同样值得注意"。

崔　军

北京大学法学学士、法学硕士，北京海外君合工程咨询有限公司董事长，中国国际经济贸易仲裁委员会、中国海事仲裁委员会、北京仲裁委员会/北京国际仲裁中心、中非联合仲裁中心等仲裁机构仲裁员和英国土木工程测量师学会资深会员。自1989年起长期在国外从事国际工程承包项目工作，先后在中东、非洲、亚洲、欧洲工作21年。目前主要从事国际工程项目合同谈判、工程索赔、国际工程争议裁决（DAB、DB）、国内和国际工程仲裁。主要著作有《FIDIC合同原理与实务》、《FIDIC分包合同原理与实务》及译著《施工合同索赔》等13本著作，发表论文和文章80多篇。

贾怀远

德恒律师事务所高级合伙人/德恒迪拜分所主任，中国国际经济贸易仲裁委员会、中国海事仲裁委员会、北京仲裁委员会/北京国际仲裁中心等仲裁机构仲裁员，国家发改委和财政部PPP专家库成员。自2015年起连续六年荣获国际律师评估机构LEGALBAND评选的"基础设施与项目融资"Band 1排名及基础设施及投融资专业"业界明星"称号。贾怀远律师从事国际工程、项目投融资及争议解决法律服务三十余年，其所服务的国际工程项目及国际投融资项目遍及中东、非洲、欧洲、北美、中南美洲、澳洲、亚洲40多个国家和地区。作为代理人，在伦敦国际仲裁院、ICC国际仲裁院、中国贸仲、迪拜、新加坡、老挝等国际仲裁机构代理重大国际工程案件与国际投资争议案件。贾怀远律师还在国际工程项目争议裁决委员会（DAB）担任争议裁决员。

《中国房地产争议解决年度观察（2023）》

马志成

北京金诚同达律师事务所高级合伙人，房地产与建设工程业务组负责人，中国仲裁法学会房地产专业委员会研究员，中国银行间市场交易商协会法律委员会委员。在房地产及金融领域拥有超过二十五年的执业经历，对土地综合开发、项目投资与清算、并购重组、合作开发、地产运营、房地产金融等业务有着丰富的实践经验与娴熟的把握能力，服务的项目涵盖了住宅、商办、旅游、养老及主题公园等诸多细分领域。曾长期担任自然资源部法律顾问，多次参与自然资源部的立法工作。同时，基于对金融行业的深度理解与风险控制的精准把握，在资产管理、证券投资与金融争议解决方面积累了丰富且良好的业绩。多次参与中国证券投资基金业协会、银行间市场交易商协会组织的课题研究，并作为授课老师讲授培训课程。

马靖宇

北京金诚同达律师事务所合伙人，拥有十年以上的律师执业经验，曾担任正大集团旗下零售商业板块法务负责人，主要从事房地产、私募基金领域的争议解决法律服务工作。多年的律师执业中，承办了多家知名地产商的数十起投资并购项目，处理了大量房地产与私募基金领域的争议解决案件，积累了丰富的争议解决实务办理经验。

隋清蕊

北京金诚同达律师事务所律师，曾在大型房地产企业从事多年法务工作，主要从事与房地产转让、开发、运营等相关的法律服务工作，先后承办了大量房地产转让、商业地产运营方面的争议解决案件，熟悉房地产企业的开发运作模式与制度流程，拥有丰富的房地产行业法律服务经验。

《中国能源争议解决年度观察（2023）》

张伟华

联合能源集团总法律顾问兼副总裁，曾任中国海洋石油总公司法律部项目管理处处长，参与过诸多世界级跨境并购交易。国务院国资委特聘"海外并购法律专家"。多次被 Legal 500 及汤姆森路透 ALB 评为最佳总法律顾问。国际石油者谈判协会（AIPN）全球董事会成员及标准合同起草委员会委员，被中国政法大学、北京外国语大学法学院等多家大学及研究机构聘为教授及研究员，在 A 股上市公司任独立董事。目前是北京仲裁委员会/北京国际仲裁中心仲裁员，上海国际经济贸易仲裁委员会/上海国际仲裁中心仲裁员,武汉仲裁委员会仲裁员。在跨境并购投资、国际能源油气方面有丰富经验。著有专著《海外并购交易全程实务指南与案例评析》《并购大时代:资本的谋略与实战》《跨境并购交易的十堂必修课》《跨境并购交易的十堂进阶课》《国际油气跨境并购全程实务指南》《并购之道:赢家的65个商业逻辑与实战》。合著三部国际油气实务英文著作。

《中国投资争议解决年度观察(2023)》

朱华芳

北京市天同律师事务所合伙人,多家仲裁机构仲裁员,拥有近20年的法律风险管控、处理境内及涉外商事诉讼和仲裁案件的经验,连续被《商法》评为年度100位中国业务优秀律师,连续入选钱伯斯"争议解决(仲裁)领先律师",并被《亚洲法律杂志》评选为2022 ALB China十五佳诉讼律师。代理了诸多央企和金融机构在各主要仲裁机构、最高人民法院及地方各级法院的仲裁和诉讼案件并取得良好效果。曾任职世界500强企业中化集团,熟悉能源、化工、地产、金融和农业等多个领域的业务运作和法律工作,能迅速精准地理解和响应客户的具体需求和关注焦点,从外部律师和内部法务两个角度出发,制订适宜的争议解决方案。主笔和主持天同诉讼圈"仲裁圈"栏目,撰写及发表了50余篇实务研究文章,并连续数年牵头完成中国仲裁司法审查实践观察报告。

蒋 弘

北京市天同律师事务所合伙人,中国仲裁法研究会常务理事,专注于仲裁领域工作、研究、实践25年,拥有丰富境内外仲裁经验,精通仲裁相关法律和规则,处理过大量商事仲裁案件,对疑难复杂案件富有经验。曾长期任职于中国国际经济贸易仲裁委员会及中国海事仲裁委员会。目前为中国国际经济贸易仲裁委员会、中国海事仲裁委员会、上海国际经济贸易仲裁委员会、深圳国际仲裁院、香港国际仲裁中心、亚洲国际仲裁中心、上海仲裁委员会、广州仲裁委员会、重庆仲裁委员会、海南国际仲裁院等境内外多家仲裁机构仲裁员。

吴 颖

北京市天同律师事务所合伙人。具有丰富的跨境争议解决经验,擅长处理国内涉外诉讼和仲裁案件、国际仲裁以及境外诉讼程序管理。曾在两家知名外所工作过多年，与多家境外律师事务所保持常年合作关系。曾代表国内外客户处理过多种类型案件，包括金融借贷纠纷、国际贸易纠纷、合资经营纠纷、独立保函纠纷、工程建设纠纷等。目前担任2021—2023年度国际商会青年仲裁员论坛北亚地区委员会代表和南宁仲裁委员会仲裁员。

《中国国际贸易争议解决年度观察（2023）》

廖 鸣

泰和泰（北京）律师事务所合伙人，曾在商务部从事对外经贸法律相关工作，作为律师主要执业领域为国际贸易、争议解决，主办或者参与办理了近百起代理中外客户应诉国际贸易调查、解决国际贸易与投资纠纷案件。目前是北京仲裁委员会/北京国际仲裁中心、中国—非洲联合仲裁中心、香港国际仲裁中心、韩国商事仲裁院、新加坡国际调解中心、亚洲国际仲裁中心、上海国际经济贸易仲裁委员会/上海国际仲裁中心、上海仲裁委员会、深圳国际仲裁院、海南国际仲裁院、天津仲裁委员会、重庆仲裁委员会等国内外多家仲裁机构仲裁员/调解员。

于治国

北京市中伦律师事务所合伙人。曾在商务部从事对外经贸法律相关工作，包括国际经贸法律和规则谈判，多双边自由贸易区协定谈判，国际贸易投资争端解决，以及我国贸易救济执法等工作。作为资深贸易调查官员，参与了中国入世以来众多重点和焦点案件的处理工作；作为政府专家参与国际经贸规则有关论坛以及对外经贸规则谈判；作为法律顾问参加世贸组织国际贸易争端解决案件和世界银行国际投资争端解决中心国际投资争端解决案件相关工作。先后就读于对外经济贸易大学和美国乔治城大学，曾任清华大学国际争端解决研究院专家组成员、美国乔治城大学国际经济法研究中心研究员，以及天津仲裁委员会仲裁员等职。

周娅睿

泰和泰（北京）律师事务所合伙人，主要执业领域为跨境争议解决，包括境内外仲裁、跨境诉讼和执行。擅长处理投融资纠纷、公司控制权纠纷、国际贸易纠纷，以及仲裁裁决和法院判决在全球范围内的承认和执行。周律师曾代表境内外客户参与在中国国际经济贸易委员会、香港国际仲裁中心、新加坡国际仲裁中心、北京仲裁委员会等进行的仲裁案件，并取得客户满意的结果。曾为德国戴姆勒股份有限公司、马来西亚 Berjaya 集团、安波福（中国）、OPPO、中国华融、成达集团等多家单位提供法律服务。周娅睿律师硕士毕业于英国牛津大学，本科毕业于中国政法大学。周律师同时具备中国和英格兰及威尔士律师执业资格。周律师目前担任中国国际贸易促进委员会四川调解中心（四川自贸试验区调解中心）调解员、中国政法大学法律硕士学院兼职导师。

《中国金融争议解决年度观察（2023）》

吕 琦

简法（海南）法律咨询公司首席顾问，中国人民大学法律硕士毕业，美国天普大学法律硕士，在金融机构从事法律工作22年，中英双语工作，熟悉金融创新研发、金融法律争议解决和银行法律风险管理等。北京仲裁委员会/北京国际仲裁中心、海南仲裁委员会、中国海事仲裁委员会仲裁员，全国"六五"普法先进个人，首届银行业协议法律专家库成员，中国银行法学研究会副秘书长，中国案例法学研究会理事。多次应邀为北京大学法学院、中国国际经济贸易仲裁委员会、中国银行业协会、中国银行保险监督管理委员会北京监管局、世界银行邀请就供应链金融、资管业务、金融创新、互联网金融、知识产权质押等做主题讲座与培训。曾有《浅析资管业务中有限合伙保底安排结构设计与裁判思路》《中国信贷资产证券化法律问题辨析》论文多篇发表或获奖，译作有《银行法原理》（法律出版社2022年版）。

宋少源

简法（海南）法律服务有限公司特邀法律顾问，中国人民大学法学硕士，12年法律从业经验，主要从事银行、信托、资产管理等金融领域法律服务工作。曾在北京市某中级法院工作7年，一级法官，审理各类民商事案件1000余件。有近5年全国制大型商业银行总行法律事务部工作经验，从事重大项目重组、重大风险事件处置等工作。

《中国知识产权争议解决年度观察（2023）》

谢冠斌

北京市立方律师事务所创始合伙人。主要业务领域为知识产权纠纷、反垄断与竞争法、高科技公司法律顾问等。凭借深厚的理论基础、政府经验及敬业精神，高超的业务能力，在执业领域取得了良好的业绩，赢得了极高的声誉。曾先后就职于国家科委和国务院知识产权办公会议办公室，参与国家知识产权及科技立法与政策的起草与修订，并参与对美国、日本、欧盟等外国政府的知识产权谈判；从1999年开始担任司法部批准设立的华科知识产权司法鉴定中心主任；2002年创办北京市立方律师事务所。目前担任最高院知识产权案例指导研究（北京）基地专家咨询委员会专家、中共北京市委法律专家库成员、世界知识产权组织（WIPO）仲裁员、香港国际仲裁中心（HKIAC）/亚洲域名争议解决中心专家、北京仲裁委员会/北京国际仲裁中心仲裁员、武汉仲裁委员会仲裁员、南京仲裁委员会仲裁员、重庆仲裁委员会仲裁员、珠海仲裁委仲裁员、中国国际经济贸易仲裁委员会域名争议解决中心专家等。

李凤凤

北京市立方律师事务所合伙人。主要业务领域为知识产权与竞争法、民商事争议解决。曾先后任职于北京市两家中级人民法院，从事审判工作近十年，办理各类民商事、知识产权案件千余件。加入立方后，作为律师代理过多起著作权维权、不正当竞争、商业秘密、反垄断民事诉讼及仲裁案件，服务过众多知名互联网企业、软件企业、央企及世界500强外企客户，并担任多家企业的常年法律顾问。凭借深厚的法律功底、扎实的业务能力及敬业精神，在执业领域取得了良好的业绩，2021年获评The Legal 500知识产权领域推荐律师。目前还担任北京多元调解发展促进会调解员、北京阳光知识产权调解中心调解员、北海仲裁委员会/北海国际仲裁院仲裁员。

李 纯

北京市立方律师事务所资深律师，专注于知识产权及企业合规领域，擅长处理著作权、不正当竞争诉讼与非诉业务。在著作权方面，代理众多知名软件企业处理在华软件维权事务，包括民事诉讼、行政执法等；代理出版社、教育及科技类公司进行作品著作权维权。反不正当竞争方面，代理国内知名平台进行商业诋毁等不正当竞争诉讼。在企业合规领域，协助国内知名通信企业、半导体企业进行知识产权、美国出口管制以及数据合规方面制度梳理及设计；深度参与国内知名互联网企业商业秘密制度建设。同时，还担任多家公司的常年法律顾问。

《中国影视娱乐行业争议解决年度观察（2023）》

田集耕

北京威诺律师事务所高级顾问，北京仲裁委员会/北京国际仲裁中心仲裁员。中国政法大学仲裁研究院研究员。

在国际跨国公司法务部具有二十年的工作经验，分别担任过法律顾问、高级法律顾问、法务总监和总法律顾问等不同的职位。对公司、合同等领域尤其是涉外业务方面有着大量的实务经验。自从其被聘为北仲仲裁员之后，距今已累计办理了一百七十余起的国内外各类仲裁案件，尤其是在影视娱乐、教育培训、互联网高科技等行业的仲裁纠纷案件处理上积累了丰富的办案经验。田集耕还参与过北仲主导的国际模拟法庭活动，代表北仲赴美加进行中国影视娱乐仲裁业务的演讲，主持国际同人的交流以及为年轻律师从事法律英语教学。

张剑豪

北京威诺律师事务所合伙人律师，北京市朝阳区律师协会文化与传媒业务研究会委员。

执业多年以来，在公司法、私募基金和文化传媒方面具有丰富经验，服务过的客户包括但不限于中国侨联、华润电力投资有限公司、中国航空油料有限责任公司、国投湄洲湾产业园开发有限公司、国家电投集团基金管理有限公司等大型央企、机关以及山东魏桥创业集团等世界五百强民营企业。曾负责多家影视公司、艺人、平台的法律顾问、争议解决纠纷处理事务。

《中国民用航空争议解决年度观察（2023）》

高　峰

目前是北京仲裁委员会/北京国际仲裁中心的独立仲裁员，同时还是中国国际经济贸易仲裁委员会、深圳国际仲裁院、中国海事仲裁委员会、上海国际经济贸易仲裁委员会、上海仲裁委员会、南京仲裁委员会、沈阳仲裁委员会、海南国际仲裁院以及广州仲裁委员会等国内仲裁机构的仲裁员，是中国法学会航空法学研究会常务理事，中国政法大学仲裁研究院研究员，中国民航管理干部学院客座教授，中国民航大学以及对外经济贸易大学法学院的校外硕士导师。

金　喆

国浩律师（北京）事务所合伙人，航空业务团队负责人，拥有近20年的从业经历，主要从事航空领域相关法律服务，在航空各类业务纠纷处理方面具有丰富经验，曾代理中外客户处理航空包机、航空保险、航空损害赔偿、航空重大事故等各类仲裁、诉讼案件几十起。目前是上海国际经济贸易仲裁委员会（上海国际仲裁中心）仲裁员、中国海事仲裁委员会仲裁员，北京市律师协会涉外律师人才库成员。其航空团队被《商法》评为卓越律所，其本人多次被钱伯斯评为航空金融推荐律师。

李志宏

北京仁人德赛（上海）律师事务所合伙人、航空团队负责人。受聘担任上海国际经济贸易仲裁委员会（上海国际仲裁中心）仲裁员、珠海国际仲裁院仲裁员、全国首家"航空争议调解中心"调解员、中国法学会航空法学研究会副秘书长、上海市法学会航空法研究会理事、华东政法大学兼职硕士生指导教师、中国民航大学兼职研究员、滨州学院兼职研究员。原民航总局与北京大学联合定向培养的首批航空法学员，先后就职于航空公司、飞机制造企业，担任法律顾问、飞机销售合同主管等职务。主要业务领域为航空制造、公共航空运输、通用航空及延伸法律服务，目前担任多家大型航空制造企业、航空公司、机场、通用航空企业的法律顾问，与国内外航空界有着紧密的联系。

目 录

中国商事仲裁年度观察（2023）……………………………………… 师　虹 001

中国商事调解年度观察（2023）…………………… 费　宁　杨雪瑜　杨晓夫 036

中国建设工程争议解决年度观察（2023）………… 赵　杭　崔　军　贾怀远 062

中国房地产争议解决年度观察（2023）…………… 马志成　马靖宇　隋清蕊 080

中国能源争议解决年度观察（2023）…………………………………… 张伟华 102

中国投资争议解决年度观察（2023）……………… 朱华芳　蒋　弘　吴　颖 133

中国国际贸易争议解决年度观察（2023）………… 廖　鸣　于治国　周娅睿 167

中国金融争议解决年度观察（2023）……………………… 吕　琦　宋少源 186

中国知识产权争议解决年度观察（2023）………… 谢冠斌　李凤凤　李　纯 203

中国影视娱乐行业争议解决年度观察（2023）…………………… 田集耕　张剑豪 224

中国民用航空争议解决年度观察（2023）………… 高　峰　金　喆　李志宏 248

中国商事仲裁年度观察（2023）

师 虹[①]

一、概述

2022年，全球经济尚未走出世纪疫情的冲击，不仅面临供给瓶颈、通货膨胀、债务风险和政策不确定性等多重挑战，同时亦遭受地缘政治和大国竞争等因素影响。全球产业链、供应链遭受冲击，大宗商品价格持续上涨、能源供应紧张等问题尤为突出，且受疫情的持续性影响而进一步凸显加剧。全球主要经济体的增长速度普遍下降，经济复苏不确定性因素显著增多。在复杂的国际政治经济环境下，国际商事争议解决可谓挑战和机遇并存，特别是仲裁作为国际商业往来中重要的争议解决途径，承担了处理商事纠纷、优化营商环境的重任。面对世界经济复杂动荡局势带来的挑战，2022年度的中国商事仲裁继续迎难而上，在立法司法和机构实践等各个方面实现了创新和进步，为我国商业贸易和经济发展提供充分的服务支持和有力的法治保障。

我国立法、行政及司法机关继续大力支持仲裁发展，推进仲裁立法工作、完善仲裁体制建设、规范仲裁司法审查：第一，《中华人民共和国仲裁法》（以下简称《仲裁法》）的修订工作加速推进。从2018年《仲裁法》修订工作进入立法计划，到2021年司法部起草发布《仲裁法》修订征求意见稿，再到2022年4月全国人大常委会将《仲裁法》修改列入年度立法审议项目，《仲裁法》的改革工作在社会各界的期待与关注中稳步推进。第二，中国仲裁协会历经多年讨论与筹备终于落地成立，以制定仲裁行业规范、加强从业人员监督作为预期职能。第三，最高人

[①] 师虹，方达律师事务所合伙人。同时，笔者感谢方达律师事务所争议解决团队的其他成员李思佳、朱颖、冯堃、何雪梅、陈子木、朱浩、马骁、秦士杰对本报告所作出的贡献。

民法院公布一系列司法解释、指导意见及典型案例,加强仲裁司法保障、秉持司法谦抑原则,为仲裁事业的长足发展创造良好的司法氛围。

在仲裁机构实践层面上,我国仲裁机构不断完善仲裁规则、创新庭审技术、加强区域及国际合作,持续提升仲裁服务国家经济发展和全面开放的能力:第一,多家仲裁机构完善线上仲裁规则,广泛运用互联网信息传输、区块链、云存储等新技术,提高案件审理效率。第二,多家仲裁机构加强国际合作,如深圳国际仲裁院和新加坡国际调解中心创设新型合作模式等实践,使得中国仲裁迎来国内国际融合发展、相互支撑的新局面。

本报告将从仲裁相关法规、仲裁规则、仲裁案件司法审查的最新实践以及理论、实务界广泛讨论的热点话题几个角度,总结2022年度我国商事仲裁领域的最新动向。

二、新出台的法律法规或其他规范性文件

(一)新法律法规、规范性文件及指导性案例

1.《仲裁法》修订工作加速开展

现行《仲裁法》颁布于1994年,[①] 距今已近三十年。自司法部于2021年7月30日公布《中华人民共和国仲裁法(修订)(征求意见稿)》(以下简称《仲裁法修订草案》)以来,《仲裁法》的修订受到社会各界广泛关注。关于《仲裁法修订草案》的内容及其影响,在之前发布的年度报告(2022)中有详细总结,在此不再赘述。

2022年5月,全国人大常委会发布《2022年度立法工作计划》,将《仲裁法》列入预备审议项目。2022年7月5日,国务院办公厅印发《国务院2022年度立法工作计划》,预备提请全国人大常委会审议《仲裁法修订草案》。

据报道,截至2022年8月,社会各界反馈至修法部门的意见已近3000件,文件内容达百万字。社会各界对修法的热烈反馈,充分体现了仲裁作为专业且高效的纠纷解决方式,正在我国市场经济深入发展和对外开放的不断扩大中发挥重要作用、受到社会各界广泛的关注和期待,《仲裁法》在我国纠纷解决制度体系中的核心地位也日益彰显。

---

① 1994年颁布的《仲裁法》仅在2009年、2017年对个别条款进行了微调。

2.中国仲裁协会筹备多年后终于成立

2022年10月14日,中国仲裁协会在经历多年讨论、筹备过程后,终于在民政部登记成立。登记信息显示,中国仲裁协会的社会组织类型为"社会团体",业务主管部门是司法部,业务范围包括"规则制订、自律监督、信用建设、会员服务、业务培训、理论研究、交流合作、宣传推广"。

早在1994年,《仲裁法》颁布时即在第15条对中国仲裁协会的属性和基本功能进行了明确规定:"中国仲裁协会是社会团体法人。仲裁委员会是中国仲裁协会的会员。中国仲裁协会的章程由全国会员大会制定。中国仲裁协会是仲裁委员会的自律性组织,根据章程对仲裁委员会及其组成人员、仲裁员的违纪行为进行监督。中国仲裁协会依照本法和民事诉讼法的有关规定制定仲裁规则。"同年11月,国务院办公厅下发了《关于做好重新组建仲裁机构和筹建中国仲裁协会筹备工作的通知》,要求筹建中国仲裁协会。此后20多年,由于理论和实务中对于中国仲裁协会的性质及职能问题存在较多争议,尽管筹备和尝试动作不断,被规定为"仲裁委员会的自律性组织"的中国仲裁协会却迟迟未能成立。

2018年12月31日,中共中央办公厅、国务院办公厅印发的《关于完善仲裁制度提高仲裁公信力的若干意见》(以下简称《若干意见》)再次明确:"研究成立中国仲裁协会,充分发挥协会联系政府与行业、服务仲裁委员会的作用,积极协调仲裁与其他行业的关系,组织境内外仲裁业务交流合作及人员培训。"2021年11月19日,《司法部对十三届全国人大四次会议第3444号建议的答复》提出:"成立中国仲裁协会是《仲裁法》和《若干意见》明确的重要任务。司法部高度重视中国仲裁协会筹建工作,成立了协会筹备领导小组,正在抓紧推进协会筹建工作,争取尽早成立协会,以期发挥协会在制定仲裁行业规范、加强仲裁从业人员违纪监督处理等方面的作用。"

2022年,中国仲裁协会终于登记设立,《仲裁法》第15条规定历经二十余年得到落实。理论和实务界均对中国仲裁协会的职能抱以期待,希望其加强对仲裁的行业监督、规范仲裁机构运作方式,保障仲裁事业有序发展。中国仲裁协会的运行规则目前尚未出台,关于其法律性质、功能定位、发展规划等问题还需持续关注。

3.《关于内地与澳门特别行政区就仲裁程序相互协助保全的安排》生效实施

继内地与香港特别行政区于2019年签署仲裁程序相互协助保全安排之后,内地与澳门特别行政区也于2022年2月25日签署了《关于内地与澳门特别行政区就仲裁程序相互协助保全的安排》(以下简称《仲裁保全安排》)。《仲裁保全安排》

自 2022 年 3 月 25 日起在两地同时生效，其明确规定了保全的类型、适用的仲裁程序、申请保全的程序、保全申请的处理等内容。

《仲裁保全安排》与 2008 年 1 月 1 日起实施的《关于内地与澳门特别行政区相互认可和执行仲裁裁决的安排》（以下简称《仲裁裁决互认安排》）有机结合。例如，《仲裁裁决互认安排》已经涵盖仲裁裁决作出后、法院受理认可和执行仲裁裁决申请之前或者之后的保全，《仲裁保全安排》进一步将两地相互协助保全向前延伸至仲裁前和仲裁中，从而实现了内地与澳门特区仲裁的全流程保全协助。

《仲裁保全安排》生效实施是"一国两制"成功实践在司法领域的新发展，有利于深化两地民商事司法规则衔接。

4. 最高人民法院发布《全国法院涉外商事海事审判工作座谈会会议纪要》

2022 年 1 月 24 日生效的《全国法院涉外商事海事审判工作座谈会会议纪要》（以下简称《纪要》），对涉外商事部分、海事部分、仲裁司法审查部分的实务操作给出了最新的指导意见。

关于仲裁司法审查，《纪要》对申请确认仲裁协议效力案件、撤销或不予执行仲裁裁决案件、申请承认和执行外国仲裁裁决案件均进行了细化的规则解释，并且明确了仲裁司法审查案件中可以上诉及申请再审的裁定类型。《纪要》对以往仲裁司法审查实践常见问题进行了明确，尤其在确认仲裁协议效力的部分多处体现了司法谦抑、支持仲裁、推动仲裁国际化的态度，为中国仲裁业的发展提供了有力的司法保障。

5. 最高人民法院发布第 36 批指导性涉仲裁司法审查案例

2022 年 12 月，最高人民法院发布第 36 批共 6 件指导性案例（指导性案例 196-201 号），均为仲裁司法审查案例。根据《最高人民法院关于案例指导工作的规定》第 7 条规定："最高人民法院发布的指导性案例，各级人民法院审判类似案例时应当参照。"《最高人民法院关于统一法律适用加强类案检索的指导意见（试行）》第 9 条亦规定，"检索到的类案为指导性案例的，人民法院应当参照作出裁判"。相关案例涉及仲裁协议效力认定、仲裁裁决是否违反社会公共利益、外国仲裁裁决的承认与执行等问题。最高人民法院发布该批案例，旨在加强仲裁司法审查案例指导工作，确保裁判尺度统一，促进法律正确实施。

6.《体育法》修订增设体育仲裁专章；国家体育总局对应发布《中国体育仲裁委员会组织规则》和《体育仲裁规则》

随着我国体育强国战略的扩大实施和体育产业的进一步发展，体育纠纷将会大量增加。尽管体育仲裁与一般商事仲裁相比具有区别和特殊性，但体育纠纷中仍有不少商事性争议。目前我国已经正在构建和不断完善体育仲裁制度及配套规则规范，与商事仲裁制度并行发展，以更专业、全面地处理体育纠纷，共同为迈向体育强国提供强有力的法治保障。

2022年新修订的《中华人民共和国体育法》（以下简称《体育法》）于2023年1月1日起正式实施。新修订的《体育法》增设体育仲裁专章，第9章第93条第1款规定："国务院体育行政部门依照本法组织设立体育仲裁委员会，制定体育仲裁规则。"

为贯彻落实《体育法》的相关要求，2022年11月1日，国家体育总局在官网就《中国体育仲裁委员会组织规则（征求意见稿）》和《体育仲裁规则（征求意见稿）》向社会公开征求意见。2022年12月25日，国家体育总局在官网正式发布《体育仲裁规则》和《中国体育仲裁委员会组织规则》，这两项规则将于2023年1月1日起施行。

根据《中国体育仲裁委员会组织规则》，中国体育仲裁委员会（以下简称体育仲裁委员会）是由国家体育总局依法设立、专门处理体育纠纷案件的仲裁机构，体育仲裁委员会依法履行的职责包括：制定、修改章程；聘任、解聘仲裁员；根据《体育仲裁规则》仲裁体育纠纷等。

《体育仲裁规则》规定，体育仲裁委员会受理案件的范围包括：（1）对体育社会组织、运动员管理单位、体育赛事活动组织者按照兴奋剂管理或者其他管理规定作出的取消参赛资格、取消比赛成绩、禁赛等处理决定不服发生的纠纷；（2）因运动员注册、交流发生的纠纷；（3）在竞技体育活动中发生的其他纠纷。《仲裁法》规定的可仲裁纠纷和《劳动争议调解仲裁法》规定的劳动争议，不属于体育仲裁范围。

（二）仲裁规则及仲裁机构动向

1. 包括北仲在内的多家仲裁机构进一步完善线上仲裁规则

随着信息技术的不断发展，中国仲裁机构广泛运用互联网信息传输、区块链、云存储等新技术，提高案件审理效率。特别是近年来，受疫情因素影响，利用信息技术手段互联网线上开庭的需求大增。部分仲裁机构通过修改仲裁规则、发布线上仲裁指引等方式，规范线上仲裁程序。

2022年2月1日开始施行的新版《北京仲裁委员会/北京国际仲裁中心仲裁规则》明确规定开庭方式包括网上开庭，并规定仲裁庭有权根据案件情况确定开庭方式；上海仲裁委员会于2022年3月22日发布《上海仲裁委员会线上仲裁指引（暂行）》及配套操作指引；重庆仲裁委员会于 2022 年 4 月 28 日发布《重庆仲裁委员会在线庭审规范（试行）》。此外，信息技术也已广泛应用于庭审实践，已有多家仲裁机构充分利用区块链技术、5G 等新技术，解决证据固定、质证等难点。

目前，仲裁机构和当事人对于互联网仲裁的接受程度逐步提高，相应的仲裁规则和程序的不断更新完善是应有之义。互联网仲裁未来可能发展成为仲裁程序的一种常规形式，从而能够有效降低仲裁成本、提高仲裁效率。

2. 中国国际经济贸易仲裁委员会知识产权仲裁中心成立

2022 年 7 月 22 日，中国国际经济贸易仲裁委员会（以下简称贸仲）知识产权仲裁中心在北京揭牌。作为在全球内有一定影响力的中国仲裁机构，贸仲审理了大量涉及专利、商标、技术等知识产权仲裁案件，在知识产权争议解决领域积累了丰富的经验，也为建立知识产权仲裁中心奠定了专业基础。

随着经济和科技的不断发展，全球范围内跨国企业、科技产业面临着知识产权不断创新和发展带来的挑战。与此同时，知识产权争议解决对于保护知识产权、优化创新环境至关重要。贸仲知识产权仲裁中心的成立将有助于进一步完善我国知识产权争端解决制度，提升企业知识产权保护力度，在未来更多参与国际知识产权保护规则制定、促进知识产权领域更高水平对外开放。

3. 深圳国际仲裁院修订仲裁规则

2022 年 2 月 20 日，深圳国际仲裁院对仲裁规则个别条款进行了修正，修正后的仲裁规则自 2022 年 2 月 21 日起施行。

此次仲裁规则修正的亮点之一是更新了仲裁机构范围。就 2021 年深圳新设立或挂牌的粤港澳大湾区国际仲裁中心、中国（深圳）证券仲裁中心、中国（深圳）知识产权仲裁中心、深圳国际仲裁院海事仲裁中心等机构，新规则已纳入这些新设机构，当事人如将争议提交至这些新设机构时，对应的机构会根据新规则进行受理。

4.《中国海商法协会临时仲裁规则》和《中国海事仲裁委员会临时仲裁服务规则》发布

2022 年 3 月 18 日，中国海商法协会与中国海事仲裁委员会发布《中国海商法协会临时仲裁规则》（以下简称《海协临时仲裁规则》）和《中国海事仲裁委员会临时仲裁服务规则》（以下简称《海仲服务规则》）。

《海协临时仲裁规则》是临时仲裁示范规则，内容涵盖了临时仲裁程序的各个阶段，体现了临时仲裁充分尊重当事人意思自治、程序灵活高效的优势，对包括规则适用范围、送达和期限、仲裁地、仲裁语言、仲裁庭的组成、追加当事人、合并开庭、临时措施、预备会议、举证和质证、裁决、仲裁费用等临时仲裁全流程作出系统规定。《海仲服务规则》属于特定临时仲裁服务操作规范,旨在履行好《海协临时仲裁规则》规定以及当事人约定的由海仲担任"指定机构"的服务职责。

在我国仲裁市场逐步对外开放的时代背景下,海协发布示范性的《海协临时仲裁规则》,海仲配套制定《海仲服务规则》,两者相互衔接、共同开展临时仲裁,在国内尚属首创。此举有助于充实国内仲裁服务内容和手段,有效推进临时仲裁落地,满足中外当事人多元化仲裁服务需求,推动航运贸易高质量发展。

(三)其他值得关注的商事仲裁动向

1. 第二批仲裁机构纳入最高人民法院"一站式"国际商事纠纷多元化解决机制

2022年6月22日,最高人民法院发布《关于确定第二批纳入"一站式"国际商事纠纷多元化解决机制的国际商事仲裁机构的通知》,确定广州仲裁委员会、上海仲裁委员会、厦门仲裁委员会、海南国际仲裁院(海南仲裁委员会)、香港国际仲裁中心作为第二批纳入"一站式"国际商事纠纷多元化解决机制的仲裁机构。加上首批于2018年被纳入的5家"一站式"国际商事纠纷多元化解决机制的仲裁机构(中国国际经济贸易仲裁委员会、上海国际经济贸易仲裁委员会、深圳国际仲裁院、北京仲裁委员会、中国海事仲裁委员会),目前共有十家境内外仲裁机构(及两家调解机构)加入"一站式"平台。

根据2018年颁布的《最高人民法院关于设立国际商事法庭若干问题的规定》和《最高人民法院国际商事法庭程序规则(试行)》的相关规定,对于"一站式"纠纷解决机制内的国际商事仲裁机构仲裁处理的国际商事案件,如果标的额在人民币3亿元以上或有其他重大影响,则当事人有权向国际商事法庭申请证据、财产或者行为保全、申请执行或撤销仲裁裁决。通常情况下,涉外仲裁的司法审查案件可能需要由中级人民法院层报最高院审核,而在"一站式"纠纷解决机制下,仲裁机构作出的仲裁裁决如符合一定条件则可直接由最高院国际商事法庭审查,简化了司法审查的程序、缩短了当事人等待的时间。"一站式"纠纷解决机制纳入更多的仲裁机构,将进一步提高国际仲裁的效率、增强当事人选择中国仲裁机构的信心、提升中国国际商事争端解决机制的国际竞争力。

2. 多地法院发布商事仲裁司法审查报告或白皮书

伴随着对仲裁司法审查的重视和对提高案件审判质量的追求,各地法院近年来及时总结工作经验,对相关案件的基本数据、审查思路、裁判标准等进行了系统性梳理分析。

2022年3月24日，北京市第四中级人民法院发布《国内商事仲裁司法审查年度报告（2019—2021）》及十大典型案例；2022年8月，湖北省高级人民发布《湖北法院商事仲裁司法审查白皮书（2013—2021）》；2022年11月15日，上海市第二中级人民法院发布《2017—2021年仲裁纠纷案件执行白皮书》；2022年11月29日，上海市第一中级人民法院发布《上海一中院商事仲裁司法审查案件白皮书（2018—2022）》、青岛市中级人民法院发布《青岛中院商事仲裁司法审查白皮书》（2018—2021年度）和典型案例；2022年12月28日，北京市第四中级人民法院召开新闻发布会，通报了该院近年来办理"申请承认和执行域外仲裁裁决和法院判决执行案件"的工作成效，发布了典型案例。相关法院文件体现了司法对仲裁的支持和监督作用，有利于统一司法尺度、助力仲裁发展。

3. 深圳国际仲裁院与新加坡国际调解中心创设"新加坡调解＋深圳仲裁"新模式

2022年11月25日下午，深圳国际仲裁院与新加坡国际调解中心签署了关于"新加坡调解＋深圳仲裁"合作的备忘录，同时续签双方于2020年签署了为期2年的跨境远程仲裁调解合作备忘录。

根据合作备忘录，深圳国际仲裁院与新加坡国际调解中心将充分利用双方在各自争议解决领域的优势，共同为当事人提供"新加坡调解＋深圳仲裁"的多元化纠纷解决服务。当事人可将经新加坡国际调解中心调解而达成的和解协议直接提交深圳国际仲裁院，请求按照深圳国际仲裁院的《仲裁规则》作出仲裁裁决。这种安排结合了调解的灵活和谐与仲裁的跨境管辖及执行的特有优势，有利于高效解决跨国商事争端。这一新的争议解决模式是深圳国际仲裁院开展国际化合作的重要一步，将为当事人高效解决跨境纠纷提供更多便利。

4. 中国贸促会调解中心和以色列商事仲裁协会共建中以商事调解中心

2022年是中国和以色列建交30周年。在"一带一路"合作框架下，中以在经济贸易、农业技术、高新技术、文化教育等领域的全方位合作发展迅速。在共建"一带一路"的过程中，由于政治、经济、文化、贸易投资等方面的差异，将不可避免地产生各类纠纷，因此加强两国法治合作尤为重要。

2022年11月21日，基于中以双方对商事调解的优势特点和未来发展的共同理解和期待，中国国际贸易促进委员会调解中心与以色列商会联合会商事仲裁协会签署了《共建中以商事调解中心合作协议》。中以双方达成了共同宣传调解、服务双边企业的共识，还制定了灵活高效、用户友好的调解规则。本次合作能够为企业提供一种非对抗、成本低的争议解决方式，有助于促进两国经贸往来和繁荣发展。

三、典型案例

【案例1】选择第三方资助系当事人依法行使权利的范围，第三方资助不违反现行法律，亦不违反仲裁保密性原则，不构成撤销仲裁裁决的法定事由[①]

【基本案情】

A公司与B公司、C公司、自然人D因飞机经营租赁协议产生争议，A公司作为申请人根据仲裁协议将相关争议提交贸仲仲裁解决。仲裁程序中，申请人A公司主动披露了其与第三人达成的第三方资助安排，并与被申请人就第三方资助的合法性交换了书面和口头的意见，最终仲裁庭认可了基于第三方资助启动仲裁程序的合法性。

裁决作出后，仲裁被申请人B公司、C公司、自然人D向江苏省无锡市中级人民法院（以下简称无锡中院）申请不予执行仲裁裁决，指出该仲裁程序中，由于申请人与第三方签署了仲裁资助协议并向其透露了仲裁案件情况，违反了保密性要求；贸仲未遵守不公开审理的规定，纵容申请人向第三方进行披露，属于仲裁程序违法。法院审查中，仲裁申请人A公司承认，其将仲裁案件进展情况、开庭、裁决书等内容披露给了第三方资助人。无锡中院在审阅案涉仲裁裁决、了解案件相关事实后，认为第三方资助并未违反贸仲《仲裁规则》，遂驳回了仲裁被申请人提出的不予执行的申请。

此后，仲裁被申请人B公司、C公司、自然人D又以第三方资助机构参与仲裁、申请人A公司指定仲裁员与第三方资助机构存在重大利益关系而未予披露、申请人与仲裁庭违背仲裁保密原则等为由，向北京市第四中级人民法院（以下简称北京四中院）申请撤销仲裁裁决。北京四中院认为第三方资助不违反现行法律规定及仲裁规则，并裁定驳回了撤裁申请。

【争议焦点】

第三方资助机构参与仲裁，是否违反仲裁的保密性原则，违反法律规定和仲裁规则，构成撤销仲裁裁决的法定事由？

---

① （2022）京04民特368号民事裁定书。

【裁判观点】

北京四中院认为，仲裁保密性的关键在于案件情况对社会不公开、不披露，以维护当事人的商业秘密与社会形象，仲裁规则中不得对"外界"透露信息，并不限制相关人员获知信息。实践中存在有关人员有获知案件情况而不属于违反保密规定的情形，如作为仲裁一方当事人公司的决策人员或有重大利益的股东、公司法务工作人员、仲裁庭的秘书等。在现有仲裁规则未禁止第三方资助机构资助仲裁当事人参与仲裁时，第三方资助机构与一方当事人建立资助关系，并不违反仲裁保密规则。

此外，北京四中院明确指出，选择第三方资助系民事主体依法行使权利的范围，在不违反法律，亦不影响仲裁公正裁决时，民事主体意思自治的合法选择应予以尊重。审查第三方资助机构资助行为是否构成撤销仲裁裁决事由，关键就在于第三方资助行为是否违反法律规定和仲裁规则，是否影响案件公正裁决。本案所涉第三方资助机构的资助行为并未违反现行法律和仲裁规则，亦未影响案件的公正裁决，故不构成撤销仲裁裁决的法定事由。

【纠纷观察】

国际商事仲裁中的第三方资助（Third-Party Funding）是指案外方（通常无法律上的利害关系）对一方当事人仲裁成本提供资金支持（一般包括被资助方的法律费用和仲裁费用）并从胜诉所得中获取一部分利益的模式。过去十多年间，第三方资助在美国、英国、澳大利亚等国从禁止转向合法，现已在蓬勃发展；而在亚洲，第三方资助仍处于方兴未艾的起步阶段，中国香港地区和新加坡近年才允许第三方资助行为。

第三方资助能有效缓解被资助方在仲裁程序中的资金压力，随着"一带一路"倡议与我国对外开放的深入，不少观点认为中国当事人在参与国际仲裁的过程中应当积极探索并充分利用第三方资助。本案则是我国首例涉第三方资助仲裁司法审查案件，对于国内仲裁当事人，甚至仲裁地为中国的国际仲裁当事人如何有效利用第三方资助模式、规避或降低第三方资助所带来的利益冲突、披露风险等具有重要的指导意义。当然，第三方资助仲裁在中国仍处于起步阶段，正如本案中北京四中院所指出的，对于如何保证第三方资助机构在资助当事人仲裁的同时，遵守法律和仲裁规则、充分保障各方合法权益，还有赖于仲裁规则的不断完善和仲裁实践的发展。（更多关于第三方资助仲裁的讨论，详见本文"四、理论与实践热点问题观察"）

【案例 2】证券虚假陈述侵权纠纷系因合同而产生的侵权纠纷，如《募集说明书》中约定了仲裁条款，则应提交仲裁解决争议[①]

【基本案情】

A 公司为某结构化债券投资集合资金信托计划（以下简称信托计划）的受托人，该信托计划认购了 B 公司非公开发行的公司债券。该债券《募集说明书》中明确，该债券主承销商和受托管理人为 C 证券公司、审计机构/会计师事务所为 D 会计师事务所、资信评级机构为 E 评估公司、律师事务所为 F 律所，各中介机构均书面声明债券《募集说明书》中不存在虚假记载并加盖了公章。《募集说明书》认购人承诺中亦明确购买该债券的投资者视为接受《募集说明书》对本次债券项下的权利义务的所有规定并受其约束。《募集说明书》约定，"本次债券违约和救济的争议解决机制受中国法律管辖并按照中国法律解释；发行人、债券受托管理人及债券持有人对因本次债券违约和救济引起的或与违约和救济有关的任何争议，应首先通过协商解决。如果协商解决不成，可将争议提交西安仲裁委员会进行仲裁"。

B 公司到期未支付债券本息，天津监管局因 B 公司在债券发行及存续期间报送及披露的文件存在虚假记载而对其出具监管警示函。A 公司在北京金融法院针对 C 证券公司、D 会计师事务所、E 评估公司与 F 律所提起证券虚假陈述责任纠纷诉讼，主张各中介机构未能勤勉尽责，致使其遭受损失，应当承担赔偿责任。北京金融法院认为，本案当事人间存在有效仲裁协议，故 A 公司要求各被告承担赔偿责任应通过仲裁程序予以解决。

A 公司不服一审裁定，向北京市高级人民法院（以下简称北京高院）提起上诉，其核心理由之一为：《募集说明书》中的仲裁条款仅适用于发行人、债券受托管理人及债券持有人之间的合同之诉；本案为债券持有人针对承销商、会计师事务所、评级机构、律所提起的证券虚假陈述责任纠纷诉讼，性质是侵权之诉，且被告不是仲裁条款约定的主体，故本案不应由仲裁主管。

【争议焦点】

债券《募集说明书》中约定的仲裁条款是否适用于证券虚假陈述责任纠纷？

【裁判观点】

北京高院认为，本案案涉《募集说明书》由发行人声明、重大事项提示、发行人、中介机构及相关人员声明等内容共同组成。C 证券公司、D 会计师事务所、

[①] （2022）京民终 74 号民事裁定书。

E评估公司与F律所关于虚假陈述责任承担的声明也为《募集说明书》中的一部分。《募集说明书》载明，投资者认购或持有案涉债券视为同意接受《募集说明书》项下权利义务的所有规定并受其约束。因《募集说明书》中包含仲裁条款，故A公司要求C证券公司、D会计师事务所、E评估公司与F律所承担赔偿责任应通过仲裁程序解决。

因当事人一方的违约行为，侵害对方人身、财产权益的，受损害方有权选择依法要求其承担违约责任或者侵权责任。虽A公司主张C证券公司、D会计师事务所、E评估公司与F律所承担侵权责任，但该侵权系因当事人履行合同义务所造成，亦即该侵权系因合同而产生，与一般侵权行为不同。《募集说明书》已明确，相关争议应提交西安仲裁委员会仲裁，其系当事人的意思自治，并未排除当事人基于合同侵权提起的诉讼，在该仲裁条款未经有关机关确认无效的情况下，当事人均应受该仲裁条款约束。

【纠纷观察】

对于证券虚假陈述纠纷的"可仲裁性"的问题，司法政策及实践历经了一个漫长的演变过程。原国务院法制办与证监会于2004年联合发布的《关于依法做好证券、期货合同纠纷仲裁工作的通知》，明确将仲裁范围限定为"证券、期货合同纠纷"。2021年7月，中共中央办公厅、国务院办公厅印发的《关于依法从严打击证券违法活动的意见》中，要求"开展证券行业仲裁制度试点"。2021年10月，证监会和司法部印发《关于依法开展证券期货行业仲裁试点的意见》，支持、推动在北京、上海、深圳三地开展证券期货行业仲裁试点，在依法组建的仲裁委员会内部设立证券期货仲裁院（中心），适用专门的仲裁规则，专门处理资本市场产生的证券期货纠纷，并明确试点仲裁范围包括"违反证券期货法律、行政法规、规章和规范性文件、自律规则规定的义务引起的虚假陈述民事赔偿纠纷"。

证券虚假陈述纠纷属于一种非契约型纠纷，而仲裁却必须以当事人的合意为基础。虽然证券纠纷仲裁制度正在试点，亦已有诸多实践，证券虚假陈述纠纷仲裁解决符合总体趋势，但仍须在具体认定相关案件中是否存在仲裁合意后，方可确定相关争议应否提交仲裁审理。本案中，北京高院通过《募集说明书》中包含的中介机构声明及盖章、债券持有人基于认购或持有案涉债券而同意接受《募集说明书》项下权利义务规定的约束，且仲裁条款约定的仲裁范围较宽泛，进而解释出系当事人间的仲裁合意。当然，证券虚假陈述纠纷一般案情复杂、专业性强、涉及主体众多、处理难度大，证券期货行业仲裁制度试点地区之外的证券虚假陈述纠纷仲裁,还有待进一步实践观察。

【案例3】因合同内容引发的垄断民事纠纷案件,合同中的仲裁条款不能成为排除法院管辖的依据[①]

【基本案情】

P公司与D公司先后于2018年1月1日、2019年1月1日签订两份《生鲜乳购销合同》(以下合称《购销合同》),两份《购销合同》第11条均约定,"一切与本合同有关的争议,由双方协商解决;协商不成的,提交呼和浩特仲裁委员会仲裁解决"。

2020年11月18日,P公司就《购销合同》的履行向一审法院起诉,主张D公司、T公司与D集团公司实施滥用市场支配地位的垄断行为给其造成经济损失,要求确认《购销合同》为垄断协议,并认定该协议无效。一审法院认为,P公司与D公司签订的《购销合同》含有仲裁条款,且现行法律并未将垄断纠纷排除在仲裁受理的范围外,因此,P公司与D公司、T公司与D集团公司因履行《购销合同》而产生的争议,仍应适用合同约定的仲裁条款,并因此对P公司的起诉不予受理。

此后,P公司向最高院提起上诉,请求撤销一审裁定、裁定一审法院立案受理该案。

【争议焦点】

因合同内容引发的垄断民事纠纷案件,如果合同中包含仲裁条款,人民法院是否有管辖权而受理案件?

【裁判观点】

最高院认为,《购销合同》约定的仲裁条款不能当然排除人民法院的管辖权。

根据P公司的诉讼请求,本案属于垄断行为受害人提起的确认垄断行为之诉。因合同签订、履行引发的确认垄断行为或损害赔偿之诉,与因一般合同关系中发生的合同或者侵权的竞合性质不同。在一般合同关系中,如果当事人一方的违约行为侵害了对方的人身、财产权益,该侵权行为通常也构成合同项下的违约行为,因此会发生侵权与违约的竞合,当事人可以选择提起违约之诉或侵权之诉,但是无论作何选择均应受到合同中仲裁条款的管辖。与此不同的是,在因合同签订、履行引发的垄断纠纷中,受害人与垄断行为人之间缔结的合同

---

① (2021)最高法知民终924号民事裁定书。

仅是垄断行为人实施垄断行为的载体或者工具，合同中涉及垄断的部分才是侵权行为的本源和侵害发生的根源，对垄断行为的认定与处理超出了受害人与垄断行为人之间的权利义务关系。因此，因合同的签订、履行引发的垄断纠纷所涉及的内容和审理对象，远远超出了受害人与垄断行为人之间约定的仲裁条款所涵盖的范围。此外，不同之处在于合同法属于私法性质，反垄断法具有明显的公法性质。在垄断行为的认定与处理完全超出了合同相对人之间权利义务关系的情况下，本案当事人在合同中约定的仲裁条款不能成为排除人民法院管辖垄断纠纷的当然和绝对依据。

【纠纷观察】

现行立法对于反垄断争议是否可仲裁没有明确的规定，实践中对反垄断纠纷的"可仲裁性"问题存有争议。就垄断协议纠纷，最高院于2019年在"上诉人壳牌（中国）有限公司与被上诉人呼和浩特市汇力物资有限责任公司横向垄断协议纠纷案"[①]中明确指出，"在横向垄断协议的认定与处理完全超出了合同相对人之间的权利义务关系，且我国法律并未明确规定垄断纠纷可以通过仲裁途径解决的情况下，本案当事人在经销商协议中约定的仲裁条款不能成为排除人民法院管辖横向垄断协议纠纷的当然依据"。在2022年审结的"北京龙盛兴业科技发展有限公司、域适都智能装备（天津）有限公司等纵向垄断协议纠纷案"[②]中，最高院亦认为该案中的仲裁条款不能排除法院管辖。就滥用市场支配地位纠纷，本案中最高院认为法院可以管辖；而在"山西昌林实业有限公司、壳牌（中国）有限公司滥用市场支配地位纠纷再审"[③]案中，最高院认定当事人应受仲裁条款的约束、案件应当仲裁解决，主要理由为案件诉讼请求及理由与案涉合同约定的权利义务内容存在密切关联，纠纷实质仍属于因履行合同产生的争议。

从比较法的角度来看，域外司法实践中对反垄断纠纷可仲裁性的态度经历了从保守到开放的演变。目前，包括美国、欧盟及其成员国在内的部分国家和地区承认了反垄断争议的可仲裁性。以美国为例，在1986年之前，基于"美国安全原则"（American Safety Doctrine），反垄断争议被认定为具有公共利益性质，相关争

---

① （2019）最高法知民辖终47号民事裁定书。
② （2022）最高法知民终1276号民事裁定书。
③ （2019）最高法民申6242号民事裁定书。

议禁止通过仲裁方式解决。但在1986年，美国联邦最高法院通过"三菱汽车案"[1]明确认定国际反垄断争议可通过仲裁程序解决。其后，美国第十一联邦巡回法院在1997年的"Kotam Electronics案"[2]中进一步确立美国国内反垄断争议也可通过仲裁解决。

于2022年8月1日开始实施的修正后的《反垄断法》仍未明确反垄断争议能否仲裁的问题，《仲裁法（修订）》（征求意见稿）第2条规定中虽然删除了原来仲裁适用范围规定中"平等主体"的限制性表述，体现了适度扩大仲裁受案范围的探索，反垄断纠纷作为涉及社会公共利益的公法属性并未改变，未来能否仲裁仍有待实践进一步发展。

【案例4】在未对争议解决条款的变更方式作出明确约定的情况下，格式合同提供方以概括约定的公告方式单方变更格式合同的争议解决条款，对相对方不发生效力[3]

【基本案情】

2017年4月12日，自然人R（甲方）与C公司（乙方）签订了《融资融券业务合同书》，约定双方因融资融券行为而形成债权债务关系。该合同第80条第3款约定，"除以上情形外，本合同如需修改或增补，如乙方因自身业务规则调整等，乙方将修改或增补的内容在乙方网站或乙方营业场所以公告形式通知甲方，自公告中确定的生效之日起生效，双方无须再签署相关补充协议。甲方可对以上

---

[1] Mitsubishi v. Soler Chrysler-Plymouth, 473 U.S. 614 (1985). 在该案当中，原告三菱公司与被告Soler公司之间订立了经销协议，约定由Soler公司在波多黎各销售三菱汽车，其中包含仲裁条款，约定经销协议项下争议均应提交Japan Commercial Arbitration Association解决，随着当地汽车市场下行，Soler公司无法满足销售目标，遂取消了三菱汽车的订单，三菱公司以Soler公司构成违约向法院起诉，要求法院下令强制Soler公司受仲裁条款约束，通过仲裁解决争议。Soler公司提出反请求，主张三菱公司存在划分市场的限制竞争行为，构成垄断，认为该争议不应提交仲裁解决。联邦最高法院指出，本案应由仲裁解决，理由包括：（1）对于所谓格式合同的理由，没有证据表明仲裁条款是基于不公平谈判的结果，除非当事人通过这项主张拒绝仲裁；（2）仲裁相对于诉讼更灵活专业，仲裁员具有专业性要求，足以处理复杂争议；（3）仲裁员不仅来自商业社会，专业的律师也可以参加；（4）不存在因公共政策上的原因而禁止将国际反垄断争议交付仲裁的情形，反垄断案件虽然复杂，但是并不意味着仲裁庭不能正确地处理反垄断争议；（5）出于国际礼让的考虑，对外国和跨国仲裁庭能力的尊重，以及在国际体制中当事人对解决争议可预测性的迫切需要，都要求我们执行当事人的协议；（6）国内法院在仲裁裁决执行时仍有机会介入并作出评断。

[2] Kotam Electronics, Inc. v. JBL Consumer Products, Inc., 93F. 3d724 (11th Cir. 1996).

[3] （2021）京04民特216号民事裁定书。

修改或增补内容在生效之日前向乙方书面提出异议,双方协商不一致的,应立即了结所有融资融券交易,解除本合同"。该合同第95条约定,"本合同执行中如发生争议,由双方友好协商解决。协商解决不成的,双方同意采取以下第二种方式解决:……(二)向乙方住所地人民法院提起诉讼"。

2020年6月30日,C公司在其官网上发布关于《融资融券交易风险揭示书》《融资融券业务合同书》条款变更的公告,公告变更前述合同的部分内容,包括变更争议管辖条款为"将争议解决方式统一为北京仲裁委员会"。

此后,C公司依据公告中变更的争议解决方式,向北仲提起仲裁。而后,自然人R向北京四中院起诉请求确认其与C公司间不存在仲裁协议。

【争议焦点】

在双方仅概括约定以公告方式变更合同条款,而未对争议解决条款的变更方式作出特定、明确约定的情况下,格式合同提供方能否依据合同约定的公告方式单方变更争议解决条款?

【裁判观点】

北京四中院认为,首先,《融资融券业务合同书》第80条系C公司一方提供的格式条款,而按照《民法典》的规定,对格式条款的理解发生争议的应当按照通常理解予以解释。《融资融券业务合同书》第80条约定C公司有权变更合同的情形包括"本合同如需修改或增补,如乙方因自身业务规则调整等",从条文的字面意思来看,C公司可以调整的合同范围侧重于自身业务规则,未明确包含争议解决条款。其次,《融资融券业务合同书》第80条对合同的变更主体、要约和承诺的作出方式、合同生效条件均进行特殊规定,上述规定使C公司在合同地位上已处于优势。而仲裁协议有排除诉讼管辖的效力,争议解决条款与当事人利益密切相关,且具有独立性。因此,争议解决条款的变更应当由双方当事人专门协商,达成一致意见为准;或者在对争议解决条款的变更方式作出明确约定的情况下,单方可以以公告的形式进行变更。在合同未约定明确争议解决条款变更方式的情况下,有必要给予相对方倾斜性的保护,即作出不利于提供格式条款一方的解释。最后,从实际操作层面看,C公司应当有条件和能力就争议解决条款的变更和投资方——进行协商。

综上,C公司与自然人R之间在《融资融券业务合同书》项下未达成仲裁合意,C公司以公告方式变更的仲裁协议不成立。北京四中院就本案仲裁协议不成立的意见向北京高院进行了报核,北京高院向最高院进行了报核,最高院审核后同意。

【纠纷观察】

金融产品销售机构面向不特定投资者发行金融产品、电信业务经营者向用户提供电信服务等交易中，往往适用统一制式的合同条款。《民法典》第496条规定，采用格式条款订立合同的，提供格式条款的一方应当采取合理的方式提示对方注意免除或者减轻其责任等与对方有重大利害关系的条款，并按照对方的要求对该条款予以说明，否则对方可以主张该条款不成为合同的内容。

在金融投资者或电信用户等合同相对方众多的情况下，格式合同提供方如要变更合同内容，逐一与相对方签署协议并不现实，因此可能在合同中约定以公告等方式单方变更合同，而保留相对方提出异议和解约的权利。本案中，北京四中院明确表示宽泛、概括的合同内容变更条款并不能当然涵盖争议解决条款变更；争议解决条款变更需要经双方专门协商，或单独明确约定变更方式；C公司即使在公告中表达了单方的仲裁意愿，也不足以形成合同争议解决条款变更的双方合意。本案是对仲裁须经当事人合意的再次重申，北京四中院在该金融机构提供格式合同的情境下保护了相对弱势的格式合同接受方，并提示格式合同提供方在变更争议解决方式时应格外注意。

在其他案例中，北京四中院认定格式条款约定仲裁作为争议解决方式本身不能被认定为是对一方当事人责任的加重或主要权利的排除，[1]但争议解决条款应属于与当事人有重大利害关系的合同主要条款，格式合同提供方应当充分履行提示或者说明的义务。[2]

【案例5】在尊重当事人仲裁意愿和促进仲裁协议有效原则的基础上，仲裁条款存在笔误不影响认定唯一选定的仲裁机构，仲裁条款有效[3]

【基本案情】

自然人S、M公司、Y公司与W公司于2019年1月25日签订案涉《股权转让及代持协议》，就股权交易中的境外股权转让事项进行了约定，其第7.2条

---

[1] （2022）京04民特458号民事裁定书。
[2] （2021）京04民特968号民事裁定书。
[3] （2022）京04民特212号民事裁定书。

约定"争议解决：凡因本协议订立、解释与履行所产生或与本协议相关的全部争议，各方应在争议发生后首先以友好协商的方式解决。如协商不成，各方同意提交上海国际经济贸易仲裁委员会/上海国际仲裁中心（HKIAC）按照申请仲裁时该会当时有效的仲裁规则进行仲裁。仲裁的结果是终局的，对争议双方均有约束力"。

自然人S与M公司认为，由于《股权转让及代持协议》第7.2条约定了两个仲裁机构，分别是上海国际经济贸易仲裁委员会（以下简称上国仲）和香港国际仲裁中心（以下简称HKIAC），属于仲裁机构约定不明确，并据此向北京四中院申请确认该仲裁协议无效。

【争议焦点】

在仲裁条款因笔误既约定了上国仲，又约定了HKIAC的情况下，是否属于仲裁机构约定不明确，仲裁条款是否有效？

【裁判观点】

北京四中院认为，仲裁条款中约定的上国仲准确、具体、唯一，故当事人在明确的仲裁意思表示和仲裁事项之下约定了明确的仲裁委员会，仲裁条款符合《仲裁法》第16条规定的要求。虽然仲裁条款中上国仲的中文名称后括号内的英文缩写是"HKIAC"，指向香港国际仲裁中心，但是在结合当事人之间具有明确仲裁意思表示的基础上，人民法院应当以尊重当事人的仲裁意愿并促成仲裁协议合法有效为原则，对其进行解释。因合同语言为中文且根据中文表述可以确定明确的仲裁委员会的基础上，括号中的"HKIAC"不影响对当事人选择了明确唯一的仲裁机构的认定，案涉仲裁条款应为有效。

【纠纷观察】

在国际仲裁实践中，"有效性原则（Validation Principle）"一直是解释仲裁条款的重要原则之一。根据这一原则，裁判者在解释仲裁条款时，应尽可能按照使仲裁条款有效的方向对其解释。最高院于2022年1月发布的《全国法院涉外商事海事审判工作座谈会会议纪要》第93条规定："根据仲裁法司法解释第三条的规定，人民法院在审查仲裁协议是否约定了明确的仲裁机构时，应当按照有利于仲裁协议有效的原则予以认定。"该条在涉外仲裁司法审查层面确认了"有效性原则"，显示了最高院响应中央支持仲裁发展的积极态度。

本案中，北京四中院坚持"有效性原则"认定案涉仲裁条款有效。无独有偶，无锡中院也在于2022年审结的一管辖异议案中确认了约定"上海国际仲裁中心

('SIAC')"仲裁的仲裁条款效力。① 这些司法实践进一步印证了我国司法系统支持仲裁的坚定态度。

【案例 6】国际单项体育组织内部纠纷解决机构作出的纠纷处理决定不属于《承认及执行外国仲裁裁决公约》项下的外国仲裁裁决②

【基本案情】

2017 年 1 月 23 日，A 公司与自然人 B 签订《职业教练工作合同》，约定自然人 B 作为职业教练为 A 公司名下的足球俱乐部提供教练方面的劳务。2017 年 7 月 1 日，双方签订《解除合同协议》，约定《职业教练工作合同》自当日终止，A 公司向自然人 B 支付剩余工资等款项。关于争议解决，《解除合同协议》第 5.1 条约定，"与本解除合同协议相关，或由此产生的任何争议或诉讼，应当受限于国际足联球员身份委员会（FIFA Players' Status Committee，以下简称球员身份委员会）或任何其他国际足联有权机构的管理"。第 5.2 条约定，"如果国际足联对于任何争议不享有司法管辖权的，协议方应当将上述争议提交至国际体育仲裁院，根据《与体育相关的仲裁规则》予以受理。相关仲裁程序应当在瑞士洛桑举行"。

因 A 公司未按照约定支付相应款项，自然人 B 向球员身份委员会申请解决案涉争议。球员身份委员会于 2018 年 6 月 5 日作出《单一法官裁决》，要求 A 公司自收到该裁决通知之日起 30 日支付剩余工资等款项。《单一法官裁决》另载明，如果当事人对裁决结果有异议，应当按照规定程序向国际体育仲裁院提起上诉，否则《单一法官裁决》将成为终局性、具有约束力的裁决。后双方均未就《单一法官裁决》向国际体育仲裁院提起上诉。

之后，A 公司未按照《单一法官裁决》支付款项，且因案涉俱乐部已解散并不再在中国足球协会注册，上述裁决无法通过足球行业自治机制获得执行，自然

---

① （2022）苏 02 民辖终 414 号民事裁定书。该案存在如下仲裁条款："关于本协议下购买的部件、设备、服务的描述或本协议下条款和条件的解释、含义、效力以及双方在采购订单下的权利义务的未解决争议，应提交至上海国际仲裁中心（'SIAC'）根据有效的现行程序规则进行仲裁。" 无锡中院认为："按照通常的书写习惯，根据第 20 条上下文的意思及语境，本案（'SIAC'）定义为前面上海国际仲裁中心全称的缩写符合通常的书写习惯，不存在歧义，虽然新加坡国际仲裁委的简称也为'SIAC'，但案涉协议中英文版本的对照中无新加坡国际仲裁委的中文表述，因此在该协议中并不能理解为约定了两个仲裁机构。故本案管辖应按协议约定提交上海国际仲裁中心仲裁。"

② （2020）沪 01 民终 3346 号民事裁定书；最高院第 36 批指导性案例，指导性案例 201 号。

人 B 向上海市徐汇区人民法院提起诉讼，请求 A 公司支付剩余工资等款项。上海市徐汇区人民法院驳回其起诉后，自然人 B 继而向上海市第一中级人民法院（以下简称上海一中院）提起上诉。

【争议焦点】

1.作为国际单项体育组织内部纠纷解决机构，球员身份委员会作出的《单一法官裁决》是否属于《承认及执行外国仲裁裁决公约》规定的外国仲裁裁决；2.案涉仲裁条款是否可以排除人民法院的管辖权。

【裁判观点】

上海一中院认为：

第一，根据《承认及执行外国仲裁裁决公约》的目的、宗旨及规定，《承认及执行外国仲裁裁决公约》项下的仲裁裁决是指常设仲裁机关或专案仲裁庭基于当事人的仲裁协议，对当事人提交的争议作出的终局性、有约束力的裁决，而球员身份委员会作出的《单一法官裁决》与上述界定并不相符。球员身份委员会的决定程序并非仲裁程序，而是行业自治解决纠纷的内部程序。因此，球员身份委员会作出的涉案《单一法官裁决》不属于《承认及执行外国仲裁裁决公约》项下的外国仲裁裁决。

第二，既已明确球员身份委员会及国际足联其他内设机构的纠纷解决程序不属于仲裁程序，则相关约定不影响人民法院对本案行使管辖权；但当事人约定应将争议提交至国际体育仲裁院进行仲裁，故需进一步审查仲裁协议的效力及其是否排除人民法院的管辖权。经过审查之后，上海一中院明确认定根据准据法瑞士法律规定，《解除合同协议》中仲裁条款合法有效；但依据该仲裁条款约定，只有在满足"国际足联不享有司法管辖权"的情形下，才可将案涉争议提交国际体育仲裁院进行仲裁。现球员身份委员会已经受理案涉争议并作出《单一法官裁决》，即本案争议已由国际足联行使了管辖权。因此，本案不符合案涉仲裁条款所约定的将争议提交国际体育仲裁院进行仲裁的条件，该仲裁条款不适用于本案，不能排除一审法院作为被告住所地人民法院行使管辖权。

【纠纷观察】

2022 年，我国正在加快体育仲裁制度的搭建。新修订的《体育法》要求设立体育仲裁委员会，制定体育仲裁规则；国家体育总局随后发布《体育仲裁规则》《中国体育仲裁委员会组织规则》。前述法律与规则已于 2023 年 1 月 1 日生效，共同搭建了中国特色体育仲裁制度。

体育仲裁制度的搭建，一方面完善了我国体育纠纷的争议解决机制，为我国体育事业的发展奠定了重要制度保障；另一方面也推进了我国体育对外开放，是我国加快与国际体育争议解决机制融合的重要举措。自1984年国际奥委会建立国际体育仲裁院以来，国际体育仲裁已逐渐走上法治轨道，许多国家也相继建立了本国的体育仲裁制度。我国体育仲裁制度的落地，是我国以开放的姿态积极应对和主动加入国际体育发展的重要制度选择。

本案入选最高院第36批指导性案例，上海一中院清晰界定了《承认及执行外国仲裁裁决公约》项下的仲裁裁决与国际单项体育组织内部纠纷解决机构作出的《单一法官裁决》的分野，明确认定国际单项体育组织内部纠纷解决程序与国际仲裁程序，审慎分析了案涉仲裁条款的效力及其在本案中的适用性，为我国即将发展的体育仲裁实践提供了重要参考和指引。

四、热点问题观察

（一）第三方资助制度及其在中国仲裁的发展前景

近年来，第三方资助在国际争议解决市场蓬勃发展。国际商事仲裁理事会（ICCA）2018年的一份报告指出，第三方资助的出资人数量、受资助案件数量以及围绕第三方资助发生争议的案件数量与日俱增。① 据估计，全球范围内用于包括诉讼和仲裁在内的第三方资助资金合计已经超过100亿美元，而且这个数字还在迅速增长中。② 尽管第三方资助制度在国际上已经得到了广泛接受，但是在我国的发展还处在早期。我们将在下文中结合近年来国内的第三方资助相关案例，分析第三方资助在中国的发展前景。

1. 第三方资助制度的国际发展和应用实践

（1）外国对于第三方资助的制度保障和司法审查

第三方资助指的是与争议无关的实体通过协议，向争议中的一方或其附属机构、代理律师提供资金或其他物质支持，支付单个案件或系列案件争议解决程序所产生的费用。与争议无关的实体提供资金或帮助是为了换取争议解决后得到的赔偿或补偿。第三方资助制度最早可以追溯到中世纪的英格兰，但直到20世纪，

---

① Chapter 1: Introduction, Report of The ICCA-Queen Mary Task Force on Third-Party Funding in International Arbitration, 2018, p. 1.

② Chapter 2, Overview of Dispute Funding, Report of The ICCA-Queen Mary Task Force on Third-Party Funding in International Arbitration, 2018, p. 17.

由于普通法辖区禁止和"助讼"及"包揽诉讼"原则（the doctrines of maintenance and champerty）的存在，第三方资助长期在绝大多数普通法辖区被认定是非法或无效的。①1967 年，英格兰和威尔士正式废除了这一传统，为第三方资助在伦敦仲裁市场的发展扫除了障碍。到今天，第三方资助行业在英国以自治为主，也即由出资人组成行业协会，为成员设定行规和最低标准，而政府很大程度上并不介入监管。②在司法实践中，英国高等法院接连通过 2016 年的 Essar v. Norscot 案③和 2021 年的 Tenke v. Katanga 案④，确认了仲裁庭裁决第三方资助的费用由被申请人承担的做法不构成仲裁庭超越其权限的行为，进而也不构成撤销仲裁裁决的理由。⑤

新加坡和中国香港这两大亚洲的仲裁中心也紧随其后。但和英格兰不同的是，新加坡和中国香港都引入了立法来监管第三方资助行业。新加坡于 2017 年推出的《民法（修订）法案》和中国香港立法会于 2017 年推出的《仲裁及调解法例（第三方资助）（修订）条例》均明确认可了第三方资助可用于国际仲裁。新加坡引入了"合格第三方资助人"（qualifying third-party funder）的概念，并在 2017 年《民法修正案（第三方资助仲裁）条例》中对"合格第三方资助人"标准设置了具体要求。⑥中国香港律政司则基于立法会的授权，于 2018 年发布了《香港第三方资

---

① Wan Kah Ming & Leung Hoi Yan Harietta: "Development of Third-Party Funding in Dispute Resolution in Major Common Law Jurisdictions", https://www.hk-lawyer.org/content/development-third-party-funding-dispute-resolution-major-common-law-jurisdictions, last visited February 6, 2023.

② Norton Rose Fulbright: "Developments in Third Party Funding in Arbitration: a Comparative Analysis", https://www.nortonrosefulbright.com/en-us/knowledge/publications/c015054d/developments-in-third-party-funding-in-arbitration, last visited February 6, 2023.

③ Essar Oilfields Services Ltd. v Norscot Rig Management Pvt Ltd. [2016] EWHC 2361 (Comm).

④ Tenke Fungurume Mining S.A. v Katanga Contracting Services S.A.S. [2021] EWHC 3301 (Comm).

⑤ Louise Barber, Tenke v Katanga: "The English Commercial Court Provides Further Clarity on the Ability to Recover Third Party Funding Costs in Arbitration", https://arbitrationblog.kluwerarbitration.com/2022/01/27/tenke-v-katanga-the-english-commercial-court-provides-further-clarity-on-the-ability-to-recover-third-party-funding-costs-in-arbitration/, last visited February 6, 2023.

⑥ Koh Swee Yen & Tiong Teck Wee: "Development of Third-Party Litigation Funding in Asia", https://www.financierworldwide.com/development-of-third-party-litigation-funding-in-asia#.Y-Dy4XZBw2w, last visited February 6, 2023; Norton Rose Fulbright: "Developments in Third Party Funding in Arbitration: a Comparative Analysis", https://www.nortonrosefulbright.com/en-us/knowledge/publications/c015054d/developments-in-third-party-funding-in-arbitration, last visited February 6, 2023; Dr. Dean Lewis & Jason Hambury: "Jurisdiction Guide to Third Party Funding in International Arbitration", https://www.pinsentmasons.com/out-law/guides/third-party-funding-international-arbitration, last visited February 6, 2023.

助仲裁实务守则》，就资本充足要求、识别和披露利益冲突、必备条款等方面对第三方资助设置了一系列强制要求，并配备了专门的咨询委员会来负责监督对该守则的遵守。① 尤值一提的是，新加坡还通过《新加坡法律职业法案和法律职业规则》将披露第三方资助的义务施加给受资助方的律师，而在中国香港，相应的披露义务落在受资助方自身。②

除此之外，据不完全统计，包括美国、澳大利亚、法国、瑞士在内的多个法域也已通过立法或判例为国际仲裁中的第三方资助扫清了制度障碍。③ 多个国际知名仲裁机构，如国际商会仲裁院（以下简称ICC）、HKIAC、新加坡国际仲裁中心（以下简称SIAC）等，也对于第三方资助的披露、仲裁员回避等相关事宜作出了相关指引或规定。④ 其中，在HKIAC于2022年受理的仲裁案件中，有74起仲裁案件的当事人披露了第三方资助。⑤

（2）第三方资助的现实需求和运用

在仲裁领域，第三方资助通常更多地用于标的大、仲裁成本高的案件里，其

---

① Peter Hirst & Mun Yeow: "Comparing Hong Kong Code of Practice for Third Party Funding Arbitration with the Code of Conduct in England & Wales", https://arbitrationblog.kluwerarbitration.com/2019/02/04/comparing-hong-kong-code-of-practice-for-third-party-funding-arbitration-with-the-code-of-conduct-in-england-wales/, last visited February 6, 2023; Felicia Cheng: "Third party funding – the answer to access to justice?", https://www.hkiac.org/content/third-party-funding, last visited February 6, 2023; Norton Rose Fulbright: "Developments in Third Party Funding in Arbitration: a Comparative Analysis", https://www.nortonrosefulbright.com/en-us/knowledge/publications/c015054d/developments-in-third-party-funding-in-arbitration, last visited February 6, 2023.

② Norton Rose Fulbright: "Emerging approaches to the regulation of third-party funding", https://www.nortonrosefulbright.com/en/knowledge/publications/4f5fb25c/emerging-approaches-to-the-regulation-of-third-party-funding, last visited February 6, 2023; Norton Rose Fulbright: "Developments in Third Party Funding in Arbitration: a Comparative Analysis", https://www.nortonrosefulbright.com/en-us/knowledge/publications/c015054d/developments-in-third-party-funding-in-arbitration, last visited February 6, 2023.

③ Norton Rose Fulbright: "Emerging approaches to the regulation of third-party funding", https://www.nortonrosefulbright.com/en/knowledge/publications/4f5fb25c/emerging-approaches-to-the-regulation-of-third-party-funding, last visited February 6, 2023.

④ Jonathan Barnett, Lucas Macedo & Jacob Henze: "Third-Party Funding Finds its Place in the New ICC Rules", https://arbitrationblog.kluwerarbitration.com/2021/01/05/third-party-funding-finds-its-place-in-the-new-icc-rules/, last visited February 6, 2023.

⑤ HKIAC: "2022 Statistics", https://www.hkiac.org/about-us/statistics, last visited February 6, 2023.

当前主要运用的场景就是国际投资仲裁。在这个领域的案件中，当事人双方分别为投资者和东道国，二者往往在地位和力量上存在较大差距，投资者往往无法承担高昂的仲裁费用，从而更加需要第三方资助的支持。① 至于在商事仲裁领域，建筑工程案件是第三方资助的主要应用案件类型。② 第三方资助所提供的资金一般可以涵盖申请方大部分的法律费用，包括仲裁员和仲裁机构的费用等。当前，大多数第三方资助系基于"无权追索"的原则提供，这意味着受资助方即便最终未能成功获得索赔，也不必对资助方予以补偿。③

自2020年以来，全球经济的下行意味着当事人对于第三方资助的需求可能会进一步加强，而这反过来也会刺激第三方资助行业的进一步发展。安永会计师事务所于2021年4月发布的一项调查显示，许多企业对于第三方资助的看法正在发生改变，疫情前只有26%的受访者愿意使用第三方资助，而现在有意使用外部争议融资的受访者翻了一倍以上，达到了55%。④

2. 第三方资助在我国仲裁的应用现状

目前，国内仲裁机构尚未正式出台较为全面、完整的第三方资助相关规则。但是近年来，多家仲裁机构正在第三方资助领域进行探索。例如，北京仲裁委员会/北京国际仲裁中心在其《北京仲裁委员会/北京国际仲裁中心国际投资仲裁规则》中，以及贸仲在其《中国国际经济贸易仲裁委员会国际投资争端仲裁规则（试行）》中，都对第三方资助问题作出了规定，但是这两家仲裁机构尚未将第三方资助纳入其在境内管理商事仲裁案件所适用的仲裁规则内。不过，中国国际经济贸易仲裁委员会香港仲裁中心于2017年发布了《第三方资助仲裁指引》，对第三方资助仲裁中当事人的披露义务、保密义务以及仲裁庭的相应权限作出了较为完备、详尽的安排。另外，《上海仲裁委员会仲裁规则》第

---

① 刘敬东、李青原：《论第三方资助国际投资仲裁及其规制》，载《法学研究》2020年12期。

② Queen Mary University of London & Pinsent Masons LLP: "2019 International Arbitration Survey: International Construction Disputes", https://arbitration.qmul.ac.uk/research/2019/, last visited February 6, 2023.

③ 鲁珏隽：《国际仲裁第三方资助：为何中国当事人应当关注了解并充分利用？》，https://www.dlapiper.com/zh-cn/insights/publications/2022/05/third-party-funding-why-chinese-parties-should-take-notice，访问时间：2023年2月6日。

④ Ernst & Young LLP: "How COVID-19 Has Impacted The UK's Claims and Disputes Landscape", https://www.ey.com/en_uk/assurance/how-covid-19-impacts-the-claims-and-disputes-landscape, last visited February 6, 2023.

34条[①]也对第三方资助案件的仲裁员回避制度进行了特殊规定。

此外,国内存在一些诉讼资助平台提供诉讼融资服务,但整体来看数量较少且规模也还有很大的发展空间。结合我们的过往经验,目前国内实务中第三方资助的适用仍然比较有限。

3.我国涉第三方资助案件司法实践评析

在2022年之前,涉及第三方资助的公开司法案例数量较少,而且在该等少数案例中,法院往往不会对第三方资助制度展开分析,而是认定案例中不存在导致资助合同无效的情形进而认定合同有效。[②] 在2022年,无锡中院、上海市第二中级人民法院(以下简称上海二中院)以及北京四中院在三个涉第三方资助的案例中对于这一制度进行了分析和认定,引发了仲裁实务界和学术界的热烈讨论。

(1)第三方资助仲裁司法审查案件:存在第三方资助不代表违反仲裁保密原则,不当然构成撤裁事由。

在无锡中院审理的(2022)苏02执异13号不予执行仲裁裁决一案件[③] 和北京四中院审理的(2022)京04民特368号撤销仲裁裁决案件[④] 中,两案均涉及同一仲裁裁决,也即2021年12月贸仲作出的〔2021〕CIETAC BJ Award No.3192仲裁裁决。该案中仲裁庭裁决A航空公司(以下简称A公司)及关联方向某B飞机租赁公司(以下简称B公司)赔偿相关损失及其他费用,而B公司曾获得第三方资助机构的资助。事后,裁决债务人A公司以第三方资助机构的存在构成对保密原则的违反等为由,向无锡中院申请不予执行仲裁裁决。无锡中院认为,B公司已经在仲裁程序中主动就第三方资助机构的存在向对方和仲裁庭进行了披露,保密原则主要是指不公开审理,而案涉仲裁案并未公开审理,且无证据表明第三方资助机构获知仲裁案进展会影响裁决结果的公正性,故仲裁程序并没有违反保密原则。

---

① 《上海仲裁委员会仲裁规则》第31条规定:"……(八)如果当事人采用第三方资助方式的,为协助仲裁员遵守其在本条下的义务,当事人应当自第三方资助协议成立生效时,立即将其签订的资助其提出仲裁请求或者进行答辩的协议,以及基于该协议对仲裁结果具有经济利益的任何第三方的情况通知仲裁委、仲裁庭和其他当事人。"

② 例如,广东省清远市中级人民法院(2017)粤18民终639号李某勇、清远市清城区某法律服务所诉讼、仲裁、人民调解代理合同纠纷二审民事判决书;上海市松江区人民法院(2021)沪0117民初12067号某信息科技(上海)有限公司与常州市某纺织品有限公司等法律服务合同纠纷民事一审民事判决书。

③ 苏南A航空有限公司、云南某集团有限公司等民事执行异议执行裁定书。

④ 董某成等与B飞机租赁(天津)有限公司申请撤销仲裁裁决民事裁定书。

无锡中院驳回A公司提出的不予执行仲裁裁决的申请之后，A公司又以类似的理由向北京四中院申请撤销仲裁裁决，再次被驳回。北京四中院认为，我国现行法并未禁止第三方资助机构支持资助当事人进行仲裁，选择第三方资助机构体现了民事主体意思自治，在不违反法律、不影响仲裁公正裁决时，应得到尊重，而本案仲裁程序中亦披露了第三方资助情况，仲裁庭也对第三方资助协议或基于第三方资助启动仲裁程序的合法性予以了认定。此外，仲裁的保密性原则的本意在于不对社会公开、披露仲裁案件的情况，以维护当事人的商业秘密与社会形象，但实践中不应限制特定相关人员（如第三方资助机构）获知信息的权利。该案现有证据不足以证明第三方资助机构的存在导致违反了保密规则，导致案件实体和程序的有关情况存在向社会公开、披露的情形。

无锡中院和北京四中院在司法审查的层面，原则上允许仲裁中的第三方资助的行为，体现了我国司法机关在一定程度上对于在全球仲裁实践中第三方资助的广泛运用的尊重和支持。

（2）第三方资助协议效力：是否违背公序良俗？

针对在诉讼中使用第三方资助的做法，上海二中院在其（2021）沪02民终10224号民事判决书中得出了截然相反的结论，以第三方资助违背了公序良俗为由否定了其合法性。上海二中院的理由主要包括以下几点：

第一，该案诉讼投资协议的投资标的并非实体产业项目，其交易模式具有指向非实体经济的金融属性，有违国家引导金融脱虚向实的价值导向，在当前诉讼投资领域规范和监管均为空白的情况下，司法部门对此不应过分提倡和鼓励，应当审慎认定其效力。

第二，案涉协议所涉交易模式对于我国的诉讼代理制度与诉讼秩序有所冲击，从而有损公共秩序，具体体现在诉讼投资方与诉讼代理人高度关联、缺乏利益隔离设置，违反诉讼代理制度基本原则的实现与保障，而且诉讼投资方过度控制受资助方的诉讼行为、侵害受资助方的诉讼自由，以及案涉协议设置保密条款，信息不披露，危害诉讼秩序。

第三，案涉协议的交易模式有违善良风俗，具体体现在资本方的私利目的可能直接或间接地对司法活动施加影响，与司法活动的公共属性产生价值上的冲突，而且案涉协议会助推或吸引当事人以较低的事前成本优先选择发起诉讼以解决纠纷，有违和谐、友善的核心价值观。

该判决作出后在学界和业界引发了广泛讨论。反对该判决的观点认为，在不存在明确的合同无效事由时，应避免轻易向公序良俗等一般性条款逃遁从而得出合同无效的结论；而且第三方资助符合关于正义的基本法理，有助于公民维护自身合法权益。① 不过，也有部分观点认为，上海二中院的裁判观点其实不无道理，因为诉讼投资协议确有可能把诉讼带离化解纷争、维护正义的轨道，从而走上生财之路，更何况现有的关于诉讼投资合法化的依据大多源于普通法国家，并不必然对中国具有参考意义，也并不意味着这已是一种普遍的世界性趋势，还是应该要充分考虑中国自身的国情和法伦理。②

4.第三方资助制度在中国的发展前景展望

放眼国际仲裁界，其实关于在仲裁中使用第三方资助是否合理的讨论已经有很多。支持第三方资助的理由主要包括：国际仲裁往往相当昂贵，给当事人造成了不小的负担，使得那些原本有可能在国际仲裁中获胜的当事人因资金不足的原因而不愿提起仲裁，而第三方资助可以帮助他们获得更加符合正义原则的救济；③即便是对于有雄厚资金的当事人，第三方资助也可以被用作一种风险管理的手段；④第三方资助能够降低当事人提起无意义的请求或者滥诉的可能性，或者帮助当事人重新评估其仲裁策略的合理性。⑤

相比之下，反对第三方资助的理由则包括：第三方资助会强化当事人滥诉的动机和可能性；⑥第三方资助会导致仲裁程序被视为一种商业投机行为，削弱仲裁程序作为纠纷解决机制的正当性；⑦第三方资助会带来潜在的利益冲突，如仲裁员和当事人之间的利益冲突，⑧而第三方资助者介入仲裁时的纯逐利导向与当事人想

---

① 《"诉讼投资协议效力"学术沙龙观点摘要》，载微信公众号"中国民商法律网"，2022年12月28日。

② 《"诉讼投资协议效力"学术沙龙观点摘要》，载微信公众号"中国民商法律网"，2022年12月28日。

③ Kelsie Massini, Risk Versus Reward: The Increasing Use of Third Funders in International Arbitration and the Awarding Security for Costs, *Yearbook on Arbitration and Mediation*, Vol. 7, p. 325.

④ Susanna Khouri, Kate Hurford & Clive Bowman, Third Party Funding in International Commercial and Treaty Arbitration A Panacea or a Plague? A Discussion of the Risks and Benefits of Third Party Funding, *Transnational Dispute Management*, Vol. 8, at 9.

⑤ Eric De Brabandere & Julia Lepeltak, Third Party Funding in International Investment Arbitration, *Gratius Centre Working Paper* N 2012/1, p.7.

⑥ Lawrence W. Newman & Richard D. Hill, *The Leading Arbitrators' Guide to International Arbitration*, p.217.

⑦ Lawrence W. Newman & Richard D. Hill, *The Leading Arbitrators' Guide to International Arbitration*, p.217.

⑧ Kelsie Massini, Risk Versus Reward: The Increasing Use of Third Funders in International Arbitration and the Awarding Security for Costs, *Yearbook on Arbitration and Mediation*, Vol. 7, p. 328.

要追求的利益有时也存在冲突;①还有人担心,第三方资助者会打包由高风险主张(毫无根据的主张)和低风险主张(成功机会很大的主张)组成的投资组合,以对冲高风险索赔并将其作为衍生品出售给第三方投机者。②

综上所述,我们认为第三方资助制度通过资本与法律服务的结合,打破争议解决的成本壁垒,能够避免争议解决成为富人的"游戏",对于案件周期长、程序复杂、标的金额较高的国际仲裁案件尤其具有重要的实践意义。但是,考虑到中国传统文化中的"息讼"观念的影响,中国的第三方资助制度发展道阻且长,仍有待明确的法律指引和更为统一的裁判尺度。

(二)国际制裁给国际仲裁实践带来的影响和应对

近年来,随着国际关系日趋复杂和紧张,制裁的国际应用达到了前所未有的高度。例如,自2022年俄乌战争爆发以来,美国、欧盟和其他西方国家对俄罗斯实施了贸易和金融限制、资产冻结、石油禁运、航空禁令等制裁措施,其广度和深度堪称史无前例;俄罗斯随后也采取了一系列反制措施以抵御西方全面制裁对俄罗斯造成的政治、经济、金融、文化等诸多领域的重大冲击。制裁与反制裁是地缘政治、地缘经济大国博弈的"双刃剑",对美俄关系、国际格局、世界经济金融产生了难以估量的影响。

事实上,国际制裁不仅对于全球治理体系造成深远影响,对于国际仲裁这一民间争议解决方式亦造成了不小的影响。国际仲裁作为最常见的国际经济贸易争议解决方式,经常涉及来自多个国家的当事人、仲裁员,以当事人合意为根本基础、充分尊重各方程序权利,而且仲裁裁决需要根据《承认及执行外国仲裁裁决公约》通过缔约国法院进行强制执行。正是由于国际仲裁的上述特点,制裁措施的应用对于国际仲裁的程序、实体审理以及裁决的执行等方方面面均存在影响。本部分将从制裁措施对于国际仲裁程序影响出发,讨论有关国家以及国际仲裁机构对于制裁影响的应对。

---

① Catherine Rogers, Gamblers, Loan Sharks & Third-Party Funders, *Ethics in International Arbitration*, p.25.

② Alison Ross: "The Dynamics of Third-Party Funding", https://globalarbitrationreview.com/article/the-dynamics-of-third-party-funding-in-full, last visited February 6, 2023; Selvyn Seidel, Third-Party Investing in International Arbitration Claims: to Invest or not to Invest? A Daunting Question, *Third-party Funding in International Arbitration*, p.29.

1. 制裁的基本介绍

制裁是一国政府为实现其在政治、军事、外交等方面的目的,对目标国家、企业或个人采取的特定限制措施,以惩罚被制裁方或促使其改变某些行为。常见的制裁手段包括金融限制(如禁止支付、禁止为目标对象提供资金或经济资源)、贸易限制(如出口或进口禁令、取消关税优惠待遇)、资产冻结(冻结制裁对象在实施制裁国或由该国人士占有控制的财产)、武器禁运、旅行限制等。在金融贸易领域采取的制裁一般称为经济制裁。

制裁可以分为全面制裁和非全面制裁,全面制裁是面向特定国家(地区)的全方位的制裁,如禁止制裁实施国与被制裁国的政府、任何行业、实体开展任何贸易;非全面制裁又称选择性制裁或针对性制裁,制裁对象是特定行业或个人,如禁止制裁实施国在特定行业与被制裁国进行交易,或禁止被制裁个人进入制裁实施国、冻结其在制裁实施国的资产等。[1] 为减少制裁措施对本国经济的影响,被制裁国往往采取反制裁措施予以应对和反击。针对美国近年来对我国采取的制裁和出口管制措施,我国已初步形成了以《反外国制裁法》为核心、以《不可靠实体清单规定》和《阻断外国法律与措施不当域外适用办法》为配套的反制裁制度体系。[2]

2. 国际制裁对国际商事仲裁的影响

国际制裁措施一方面可能引发国际经济、贸易领域的争议;另一方面也会对国际仲裁的程序以及裁决的执行带来种种影响。例如:

(1)影响仲裁相关费用的收付

资产冻结和禁止支付都是常见的经济制裁手段。如果参与仲裁的当事人资产被冻结或其资金收付系统因制裁措施受到限制(如其开户行被排除在 SWIFT 系统外,无法通过该系统办理结算),当事人在支付仲裁费、仲裁员报酬、律师费或按照仲裁裁决向对方当事人支付裁决项下款项时可能面临障碍。类似地,如果相关收款方的资金收付系统受到制裁措施影响,则其在款项接收上也可能面临障碍。

(2)影响仲裁员的选任和仲裁庭的组成

如果仲裁程序的一方当事人来自制裁国,仲裁庭成员来自被制裁国,来自制裁国的这方当事人可能主张由该仲裁员审理案件将导致程序合法性、实体公正

---

[1] 尹云霞、赵何璇:《美国经济制裁法律体系解读》,载中国出口管制信息网,http://exportcontrol.mofcom.gov.cn/article/zjsj/202111/525.html,访问时间:2023 年 2 月 6 日。
[2] 郭晶玮、李金佶:《制裁与反制裁》,载《中国外汇》2021 年第 18 期。

性存疑或可能导致裁决在制裁国的承认和执行面临障碍，进而主张该仲裁员回避。例如，2021年3月，作为对英反制裁手段，中国外交部针对英国大律师事务所Essex Court Chambers（以下简称ECC）实施制裁，禁止中国公民及机构同其交易①。据报道，此后在由一位ECC律师担任独任仲裁员的国际仲裁案中，中方当事人以存在制裁措施为由申请更换该仲裁员，并得到了仲裁机构的准许。为尽可能减少裁决后续被不予承认和执行的风险，仲裁机构可能会倾向于采取更为谨慎的做法，撤换受到制裁措施影响的仲裁员。

（3）因制裁措施所引发争议的可仲裁性问题

仲裁实务界和学术界的主流观点认为，针对当事人之间因制裁措施导致的民事争议（如制裁措施导致一方无法履行合同进而构成违约）具有可仲裁性，仲裁庭有权管辖。②ICC于1994年作出的一则裁决便指出："由于争议性质而导致仲裁员需要适用涉及公共政策的多种法律这一事实本身，并不意味着争议因此而不可仲裁。仲裁员必须遵守国际公共政策，但无须拒绝管辖涉及制裁的相关争议。"③

此外，被制裁的国家也会采取反制措施，如俄罗斯就规定其内国法院对制裁相关争议具有专属管辖权。例如，俄罗斯在2020年颁布的Russian Federal Law No. 171-FZ④中规定，俄罗斯法院对下述争议享有专属管辖权：涉及被制裁的俄罗斯个人和实体的争议、涉及被针对俄罗斯公民及实体的制裁措施所影响的外国实体的争议、基于制裁产生的争议。针对该等争议，当事人仍可以约定由外国法院或仲裁机构管辖，但如果一方当事人认为其在该等法律程序中将因制裁措施而无法接

---

① 《外交部发言人宣布中方对英国有关人员和实体实施制裁》，载外交部网站，https://www.fmprc.gov.cn/fyrbt_673021/dhdw_673027/202103/t20210326_9171337.shtml，访问时间：2023年2月6日。

② 可参考Fincantieri v. Ministry of Defense of Iraq 和 Air France v. Libyan Airlines 中法院的认定；另可见T. Szabados, EU Economic Sanctions in Arbitration, *Journal of International Arbitration*, Vol. 35, 2018, p. 445; Marc Blessing, *Impact of the Extraterritorial Application of Mandatory Rules of Law on International Contracts*, 1999, p.58-59.

③ Born, G., *International Commercial Arbitration*, 2021, Kluwer Law International, The Netherlands 3rd (*Born-International Commercial Arbitration*), Chapter 6, 6.04 [E], citing at footnote 321 *Partial Award in ICC Case No. 6719*, 121 J.D.I. (Clunet) 1071, 1074 (1994).

④ 该项法令全名为"*Amendments to Commercial Procedure Code of the Russian Federation in Order to Protect the Rights of Individuals and Legal Entities in Connection with Restrictive Measures Imposed by a Foreign State, State Association and (or) Union and (or) State (Interstate) Institution of a Foreign State or State Association and (or) Union*"，https://www.acerislaw.com/wp-content/uploads/2020/07/Anti-Russian-Sanctions-Law-English.pdf，访问时间：2023年2月6日。

受公正的审理或将被不公正对待，其仍可向俄罗斯法院申请由其管辖该项争议。认为争议应由俄罗斯法院管辖的当事人可向俄罗斯法院申请禁诉令，由法院禁止对方当事人在外国法院或仲裁机构启动法律程序。除非被制裁一方主动向外国法院或仲裁机构申请启动法律程序或未对该等外国法律程序提出反对，否则外国法院或仲裁机构作出的判决和裁决将被俄罗斯法院拒绝承认和执行。①

（4）制裁措施引发争议的实体裁判问题

制裁措施导致国际贸易、国际运输和国际支付等具有标的物跨境移动要素的争议增多，典型的争议情形是制裁措施导致一方当事人迟延或不能履行合同，进而导致当事人挑战合同效力或主张合同解除，并要求违约方赔偿损失，争议涉及不可抗力、履行受阻（履行困难）、合同目的落空或受挫（frustration）等法律规则的适用。

在实践中，合同的履行是否受到了制裁措施的影响要基于制裁措施的具体情况和合同的具体约定进行个案判断。伦敦海事仲裁员协会（LMAA）审理的 MUR Shipping BV v. RTI Ltd 案是在这方面讨论较多的案例。2016 年，MUR Shipping BV（以下简称 MUR）和 RTI Ltd.（以下简称 RTI）签订了一份运输合同，约定 MUR 为 RTI 将货物运输至乌克兰，RTI 将使用美元支付运费。运输合同约定了该合同项下不可抗力事件的四个要件，包括"不可抗力事件是受影响一方不能通过合理努力克服的事件或事件状态。" 2018 年，RTI 的母公司被美国制裁，导致其以美元付款受到影响；虽然 RTI 提议使用欧元付款，但 MUR 仍通知 RTI：由于制裁措施会影响其接收 RTI 以美元支付的运费，制裁措施构成合同项下的不可抗力事件。MUR 以不可抗力为由拒绝履行运输义务，被 RTI 提起仲裁。LMAA 仲裁庭认为，MUR 可通过合理努力克服案涉制裁措施的影响（如接受以欧元收款这一替代方案），故案涉制裁措施并不满足合同约定的不可抗力事件要件。此后 MUR 根据《英国仲裁法》第 69 条的规定②，针对"案涉合同约定的'合理努力'是否包括接受以合同约定的美元之外的其他付款方式"这一裁决涉及的法律问题向英国商事法院提起上诉。英国商事法院否定了仲裁庭对这一问题的认定，认为不可抗力条款中的"合理努力"并不要求

---

① Juergen Mark & Olena Oliinyk: "The Consequences of the Sanctions against the Russian Federation And of the Russian Countermeasures for International Arbitration and Litigation", https://globallitigationnews.bakermckenzie.com/2022/07/27/the-consequences-of-the-sanctions-against-the-russian-federation-and-of-the-russian-countermeasures-for-international-arbitration-and-litigation/, last visited February 6, 2023.

② 根据 1996 年《英国仲裁法》第 69 条，除非仲裁程序的双方当事人一致约定排除适用，否则一方当事人有权就仲裁裁决引发的法律问题向英国法院提起上诉。

方接受非合同约定的履行方式,①案涉制裁构成不可抗力事件。RTI 就商事法院的这一认定再次提起上诉,英国上诉法庭支持了上诉,并认为本案中双方约定 RTI 付款义务的目的是确保 MUR 的银行账户能够在约定时间收到约定金额的运费,而 MUR 接受欧元付款也可以实现这一目的,从而"克服"制裁措施给合同履行带来的影响,这甚至并不需要 MUR 付出额外努力(因此也不涉及'合理努力'是否包括以替代方式接受付款这一问题),故案涉制裁措施不构成不可抗力事件。②上诉法院的裁判强调,对于不可抗力条款的解释要基于合同具体约定而不是一般原则。

在中国法下,个案中的制裁措施也并不当然构成不可抗力。《民法典》第 180 条第 2 款规定:"不可抗力是不能预见、不能避免且不能克服的客观情况。"因此,在个案当中是否能够因为制裁措施免除合同责任,还需综合判断制裁措施是否构成不可抗力,以及制裁措施是否对合同的具体履行行为造成了不能避免和不能克服的影响。

(5)制裁对仲裁裁决承认和执行的影响

在涉及制裁措施的仲裁程序中,败诉方当事人可能主张仲裁裁决具有《承认及执行外国仲裁裁决公约》第 5 条第 1 款和第 2 款规定的情形,裁决应不予承认和执行(或援引国内法的对应规定主张撤销或不予执行裁决)。

一种具有代表性的主张是制裁措施的存在导致败诉方当事人未能在程序或实体上被公正对待(due process or denial to justice argument),③未能充分陈述其主张,故裁决具有《承认及执行外国仲裁裁决公约》第 5 条 1 款(乙)项④的不予承认和执行事由。多数案例认为,制裁措施存在这一事实本身并不必然阻碍当事人获得公正的审理,⑤在个案中,制裁措施是否对仲裁程序造成了影响仍要取决于制裁

---

① 既然合同约定的付款方式是美元付款,那么就不应要求 MUR 必须接受欧元付款。

② 见 MUR Shipping BV v RTI Ltd., [2022] EWCA Civ 1406, https://www.bailii.org/ew/cases/EWCA/Civ/2022/1406.html,访问时间:2023 年 2 月 17 日。

③ Alexander Scard: "Arbitrable or Arbitrary? The Impact of Sanctions on International Arbitration", https://kennedyslaw.com/thought-leadership/article/arbitrable-or-arbitrary-the-impact-of-sanctions-on-international-arbitration/, last visited February 6, 2023.

④ 《承认及执行外国仲裁裁决公约》第 5 条规定:"一、裁决唯有于受裁决援用之一造向声请承认及执行地之主管机关提具证据证明有下列情形之一时,始得依该造之请求,拒于承认及执行:……(乙)受裁决援用之一造未接获关于指派公断员或公断程序之适当通知,或因他故,致未能申辩者;……"

⑤ 代表性案例可参见 JSC VTB Bank v Taruta。该案中,法院认为案涉制裁措施仅涉及资产冻结,而除此之外,当事人享有全部的民事权利,包括向法庭充分陈述其观点(full access to courts)。

措施的具体实施情况。例如，在中国政府于 2021 年 3 月针对英国律师事务所 ECC 实施制裁措施后，澳大利亚麦格理银行有限公司（Macquarie Bank Limited）向上海金融法院申请承认和执行 SIAC 针对万达控股集团有限公司（以下简称万达控股）作出的仲裁裁决，万达控股主张应当不予承认和执行该裁决的理由之中，就包括该案首席仲裁员为 ECC 律师，而 ECC 被中国政府实施制裁，故案涉仲裁裁决本身即有失公正。但上海金融法院未采信该等主张，认为案涉制裁措施的对象是 ECC 律所而非仲裁员本人，且"仲裁措施在该制裁措施实施前就已作出"。[①]

另一种具有代表性的主张是制裁措施属于裁决认可执行地的公共政策（public policy），如果承认和执行该仲裁裁决将导致违反该国公共政策，则裁决可依据《承认及执行外国仲裁裁决公约》第 5 条第 2 款（乙）项[②]所规定的"承认或执行裁决有违该国公共政策"不予承认和执行。目前各国对于制裁措施是否属于公共政策、是否影响仲裁裁决的承认和执行并无统一观点。例如，在 TCM v. NGSC 案[③]中，TCM 主张美国和联合国、欧盟对伊朗实施的制裁措施构成法国法下的国际公共政策（international public policy），该案裁决违反了上述制裁措施，即违反了法国的公共政策，因此不应得到执行。法国巴黎上诉法庭认为，美国对伊朗的单边制裁并不属于国际共识、不具有普遍拘束力，因此不构成法国的公共政策；但作为对比，联合国和欧盟实施的制裁可以被认为属于国际法上的优先性强制规则（overriding mandatory rules），对于国际社会全体具有普遍的拘束力，因此构成一项国际公共政策（international public policy）。又如，在 Ministry of Defense & Support for Armed Forces of Islamic Republic of Iran v. Cubic Defense Systems Inc 案[④]中，美国法院针对制裁措施是否构成公共政策进而将影响裁决的承认和执行做了进一步区别分析，其认为即便禁止向被制裁国提供经济支持可以构成美国的一项公共政策，向被制裁国公民支付裁决款项将导致违反该公共政策，但确认（confirmation）裁

[①] Steve Ngo & Steven Walker, Impact and Effects of International Economic Sanctions on International Arbitration, *Arbitration: The International Journal of Arbitration, Mediation and Dispute Management*, Vol. 88, 2022, pp. 388-403.

[②] 《承认及执行外国仲裁裁决公约》第 5 条规定："二、倘声请承认及执行地所在国之主管机关认定有下列情形之一，亦得拒不承认及执行公断裁决：……（乙）承认或执行裁决有违该国公共政策者。"

[③] Court of Appeal of Paris, Decision No. 19-07261 of June 3, 2020, https://jusmundi.com/en/document/decision/en-tcm-fr-s-a-v-natural-gas-storage-company-ngsc-award-thursday-27th-december-2018.

[④] 665 F.3d 1091 (9th Cir. 2011).

决本身并不涉及资金支付，因此不构成对公共政策的违反。

3. 主权国家和仲裁机构针对制裁影响的应对措施

针对涉及制裁措施的法律程序，英美等主要制裁实施国制定了特别许可规则。例如，美国政府要求当事人在参加涉及被制裁对象的仲裁程序前均需取得其政府许可，而一旦取得许可后，当事人将再难以向美国法院主张仲裁程序或裁决违反了美国制裁措施①。再如，针对制裁措施影响法律费用的支付这一问题，美英均提供了特别许可机制，经受制裁影响的当事人申请并在满足相关条件的情形下，有权机关 [如 OFAC（Office of Foreign Assets Control，美国外国资产控制办公室）、OFSI（Office of Financial Sanctions Implementation，英国金融制裁执行办公室）等] 可以出于便利当事人支付法律费用的目的，在适当范围内许可解冻财产或解除资金收付系统的限制。②

以 ICC 为代表的国际仲裁机构也制定了相关专门指引，以尽可能降低制裁措施对国际仲裁程序开展和裁决效力的影响。ICC 于 2017 年 9 月 29 日发布了 *Note to Parties And Arbitral Tribunals on ICC Compliance*，针对涉及制裁和出口管制措施的仲裁程序的开展提供了相关指引，包括要求当事人遵守相关的信息披露规则，如果案件有任何一方当事人被美国采取制裁措施，则不允许案件任何一方以美元支付仲裁费，等等。此外，ICC 还将提示仲裁庭关注与案件相关的国际制裁措施，并请仲裁庭考虑该等制裁是否将对裁决造成影响。

4. 当事人应对制裁措施对仲裁程序潜在影响的相关建议

综上所述，我们建议中方当事人在参加仲裁程序时，应基于争议的具体情况，结合相关主权国家的法律规定和仲裁机构规则，充分关注和评估仲裁程序是否受到或可能受到制裁措施的影响，并积极采取应对措施。例如，当事人应关注案涉争议是否受任何内国法院的专属管辖；再如，当一方当事人系对方当事人所在国的制裁对象时，当事人应评估裁决因违反制裁国公共政策而被拒绝承认和执行的

---

① Steve Ngo & Steven Walker, Impact and Effects of International Economic Sanctions on International Arbitration, Arbitration: The International Journal of Arbitration, Mediation and Dispute Management, Vol. 88, 2022, pp. 388-403.

② Farhad Alavi & Sam Amir Toossi: "Representing Designated Persons: A US Lawyer's Perspective", https://globalinvestigationsreview.com/guide/the-guide-sanctions/third-edition/article/representing-designated-persons-us-lawyers-perspective, last visited 6 February, 2023; "The Libya (Sanctions) (EU Exit) Regulations 2020", https://www.legislation.gov.uk/uksi/2020/1665/contents/made, last visited 6 February, 2023; "Rules and Regulations", https://home.treasury.gov/system/files/126/fr87_8733.pdf, last visited 6 February, 2023.

风险;而如仲裁员、对方代理人等其他仲裁参与方是中国政府的制裁对象或受到中国政府制裁措施的影响时,中方当事人则应及时向仲裁庭和仲裁机构提出异议,以有效控制制裁措施对仲裁程序的进一步影响。

此外,我们也建议中国企业在签订合同时就关注交易对方受制裁的情况、评估对方受到制裁进而影响合同履行的风险,并在合同中约定相应的补救措施和救济安排,防患于未然。

五、总结与展望

回首 2022 年,中国商事仲裁在世纪疫情和世界变局的背景下仍不断取得宝贵的发展和突破:《仲裁法》草案持续聚焦目光,引领学习和讨论的热潮;中国仲裁协会经多年筹备孕育终于落地成立,承载业内多方位期许;最高院发布的典型案例涉及前沿的仲裁问题,进一步统一了司法审查标准;多地仲裁机构不断完善仲裁规则,加强区域及国际合作,坚持提升中国仲裁的专业化和国际化。

我们期待 2023 年将是万象更新的一年。鹰击长空,鱼翔浅底,中国商事仲裁必将随着世界经济复苏和中国深化改革开放的决心而拥有更广阔的发展空间。正如时任司法部副部长熊选国出席"2022 中国仲裁高峰论坛暨第二届贸仲全球仲裁员大会"致辞时强调,要统筹推进国际商事仲裁中心建设试点工作,努力将我国建设成为国际仲裁新目的地。为了实现这一目标,以下工作可能成为未来重点关注的领域:

第一,域内不断促进仲裁立法、体制建设、司法审查的发展。例如,《仲裁法》正式修订后,配套法律法规和司法解释有待落地;为了发挥中国仲裁协会加强行业监督的作用,尽快探索和明确其功能定位和发展规划;仲裁司法审查应当不断提升水准,统一审查尺度。

第二,域外进一步推动国际化合作,提升中国商事仲裁的国际竞争力。例如,"一带一路"国际商事争端解决机制及机构的建设很有可能成为未来仲裁领域国际合作的热点。自"一带一路"倡议实施至今,中国已在贸易投资领域的双边、多边及区域协定的签订和实施上取得了显著成绩和阶段性重大进展;2018 年,中共中央办公厅和国务院办公厅发布《关于建立"一带一路"国际商事争端解决机制和机构的意见》,与贸易投资领域的成果相比,"一带一路"争端解决机制和机构建设还有着较大的发展空间。随着"一带一路"经济贸易合作深化,势必会对我国仲裁等争端解决制度及机构的发展提出更高要求。

中国商事调解年度观察（2023）

费 宁 杨雪瑜 杨晓夫[①]

一、概述

2022年是新时代新征程上具有重要里程碑意义的一年。面对百年变局和世纪疫情交织叠加，2022年中国多元化争议解决继续阔步前进，包容线下线上各类调解的"大调解"工作格局全面铺开，以解决经济纠纷为己任的商事调解工作成绩斐然。

调解工作在中国历史上的发展根源深厚，然而，商事调解与狭义的人民调解、法院调解等概念存在显著区别。目前，关于商事调解并无统一、严格的法律概念，它是一种由多种制度、规则、实践构成的商事纠纷解决机制。[②] 商事调解中解决的纠纷产生于由营利、营业、商人三大要素构成的商事关系中，具有服务于商事主体、专注于商事纠纷的专属性，以及要求调解员必须具有商事专业知识和技能、调解组织应当采取市场化运作方式、调解程序务必特别注重效率目标的特殊性。[③] 其主要特征是以中立第三方协助调解的方式，处理市场经济中各种商事主体和商事活动产生的商事纠纷。[④]

[①] 费宁，汇仲律师事务所管理合伙人；杨雪瑜，汇仲律师事务所北京办公室管理合伙人；杨晓夫，汇仲律师事务所合伙人。同时，作者感谢汇仲律师事务所争议解决团队的其他成员王生长、章抒涛、宫琦、黄泽宇、武珂、李子钰、汪子健、周芙宇、郑雨婷为本报告作出的贡献。

[②] 范愉：《商事调解机制的发展与建构》，载北京阳光知识产权调解中心网站，https://ssipmc.com/article/16/317.html，访问时间：2023年4月27日。

[③] 周建华：《商事调解立法体系的递进式构建研究》，载《北京理工大学学报（社会科学版）》2022年第5期。

[④] 范愉：《商事调解机制的发展与建构》，载北京阳光知识产权调解中心网站，https://ssipmc.com/article/16/317.html，访问时间：2023年4月27日。

目前，国内的规范性文件、商事调解组织调解规则往往采用正向列举的方法界定商事纠纷的范围，如《深圳经济特区矛盾纠纷多元化解条例》认为商事纠纷包括"贸易、投资、金融、运输、房地产、知识产权、技术转让、工程建设等商事领域发生的矛盾纠纷"。①而《新加坡调解公约》则采用了排除法，将以下两类"非商事调解"达成的和解协议排除在公约适用范围之外：一是为解决其中一方当事人（消费者）为个人、家庭或者家居为目的进行交易所产生的争议而订立的协议；二是与家庭法、继承法或者就业法有关的协议。②《联合国贸易法委员会国际商事调解和调解所产生的国际和解协议示范法》倾向于对"商事"作广义解释，将由于商业性质的各种关系而发生的事项都涵盖在内。③从最广泛的意义上讲，不论调解主体是法院、仲裁机构、民间调解机构，还是个体调解员或仲裁员，只要是针对商事纠纷的调解，都可以归入商事调解的范畴。④人民调解委员会主导的人民调解，主要聚焦于家庭、继承、消费、就业等传统民间民事纠纷领域，通常不归入商事调解的范畴。人民法院审判人员主持的法院调解中，既有类同于人民调解的案件，也有商事调解的案件，因此法院调解具有多元性。⑤

在坚持第十三届全国人民代表大会第四次会议《关于国民经济和社会发展第十四个五年规划和2035年远景目标纲要》（以下简称"十四五"规划）、中共中央、国务院《法治政府建设实施纲要（2021—2025年）》和《全国公共法律服务体系建设规划（2021—2025年）》的前提下，2022年，人民法院多元解纷"朋友圈"不断扩大，以人民法院调解平台为载体，推动建立自上而下、全面覆盖的"总对总"多元解纷机制。最高人民法院（以下简称最高院）"总对总"合作单位有12家，全国四级法院以及7.8万个调解组织、6.9万家基层治理单位、32.8万名调解员在调解平台开展调解工作，为当事人提供菜单式、集约式、一站式解纷服务，平均每个工作日有4.7万件纠纷在法院调解平台进行调解，平均每分钟有57件成功化

---

① 参见《深圳经济特区矛盾纠纷多元化解条例》第36条；《上海经贸商事调解中心调解规则（试行）》第2条，载上海经贸商事调解中心网站，http://www.scmc.org.cn/page111?article_id=78，访问时间：2023年5月4日。
② 参见《新加坡调解公约》第1条第2款。
③ 参见《国际商事调解示范法》第1条第1款注释3。
④ 吴俊：《中国商事调解制度研究综述（1996-2011）》，载《北京仲裁》2012年第3期。
⑤ 宋阳、孙雪东：《人民法院调解工作的价值、意义及其作用刍议》，载中国法院网，https://www.chinacourt.org/article/detail/2010/08/id/423754.shtml，访问时间：2023年4月28日。

解在诉前。①

近年来，人民法院在线解纷质效不断提升，人民法院调解平台打破地域阻隔和时空限制，形成纵横联动、开放融合、集约高效的纠纷解决网络，最大限度地提升了纠纷解决效能。"总对总"在线诉调对接机制的成效显著。最高院提供的统计数据表明：2020年1月至2022年8月中旬，人民法院累计在线委派合作单位诉前调解纠纷76.7万件，调解成功率达67.3%。调解员人均月调解案件量从2020年的1.8件，增加到现在的10.2件。2022年上半年，22.5万个纠纷案件在诉前成功调解，比2021年全年调解成功案件量高出10.6万件。从合作单位情况看，2022年上半年，调解纠纷案件量最多的是银保监会，共99,137件。调解成功案件量最多的是全国总工会，共66,747件；人民银行调解成功案件量次之，超过4万件；中国侨联、全国工商联和国家知识产权局调解成功案件量的数目也十分可观，超过2万件。中央台办、人力资源社会保障部及证监会调解成功率远远高于平均调解成功率，分别达到80%、89%和93%。②

"总对总"在线多元解纷工作实现了从点线突破向全面开花、平台搭建向实质解纷、单打独斗向多元联动的转变，有效促进了调解资源跨地域、跨层级、跨部门共享共用，引导大量矛盾纠纷及时高效解决，为多元纠纷解决机制和互联网司法发展贡献了中国智慧、中国方案。③

从宏观视角看，以诉讼、仲裁、调解等方式为代表的多元解纷机制的构建离不开国家法律与社会契约的融合，离不开参与商事活动的当事人自愿自力与合理稳定化解纠纷愿景的配合，离不开中立专业的第三方与法治化营商环境的契合。从实践视角看，在国内，多元解纷机制中诉讼与调解的结合以及仲裁与调解的结合成为主流，调解在诉讼和仲裁的赋能加持下已然在商事争议解决中发挥更大的作用；在国际上，商事调解根源于共生共荣的商业文化，无论地域、文化、法律背景如何多元，商人们追求维护交易安全、合理高效解决纠纷的需求没有变化，

---

① 《周强出席推进构建中国特色"总对总"在线多元解纷新格局工作座谈会讲话强调　健全完善中国特色一站式多元纠纷解决体系　推动建设更高水平的平安中国法治中国》，载最高人民法院网站，https://www.court.gov.cn/zixun-xiangqing-369661.html，访问时间：2023年1月5日。

② 高憬宏：《关于"总对总"在线诉调对接工作质效的情况通报》，载网易新闻网，https://www.163.com/dy/article/HI8S3QS60514C5MG.html，访问时间：2022年12月26日。

③ 《周强出席推进构建中国特色"总对总"在线多元解纷新格局工作座谈会讲话强调　健全完善中国特色一站式多元纠纷解决体系　推动建设更高水平的平安中国法治中国》，载最高人民法院网站，https://www.court.gov.cn/zixun-xiangqing-369661.html，访问时间：2023年1月5日。

调解在国际层面的协调发展有其适宜的土壤和广阔的发展前景。

2022年，中国在商事调解上积累了更多的经验、取得了长足的进步。下文将简述2022年中国新出台的法律法规或其他规范性文件，揭示商事调解行业整体发展情况；观察若干具有典型意义的商事调解案例；述评商事调解的社会热点问题；对"十四五"规划实行第二年商事调解的发展及不足进行总结，同时对商事调解的发展趋势进行展望。

二、新出台的法律法规或其他规范性文件

（一）《期货和衍生品法》引入强制调解制度，保护期货市场交易者

2022年4月20日，第十三届全国人民代表大会常务委员会第三十四次会议通过《中华人民共和国期货和衍生品法》（以下简称《期货和衍生品法》），自2022年8月1日开始施行。对于交易者与期货经营机构之间的纠纷，《期货和衍生品法》第56条引入强制调解制度，即普通交易者如因期货业务纠纷而提起调解请求的，期货经营机构不得拒绝。强制调解制度赋予了普通交易者启动强制调解程序的权利，能够有效引导普通交易者与期货经营机构通过调解方式解决纠纷，减少讼累，有助于降低解纷成本、提高解纷效率。强制期货经营机构在诉前必须接受调解程序，在一定程度上化解了普通交易者和期货经营机构在诉讼能力上的不平衡性，有助于构建一个对普通投资者更加友好、保护更加完善的争议解决制度。

交易所规则也及时跟进。2022年4月22日，上海证券交易所、深圳证券交易所经中国证监会批准公布了各自修订的《债券市场投资者适当性管理办法（2022年修订）》，新增了普通投资者与证券公司之间的适当性纠纷可以向投资者保护机构申请调解的规定。2022年7月27日，广州期货交易所发布并施行《广州期货交易所违规违约处理办法》，规定期货市场参与者之间的期货业务纠纷可以提请交易所调解。

（二）法院与金融监管部门协同，加强金融纠纷多元化解

各级法院在加大对金融纠纷特别是消费类金融纠纷源头化解、多元化解，争取金融监管部门、行业协会、行业调解组织的大力支持和积极参与，在人民法院"一站式多元纠纷解决和诉讼服务体系"总体制度框架下，进一步完善金融纠纷多

元解决机制，完善诉前调解与司法确认的制度衔接，完善示范判决促进类案调解的制度功能，完善调解执行一体化的考核激励机制，短平快、低成本、实质性化解矛盾，维护社会稳定。①

在多元解纷机制以及借助现代信息科技提高质效方面，许多地方法院的创新做法可资学习借鉴。比如，厦门中院、思明法院和人行中心支行、银保监局、证监局、金融监督局共同搭建全国首个实体化运行的金融司法联合平台——厦门金融司法协同中心，80余人集中办公，一站式处理全市金融纠纷，庭外调解与法院审理衔接，调、审、执衔接。厦门模式已实施四年，实践效果明显。②

(三)《体育法》修订及《体育仲裁规则（征求意见稿）》设置多元化体育纠纷救济机制

2022年6月24日，第十三届全国人民代表大会常务委员会第三十五次会议通过了修订的《中华人民共和国体育法》（以下简称《体育法》），自2023年1月1日起施行。《体育法》施行后，中国体育仲裁委员会随之于2023年2月11日在北京成立。③《体育法》的修订新增了"体育仲裁"章节，对体育仲裁的受案范围、体育仲裁机构、体育仲裁的程序及效力等作出规定。同时，《体育法》采用列举和排除的方式界定了体育仲裁程序的受案范围（同时适用于体育仲裁委员会的调解程序），"排除条款"明确将《仲裁法》和《劳动争议调解仲裁法》所规定的相关纠纷排除在受案范围外。④相应地，《体育仲裁规则（征求意见稿）》细化了仲裁庭作出临时措施的权力、体育仲裁的程序，并专门设置了调解条款，即在仲裁程序中，各方当事人可以在《体育仲裁规则（征求意见稿）》允许的条件下调解。

体育调解是体育纠纷双方当事人在自愿基础上，由第三方（调解员）从中调停，促使当事人双方自主协商解决与体育有关的纠纷（Sports-related Disputes）的

---

① 刘贵祥：《关于金融民商事审判工作中的理念、机制和法律适用问题》，载《法律适用》2023年第1期。

② 刘贵祥：《关于金融民商事审判工作中的理念、机制和法律适用问题》，载《法律适用》2023年第1期。

③ 《中国体育仲裁委员会在京成立》，载国家体育总局网站，https://www.sport.gov.cn/tyzc/n25137752/c25236469/content.html，访问时间：2023年5月4日。

④ 参见《体育法》（2022年修订）第92条。

非诉讼解决机制或方法。[1] 相较于商事调解，体育调解具有更强的专业性、技术性和强烈的行业色彩，但二者共享着自愿平等、第三方中立等调解机制共性[2]。国际上，两者在调解主体和客体方面可以交叉重叠。与体育有关的纠纷既有体育组织内部运动员资格、纪律处分纠纷，也有相关的商事纠纷，如体育赞助合同纠纷、体育行纪合同纠纷和运动员转会费用纠纷等。与体育有关的纠纷也可由商事调解组织受理，如美国仲裁协会以调解手段解决了数起职业体育纠纷案件[3]。

（四）《最高人民法院关于适用〈中华人民共和国民事诉讼法〉的解释》（2022年修正）明确司法确认案件的管辖规则

2022年3月22日最高院审判委员会通过了关于修改《最高人民法院关于适用〈中华人民共和国民事诉讼法〉的解释》（以下简称《民事诉讼法解释》）的决定，修订后的《民事诉讼法解释》自2022年4月10日起施行。《民事诉讼法解释》第61条扩大了调解协议司法确认的范围，除经人民调解委员会调解达成调解协议外，经过其他依法设立的调解组织调解所达成的协议，也可以向人民法院申请司法确认；第351条和第352条则对调解组织自行开展调解的司法确认案件管辖问题进行了适应性修改。

司法确认制度赋予调解协议以法律效力和可执行力，在程序和实体上给予参与调解的当事人以信心和支撑，实质上是司法为调解赋能，为多元纠纷解决机制深入开展提供强有力的后备保障。《民事诉讼法解释》拓展了司法确认调解案件的范围，是这一制度灵活性的充分体现，也有利于完善诉调对接，畅通商事纠纷解决渠道。

（五）《全国法院涉外商事海事审判工作座谈会会议纪要》明确撤销仲裁调解书属于法院的受案范围

2022年1月24日最高院发布《全国法院涉外商事海事审判工作座谈会会议纪要》，其中第99条明确规定仲裁调解书与仲裁裁决书具有同等法律效力，撤销仲裁调解书属于人民法院的受案范围，人民法院应当按照《仲裁法》关于撤销仲

---

[1] 孙彩虹：《体育调解：多元化解决体育纠纷的新路径》，载《温州大学学报（社会科学版）》2018年第3期。
[2] 徐士韦：《体育纠纷及其法律解决机制研究》，上海体育学院2015年博士学位论文。
[3] 王克阳：《体育调解制度未来发展的理论分析与制度完善——基于〈新加坡公约〉的思考》，载《武汉体育学院学报》2021年第8期。

裁裁决书的相关规定审查撤销仲裁调解书案件。该纪要填补了仲裁立法留下的空白，为仲裁调解书的司法监督提供了实用指南。

（六）最高院出台首部指导全国法院开展在线调解工作的司法解释

2022年1月1日，《人民法院在线调解规则》正式生效实施，这是最高院发布的首部指导全国法院开展在线调解工作的司法解释。该解释明确了在线调解框架体系，填补了在线调解程序空白，围绕便民利民、依法规范、提质增效、体系构建四个着力点，对在线调解适用范围、在线调解活动内涵、在线调解组织和人员、在线调解程序、在线调解行为规范等作出规定。该解释标志着我国法院在线调解工作完成了从实践探索向规则规制的转变。

（七）各地进一步推进调解机制建设，优化多元化纠纷解决渠道

2022年全国各地都在进一步推进调解机制建设。2022年1月24日上海市政府审议通过了《上海市公共法律服务办法》，强调要建立大调解工作格局、完善多元化专业化公共法律服务机制等。2022年11月4日北京市司法局审议通过《北京市公共法律服务体系建设发展规划（2021—2025年）》，该规划于2022年11月15日发布并实施，其提出调解方式多元化、推动完善包括调解在内的多元化纠纷解决机制、推动建立国内国际权威的商事调解组织等目标。深圳市出台了《深圳经济特区矛盾纠纷多元化解条例》，天津市出台了《天津市矛盾纠纷多元化解条例》，安徽省修订了《安徽省多元化解纠纷促进条例》，河南省出台了《河南省矛盾纠纷多元预防化解条例》，新疆维吾尔自治区出台了《新疆维吾尔自治区人民调解条例》，均致力于完善调解、仲裁、行政裁决、行政复议、诉讼等有机衔接、相互协调的多元化纠纷解决机制。

通过赋予商事调解组织合法地位，推动调解全面充分协调发展，建立畅通的衔接保障机制，构筑科学、合理、高效的多层次、多元化工作机制和解决纠纷机制，各地条例无疑都有助于夯实"大调解"工作格局，促进调解事业迈上新的发展台阶。

（八）国际商事争端预防与解决组织博采众长，发布商事调解规则

国际商事争端预防与解决组织是总部设立在我国的第一个兼具国际与国内争端预防与解决功能的非政府间国际组织。2022年5月，国际商事争端预防与解决组织发布《商事调解规则》（以下简称《规则》），2022年7月，该组织又推出了《商事仲裁规则》，其中也有专门章节规定和解与调解。《规则》充分尊重当事人的意思自治，允许当事人通过约定排除适用或修改《规则》的规定，允许当事人在该组织调解员名册内外选择调解员。在当事人国籍不同时，可推荐或指定不同于各方当事人国籍的调解员。《规则》详细规定了调解程序性事项，包括调解员的披露义务、回避义务，调解前案件管理会议机制等，有利于调解各方明确目标，提高效率，保障调解程序的公平公正，降低将来和解协议执行风险。《规则》引进了调解与仲裁相结合机制，即当事人可以根据达成的和解协议请求仲裁庭作出裁决书，保障调解成果最终可以通过1958年《纽约公约》在全球170多个缔约国得到承认和执行。除此之外，《规则》还引入了该组织与其他机构的联合调解制度，创新规定了调解地，明确了通过国际调解达成和解协议的籍属问题。总体来看，《规则》博采众长且有所创新，与我国签署的《新加坡调解公约》《纽约公约》以及多元化争端解决政策相呼应，为商事调解的国际化解决方案提供了样板。

（九）《第三届中国仲裁公信力评估指标体系（国内版）（征求意见稿）》将调解和解纳入对仲裁机构的评价指数

2022年11月30日，《第三届中国仲裁公信力评估指标体系（国内版）（征求意见稿）》将"仲裁庭调解和解成功率"纳入"办案专业度"指数；将"案件和解调解的比例"纳入"服务社会治理指数"，将"在线调解"纳入"仲裁与调解相结合的技术评价指数"。这一指标体系的更新体现我国在加强仲裁公信力建设的同时，同步重视调解的功用及其社会效果，有助于构建更加完备的多元化纠纷解决机制。

三、商事调解行业整体发展情况

（一）2022年度法院涉调解裁判文书概况

在威科先行数据库中，2022年全年公开的以调解结案的裁判文书共有28,337份。其中，民事案由的调解书有28,107份，包括合同、准合同纠纷，婚姻家庭、继承纠纷，侵权责任纠纷，劳动争议、人事争议，公司、证券、保险、票据等有关的民事纠纷，物权纠纷等。具体占比如下：

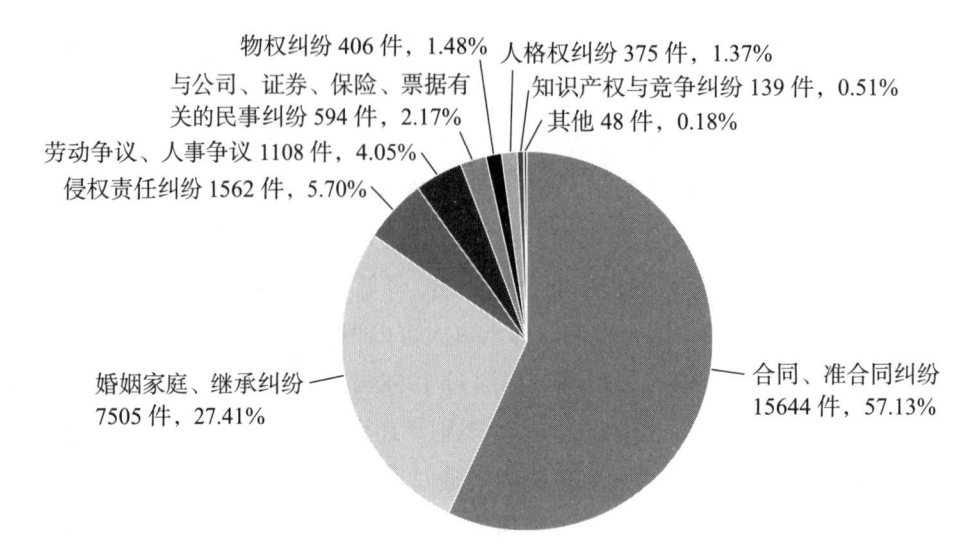

物权纠纷 406 件，1.48%　　人格权纠纷 375 件，1.37%
与公司、证券、保险、票据有关的民事纠纷 594 件，2.17%　　知识产权与竞争纠纷 139 件，0.51%
　　　　　　　　　　　　　　　　　　其他 48 件，0.18%
劳动争议、人事争议 1108 件，4.05%
侵权责任纠纷 1562 件，5.70%

婚姻家庭、继承纠纷
7505 件，27.41%

合同、准合同纠纷
15644 件，57.13%

在公开的以调解结案的裁判文书中，90%以上都是争议标的额在 50 万元以下的争议，具体案件的标的额情况如下：

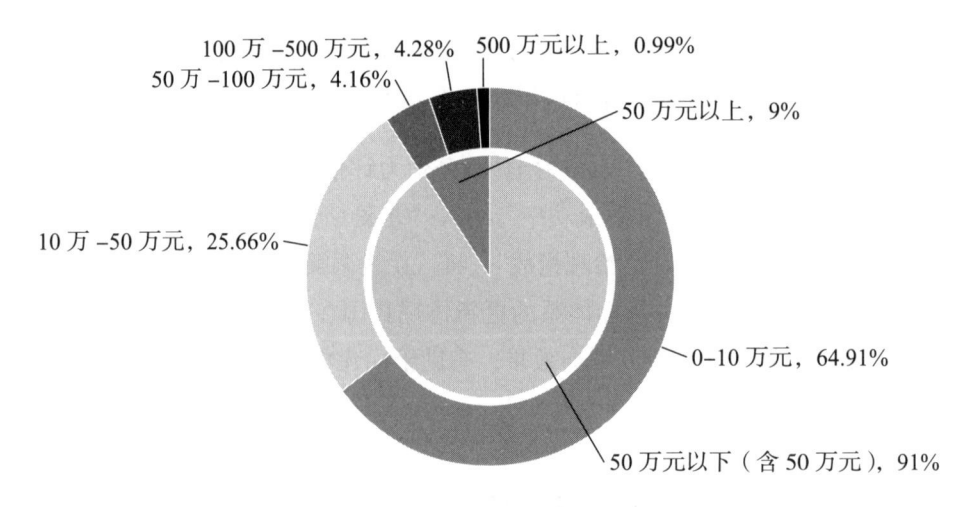

100 万-500 万元，4.28%　　500 万元以上，0.99%
50 万-100 万元，4.16%
　　　　　　　　　　　50 万元以上，9%

10 万-50 万元，25.66%

0-10 万元，64.91%

50 万元以下（含 50 万元），91%

（二）各级人民法院发布调解典型案例

2022 年 2 月 24 日，最高院发布《人民法院"总对总"在线多元调解案例》。① 8 个典型案例分别涉及境外当事人参与调解、法院 + 商会调解、证券期货纠纷在线诉调、知识产权纠纷调解、金融纠纷调解、保险纠纷调解、价格纠纷调解、劳动争议纠纷调解等领域。2022 年 7 月安徽省高级人民法院发布《安徽省高级人民法院

---

① 《人民法院"总对总"在线多元调解案例》，载最高人民法院网站，https://www.court.gov.cn/zixun-xiangqing-346811.html，访问时间：2023 年 2 月 4 日。

发布第一批民商事纠纷诉前调解案例》。① 2022 年 11 月，贵州省高级人民法院也发布了《2022 年全省法院诉源治理工作典型案例》。② 2023 年 1 月 5 日，重庆市高级人民法院公布《重庆法院多元解纷优秀调解案例》。③ 2023 年 1 月 9 日，湖北高院发布了《湖北法院优化法治化营商环境十大案例》，其中包括多个调解案例。④

（三）最高院发布《关于人民法院涉外审判工作情况的报告》

2022 年 10 月 28 日，最高院发布《关于人民法院涉外审判工作情况的报告》，⑤ 其中提及北京市第四中级人民法院（以下简称北京四中院）、苏州国际商事法庭、深圳前海法院等探索建设各具特色的纠纷多元化解决平台，完善诉讼与调解、仲裁对接机制，努力满足中外当事人司法需求。最高院会同中国侨联发布加快推进涉侨纠纷在线诉调对接工作的通知，999 家侨联调解组织、1,712 名调解员入驻人民法院调解平台。云南法院探索建立"国门调解"机制，设立了 14 个国门诉讼服务站，配备双语法官 192 人，聘请双语调解员 585 人，推动简易涉侨纠纷就地化解。新疆高院积极推进中哈霍尔果斯国际边境合作中心联合纠纷化解平台建设。广西高院、海南一中院与中国国际贸易促进委员会调解中心签署合作备忘录，完善涉外商事纠纷联动调解机制。

（四）中国专业化市场化商事调解组织有了新的发展

中国专业化市场化的商事调解组织大体分为三类，在 2022 年均有新发展、新进步：

一是以中国国际贸易促进委员会/中国国际商会调解中心及其各分会的调解中心和中华全国工商业联合会设立的调解组织为代表的商会、行业协会下属的调解组织。仅就中国国际贸易促进委员会/中国国际商会而言，截至 2022 年 6 月，

---

① 《安徽高院发布第一批民商事纠纷诉前调解案例》，载微信公众号"安徽商院"，2022 年 1 月 12 日。
② 《贵州高院发布 2022 年全省法院诉源治理工作典型案例》，载微信公众号"贵州高院"，2022 年 11 月 3 日。
③ 《重庆法院多元解纷优秀调解案例（2022 年度）》，载微信公众号"重庆市高级人民法院"，2023 年 1 月 5 日。
④ 《湖北法院优化法治化营商环境十大典型案例》，微信公众号"湖北高院"，2023 年 1 月 9 日。
⑤ 《最高人民法院关于人民法院涉外审判工作情况的报告》，载最高人民法院网站，https://www.court.gov.cn/zixun-xiangqing-377231.html，访问时间：2023 年 2 月 4 日。

中国贸促会调解中心已在全国各省、自治区、直辖市及一些重要城市设立分会调解中心共62家，形成了庞大的调解网络。各调解中心使用统一的商事调解规则，在业务上受总会调解中心的指导。① 中国贸促会调解中心是首批被最高人民法院纳入"一站式"国际商事纠纷多元化解决机制的调解机构，与全球22个国家和地区知名争议解决机构建立联合调解机制，受理商事调解案件从2012年的1,800余件增至2022年的9,500多件，年均增长18%，累计3万多起、标的额480多亿元人民币。②

二是各地商事仲裁机构设立的调解中心，以及仲裁机构在办理仲裁案件过程中其自身及仲裁庭临时充任的调解组织。例如，北京仲裁委员会/北京国际仲裁中心（以下简称北仲）2022年结案数量7,313件，其中调解结案1,117件，占比15.27%；③ 中国国际经济贸易仲裁委员会2022年结案数量3,822件，其中撤案结案586件，调解结案339件（其中和解裁决结案132件，调解书结案207件），共计925件，占比24.20%；④ 深圳国际仲裁院2022年结案数量6,825件，其中调解结案657件，占比9.63%；⑤ 上海仲裁委员会2022年结案数量4,651件，其中调解结案783件，裁决调解43件，撤诉949件，占比38.16%；⑥ 哈尔滨仲裁委员会2022年结案数量3,122件，其中调解及撤案804件，调撤率为46.37%；⑦ 济南仲裁委员会2022年于立案前免费为当事人调解纠纷1,300余件，对已经进入仲裁程序的案件，采取退还仲裁费用、引入商协会斡旋等措施，促成49%的案件以调解或和解的方式结案。⑧

---

① 参见中国国际贸易促进委员会网站，https://adr.ccpit.org/articles/25，访问时间：2023年1月5日。

② 参见中国国际贸易促进委员会网站，https://www.ccpit.org/a/20230330/20230330wsqj.html，访问时间：2023年5月4日。

③ 《北京仲裁委员会/北京国际仲裁中心2022年度工作报告》，载北京仲裁委员会网站，http://www.bjac.org.cn/news/view?id=4461，访问时间：2023年1月24日。

④ 统计数据由中国国际经济贸易仲裁委员会立案处提供。

⑤ 《2022深圳国际仲裁院高质量发展数据概览》，载深圳国际仲裁院网站，http://www.scia.com.cn/home/index/newsdetail/id/3128.html，访问时间：2023年2月2日。

⑥ 《上海仲裁委员会发布2022年度报告》，载微信公众号"上海仲裁委员会"，2023年2月9日。

⑦ 《哈尔滨仲裁委员会2022年案件情况分析》，载哈尔滨仲裁委员会网站，http://www.hrbac.org.cn/newsshow.php?cid=15&id=5119，访问时间：2023年2月2日。

⑧ 《济南仲裁办2022年度法治政府建设情况报告》，载济南仲裁委员会网站，http://zcb.jinan.gov.cn/art/2023/1/29/art_10366_4762852.html，访问时间：2023年2月2日。

三是由社会力量合作成立的调解组织。例如，在北京设立的国际商事争端预防与解决组织、"一带一路"国际商事调解中心，在上海设立的上海经贸商事调解中心、中国商事调解发展合作机制，在深圳设立的粤港澳仲裁调解联盟，以及深圳前海合作区人民法院（以下简称深圳前海法院）与深圳市律师协会、深圳市前海国际商事调解中心、内地—香港联合调解中心等48家境内外机构合作共建的前海"一带一路"国际商事诉调对接中心等。这些组织成立时间不长，但都发展迅速。例如，自2018年1月至2022年6月，前海"一带一路"国际商事诉调对接中心已累计成功调解纠纷4,880件；① 至2022年年底，北京"一带一路"国际商事调解中心拥有628名专业调解员，104家调解室，累计调解案件超过16000件；② 国际商事争端预防与解决组织成立以来，作为国际标准化组织（ISO）A类联络组织深度参与全球治理、发布与国际多元争端解决实践接轨的商事调解和仲裁规则，并运用非对抗性争端预防措施妥善化解300余件商事纠纷，展现了其作为全球商事争端治理平台的生命力。③

以上三类调解组织均是社会力量按照市场化规律运作的专业化调解组织。近年来社会调解组织的快速发展离不开国家公权力机关的引导和社会公共资源的支持。但是与人民调解和法院调解相比，社会调解组织无论是在发展规模、受案数量还是调解结果的执行等方面都还存在一些不足和欠缺。这一方面是因为我国商事调解的发展起步较晚，尚未形成成熟的国内市场和价格机制，当事人和调解人员参与调解的积极性没有充分调动起来，市场潜力有待深入挖掘；另一方面是因为我国目前受"民商一体"观念的影响，商事争议解决程序与民事争议解决程序的分化程度不高，对商事调解的市场化特性认识不到位，法院对商事调解结果的司法确认直到近几年才引起重视，法律规则滞后于调解主体预期，客观上拖累了商事调解的高速发展。

---

① 《人民法院服务和保障粤港澳大湾区建设情况报告（2019-2022）》，载广州海事法院网，https://www.gzhsfy.gov.cn/web/content?gid=94162&lmdm=1029，访问时间：2022年12月27日。

② 参见北京融商"一带一路"法律与商事服务中心／"一带一路"国际商事调解中心调解平台网站，http://www.bnrmediation.com/CN/Index，访问时间：2023年7月4日。

③ 《ICDPASO受邀参加2022年粤港澳大湾区服务贸易大会》，载国际商事争端预防与解决组织网站，http://www.icdpaso.org/content/2371，访问时间：2023年1月24日。

四、典型案例

2022年，全国各级法院、仲裁机构和调解机构通过调解或者与调解相结合的方式解决了大量的民商事纠纷，涌现了一批精彩案例。本文遴选其中具有典型意义的六个案例予以述评。

【案例1】当事人申请撤销仲裁调解书的，人民法院应予受理[①]

【基本案情】

某肉类销售公司向北京四中院申请撤销北仲于2019年6月10日作出的《仲裁调解书》，主张上述《仲裁调解书》所依据的《肉类销售合同》并非其实际订立，而是公司相关人员伪造公司印章假借某肉类销售公司的名义签订。某肉类销售公司从未接到过北仲仲裁程序所涉及的一切仲裁文件，而且也没有委托任何代理人前往北仲参与该仲裁程序。

经北京四中院审查，仲裁调解书所依据的《肉类销售合同》和仲裁程序中某肉类销售公司的代理人的授权委托书均系伪造，公安部门向某肉类销售公司发送立案告知书，告知其被合同诈骗案件符合立案条件，已进行立案侦查。

【争议焦点】

法院能否受理当事人申请撤销仲裁调解书的案件。

【裁判观点】

仲裁调解书与仲裁裁决书具有同等法律效力。人民法院依据《仲裁法》第58条对当事人提出的撤销仲裁调解书申请进行审查。经人民法院审查，仲裁调解书符合人民法院通知仲裁庭重新仲裁的情形，经仲裁机构同意重新仲裁，人民法院终结审查程序。

【纠纷观察】

关于仲裁调解书能否撤销的问题，以往各地法院存在观点不一、做法各异的现象，甚至最高院内部的意见也不统一。[②]2021年12月31日，最高院发布《全

[①] 《国内商事仲裁司法审查年度报告（2019-2021）》，案例10：某肉类公司申请撤销仲裁调解书案，载北京市第四中级人民法院官网，https://bj4zy.bjcourt.gov.cn/article/detail/2022/03/id/6596710.shtml，访问时间：2023年6月23日。

[②] 张燕：《当事人是否有权申请撤销仲裁调解书？——从我国法院近期所作的若干裁定说开去》，载东方律师网，https://www.lawyers.org.cn/info/c9c755073c56479c9518482bf780d18e，访问时间：2022年12月27日。

国法院涉外商事海事审判工作座谈会会议纪要》，其中第99条明确"仲裁调解书与仲裁裁决书具有同等法律效力。当事人申请撤销仲裁调解书的，人民法院应予受理。人民法院应当根据仲裁法第五十八条的规定，对当事人提出的撤销仲裁调解书的申请进行审查"。就此，最高院终于统一了裁判规则。2022年3月24日，北京四中院召开新闻发布会，公布了《国内商事仲裁司法审查年度报告（2019—2021）》及十大典型案例，其中收录了本案例，为后续司法裁判提供有益参考。

【案例2】中国特色多元解纷机制："总对总"在线诉调对接机制实现多方联袂解纷[①]

【基本案情】

原告云南J集团与被告昆明C公司于2018年签订《合作框架协议》，约定双方就某片区项目达成合作。协议签订后，原告按约向被告账户支付5亿元的合作诚意金，被告出具了相应收据。后原被告因合作项目未能进行，按照双方约定，被告应该退还原告所有诚意金，双方就退款事宜多次协商未果而发生纠纷。原告遂向昆明市西山区人民法院（以下简称昆明西山法院）提起诉讼，诉请被告退还合作诚意金及其利息7000余万元。

【案件特点】

该案属商事纠纷，适宜行业性和专业性调解组织参与处理。根据"法院+工商联"诉调对接机制，人民法院调解平台与工商联商会调解服务平台无缝对接，昆明西山法院将该案分流至云南省总商会民商事调解中心进行调解。

【调解过程】

该案调解团队成员包括公证处公证员、调解中心特邀调解员以及北京某律师事务所律师。并且经云南省工商联的邀请，人民法院驻省工商联诉前调解中心及时派出法官对调解员进行法律指导、调解指引、进展跟踪和推送指导性案例。法官的深度参与帮助调解员吸收类案处理经验并迅速找到本案争议的症结所在。

调解员和法官在线通过视频分别连线双方当事人，向双方释明所涉法律关系，解答双方提出的问题，最后争议双方在线达成了调解协议。

【纠纷观察】

"总对总"在线诉调对接机制可以调动社会各界力量，匹配争议所涉的领域，

[①] 《人民法院"总对总"在线多元调解案例》，载最高人民法院网站，https://www.court.gov.cn/zixun-xiangqing-346811.html，访问时间：2023年2月2日。

促进当事人快速和解。最高院已经陆续与中共中央台湾工作办公室、中华全国总工会、中华全国归国华侨联合会、中华全国工商业联合会、中国人民银行、中国银行保险监督管理委员会[①]、中国证券监督管理委员会、国家知识产权局等单位建立了"总对总"在线诉调对接机制。[②] 该机制运转的基本模式为当事人向法院提交纠纷调解申请，法院在征得当事人同意后，向合作单位设立的调解组织委派委托案件，法院委派法官与调解组织的调解员共同利用在线调解平台进行调解。[③]

该机制的亮点是充分利用法官的审判经验和调解员的行业经验，跨界配合，联合调解，充分发挥了调解的潜力。

【案例3】人民法院委托香港调解员适用香港调解规则化解跨境纠纷，探索两地调解规则衔接[④]

【基本案情】

2014年11月，香港A公司与深圳B公司、深圳C公司、龙某某、吴某某等发生纠纷，香港A公司向美国仲裁协会国际争议解决中心申请仲裁，仲裁庭作出仲裁裁决，裁令深圳B公司等向香港A公司支付各类损失370余万美元。2018年5月，深圳市中级人民法院（以下简称深圳中院）作出承认并执行仲裁裁决的民事裁定书。2018年4月至7月，深圳B公司与龙某某等配合将公司的全部财产转移。香港A公司提起诉讼，请求确认深圳B公司与龙某某等之间的土地、房产、股权、应收账款等转让行为无效。

【调解过程】

深圳中院将案件导入先行调解程序，委派香港特邀调解员进行调解。调解员在沟通过程中采用香港的"促进式调解"规则，引导当事人如何确认"无争议事实"，了解其真正需求。同时，调解员注重做好当事人的情绪管理，通过在线沟通

---

① 现为国家金融监督管理总局。
② 高憬宏：《关于"总对总"在线诉调对接工作质效的情况通报》，载网易新闻网，https://www.163.com/dy/article/HI8S3QS60514C5MG.html，访问时间：2022年12月26日。
③ 《【一图看懂】"总对总"在线诉调对接机制是啥？》，载人力资源和社会保障部网站，http://www.mohrss.gov.cn/SYrlzyhshbzb/zcfg/SYzhengcejiedu/202201/t20220125_433510.html，访问时间：2022年12月26日。
④ 《广东法院第四批粤港澳大湾区跨境纠纷典型案例》之案例十七：WS公司诉宏柏公司等合同纠纷案，参见《粤港澳大湾区跨境纠纷典型案例发布会在穗举行》，载微信公众号"广东省高级人民法院"，2022年6月24日。

等多种方式，舒缓当事人的不满情绪，再寻找适当时机将当事人带回友好商谈。双方最终达成和解协议并履行完毕，香港 A 公司申请撤诉。

【纠纷观察】

"促进式调解"和"评估式调解"是两种基本的调解技术。评估式调解注重效率，调解员可以对争议的是非曲直进行评估，为双方当事人提供和解建议，从而促使当事人作出妥协。① 促进式调解则注重当事人的合意，调解员引导构建一个和谐的氛围让双方充分了解和协商，探索可行的和解方案，而不能向任何一方提供法律意见和和解方案。②

大陆法背景的当事人较易接受"评估式调解"，英美法背景的当事人更倾向于接受"促进式调解"③。因此，在有不同法律文化背景当事人的调解案件中，调解员的选择和调解技术的使用很重要。本案是内地"评估式调解"融合香港"促进式调解"技术的范例，体现了粤港两地法律规则的深度衔接，对持续推进粤港澳大湾区区域市场一体化具有积极意义。

【案例 4】引入外籍调解员主导涉多国主体的调解案件④

【基本案情】

案涉货物自美国船运至日本过程中，因船舱温度设置问题导致货损。收货人日本某公司已在美国法院起诉托运人美国某公司并通过和解获得赔偿。美国某公司支付和解金后，在有管辖权的海事法院提起诉讼，主张向实际承运人中国某运输公司追偿。经该海事法院征求意见，原被告均同意调解，案件委托至上海经贸商事调解中心进行调解。

【调解过程】

由于货物代理公司、托运人系美国某公司，承运人为中国某运输公司，收货人为日本某公司，而承运人所在的保赔保险协会系瑞士某机构，一案涉及四个国

---

① 金柏锟：《评估式调解与促进式调解——两种主要调解模式的比较》，载微信公众号"上海经贸商事调解中心 SCMC"，2019 年 10 月 28 日。

② 张思琪：《浅析香港促进式调解与律师在多元化纠纷解决机制下的机遇》，载微信公众号"多元化纠纷解决机制"，2016 年 8 月 14 日。

③ 《香港调解服务助内地企业解决跨境商贸争议》，载香港贸发局网站，https://beltandroad.hktdc.com/sc/insights/hong-kong-mediation-service-helps-mainland-enterprises-resolve-cross-border-commercial-0，访问时间：2023 年 1 月 19 日。

④ 《上海经贸商事调解中心：探索多国籍调解员全方位参与涉外案件调解之路》，载微信公众号"临港新片区法律服务中心"，2021 年 6 月 25 日。

家不同主体，上海经贸商事调解中心随即委任精通中、英、日三国语言、拥有丰富商事调解和商业风险管理经验的外籍调解员 Peter Corne 先生负责本案调解。最终，各方以对自己利益影响最小的方案达成一致并在上海经贸商事调解中心主持下签订调解协议，海事法院对该调解协议出具司法确认书。

【纠纷观察】

该案件属于海运货损案件，并且当事方来自不同的国家，委派精通多国语言、熟悉多国文化的外籍调解员参与调解解决纠纷，更能以当事人为本，理解当事人在特定文化背景下思考和行为的逻辑，通畅沟通，定分止争，维护当事人之间的合作关系。

【案例5】判后调解止纷争[①]

【基本案情】

A 公司与 B 公司签订《研制合同》，约定由 A 公司出资，B 公司设计和建造用于建设"深海渔场"的全潜式渔业养殖装备（以下简称案涉设备）。2018 年 5 月底，案涉装备出坞，但拖航过程中发生了两次倾斜事故；投入使用后，又出现了网箱网衣破损、部分鱼苗逃出网箱等情况。就案涉设备建造质量问题，A 公司与 B 公司协商未果，A 公司遂向青岛海事法院提起诉讼，要求 B 公司赔偿各项损失；B 公司提起反诉，要求 A 公司继续履行合同，支付欠付的工程款及修理费用等。

【裁判观点】

青岛海事法院审理认为，案涉设备因不适拖和拖带时间过长而发生倾斜事故，双方均有过错，应按责任比例分担救助和临时修复产生的费用；案涉设备既已交接，A 公司应依约支付所欠付的费用，B 公司应对案涉设备的质量瑕疵依法承担修理义务和相应的损失赔偿责任。一审判决作出后，双方均提起上诉，山东高院二审维持原判。

【调解过程】

维持原判的二审判决作出后，法院启动了判后调解，最终促成双方当事人在判决基础上达成和解并自动履行完毕。

【纠纷观察】

判决不是案件的终点，定分止争才是司法追求的目标。《民事诉讼法》未对法

[①]《2021 年全国海事审判典型案例 4》，载审判案例数据库网，http://www.chncase.cn:9090/case/bulletin/2830759，访问时间：2023 年 2 月 2 日。

院的判后调解作出明确规定，仅在第237条规定了与判后调解十分相似的执行和解制度。二者的区别为，判后调解是在法院审判人员的主持下完成，而在执行和解中法院审判人员并不参与，仅由双方当事人自愿协商达成协议。

根据北京市某法院于2008年以来参与执行和解的51起执行案件的115位当事人进行了问卷调查，收回的108份有效问卷的统计显示：约80%的执行和解是在法院"调解"下达成的。① 因此，判后调解在实务中有存在的必要性。存在生效判决的背景下，双方对各自的权利义务和地位强弱有较为充分的认识，双方若希望在此基础上获得更加和谐的结果，不妨在法院审判人员的介入下，通过判后调解实质化解矛盾纠纷。

【案例6】调解协议的司法确认应审查调解协议本身的自愿性、合法性和可执行性②

【基本案情】

2016年6月9日，北京某公司与临清某公司签订《代建项目协议书》，约定临清某公司按照北京某公司的要求建设面粉厂并代为购买机器设备，面粉厂建成后北京某公司应归还临清某公司垫付的建设资金，并支付200万元人民币的代建费；双方在该协议中确认建筑物造价为17,257,576.65元，代为购买的机器设备的款项为8,929,483元。面粉厂建成后，临清某公司委托他人进行项目评估，确认该新厂建设工程和其他工程造价27,125,648.63元，大大超出了原协议约定的造价17,257,576.65元，故临清某公司向北京朝阳法院起诉，要求北京某公司支付差价。

后经北京多元调解发展促进会调解，2017年7月14日，临清某公司与北京某公司达成调解协议，约定北京某公司向临清某公司支付共计2,568,071.98元。2017年7月17日，北京朝阳法院作出民事裁定书，对上述调解协议进行司法确认。

而后张某与临清某公司存在买卖合同纠纷，向临清市人民法院提起确认合同无效之诉，要求确认《代建项目协议书》无效。该院认为《代建项目协议书》已经司法确认的形式明确了其效力，驳回了张某的诉讼请求，该判决经二审后维持原判。张某又以案涉民事裁定书所确认的调解协议是临清某公司、北京某公司为达到逃避债务、转移财产而进行恶意串通、捏造的虚假协议，损害第三人合法权

---

① 陈凯：《关于判后调解工作的调研报告》，载中国民主同盟北京市东城区委员会网站，http://www.bjdcmm.org.cn/node/1049，访问时间：2023年1月20日。

② 参见(2019)京0105民特监4号。

益为由，申请北京朝阳法院撤销司法确认调解协议的民事裁定书。

【争议焦点】

1.关于案涉调解协议是否存在恶意串通、捏造虚假协议，侵害了临清某公司债权人合法权益的情形；2.关于案涉司法确认调解协议民事裁定书的既判力问题。

【裁判观点】

临清某公司曾以北京某公司的实控人康某合同诈骗为由向临清市公安局报案，具体理由为康某以融资为由签订《代建项目协议书》，骗取了面粉厂的所有权，后临清市公安局以康某不构成诈骗为由不予立案，以上证据可以证明临清某公司与北京某公司并不存在恶意串通损害临清某公司债权人合法权益的合意。并且案涉调解协议司法确认民事裁定书事实上增加了北京某公司应当负担临清某公司的债务，提高了临清某公司对外偿还债务的能力，该裁定书实际上并不损害临清某公司债权人的利益。

司法确认作为特别程序，不是对调解协议所涉纠纷事实的重新审查认定，而是对调解协议本身自愿性、合法性、可执行性的有限度审查。司法确认的调解协议一般是当事人之间对各自权利义务让渡的结果，仅在当事人之间产生相应的法律约束力，所以司法确认裁定书不应具有积极的既判力，不能作为其他案件论理或裁判的依据。

【纠纷观察】

调解协议效力的确认，是指经过法院的司法程序，经审查确认赋予其强于民事合同的效力，这种效力主要体现在强制执行力上。[①] 调解协议的司法确认程序是2021年新出台的《民事诉讼法》的重点修改内容之一，修订后的《民事诉讼法》第201条扩大了可司法确认的调解协议范围，调整了司法确认的管辖法院。在我国加入《新加坡调解公约》的背景下，本次修法无疑是我国决心发展和完善商事调解制度的明确信号。

《民事诉讼法解释》第358条规定了调解协议的审查标准，即调解协议是否违反法律强制性规定，损害国家利益、社会公共利益、他人合法权益，违背公序良俗，违反自愿原则，内容不明确等。简言之，法院对调解协议的审查是有限度的，主要集中于对自愿性、合法性和可执行性的审查。

在实践中，最为常见的影响调解协议效力的情形当属调解协议当事人恶意串

---

① 参见《人民调解法》第33条和《关于人民调解协议司法确认程序的若干规定》第9条。

通、损害他人合法权益的情况。① 在可能涉及虚假调解的案件中，法院往往会加强实质审查。② 本典型案例中，北京朝阳法院没有支持申请人张某超出调解协议自愿性、合法性和可执行性的审查范围的主张，但为慎重起见，通过审查关联案件民事判决书以及关于北京某公司实控人合同诈骗的刑事卷宗等，查明《代建项目协议书》并非临清某公司和北京某公司恶意串通而达成的虚假协议，本案亦不存在虚假调解以损害第三人利益的情形，表明我国法院对调解协议司法确认宽严标准的掌握趋于成熟。

五、热点问题观察

（一）多层次争议解决条款中的调解前置与仲裁管辖问题

在处理当事人约定类似"先调解、调解不成再仲裁"的条款效力时，国际上的通行做法是将仲裁前置程序（如调解）是否已被满足的判断归结为仲裁申请的可受理性问题，而不是归结为仲裁庭的管辖权问题。可受理性和管辖权的核心差别是：可受理性，是指将请求提交仲裁庭是否适当的问题；而管辖权，则关系到仲裁庭决定某一事项的权力。将两者作概念区分的意义在于：第一，如当事人对于将争议提交仲裁管辖的合意是明确的，而仅仅是仲裁申请不满足仲裁受理条件，则不应当以此否定仲裁协议的效力。③ 第二，在仲裁司法审查方面，对于可受理性的问题，仲裁庭有权自行作出决定，从而排除了法院后续对这一问题的审查。④

我国司法实践虽然没有刻意区分前置程序的满足与否属于管辖权还是可受理性问题，但近年来的司法实践与国际通行做法渐趋一致，基本上否认该问题与仲裁管辖权有关。具体裁判过程中，法院一般会宽泛地解释前置条款，通常不支持当事人基于前置程序未满足而提出的仲裁协议无效的抗辩，如（2021）京 04 民特 186 号案。2022 年 11 月 29 日，上海一中院发布的《商事仲裁司法审查案件白皮书（2018—

---

① 成阳：《管辖与执行——多元解纷体系中商事调解制度疑难问题研究》，载贸法通网站，https://www.ctils.com/articles/8860，访问时间：2023 年 5 月 4 日。
② 参见《南京市中级人民法院关于优化民事诉讼司法确认程序的实施细则（试行）》第 19 条。
③ 上海市第一中级人民法院发布《商事仲裁司法审查案件白皮书（2018-2022 年）》，参见《商事争端中，诉讼仲裁如何互动衔接？关注这 10 个典型案例》，载微信公众号"上海高院"，2022 年 11 月 29 日。
④ 《仲裁庭对是否满足仲裁协议约定的前置条件作出的裁决属于对争议"可受理性"的判断而非管辖权争议（香港法院）》，载微信公众号"临时仲裁 ADA"，2022 年 4 月 12 日。

2022年)》则专门展示了一宗调解前置程序不影响仲裁条款效力的案例，"在当事人约定'先调解、调解不成再仲裁'时，对于未满足约定调解要求的情况，参考其他法域的理论成果与实务经验，区分仲裁庭的管辖权与仲裁申请的可受理性，如当事人已约定仲裁管辖而仅是不满足仲裁受理条件，则不以此否定仲裁协议的效力"。①

鉴于上述新的发展，为避免歧义，预防纷争，我们建议当事人在起草多层次争议解决条款时，宜遵循下列原则：第一，指定明确的争议解决流程并明确流程触发条件；第二，明确各步骤的时间框架；第三，确保前置程序的参与主体明确，易于识别；第四，应当明确前置程序是否旨在成为仲裁或诉讼的先决条件。如无意将前置程序设定为先决条件，则建议在条款中述明，一方当事人期满未履行前置程序所要求的行为，不妨碍另一方启动后续的诉讼或仲裁程序。

（二）国际商事争议解决方式的"融合发展"

随着我国国际商事法庭和自贸区法院在创设"一站式"争议解决机制方面的快速推进，多元化争议解决方式呈现融合发展的趋势。为此，我国有学者提出了争议解决方式"融合化"概念。

争议解决方式的"融合化"，是指逐渐打破诉讼与仲裁、调解的边界，在诉讼程序的设计上吸收仲裁、调解程序的元素，使这三种争端解决方式呈现出紧密融合的趋势。新加坡、迪拜、荷兰、比利时等地新设立的国际商事法庭，在程序设计上均或多或少地吸收和借鉴了商事仲裁以及调解程序的特征，在管辖权的确立、法官的选任、当事人自治权和判决执行机制等方面尤为显著。我国最高院"一站式"纠纷解决机制作为商事纠纷解决的"中国方案"，在域外法查明、国际商事案件管辖、涉外商事诉讼证据、具体裁判说理以及诉讼与仲裁、调解的衔接等众多方面都有所创新和突破，成为国际商事争议解决融合发展的最佳例证。②

自贸区作为新时代改革开放的制度试验田，在推动我国商事争议解决机制与国际接轨方面有着举足轻重的实践性作用。在自贸区内，各种争议解决机制形成

---

① 上海市第一中级人民法院发布《商事仲裁司法审查案件白皮书（2018-2022年）》，参见《商事争端中，诉讼仲裁如何互动衔接？关注这10个典型案例》，载微信公众号"上海高院"，2022年11月29日。

② 单文华、冯韵雅：《中国国际商事法庭：迈向国际商事争端"融解决"体系——最高人民法院国际商事专家委员会第三届研讨会议题三主题发言（2022年8月24日至25日）》，载最高人民法院国际商事法庭网站，https://cicc.court.gov.cn/html/1/218/62/164/2269.html，访问时间：2023年1月18日。

良性协调和衔接，逐步树立法院、仲裁、行政调处、公证、商业调解等争议解决方式并重的理念。

上海市浦东新区人民法院于2014年5月27日正式启动自贸试验区诉讼与调解相衔接机制，上海经贸商事调解中心在自贸区法庭设立了调解室，参与推进自贸试验区商事争议多元化解工作。除上海自贸区外，全国各地自贸区审判机构均在积极构建商事纠纷多元化解机制。2021年12月24日，中国国际贸易促进委员会天津市分会、滨海新区（自贸区）人民法院、中国（天津）自由贸易试验区政策与产业创新发展局共同签订《合作备忘录》，三方将通过对接合作，充分发挥天津自贸法院审判职能、市贸促会专业调解以及自贸区创新发展局政策创新优势，加速共建全领域全链条"调、裁、审"一体化法治平台。[1] 2022年2月22日，前海法院自贸区案件多元化纠纷解决分中心（公证调解分中心）正式启动。在深圳前海法院的法律性专业支持下，公证调解分中心能够综合运用公证独有的公证证明、保全证据、现场监督、清点财产、公证提存、赋予调解协议/和解协议强制执行效力等公证调解辅助手段，为自贸区商事主体提供更多和解方案选择。[2]

（三）国际和解协议执行的我国制度兼容

《联合国关于调解所产生的国际和解协议公约》即《新加坡调解公约》（以下简称《公约》）已经生效。[3] 我国于2019年7月18日签署该《公约》，但《公约》尚未对我国生效。尽管如此，对《公约》与我国法律制度体系兼容性研究，近年来一直是热门话题。2022年，业界对此问题的研究取得了新进展。具体来说，以下几个方面的问题值得注意。

1. 我国商事调解法律制度设计需兼容《公约》下国际和解协议的执行

《公约》明确国际和解协议直接对当事方产生约束力，即和解协议可以作为有约束力的文书直接在有管辖权的法院申请执行。作为一般原则，《公约》第3条第

---

[1]《天津市贸促会、天津自贸法院、自贸区创新发展局建立合作机制 共建全领域全链条"调、裁、审"一体化法治平台》，载天津市滨海新区法院网站，https://bhxqfy.tjcourt.gov.cn/article/detail/2021/12/id/6454893.shtml，访问时间：2023年1月19日。

[2] 张玮玮：《前海法院自贸区案件多元化纠纷解决分中心（前海公证处调解中心）正式启动》，载百度网，https://baijiahao.baidu.com/s?id=1725560628176408536&wfr=spider&for=pc，访问日期：2023年1月19日。

[3] 截至2023年1月30日，《新加坡调解公约》已对白俄罗斯、厄瓜多尔、斐济、格鲁吉亚、洪都拉斯、哈萨克斯坦、卡塔尔、沙特阿拉伯、新加坡和土耳其十个国家生效。

1款规定,"本公约每一当事方应按照本国程序规则并根据本公约规定的条件执行和解协议"。

在当前我国国内调解制度下,调解协议是当事人基于意思自治达成的民事合同,只对协议当事人具有法律约束力,缺乏诉讼法上的强制执行效力。只有法院在调解程序中做成《调解书》,或通过司法确认、公证、仲裁等方式将和解协议转化为司法确认裁定、公证债权文书、仲裁调解书、仲裁裁决书等法律文书,方可获得强制执行效力。我国对于如何直接执行国际商事和解协议的规定仍为空白,还没有制定《公约》要求的"本国程序规则"。这说明,从《公约》的视角看,我国现有的调解法律制度尚不达标。为未来计,应考虑衔接《公约》对国际和解协议执行的规定,尽快建立起一套兼容内外的商事调解法律规则。

2. 我国商事调解法律制度的兼容性构建

第一,依据《公约》的原意合理界定可执行和解协议的范围。在定义上,应与《公约》一致,使用"和解协议""国际性""书面形式"等表述,不必另起炉灶。《公约》未对"商事"给出明确定义,可参考《联合国国际贸易法委员会国际商事调解示范法》(以下简称《示范法》)对具有"商事性质"的关系进行正向列举,同时根据我国民商事发展的特点,因地制宜界定"商事"的范畴。《公约》项下的调解由一名或几名第三人(调解员)协助,而非当事人双方自行进行。第三人包括自然人,也不排斥机构调解。① 反观我国,对机构调解的重视远甚于个人调解。《民事诉讼法解释》提及"其他依法设立的调解组织"协助达成的和解协议可以提交司法确认,但个人协助调解达成的和解协议可否提交司法确认仍存疑。对比《公约》,我们的理念还存在不小差距。

第二,建立执行和执行抗辩机制。其一,执行救济方面,针对《公约》范围内的国际和解协议贯彻直接执行原则,借鉴涉外仲裁裁决审查之做法,落实主管机关并由其进行形式审查;而对于国内和解协议的执行,考虑到虚假调解的问题仍待优化,可继续沿用司法确认制度,保持有限度实质审查原则。我国可考虑在国内商事调解应用成熟后,适时向直接执行原则靠拢。② 其二,关于和解协议的执行抗辩事由,《公约》已有明确列举,不宜再作扩大解释。至于公共政策事由,应参照《民事诉讼法》第289条的规定,将公共政策限定于和解协议不得违反我国

---

① 参见《新加坡调解公约》第2条第3款。
② 陆一戈:《〈新加坡调解公约〉框架下的国际和解协议执行及我国回应》,载《经贸法律评论》2022年第4期。

法律的基本原则或者国家主权、安全、发展利益。①

第三，明确和解协议执行与其他救济途径的关系。其一，明确和解协议的执行是否被仲裁或法院诉讼等平行程序排斥，可参照《示范法》第20条之规定，允许法院在出现平行程序时中止和解协议的执行，同时允许当事人在申请执行和解协议的同时提出保全申请；②其二，还应当明确和解协议被法院拒绝执行后，是否仍可作为当事人主张权利的依据。

第四，应配套建立商事调解职业主体的资质认证、管理、考核体系。目前我国商事调解在法律层面并无统一的资质管理和认证，存在发展缓慢、发展不平衡、调解组织不规范等问题。③未来应考虑借鉴《公约》和《示范法》对调解员行为的规定，建立一套科学统一的调解员行为准则，并制定相应的调解员信息披露、保密指引。

六、总结与展望

回顾2022年，可以看出，无论是在政策、法律法规层面还是在理论实务层面，我国商事调解都取得了可喜进步：

第一，不同的调解机构和组织在不断尝试推出及完善调解规则，明确"游戏"规则，增强当事人预期，可有效提高通过调解解决商事争议的效率。区域性、国际性的调解组织及其运作机制得到了巩固和发展。

第二，国际商事争议多元化解决机制的框架初成并已经形成了良好的制度溢出效应。聚焦我国商事调解实践，传统的调解组织调解和仲裁机构调解继续发挥重要作用，而诉讼与调解的衔接则异军突起，发展势头强劲。自贸区作为新时代改革开放的制度试验田，其在推动形成可复制可推广的改革经验上有着举足轻重的作用。调解与诉讼、仲裁等争端解决机制的融合化发展形成潮流。在顺应商事争议多元化的背景下，不断提高争议解决的协商性、便利性、专业化与国际化，是推动我国商事调解良性发展的有益经验。

第三，将调解与信息化、数字化、智能化发展潮流有机融合的创新实践，具有鲜明中国特色、时代特色、实践特色。特别是人民法院因应时势推出的在线调解系统和"总对总"调解机制，调解量大，效率高，效果好。这对于完善社会矛

---

① 参见《民事诉讼法》第289条。
② 参见《联合国国际贸易法委员会国际商事调解示范法》第20条。
③ 杜军：《我国国际商事调解法治化的思考》，载《法律适用》2021年第1期。

盾综合治理机制，推进治理体系和治理能力现代化，建设中国特色社会主义法治体系，具有重要意义。

当然，2022年仅仅是"十四五"规划的第二年，中国的商事调解仍有很大的发展空间。我国尚未制定商事调解法，现行民事诉讼法和司法解释与《公约》的衔接存在不足，在国内外有影响力的商事调解组织较少，调解员资质要求和能力建设尚未形成标准化体系，难以充分满足当事人多元解纷需求。未来需要推动解决我国商事调解运行中存在的瓶颈问题，适时制定商事调解法，充分发挥调解机制优势，促进提升我国商事调解在国际层面的竞争力。

针对这些问题，我们认为，我国的商事调解在今后几年还可以从以下几个方面着力部署：

第一，坚持司法引领的基本立场，充分发挥司法机关的"调配中转站"职能。[①] 利用其司法强制力、司法经验、司法能力等优势引领其他解纷机制的发展，激活其他解纷资源，构建"自治—调解—裁判"的科学分层递进式解纷体系。[②] 具体表现为通过诉讼机关、仲裁机构积极鼓励和引导当事人优先选择对抗性较弱、成本较低的商事调解方式解决纠纷，将适宜调解的商事案件在诉讼或仲裁前引导到社会纠纷解决机构中去，或组织专职调解员进行调解，必要时通过速裁方式快速确认调解结果的效力和执行力。

第二，健全协调对接的法律机制，有效提升程序规则的"信度保证人"功能。目前，我国尚未颁布有关商事调解的专门法律，现有法律文本又缺乏对程序的具体规定，[③] 使得人们对商事调解协议的执行和审查与我国司法确认的衔接等问题始终存在困惑。例如，《民事诉讼法解释》对"其他依法设立的调解组织"语焉不详，调解组织合法性边界存疑，不利于社会化商事调解组织的普及和发展。然而，如果不解决此类问题，那么纠纷当事人对商事调解的不信任情绪就会长期存在。因此，我们建议有权机关在尽快启动商事调解立法程序的同时，围绕《公约》在我国的落地施行相应修改《民事诉讼法》或颁布司法解释，处理好我国商事调解协议的性质认定、执行路径等与公约的冲突关系，[④] 思考如何通过恰当的法律安排承

---

① 龙飞：《论国家治理视角下我国多元化纠纷解决机制建设》，载《法律适用》2015年第7期。
② 龙飞：《打造多元化纠纷解决机制的"升级版"》，载《人民法院报》2015年第5期。
③ 唐汉裔：《中国国际商事法庭诉讼和仲裁、调解衔接机制的研究》，载《韶关学院学报》2022年第4期。
④ 宋连斌、胥燕然：《我国商事调解协议的执行力问题研究——以〈新加坡公约〉生效为背景》，载《西北大学学报（哲学社会科学版）》2021年第1期。

认和执行无论是通过机构还是个人协助达成的国际和解协议。

第三,加强执行人员的职能素养,全力实现商事调解的"解纷加速包"效能。所谓"徒法不足以自行""善法还需善治",要在实践中落实商事调解与诉讼、仲裁等争议解决方式的衔接,就必须从承担具体工作的"人"入手。要从战略高度梳理和规范对接程序,避免出现因分工粗糙、职能混淆、考评不严、监督不力等因素[1]拖延商事调解进度的现象。同时,在调解员的资质要求和能力塑造方面,可以考虑形成统一的培训和认证机制,培育阵容强大的专业调解员队伍,确保"由专业的人做专业的事"。

第四,遵循商事调解的市场机制,逐步挖掘社会组织的"高效处理器"潜能。目前,我国主要由国家公权力使用公共资源进行公共购买等手段支持商事调解。市场化、社会化的商事调解组织发展仍不充分,尚未形成成熟的国内商事调解市场。[2]因此,我们建议可以通过外联内引等方式发展一批区域性、国际性的调解组织,[3]增加市场参与主体、激发市场潜在动能,推动合理、公道的市场化定价机制逐步形成,最终将中国建设成受中外当事人欢迎的调解地。

---

[1] 冯汉桥、沈旦:《国际商事法庭诉讼与仲裁、调解衔接机制的完善》,载《怀化学院学报》2020年第2期。

[2] 宣一洲、郁玥:《法经济学视域下非诉讼纠纷解决机制市场化运行的现状检视与优化路径——以S市经贸商事调解中心为样本》,载《上海法学研究》2021年第15卷。

[3] 黄忠顺:《论商事调解的市场化》,载《人大法律评论》2020年第1期。

中国建设工程争议解决年度观察（2023）

赵 杭 崔 军 贾怀远[①]

一、概述

2022年，随着《民法典》和《最高人民法院关于审理建设工程施工合同纠纷案件适用法律问题的解释（一）》（法释〔2020〕25号）（以下简称《施工合同解释（一）》）的施行进入第二年，结合中国建设工程行业其他新规的颁布和实施，进一步重塑了中国建设工程法律体系和格局，对中国建设工程争议解决和裁判规则产生重大影响。

（一）2022年建设工程行业发展概况

2023年1月17日，国家统计局公布的2022年国民经济运行数据和GDP等核心经济数据统计显示，2022年，虽然国内外经济形势依然存在诸多不确定性因素，但建筑业总体来说增速较为稳定，在适度超前基础设施投资、扩大基础设施建设投资等宏观政策驱动下，2022年全国建筑业总产值311980亿元，同比增长6.5%。[②]

据商务部统计数据显示，2022年，我国对外承包工程业务完成营业额10424.9亿元人民币，较上年增长4.3%（折合1549.9.3亿美元，与上年基本持平），新签合同额17021.7亿元人民币，增长2.1%（折合2530.7.6亿美元，下

[①] 赵杭，北京通商律师事务所高级顾问。崔军，北京海外君合工程咨询有限公司董事长。贾怀远，德恒律师事务所高级合伙人／德恒迪拜分所主任。

[②] 《2022年全国建筑业总产值311980亿元！增长6.5%！》，载微信公众号"湖南省建筑业协会"，2023年1月19日。

降 2.1%)。①

(二) 2022年建设工程争议概况

1. 近三年建设工程领域公开裁判文书数量有所下降

据中国裁判文书网数据显示,2014年至2022年全国法院审理涉及建设工程合同纠纷案件判决文书总量共788216件,案件数量在2020年之前均逐年上升,分别为2018年110513件,2019年140407件,2020年142630件,2021年113128件,2022年56596件,公开裁判文书数量有所下降,见图1:

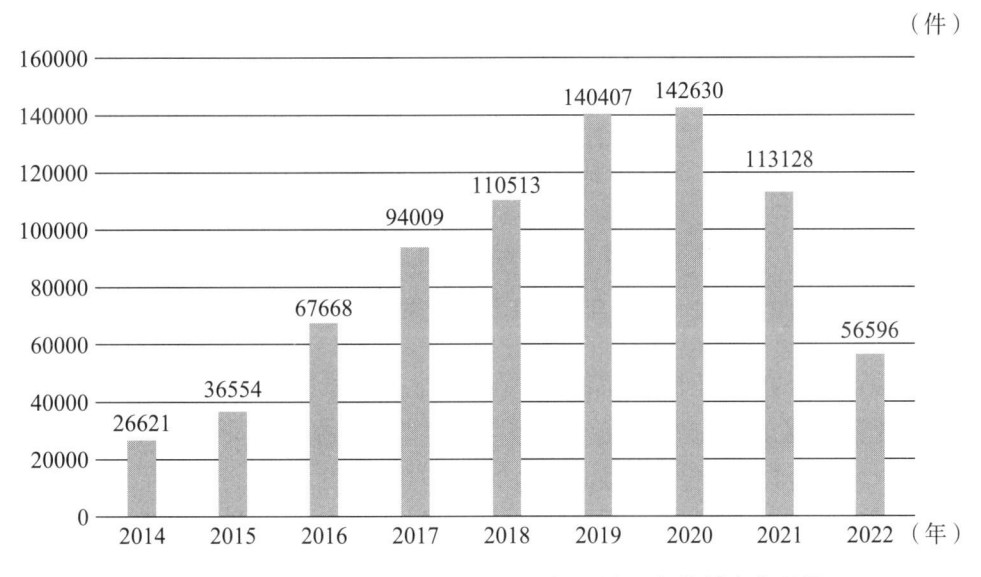

图1 2014—2022年中国建设工程合同纠纷案件判决书数量

2. 建设工程争议案件集中在建设工程施工合同纠纷、建设工程分包合同纠纷和装饰装修合同纠纷领域

从建设工程案件类型看,建设施工合同纠纷、建设工程分包合同纠纷以及相关的装饰装修合同纠纷占据了建设工程纠纷案件的大部分比重,见图2:

---

① 《2022年我国对外承包工程业务简明统计》,载商务部网站,http://www.mofcom.gov.cn/article/tongjiziliao/dgzz/202302/20230203384451.shtml,访问时间:2023年2月13日。

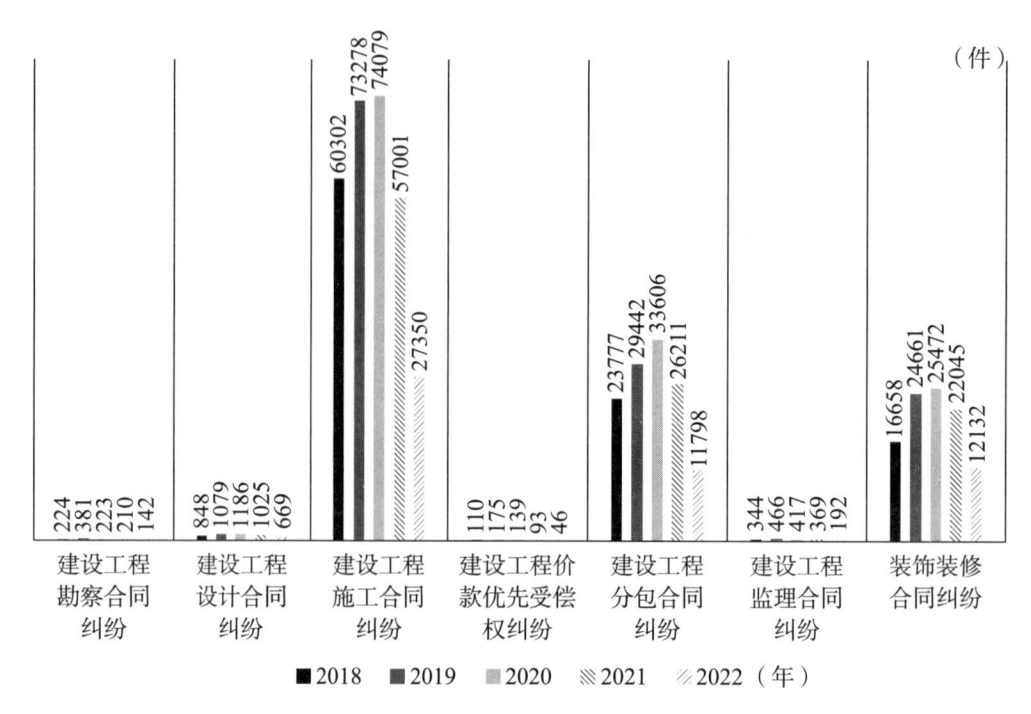

图中数据（图2 2018—2022年建设工程纠纷案件主要分类案件数量）：

- 建设工程勘察合同纠纷：2018年224，2019年381，2020年223，2021年210，2022年142
- 建设工程设计合同纠纷：2018年848，2019年1079，2020年1186，2021年1025，2022年669
- 建设工程施工合同纠纷：2018年60302，2019年73278，2020年74079，2021年57001，2022年27350
- 建设工程价款优先受偿权纠纷：2018年110，2019年175，2020年139，2021年93，2022年46
- 建设工程分包合同纠纷：2018年23777，2019年29442，2020年33606，2021年26211，2022年11798
- 建设工程监理合同纠纷：2018年344，2019年466，2020年417，2021年369，2022年192
- 装饰装修合同纠纷：2018年16658，2019年24661，2020年25472，2021年22045，2022年12132

图 2　2018—2022 年建设工程纠纷案件主要分类案件数量

3. 建设工程施工合同纠纷案件集中在工期、工程质量和工程造价方面

据中国裁判文书网数据显示，近五年，建设工程施工合同纠纷案件中工程竣工结算、竣工验收和工程质量缺陷成为争议焦点，见图3：

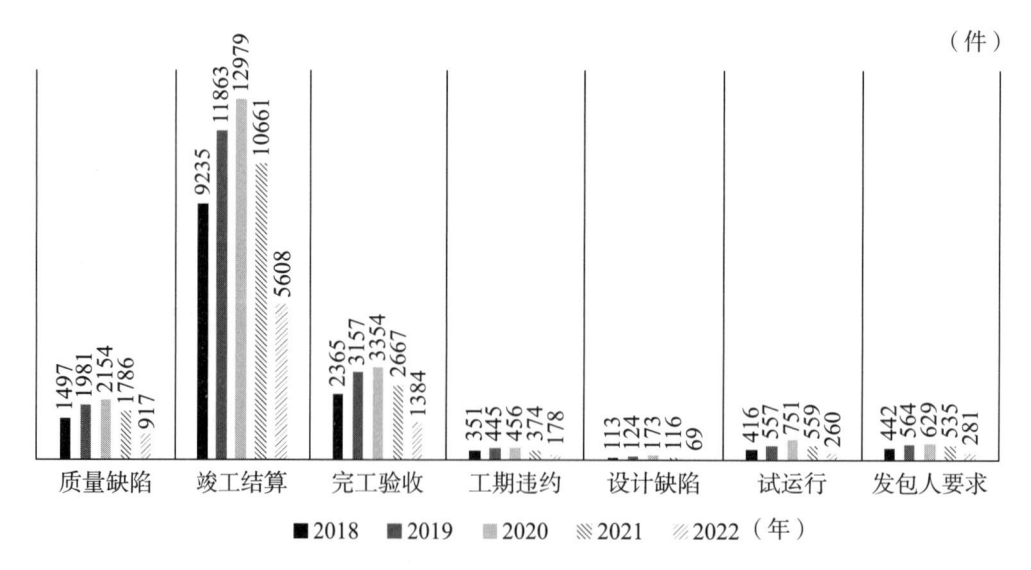

图中数据（图3 2018—2022年建设工程施工合同争议焦点案件数量）：

- 质量缺陷：2018年1497，2019年1981，2020年2154，2021年1786，2022年917
- 竣工结算：2018年9235，2019年11863，2020年12979，2021年10661，2022年5608
- 完工验收：2018年2365，2019年3157，2020年3354，2021年2667，2022年1384
- 工期违约：2018年351，2019年445，2020年456，2021年374，2022年178
- 设计缺陷：2018年113，2019年124，2020年173，2021年116，2022年69
- 试运行：2018年416，2019年557，2020年751，2021年559，2022年260
- 发包人要求：2018年442，2019年564，2020年629，2021年535，2022年281

图 3　2018—2022 年建设工程施工合同争议焦点案件数量

4. PPP 合同纠纷案件注意集中在合同效力、合同解除、连带责任以及合同性质方面 PPP 合同涉及多重领域，法律关系相对复杂，纠纷类型多种多样，合同各方法律关系及权利义务的差别，导致 PPP 合同所涉纠纷的产生原因及诉请类型不尽相同，争议焦点亦各不相同。中国裁判文书网数据显示，PPP 合同争议案件中的典型争议焦点主要集中在合同效力、合同解除、仲裁条款、连带责任以及合同性质方面，见图 4：

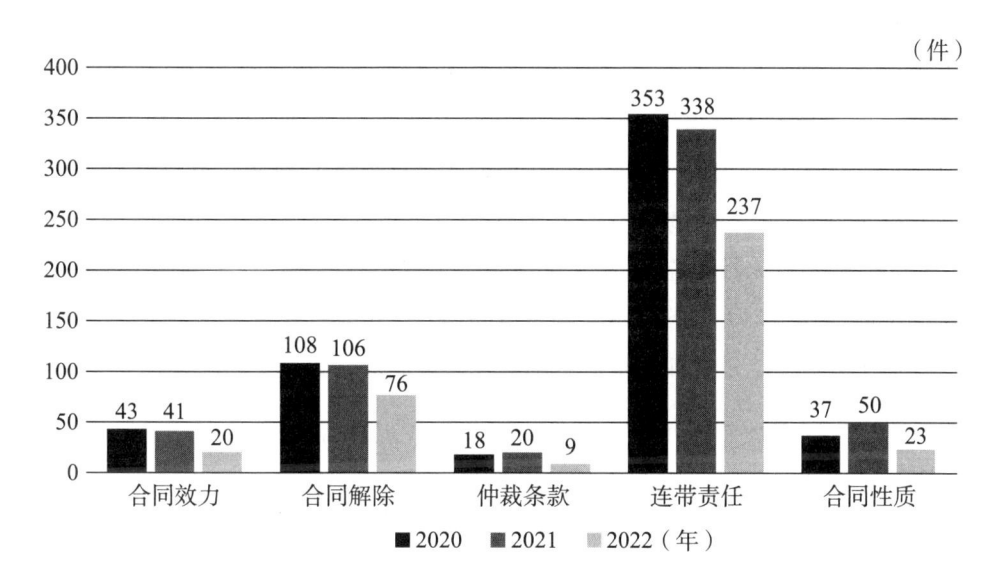

图 4　2020—2022 年全国法院审理 PPP 合同纠纷主要争议焦点

二、2022 年新规概览

（一）《关于严格执行招标投标法规制度进一步规范招标投标主体行为的若干意见》

近年来，市场主体依法招标投标的意识不断增强，招标投标活动不断规范。但是，当前招标投标市场还存在不少突出问题，招标人主体责任落实不到位，各类不合理限制和隐性壁垒尚未完全消除，规避招标、虚假招标、围标串标、有关部门及领导干部插手干预等违法行为仍然易发高发，招标代理服务水平参差不齐，一些评标专家不公正、不专业，导致部分项目中标结果不符合实际需求或者实施效果不佳，制约了招标投标制度竞争择优功能的发挥，2022 年 7 月 18 日，国家发展和改革委员会等十三部委联合发布《关于严格执行招标投标法规制度进一步规范招标投标主体行为的若干意见》(发改法规〔2022〕1117号)。该意见从强化招标人主体责任，坚决打击遏制违法投标和不诚信履约行为，加强评标专家管理，规范招标代理服务行为，进一步落实监督管理职责五方面重拳出击，旨在推动招标投标法规制度切实执行，营造公开、公平、公正和诚实信用的市场环境。

(二)《关于加强用地审批前期工作积极推进基础设施项目建设的通知》

为全面加强基础设施建设，强化用地要素保障，做实做细做优交通、能源、水利等项目前期工作，提升用地审批质量和效率，2022年8月3日，自然资源部等7部门发布《关于加强用地审批前期工作积极推进基础设施项目建设的通知》(自然资发〔2022〕130号)，该通知从加强用地空间布局统筹、联合开展选址选线、严格落实节约集约、改进优化用地审批、协同推进项目建设五个维度进行强调，提出要防止"未批先建"，有关部门对于未取得先行用地或未办理完成农用地转用和土地征收审批手续的项目，均不得办理开工手续，建设单位不得开工建设。该文件对于各地依法依规加快推进基础设施项目建设有着重要的意义。

(三)《关于完善建设工程结算价款有关办法》

为进一步完善建设工程价款结算有关办法，维护建设市场秩序，减轻建筑企业负担，保障农民工权益，2022年6月14日，财政部、住房城乡建设部发布《关于完善建设工程价款结算有关办法》(财建〔2022〕183号)。该办法要求将提高建设工程进度款支付比例，政府机关、事业单位、国有企业建设工程进度款支付应不低于已完成工程价款的80%。同时，在确保不超出工程总概(预)算以及工程决(结)算工作顺利开展的前提下，除按合同约定保留不超过工程价款总额3%的质量保证金外，进度款支付比例可由发承包双方根据项目实际情况自行确定。在结算过程中，若发生进度款支付超出实际已完成工程价款的情况，承包单位应按规定在结算后30日内向发包单位返还多收到的工程进度款。当年开工、当年不能竣工的新开工项目可以推行过程结算，发承包双方对周期内已完成且无争议的工程量(含变更、签证、索赔等)进行价款计算、确认和支付。该办法的出台无疑对解决近几年爆发的违约潮、停工潮、烂尾潮释放了利好信号，一定程度上有利于纾解行业风险，规范施工合同管理，减少结算争议，节省审计成本，有效解决"结算难"，从源头预防农民工欠薪问题。

（四）《民用建筑通用规范》

为规范民用建筑空间与部位的基本尺度、技术性要求及通用技术措施，2022年7月15日，住房和城乡建设部发布《民用建筑通用规范》（GB 55031-2022），于2023年3月1日生效实施。该规范强调民用建筑的建设和使用维护：应按照可持续发展的原则，正确处理人、建筑与环境的相互关系，营建与使用功能匹配的合理空间；应贯彻节能、节地、节水、节材、保护环境的政策要求；应与所处环境协调，体现时代特色、地域文化。工程建设所采用的技术方法和措施是否符合本规范要求，由相关责任主体判定。其中，创新性的技术方法和措施，应进行论证并符合本规范中有关性能的要求。该规范为强制性工程建设规范，现行工程建设标准如有与该规范不一致的，以该规范的规定为准。

（五）《关于适用〈中华人民共和国民法典〉合同编通则部分的解释（征求意见稿）》

2022年11月4日，最高人民法院发布《关于适用〈中华人民共和国民法典〉合同编通则部分的解释（征求意见稿）》（以下简称《征求意见稿》），向社会公开征求意见，其中涉及建设工程的相关法律规定值得关注：

1. 中标通知书的效力。根据《征求意见稿》第4条第1款意见，明确中标合同的成立时间为中标通知书到达中标人之时，中标通知书到达中标人后成立本约合同，而非预约合同。中标后招标人改变中标结果或者中标人放弃中标项目的，应当依法承担违约责任，而非缔约过失责任。

2. 缔约过失赔偿的范围。根据《征求意见稿》第5条第2款意见，在一定程度上突破了原有的缔约过失赔偿范围，对不诚信一方苛以更加严格的赔偿责任。

3. 关于印章与合同效力。根据《征求意见稿》第23条意见，明确法人的法定代表人、非法人组织的负责人在订立合同时未超越权限，或者执行法人、非法人组织工作任务的人员在订立合同时未超越其职权范围，法人、非法人组织仅以合同加盖的公章不是备案公章或者系伪造的公章为由主张合同对其不发生效力的，人民法院不予支持。

4. 以物抵债清偿的效力。根据《征求意见稿》第28条第1款意见，明确抵房协议系新债清偿，在达成抵房协议的情况下，抵房协议项下新债务与原建设工程施工合同项下原债务并存，在债务人未履行新债务的情况下，债权人有权选择要求履行新债务或原债务，该规定有利于保障抵房协议中承包人的权利。

5. 情势变更制度的适用。根据《征求意见稿》第 33 条第 1 款意见，进一步明确了情势变更适用情形和规则，有利于在诉讼和仲裁实践中得以更加准确的适用。

三、典型案例

【案例 1】最高人民法院司法解释是否构成法律及其在中国法项下的适用问题[①]

【基本案情】

申请人（承包商）与境外被申请人（业主）在 A 国的工程项目中签订发电厂建设工程合同，约定申请人按照工程合同约定进行施工管理、安装、试运行、试验和当地人员培训工作，合同约定适用法律为中国法，仲裁地为北京。申请人因其工程合同被业主终止提起仲裁，要求被申请人支付尚欠工程款等损失，被申请人提起反请求，要求申请人支付工期延误违约金等损失。

【争议焦点】

申请人主张，鉴于案涉工程合同约定适用中国法律，因此，最高人民法院发布的司法解释应构成中国法律。被申请人主张，最高人民法院司法解释不应视为中国法律，不应适用本案。

【裁判观点】

申请人主张，根据 2015 年《中华人民共和国立法法》[②]（以下简称《立法法》）第 104 条规定，最高人民法院作出的属于审判中具体应用法律的解释，应当主要针对具体的法律条文，并符合立法的目的、原则和原意。《最高人民法院关于司法解释工作的规定》第 5 条规定，最高人民法院发布的司法解释，具有法律效力。

被申请人主张，中国的立法机构仅是全国人民代表大会，而不是最高人民法院。根据《立法法》第 45 条规定，法律解释权属于全国人民代表大会常务委员会。虽然最高人民法院司法解释可就中国法律的具体应用对下级法院作出指导性解释意见，但司法解释不应视为中国法律，亦不应与法律具有同等效力。对于商事仲裁案件而言，考虑到人民法院对案件的审理和仲裁不同，因此仲裁不宜依据司法解释而作出裁决。

仲裁庭认为，首先，根据《立法法》第 45 条、第 50 条和第 104 条的规定，

---

① 本案为某仲裁机构裁决案件。
② 本案引用的是 2015 年《立法法》条文。

全国人民代表大会常务委员会的法律解释同法律具有同等效力。虽然《立法法》第 104 条赋予最高人民法院司法解释的权力，但其司法解释并不具有与全国人民代表大会常务委员会的法律解释同等的效力。《立法法》第 46 条还规定最高人民法院可以向全国人民代表大会常务委员会提出法律解释要求。其次，申请人基于《最高人民法院关于司法解释工作的规定》第 5 条主张最高人民法院发布的司法解释具有法律效力，对此，仲裁庭认为，该规定的性质本身构成司法解释，不能据此当然认为该司法解释与中国法律具有同等效力。因此，仲裁庭认为最高人民法院发布的司法解释不应视为中国法律。

然而，仲裁庭认为，如果中国法律在某些具体规定方面存在模糊之处时，仲裁庭可以参考最高人民法院发布的司法解释以便能够正确地适用中国法律，这主要源于《立法法》第 104 条规定最高人民法院有权针对具体的法律条文作出具体应用法律的解释。而且，《最高人民法院关于司法解释工作的规定》第二章至第六章规定了制定司法解释的程序，其中第 18 条规定了司法解释送审稿应当送全国人民代表大会相关专门委员会或者全国人民代表大会常务委员会相关工作部门征求意见。同时，《立法法》第 104 条还规定最高人民法院发布的司法解释应当自公布之日起 30 日内报全国人民代表大会常务委员会备案。

仲裁庭还认为，在中国司法实践中，各级人民法院在审理案件中均遵守最高人民法院司法解释的有关规定，而且司法解释也在仲裁案件中得以广泛参考应用。因此，根据中国法作出判决或仲裁裁决时，均不能无视最高人民法院的司法解释，特别是在中国法律某些规定存在模糊之处时。对于被申请人提出的司法解释仅适用法院诉讼案件而不能适用仲裁，且仲裁案件对于当事人的保护明显小于法院诉讼的主张，仲裁庭认为，《仲裁法》第 1 条明确规定为保证公正和保护当事人的合法权益，因此，仲裁庭并不能认同被申请人的主张。

【纠纷观察】

司法解释是指最高人民法院根据法律赋予的职权，在实施法律过程中，对如何具体应用法律问题所作出的具有普遍司法效力的解释。《人民法院组织法》第 18 条第 1 款规定："最高人民法院可以对属于审判工作中具体应用法律的问题，进行解释。"因此，最高人民法院作出的司法解释，属有权解释，是最高人民法院协调全国审判工作的重要形式。

按照我国法律解释的基本框架，可将法律解释的内容区分为"立法解释"和"司法解释"两大类，前者由全国人大常委会负责解释，后者由有关司法和行政机关分工解释。尽管司法解释的效力低于立法解释，但由于法律过于原则和抽象以及法律漏洞的存在，不仅给法官适用法律造成了困难，而且为法官留下了极大的自由裁量空间。因此，在法律存在着漏洞的情况下，司法解释具有填补漏洞的作用。

最高人民法院依据《关于司法解释工作的若干规定》作出司法解释，根据司法解释的不同内容，分别有"解释""规定""批复"三种。在我国的法律制度中，司法解释颇具中国特色，不仅实行判例法的英美法系没有，即使是实行成文法的大陆法系也不存在。因此，司法解释是保障我国法律正确适用的重要手段，同时也成为中国法的重要渊源，并在我国解释体制中占据着十分重要的地位。

在仲裁案件适用中国法时，不可避免涉及最高人民法院司法解释的理解与适用问题。对于仲裁庭而言，即使仲裁庭认为最高人民法院司法解释不能构成法律，但司法解释作为中国法的一个重要渊源，广泛为仲裁案件所引用和作为作出裁决的参考，仲裁庭有权引用或参考司法解释作出仲裁裁决。

【案例2】新冠疫情是否构成不可抗力以及一方当事人主张因疫情不可抗力终止合同并索赔额外费用①

【基本案情】

由于在某国履行 EPC 工程分包合同时受到新冠疫情的影响，申请人（分包商）主张新冠疫情构成合同项下的不可抗力，并据此作为解除合同理由之一在仲裁中请求解除分包合同。申请人在仲裁请求中还主张其支付了疫情防护费用（包括隔离费用、购买防护服和用品费用），应由被申请人承担。被申请人（总承包商）主张，申请人未能证明新冠疫情构成"不可抗力"，且导致本案合同目的不能实现及合同无法履行，无权主张解除本案合同。申请人在疫情期间发生的费用系其应承担的防疫义务，疫情防护费用应由申请人自行承担。

【争议焦点】

新冠疫情是否构成中国法项下的不可抗力以及一方当事人发生的防疫费用是否属于防疫义务的一部分且应由当事人自行承担。

【裁判观点】

仲裁庭认为，第一，自 2020 年 3 月 20 日世界卫生组织宣布新冠疫情为全球大流行疫情以来，各个国家和地区的防疫措施和政策不尽相同，疫情对于各国和地区的建设工程项目的影响亦不尽相同，而新冠疫情是否构成不可抗力事件在不同的司法管辖地存在不同认识。第二，在本案中，自 2020 年 3 月 14 日 B 国出现

---

① 本案为某仲裁机构裁决案件。

受理新冠疫情确诊病例以来，B 国政府采取了宵禁等防疫措施。2020 年 7 月 10 日开始降低防疫等级，2020 年 9 月 11 日逐步开放国际航班。第三，一方当事人以不可抗力为由主张解除合同将面临严格的法律审查和门槛，须以导致履约不能和合同目的无法实现作为必要条件，最高人民法院《关于依法妥善审理涉新冠肺炎疫情民事案件若干问题的指导意见（二）》第 1 条第 1 款的规定也强调了须使合同目的无法实现。第四，虽然仲裁庭也认为疫情会对国际工程项目的履约产生短暂的、某种程度上的或一定的影响，但从申请人的证据看，申请人未能充分举证证明其现场施工或供货受到了疫情影响而不能履行并导致合同目的无法实现，而基本上是概括性主张。第五，在本案中，申请人没有举示证据证明 B 国政府颁布法令或防疫政策禁止疫情期间建设工程施工作业。因此，仲裁庭认为，以新冠疫情主张不可抗力存在严格的法律审查标准，在申请人未能主张疫情导致履约不能并导致合同目的无法实现的情况下，仲裁庭不能支持申请人以疫情为不可抗力提出的解除合同的主张。

仲裁庭还认为，申请人主张的防疫口罩、防护服、酒精、洗手液、快递费等防疫物资采购费用是其为应对疫情产生的自身保障性开支，构成合同项下分包商防疫义务的一部分，应由其自行承担。

【纠纷观察】

2020 年 3 月 20 日，世界卫生组织（WHO）将新冠疫情宣布为全球性大流行病。新冠疫情在世界各国和地区的迅速蔓延，各国政府纷纷出台了程度不同的防疫措施，包括居家隔离、社交距离、出行限制、封城和取消国际航班等限制措施。各国政府发布的抗疫措施不可避免地对中国承包商或分包商在当地施工的工程项目造成了直接的影响，导致在建工程项目无法正常施工，工效降低或者直接导致停工。

在适用中国法的情况下，《最高人民法院关于依法妥善审理涉新冠肺炎疫情民事案件若干问题的指导意见（一）》第 1 条第 1 款规定："疫情或者疫情防控措施导致当事人不能按照约定的期限履行买卖合同或者履行成本增加，继续履行不影响合同目的实现，当事人请求解除合同的，人民法院不予支持。"因此，在一方当事人主张新冠疫情构成不可抗力主张解除合同时，法律的验证标准应为是否导致合同目的无法实现。在仲裁庭认为本案中申请人主张解除合同的理由不能满足合同目的无法实现的法律验证标准的情况下，仲裁庭决定申请人主张新冠疫情构成不可抗力而主张解除合同的理由不能成立。

【案例3】实际施工人依据发包人与承包人的仲裁协议申请仲裁，仲裁机构作出仲裁裁决后，发包人请求撤销仲裁裁决的，人民法院应予支持①

【基本案情】

2012年8月30日，中国工商银行股份有限公司岳阳分行（以下简称工行岳阳分行）与湖南巴陵建设有限公司（以下简称巴陵公司）签订《装修工程施工合同》，工行岳阳分行将其办公大楼整体装修改造内部装饰项目发包给巴陵公司，同时在合同第15.11条约定"本合同发生争议时，先由双方协商解决，协商不成时，向岳阳仲裁委员会申请仲裁解决"。

2012年9月10日，巴陵公司与刘友良签订《内部项目责任承包合同书》，巴陵公司将工行岳阳分行办公大楼整体装修改造内部装饰项目的工程内容及保修以大包干方式承包给刘友良，并收取一定的管理费及相关保证金。2013年7月23日，工行岳阳分行与巴陵公司又签订了《装饰安装工程施工补充合同》，工行岳阳分行将其八楼主机房碳纤维加固、防水、基层装饰、外屏管道整修、室内拆旧及未进入决算的相关工程发包给巴陵公司。

由于工行岳阳分行未能按照约定支付工程款，2017年7月4日，刘友良以工行岳阳分行为被申请人向岳阳仲裁委员会申请仲裁。2017年8月7日，工行岳阳分行以其与刘友良未达成仲裁协议为由提出仲裁管辖异议。2017年8月8日，岳阳仲裁委员会以岳仲决字〔2017〕8号决定驳回了工行岳阳分行的仲裁管辖异议。2017年12月22日，岳阳仲裁委员会作出岳仲决字〔2017〕696号裁决，裁定工行岳阳分行向刘友良支付到期应付工程价款及违约金。工行岳阳分行遂向湖南省岳阳市中级人民法院申请撤销该仲裁裁决。

【裁判观点】

法院生效裁判认为，仲裁协议是当事人达成的自愿将他们之间业已产生或可能产生的有关特定的无论是契约性还是非契约性的法律争议的全部或特定争议提交仲裁的合意。仲裁协议是仲裁机构取得管辖权的依据，是仲裁合法性、正当性的基础，其集中体现了仲裁自愿原则和协议仲裁制度。

本案中，工行岳阳分行与巴陵公司签订的《装修工程施工合同》第15.11条约定"本合同发生争议时，先由双方协商解决，协商不成时，向岳阳仲裁委员会

---

① 最高人民法院指导性案例198号。

申请仲裁",故工行岳阳分行与巴陵公司之间因工程款结算及支付引起的争议应当通过仲裁解决。但刘友良作为实际施工人,其并非工行岳阳分行与巴陵公司签订的《装修工程施工合同》的当事人,刘友良与工行岳阳分行及巴陵公司之间均未达成仲裁合意,不受该合同中仲裁条款的约束。除非另有约定,刘友良无权援引工行岳阳分行与巴陵公司之间《装修工程施工合同》中的仲裁条款向合同当事方主张权利。刘友良以巴陵公司的名义施工,巴陵公司作为《装修工程施工合同》的主体仍然存在并承担相应的权利义务,案件当事人之间并未构成《最高人民法院关于适用〈中华人民共和国仲裁法〉若干问题的解释》第 8 条规定的合同仲裁条款"承继"情形,亦不构成上述解释第 9 条规定的合同主体变更情形。2004 年《最高人民法院关于审理建设工程施工合同纠纷案件适用法律问题的解释》(已失效)第 26 条虽然规定实际施工人可以发包人为被告主张权利且发包人只在欠付工程款的范围内对实际施工人承担责任,但上述内容仅规定了实际施工人对发包人的诉权以及发包人承担责任的范围,不应视为实际施工人援引《装修工程施工合同》中仲裁条款的依据。

综上,工行岳阳分行与刘友良之间不存在仲裁协议,岳阳仲裁委员会基于刘友良的申请以仲裁方式解决工行岳阳分行与刘友良之间的工程款争议无法律依据。实际施工人依据发包人与承包人的仲裁协议申请仲裁,仲裁机构作出仲裁裁决后,发包人请求撤销仲裁裁决的,人民法院应予支持。

【纠纷观察】

本案是最高人民法院于 2022 年 12 月 27 日发布的指导性案例 198 号《中国工商银行股份有限公司岳阳分行与刘友良申请撤销仲裁裁决案》。湖南省岳阳市中级人民法院于 2018 年 11 月 12 日作出(2018)湘 06 民特 1 号民事裁定,撤销岳阳仲裁委员会岳仲决字〔2017〕696 号裁决。

《最高人民法院关于审理建设工程施工合同纠纷案件适用法律问题的解释(一)》(以下简称《新施工合同司法解释(一)》)(法释〔2020〕25 号)第 43 规定的实际施工人直接向发包人提起诉讼是一定时期及背景下为解决拖欠农民工工资问题的一种特殊制度安排,实际施工人对发包人主张权利,并非对承包人权利的承继,也并非权利代位。在发包人只在欠付建设工程价款范围内对实际施工人承担责任的情况下,发包人并不必然会承担责任。在发包人与承包人约定有仲裁条款的情况下,基于合同的相对性,因实际施工人并非建设工程施工合同的当事人,既无法依据该仲裁条款对发包人提起仲裁,也不应受该仲裁条款的约束。

对于实际施工人是否受发包人与承包人之间仲裁条款约束问题,最高人民法院①和各省市人民法院一些案件支持实际施工人受发包人与承包人之间仲裁条款的约束，而最高人民法院②和各省市人民法院一些案件不支持实际施工人受发包人与承包人之间仲裁条款的约束。

本案作为最高人民法院指导性案例，将对今后实际施工人是否受发包人与承包人之间仲裁条款约束的法院案件给出指导原则，即实际施工人并非发包人与承包人签订的施工合同的当事人，亦未与发包人、承包人订立有效仲裁协议，不应受发包人与承包人的仲裁协议约束。

四、热点问题观察

（一）争议评审成为解决建设工程合同纠纷的一种有效的替代性争议解决方式

2023年初，首例适用《北京仲裁委员会建设工程争议评审规则》的建设工程临时评审案件圆满画下句号。本案中，当事人双方就某工程的钢材采购订立合同并约定固定单价。自2020年11月开始，国内钢材价格一直呈上涨趋势，2021年处于高位。评审申请方认为钢材涨价幅度远远超出了商业风险，双方就能否在合同原价款的基础上上调价差产生争议。双方就案涉争议签订了《仲裁争议评审协议书》，约定将合同项下的钢材价格调差争议按照《北京仲裁委员会建设工程评审规则》中关于临时评审的规定提交评审组评审。双方从北仲提供的推荐性《建设工程评审员名册》中各自选定了评审专家，并共同选定了第三评审专家担任本案首席评审专家。评审专家在与当事人签订《评审专家协议》后组成评审组。在仔细阅卷的基础上，首席评审专家与另两位评审专家为评审调查会拟定了提纲，为评审调查会的召开做了充分的准备。评审调查会中，评审专家与当事人就双方价格调差争议做了细致的调查和意见归纳，并努力使得双方能够就解决争议的方案达成共识。评审组亦按照《建设工程争议评审规则》的规定，在调查会后的14天作出评审意见，圆满结案。

建设工程争议评审是指在工程开始时或工程进行过程中当事人选择独立的争

---

① 例如，最高人民法院（2013）民提字第148号、最高人民法院（2015）民一终字第170号、最高人民法院（2015）民一终字第366号、最高人民法院（2021）民申1073号等案件均判决实际施工人受发包人与承包人之间仲裁条款的约束。

② 例如，最高人民法院（2014）民申字第1575号、最高人民法院（2019）民辖终14号。

议评审专家（通常是三人，小型工程为一人。该成员独立于任何一方当事人）组成评审小组，就当事人发生的争议及时提出解决问题的建议或者作出决定的实时争议解决方式。当事人通过协议授权评审组调查、听证、建议或者裁决权。为适应建设工程多元化争议解决方式，北仲发布了《北京仲裁委员会建设工程争议评审规则》。2020版《建设项目工程总承包合同（示范文本）》第20.3条规定了争议评审机制。

目前，以FIDIC合同为代表，国际上已在建设工程项目中普遍使用争议裁决委员会（Dispute Adjudication Board, DAB）、争议委员会（Dispute Board, DB）和争议避免和裁决委员会[①]（Dispute Avoidance and Adjudication Board, DAAB）制度解决建设工程合同争议。中国企业已在国际工程项目中广泛使用争议裁决机制解决争议和分歧。在国际工程争议解决实践中，与DAB有关的争议焦点问题主要包括DAB是否构成仲裁的前置程序、[②] DAB成员的任命和指定、DAB对争议事项的管辖权、DAB程序错误或瑕疵、DAB延迟作出决定、DAB决定的执行、当事人挑战DAB决定的公正性诉诸有管辖权法院要求撤销DAB决定和当事人不履行DAB决定诉诸仲裁解决等。

（二）项目融资/投融资项下特许经营协议和建设工程合同风险及责任穿透机制带来新的挑战

国际基础设施开发模式已完成了从政府主导向商业开发主导的转变，私人投资和项目融资成为主流。投资者将其和政府部门签署的特许经营协议（含承购协议）下与建设相关的责任和风险转移给EPC承包商，甚至加码后转移给EPC承包商，一是将特许经营协议（含承购协议）中对工程和工程建设的各项规定，包括规范、标准、工期、担保和罚款等，进行分解、细化和加码后嵌入EPC合同；二是在EPC合同中明确将特许经营协议（含承购协议）下的责任和风险以穿透机制

[①] 在1999版FIDIC合同中使用争议裁决委员会。在2005、2006和2010版国际金融机构协调版FIDIC合同中使用争议委员会。在2017版FIDIC合同中，将争议裁决委员会称为争议避免与裁决委员会（Dispute Avoidance and Adjudication Board, DAAB）。

[②] 关于DAB是否构成仲裁前置程序问题，瑞士最高法院在Supreme Court, 4A_124/2014, July 7 2014案件中判决在FIDIC合同项下DAB应成为仲裁前置程序。在英国Peterborough City Council v Enterprise Managed Services Ltd. [2014] EWHC 3193案中判决FIDIC合同项下的DAB是仲裁前置程序。根据FIDIC合同第20.8条，在DAB未能成立或DAB任命期满时，当事人可将争议直接提交仲裁。

转移给承包商，由承包商替代开发商承担特许经营协议（含承购协议）下和工程建设相关的所有责任和风险。

所谓穿透机制，就是指投资者将其在特许经营协议（含承购协议等）下和工程建设相关的责任和风险、权利和义务，通过EPC合同背靠背地转移给承包商，目的是实现风险转移、风险闭环和融资关闭，实现项目按照特许经营协议（含承购协议等）要求的工期、质量和性能等完成工程建设并投入商业运行。在项目融资中，通常涉及的主要合同包括特许经营协议（含承购协议等）、EPC合同和贷款合同。投资者通常采用背靠背合同（back to back）条款，并采用穿透（pass through）机制，利用特许经营协议（含承购协议）和建设合同之间的进行穿透，将特许经营协议中权利和义务，价格、支付和调差机制，项目标准和奖惩机制，风险分担，担保与保险，特许经营期限，终止和补偿等转移给承包商，将政府、开发商和承包商责任、义务、风险、违约责任等进行相互捆绑。另外，通过贷款协议中的介入条款（step in clause）和退出条款（step out clause）将银行、投资者和承包商进行绑定，从而将政府、投资者、银行和承包商对项目开发的目标设定一致。

穿透机制奠定了投资者和承包商责任、义务、风险和违约的共担体系，而非传统EPC合同中的责任和风险转嫁安排，这将改变EPC合同的格式和架构，也将给承包商带来更大的责任、风险和挑战。

（三）中国企业"一带一路"建设工程领域争议解决趋势和争议方式的选择

在国际政治、经济和新冠疫情等多重因素影响的背景下，中国企业从事的国际工程合同争议显著增加并催生了新的问题和新的趋势：

1. 从传统的国际基础设施建设工程的施工争议，发展到EPC模式产生的设计、施工和采购等各环节争议，进而扩大到国际BOT/PPP项目的投资、融资、建设和运营的各阶段的争议。

2. 与国内建设工程争议集中在拖欠工程款及其利息、合同效力等问题相比，国际基础设施建设工程的争议具有自身的特征，主要集中在工期延误、工程变更、索赔等具有合同、工程和法律等技术性问题的方面。从传统工程合同争议向非传统争议发展，其中有些工程涉及"腐败与欺诈"指控。

3. 争议解决方式呈现多样性趋势，除少数合同约定在工程所在国进行诉讼外，绝大多数国际工程合同，特别是适用FIDIC合同时采用了争议裁决委员会机制和国际仲裁方式解决争议。中国承包商与外国业主之间的因建设工程产生的争议绝大部分均通过友好协商（谈判）、争议裁决委员会和国际仲裁等多级机制解决。

4. 新冠疫情蔓延影响国际工程发展并衍生出业主和中国承包商、中国总承包商与中国分包商之间产生的一系列法律问题。

北京仲裁委员会发布的《一带一路工程项目争议解决机制调研报告》表明，中国企业涉及的国际工程争议类型主要包括业主与承包商争议（81.99%）、承包商与分包商争议（59.19%）、联营体内部争议（30.51%）、承包商与供应商争议（30.15%）、东道国政府与投资人争议（15.44%）。常见的争议原因有工期延误（73.53%）、工程变更（58.46%）、支付问题（41.18%）、设计缺陷（28.68%）、合同文本不完备（24.26%）和保函（22.43%）等。调研报告还显示，中国企业最常使用的争议解决方式为谈判/高层谈判（79.78%）、商事仲裁（42.28%）、商事调解（33.46%）、争议裁决/评审（25%）、工程所在地法院（21.69%）和中国国内诉讼（11.03%）。

（四）实际施工人的诉讼主体地位和仲裁管辖问题争议不断

在《最高人民法院关于审理建设工程施工合同纠纷案件适用法律问题的解释》（以下简称《建设工程施工合同解释》）（法释〔2004〕14号）第26条[①]中第一次使用了"实际施工人"的概念。《最高人民法院关于审理建设工程施工合同纠纷案件适用法律问题的解释（二）》（法释〔2018〕20号）第24条、第25条进一步规定了实际施工人的权利及其限制。在《民法典》颁布施行的同时，《新施工合同司法解释（一）》第43条、第44条规定延续了上述规定。

最高人民法院司法解释确立实际施工人概念，赋予实际施工人起诉发包人权利，该条规定突破了合同相对性原则，允许实际施工人在满足一定条件下可以突破合同相对性向发包方主张工程款，但实际施工人并非我国现行法律体系中法定的民事主体，在司法实践中面临诸多问题，最根本的原因在于实际施工人制度的创设突破了合同相对性的法理依据，在理论界和司法界产生了巨大的争议。虽然理论界试图以不当得利返还说、代位权说和事实合同关系说解释实际施工人制度，但不可否认的是，上述理论学说均存在各自的理论缺陷，均无法圆满地解释实际

---

① 第26条规定："实际施工人以转包人、违法分包人为被告起诉的，人民法院应当依法受理。实际施工人以发包人为被告主张权利的，人民法院可以追加转包人或者违法分包人为本案当事人。发包人只在欠付工程价款范围内对实际施工人承担责任。"

施工人工程款请求权来源的合理性。在保护农民工等建筑工人权益的法律法规日益完善的情况下，如《工程建设领域农民工工资保证金规定》等法规，是否有必要继续保留实际施工人制度值得探讨。

如果实际施工人与转包人或者违法分包人约定了仲裁管辖，则实际施工人不得起诉发包人。最高人民法院（2014）民申字第1591号民事裁定认为，《建设工程施工合同解释》第26条第1款确立了实际施工人工程价款请求权的一般规则，即实际施工人可以依法起诉与其具有合同关系的转包人、违法分包人；第2款明确了实际施工人工程价款请求权的例外救济，即实际施工人可以要求发包人在欠付工程价款范围内对实际施工人承担责任。本案中，某建筑公司（实际施工人）主张工程价款的基础法律关系是其与某公路公司（转包人）之间的合同关系，而双方在合同中约定了仲裁条款，排除了法院管辖权。某建筑公司将某铁路公司（发包人）、某公路公司作为共同被告起诉至甘肃省陇南市中级人民法院，违背了某建筑公司与某公路公司通过仲裁处理双方争议的约定。

由于仲裁是基于合同当事人合同约定仲裁条款或仲裁协议，且仲裁中不存在第三人制度，因此，实际施工人在仲裁中是否可以利用发包人与承包人之间合同约定的仲裁条款或仲裁协议提起仲裁存在争议。最高人民法院于2022年12月27日发布的指导性案例198号《中国工商银行股份有限公司岳阳分行与刘友良申请撤销仲裁裁决案》明确了一项基本规则，即实际施工人并非发包人与承包人签订的施工合同的当事人，亦未与发包人、承包人订立有效仲裁协议，不应受发包人与承包人的仲裁协议约束。

（五）新冠疫情"乙类乙管"，后疫情时代来临

在国内和国际建设工程合同中，自2020年以来，新冠疫情期间工期延误及干扰损失成为建设工程当事人的争议焦点问题，包括工程暂停、复工、进度延误和施工降效等与工期相关的核心问题，也包括防疫措施费用、材料涨价、人工费上涨、赶工费用等与费用相关的问题。关于新冠疫情是否构成不可抗力，自新冠疫情爆发以来，由于各国法律制度和法律规定不同，存在不同的认识和法律判断。在大陆法系国家，一方当事人可以直接援引不可抗力法律规定提出主张，而在普通法系国家，需依据合同的具体约定确定新冠疫情是否构成不可抗力，在合同没有约定时，需根据合同落空、履约不能或无法履行提出主张和抗辩。目前，可以查询到的建设工程项目关于新冠疫情判定为不可抗力的判例为新加坡高等法院 Ser Kim Koi v. GTMS Construction Pte Ltd., Chan Sau Yan and CSYA Pte Ltd. [2022]

SGHC(A) 34 案，判决因新冠肺炎疫情而采取的封城措施，以及导致的材料供应短缺和人员流动限制为不可抗力事件。在适用不同司法管辖地法律的情况下，一方当事人主张新冠肺炎疫情为不可抗力，应承担举证责任，在能够充分证明其履约不能时，法院或仲裁庭才能认定新冠疫情为不可抗力。而对于新冠疫情期间承包商发生的防疫费用等支出，仲裁庭亦应依据不同司法管辖地法律的具体规定，确定防疫费用等支出的承担原则。

可以预见的是，2020 年至 2022 年新冠疫情对于国内外建设工程的影响和有关新冠疫情是否构成不可抗力及其防疫费用索赔争议仍在一定时期内成为仲裁或诉讼中的一个争议焦点问题。

五、结语与展望

回顾 2022 年，《民法典》和《新施工合同司法解释（一）》的贯彻实施，招投标主体责任的强化以及建设工程过程结算制度的实施，为建设工程的法律治理结构的建立、法律制度的完善和裁判规则的确立提供了进一步的保证。

展望 2023 年，随着中国对基础设施建设投入的增加，中国建设工程规模的进一步加大，建设工程争议案件数量将维持在高位，建设工程的争议焦点问题依旧突出，仲裁已成为当事人解决建设工程争议解决的一种重要方式，以争议裁决委员会为代表的替代性争议解决方式亦将成为当事人解决建设工程争议的有效方式。

中国房地产争议解决年度观察（2023）

马志成　马靖宇　隋清蕊[①]

一、概述

（一）2022年房地产行业发展概况

2022年，中国房地产行业经历了极为困难的一年，房企频繁爆雷，项目烂尾不断，"活下去"成为众多房企的共同目标。与此同时，自2022年末以来，房地产政策支持力度明显加大，"三箭齐发"的融资支持，"保交楼"口号的提出，各地限购限贷政策的不断放松，"救项目"兼顾"救企业"的态度转变，房地产业再次迎来了历史上较优越的政策环境。但居民购房意愿的提升，市场信心的恢复，仍需要时间。"房住不炒"的基本政策未变，探索地产发展新模式仍是行业未来发展的方向。

1. 房地产开发投资总额与销售面积整体下降

2022年1—12月，全国房地产开发投资总额132,895亿元，比上年下降10%，其中住宅投资100,646亿元，下降9.5%。2022年全年商品房销售面积135,837万平方米，比上年下降24.3%，其中住宅销售面积下降26.8%，办公楼销售面积下降3.3%，商业营业用房销售面积下降8.9%；商品房销售额133,308亿元，比上年下降26.7%，其中住宅销售额下降28.3%，办公楼销售额下降3.7%，商业营业用房销售额下降16.1%。[②] 房地产市场需求不足，叠加2022年全年销售环境受疫情影响，

[①] 马志成，北京金诚同达律师事务所高级合伙人。马靖宇，北京金诚同达律师事务所合伙人。隋清蕊，北京金诚同达律师事务所律师。

[②] 参见国家统计局官网，http://www.stats.gov.cn/tjsj/，访问时间：2023年1月31日。

房地产开发投资和销售情况都出现了严重的下滑。

附表一：2022 年 1-12 月东中西部和东北地区房地产投资开发情况

地区	投资额（亿元）	比上年增长（%）	住宅（亿元）	比上年增长（%）
全国总计	132,895	-10	100,646	-9.5
东部地区	72,478	-6.7	53,066	-6.3
中部地区	28,931	-7.2	23,462	-7
西部地区	27,481	-17.6	20,911	-16.9
东北地区	4,005	-25.5	3,207	-22.5

附表二：2022 年 1-12 月东中西部和东北地区房地产销售情况

地区	销售面积（万平方米）	比上年增长（%）	销售额（亿元）	比上年增长（%）
全国总计	135,837	-24.3	133,308	-26.7
东部地区	56,388	-23	77,413	-25.1
中部地区	40,750	-21.3	28,359	-25.7
西部地区	34,590	-27.7	24,456	-30.6
东北地区	4,109	-37.9	3,080	-40.9

2. 房地产监管政策转向宽松

首先，在房地产融资层面，11 月，中国人民银行、中国银行保险监督管理委员会联合发布了《关于做好当前金融支持房地产市场平稳健康发展工作的通知》（以下简称"金融 16 条"），内容涵盖开发贷、信托贷款、并购贷、贷款展期、建筑企业贷款、租赁融资、个人房贷和征信等房地产上下游融资环节；同月，证监会决定在股权融资方面调整优化 5 项措施，包括恢复涉房上市公司并购重组及配套融资、恢复上市房企和涉房上市公司再融资、调整完善房地产企业境外市场上市政策、进一步发挥 REITs 盘活房企存量资产作用、积极发挥私募股权投资基金作用等五个方面，从政策层面支持房企融资。

其次，在购房政策层面，据克而瑞不完全统计，295 个省市 2022 年出台 595 次放松限购限贷的具体措施。[1] 上海、北京、广州、杭州等重点城市在部分地区放松了购房条件，佛山、宁波、廊坊等地全面解除限购限售；重庆、天津、郑州、

---

[1]《2022 年总结与展望｜政策篇》，载"微信公众号"克而瑞地产研究，2022 年 12 月 21 日。

南宁等地下调公积金贷款或者商业贷款的首付比例，杭州、兰州、贵阳等地推行认房不认贷政策，支持改善性住房需求；深圳、武汉、中山等地探索二手房"带押过户"政策，支持二手房交易；沈阳、海南、石家庄等地推广"一人购房全家帮"的措施，即购房者可以提取直系亲属的公积金，用于支付购房款或偿还贷款等。

3. 停贷潮、烂尾楼问题引发市场热议，并促进了"保交楼"政策的落地

2022年6月，某楼盘一份《强制停贷告知书》激起千层浪，迅速在全国范围内引发"停贷"浪潮，烂尾楼的法律问题和现实问题成为社会热议焦点。7月因房地产项目停工而引发大面积"停贷潮"后，"保交楼"工作更是与社会稳定和金融稳定紧密联系在了一起。7月28日，"保交楼、稳民生"首次被写入中央政治局文件。各地纷纷成立专项纾困基金，出台AMC公司参与不良资产处置等措施，全力支持住宅项目复工，房地产竣工面积降幅连续收窄，[①]"保交楼"工作初见成效。

4. 在商业地产领域，头部房企加速轻资产运营模式的转型

2022年，疫情常态化给商业活动带来不利影响。面对市场变化和行业调整，商业地产加速变革商业模式，创新发展方式。很多拥有资产运营能力的房企纷纷涌入轻资产赛道，在商办、产业园、酒店、文旅、养老等商业地产领域以轻资产运营模式、借数字化转型提升经营绩效成为头部企业共识。打通企业及项目运营数据、搭建会员系统，实现项目方、品牌方、消费者三者联动，形成服务闭环。

5. "租购并举"住房制度全面提速

2022年，中央大力推动住房租赁市场发展，完善"购+租""市场+保障"的住房体系。5月，国务院明确关于进一步盘活存量资产扩大有效投资，推动闲置低效资产改造与转型为保障性租赁住房；8月，首批保障性租赁住房REITs试点项目红土深圳安居REIT、中金厦门安居REIT、华夏北京保障房REIT正式上市；11月，"金融16条"提出鼓励金融机构为各类主体收购、改建房地产项目用于住房租赁提供资金支持。截至2022年10月底，全国保障性租赁住房已开工建设和筹集233.6万套（间），占年度计划的98.8%，[②]为2022年房地产发展带来了持续的动力。

---

① 参见国家统计局官网，http://www.stats.gov.cn/tjsj/，访问时间：2023年1月27日。
② 《330万套（间）！全国筹集保障性租赁住房 解决新市民、青年人住房问题》，载央视网，https://news.cctv.com/2022/12/13/ARTI1PfQylmLQzQ1WrzdZk9H221213.shtml，访问时间：2023年1月27日。

（二）2022年房地产争议概况[①]

2022年房地产争议案件立案数量明显下降，同时，最高人民法院推行的一站式多元解纷机制，使得大量案件通过调解方式结案，因此，2022年通过裁判文书网可查询到的判决书、裁定书数量明显减少。房地产争议仍集中在房屋买卖合同纠纷、房屋租赁合同纠纷、物业服务合同纠纷上。

2022年的房地产争议主要有以下几个特点：一是因项目烂尾或其他原因引起的逾期交房导致的购房者与房企之间的房屋买卖合同纠纷及由此衍生的购房者与银行之间的金融借款合同纠纷；二是房企爆雷引发的金融借款合同纠纷、合作开发纠纷、委托代建纠纷、建设工程施工合同、劳动纠纷等；三是随着《民法典》、新《土地管理法》的实施，引发部分居住权纠纷、集体经营性建设用地使用权纠纷等新型纠纷；四是大型商超业主与租户之间因退租引发的租赁合同纠纷。

据不完全统计，2022年房屋买卖合同纠纷为141,943件，较2021年的415,112件大幅减少约65.8%；房屋租赁合同纠纷为77,683件，较2021年的186,273件大幅减少约58.3%；物业服务合同纠纷为298,099件，较2021年的582,432件大幅减少约48.8%。

2022年建设用地使用权合同纠纷为903件，较2021年的2,519件大幅减少约64.2%；土地租赁合同纠纷为6,762件，较2021年的15,182件大幅减少约55.5%；农村土地承包合同纠纷为3,169件，较2021年的10,828件大幅减少约70.7%。

2022年房地产开发经营合同纠纷为1,125件，较2021年的2,641件回落约57.4%。其中，合资、合作开发房地产合同纠纷为687件，较2021年的1,674件大幅减少约59%；委托代建合同纠纷为258件，较2021年的531件大幅减少约51.4%；项目转让合同纠纷为80件，较2021年的181件大幅减少55.8%。

2022年涉及房企的金融借款合同纠纷为10,336件，较2021年的27,011件减少约61.7%。

[①] 本节纠纷案件数量根据中国裁判文书网总结而成，包括2022年度一审、二审、再审、再审审查与审判监督及其他程序中产生的判决书、裁定书、决定书等。需要说明的是，因部分诉讼案件不予公开、部分撤诉案件不出具文书、部分调解案件文书不于互联网公布等原因，本节统计数据与法院实际受理的案件数量可能存在差异，访问时间：2023年1月12日。

二、新出台的法律法规或其他规范性文件

（一）土地制度

1. 全国人民代表大会常务委员会颁布《黑土地保护法》

2022年6月24日，全国人民代表大会常务委员会颁布《黑土地保护法》，自2022年8月1日起施行。《黑土地保护法》规定了黑土地的保护范围；禁止建设项目占用黑土地，确需占用的，应当依法严格审批，并补充数量和质量相当的耕地；① 明确各级政府、基层组织、农业生产经营者的责任；等等。

（二）房地产开发制度

1. 住房和城乡建设部颁布《关于修改〈房地产开发企业资质管理规定〉的决定》（2022年3月2日）

该项制度将房地产开发企业资质由原先的四个等级调整为两个等级；② 二级资质的行政审批级别由省级建设行政主管部门放宽至省级建设行政主管部门或其确定的设区的市级人民政府房地产开发主管部门；③ 明确"双随机、一公开"监管制度，④ 强化对房地产开发企业违法违规行为的监管力度；不再对房地产开发企业承接开发项目业务施加地域范围限制，⑤ 进而深化"证照分离"改革、优化营商环境，激发市场主体发展活力。

2. 中国银保监会办公厅、住房和城乡建设部办公厅、中国人民银行办公厅颁布《关于商业银行出具保函置换预售监管资金有关工作的通知》（2022年11月12日）

《通知》规定，监管账户内资金达到住房和城乡建设部门规定的监管额度后，房地产企业可向商业银行申请出具保函置换监管额度内资金，保函置换金额不得超过监管账户中确保项目竣工交付所需的资金额度的30%，置换后的监管资金不得低于监管账户中确保项目竣工交付所需的资金额度的70%；⑥ 房地产企业要按规定使用保函置换的预售监管资金，不得用于购置土地、新增其他投资、偿还股东

---

① 《黑土地保护法》第21条。
② 《关于修改〈房地产开发企业资质管理规定〉的决定》第2条。
③ 《关于修改〈房地产开发企业资质管理规定〉的决定》第5条。
④ 《关于修改〈房地产开发企业资质管理规定〉的决定》第6条。
⑤ 《关于修改〈房地产开发企业资质管理规定〉的决定》第7条。
⑥ 《关于商业银行出具保函置换预售监管资金有关工作的通知》第2条。

借款等。①

（三）保障性住房制度

1. 国务院办公厅颁布《关于进一步盘活存量资产扩大有效投资的意见》（2022年5月25日）

该意见就包括保障性租赁住房、老旧厂房、文化体育场馆和闲置土地等，以及国有企业开办的酒店、餐饮、疗养院等非主业资产在内的存量资产的盘活方式、政策支持、风险防控、组织保障方面，进行了系统规定。为有效盘活存量资产、形成存量资产和新增投资的良性循环以及保障性租赁住房REITs上市与健康发展，提供了政策依据与保障。

2. 中国人民银行、中国银保监会颁布《关于保障性租赁住房有关贷款不纳入房地产贷款集中度管理的通知》（2022年1月30日）

该通知明确银行业金融机构向持有保障性租赁住房项目认定书的保障性租赁住房项目发放的有关贷款不纳入房地产贷款集中度管理。②该政策有利于银行业金融机构加大对保障性租赁住房项目的信贷投放，有助于推动建立多主体供给、多渠道保障、租购并举的住房制度。

3. 中国银保监会、住房和城乡建设部颁布《关于银行保险机构支持保障性租赁住房发展的指导意见》（2022年2月16日）

该意见强调应发挥各类机构优势，发挥好国家开发银行作用，支持商业银行提供专业化、多元化金融服务，引导保险机构为保障性租赁住房提供资金和保障支持，支持非银机构依法合规参与；③探索符合保障性租赁住房特点的担保方式，提供银团贷款、不动产投资信托基金（REITs）、债券融资等多样化金融服务。④

4. 中国证监会办公厅、国家发展改革委办公厅《关于规范做好保障性租赁住房试点发行基础设施领域不动产投资信托基金（REITs）有关工作的通知》（2022年5月27日）

该通知主要内容包括：一是明确了REITs发起主体应当为开展保障性租赁住

---

① 《关于商业银行出具保函置换预售监管资金有关工作的通知》第11条。
② 《关于保障性租赁住房有关贷款不纳入房地产贷款集中度管理的通知》第1条。
③ 《关于银行保险机构支持保障性租赁住房发展的指导意见》第3-6条。
④ 《关于银行保险机构支持保障性租赁住房发展的指导意见》第9-10条。

房业务的独立法人;①二是强调了回收资金用途的严格闭环管理机制,确保净回收资金优先用于新的保障性租赁住房项目建设,或用于其他基础设施补短板重点领域;②三是压实机构主体责任,要求发起人的控股股东、实际控制人不得挪用回收资金;③四是加强沟通协作,证监会和国家发展改革委将指导沪深证券交易所、证监局和地方发展改革委做好推荐、审核和日常监管工作。《通知》同时指出,鼓励具备条件的保障性租赁住房发行REITs,推动试点项目尽快落地;落实项目发行条件,引导回收资金用于新的项目建设,确保保障性租赁住房REITs行稳致远。

(四)房地产金融

1. 中国人民银行、中国银行保险监督管理委员会颁布《关于做好当前金融支持房地产市场平稳健康发展工作的通知》(2022年11月23日)

该通知要求:积极做好"保交楼"金融服务,支持开发性政策性银行提供"保交楼"专项借款,鼓励金融机构提供配套融资支持;④积极配合做好受困房地产企业风险处置;依法保障住房金融消费者合法权益;阶段性调整部分金融管理政策;加大住房租赁金融支持力度;等等。

(五)房地产税收

1. 财政部、国家税务总局颁布《关于支持居民换购住房有关个人所得税政策的公告》(2022年9月30日)

该公告提出,自2022年10月1日至2023年12月31日,对出售自有住房并在现住房出售后1年内在市场重新购买住房的纳税人,对其出售现住房已缴纳的个人所得税予以退税优惠,⑤支持改善性住房需求。

---

① 《关于规范做好保障性租赁住房试点发行基础设施领域不动产投资信托基金(REITs)有关工作的通知》第2条。
② 《关于规范做好保障性租赁住房试点发行基础设施领域不动产投资信托基金(REITs)有关工作的通知》第3条。
③ 《关于规范做好保障性租赁住房试点发行基础设施领域不动产投资信托基金(REITs)有关工作的通知》第4条。
④ 《关于做好当前金融支持房地产市场平稳健康发展工作的通知》第7-8条。
⑤ 《关于支持居民换购住房有关个人所得税政策的公告》第1条。

（六）房地产相关司法解释

1. 最高人民法院、住房和城乡建设部、中国人民银行颁布《关于规范人民法院保全执行措施 确保商品房预售资金用于项目建设的通知》（2022 年 1 月 11 日）

该通知规定，除当事人申请执行因建设该商品房项目而产生的工程建设进度款、材料款、设备款等债权案件外，在商品房项目完成房屋所有权首次登记前，对于预售资金监管账户中监管额度内的款项，人民法院不得采取扣划措施；[1] 商品房预售资金监管账户被人民法院冻结后，房地产开发企业、商品房建设工程款债权人、材料款债权人、租赁设备款债权人等请求以预售资金监管账户资金支付工程建设进度款、材料款、设备款等项目建设所需资金，或者购房人因购房合同解除申请退还购房款，经项目所在地住房和城乡建设主管部门审核同意的，商业银行应当及时支付，并将付款情况及时向人民法院报告；[2] 房地产开发企业提供商业银行等金融机构出具的保函，请求释放预售资金监管账户相应额度资金的，住房和城乡建设主管部门可以予以准许；[3] 并且规定了住房和城乡建设主管部门和商业银行应当承担的法律责任。

2. 最高人民法院颁布《关于人民法院司法拍卖房产竞买人资格若干问题的规定》（2022 年 1 月 1 日）

该规定明确，人民法院组织的司法拍卖房产活动，受房产所在地限购政策约束的竞买人申请参与竞拍的，人民法院不予准许。[4] 人民法院在司法拍卖房产成交后、向买受人出具成交裁定书前，应当审核买受人提交的自其申请参与竞拍到成交裁定书出具时具备购房资格的证明材料；经审核买受人不符合持续具备购房资格条件，买受人请求出具拍卖成交裁定书的，人民法院不予准许。[5]

3. 最高人民法院《关于为稳定就业提供司法服务和保障的意见》（2022 年 12 月 26 日）

该意见明确，推动落实阶段性减免房产租金等助企纾困政策，支持中小微企业稳就业规模。依法妥善审理房屋租赁合同纠纷等案件，推动落实阶段性减免国有房产租金等政策，引导出租人减免或者缓收租金，依法减轻中小微企业、个体

---

[1]《关于规范人民法院保全执行措施 确保商品房预售资金用于项目建设的通知》第1条。
[2]《关于规范人民法院保全执行措施 确保商品房预售资金用于项目建设的通知》第2条。
[3]《关于规范人民法院保全执行措施 确保商品房预售资金用于项目建设的通知》第4条。
[4]《关于人民法院司法拍卖房产竞买人资格若干问题的规定》第1条。
[5]《关于人民法院司法拍卖房产竞买人资格若干问题的规定》第3条。

工商户等负担,稳住中小微企业就业规模。①

4.最高人民法院《关于为促进消费提供司法服务和保障的意见》(2022年12月26日)

该意见明确,对当事人逾期付款、逾期交房、逾期办证等违约行为引起的商品房买卖合同纠纷,人民法院要加强调解;当事人请求违约方承担逾期付款、逾期交房、逾期办证的违约责任的,人民法院应当依照合同约定或者商品房买卖合同司法解释处理;②疫情或者疫情防控措施导致小微企业、个体工商户等承租人没有收入或者收入明显减少,造成支付租金困难,出租人请求解除房屋租赁合同、由承租人承担违约责任的,人民法院应当加强调解,引导出租人和承租人合理分担损失。③

三、典型案例

【案例1】"虚拟产权式商铺"业主权利的限制、交易合同的商务条款变更,是否应遵循少数服从多数的原则?④

【基本案情】

2016年前后,彭某伟购买了北京房山良乡地区某商铺,商铺位于一层中心位置,无法进行物理分割。2018年4月30日,业主通过少数服从多数的表决方式,选择北京某购物中心有限公司(以下简称某公司)作为整体商铺的承租人,约定租期为2020年4月2日至2022年4月1日,租金标准为2.5元/平米/日。各业主与某公司分别签署了租赁协议。

2021年年底,某公司与三分之二以上其他业主签订了补充协议,约定自2021年11月16日后租金标准降低至1.5元/平米/日。彭某伟不同意降低租金,未签署补充协议,故某公司未支付2021年11月16日至12月31日的租金。彭某伟诉至北京市房山区人民法院。

【争议焦点】

虚拟产权式商铺的租赁合同中,多数业主同意变更合同条款,变更后的条款

---

① 《关于为稳定就业提供司法服务和保障的意见》第2条。
② 《关于为促进消费提供司法服务和保障的意见》第10条。
③ 《关于为促进消费提供司法服务和保障的意见》第22条。
④ 北京市第二中级人民法院(2022)京02民终10270号民事判决书。

是否适用于未同意的其他业主？

原告彭某伟认为：其未与某公司达成补充协议，应按原合同约定的租金标准支付。

被告某公司认为：其已与大部分业主签订补充协议，因虚拟产权式商铺的所有权不同于一般的房屋所有权，有其自身特点，应按照少数服从多数的原则处理，故认为应按补充协议中的租金标准向彭某伟支付。

【裁判观点】

一审法院北京市房山区人民法院、二审北京市第二中级人民法院均认为：

（1）案涉商铺为虚拟产权式商铺，作为一种新型的产权形式，应符合物权法的一般规律，物权的取得和行使，应当尊重社会公德，不得损害公共利益和他人的合法权益。虚拟产权式商铺的实际状态，是多个购买人对一个商场按照其所拥有面积对其各自拥有，每个购买人的物权权利相互依存，相互影响，其特殊状态决定了每个个体所有权人的物权权利应当受到一定的限制。整个市场只有统一规划、统一布局、统一经营、统一管理，业主才能更好地获得利益，单个商铺的利益必须服从广大业主的共同利益。

（2）彭某伟作为虚拟产权式商铺所有权人，其权利的行使应当符合全体业主共同的利益。现诉争商场其他三分之二以上业主同意将商铺租金调整，彭某伟应服从多数业主的决定。故法院判决，某公司按照与其他业主签订的补充协议的租金标准支付租金。

【纠纷观察】

虚拟产权式商铺，系房地产开发商将大型商业物业，按照一定的设计和布局，分割成若干相互毗邻、无内墙隔离，不能进行物理化分割、面积较小的商铺进行出售而形成的具有独立产权的商铺形态。该类商铺业主难以独立经营，需将商铺出租或委托经营的方式交由第三方统一经营管理，并收取租金或其他财产收益。

目前，虚拟产权式商铺在我国物权法体系中尚无明确的规定。笔者认为，虚拟产权式商铺的属性更接近于按份共有关系，业主在对商铺进行处置时应当遵守共有关系的相关法律规定。司法实践中，若租赁协议或委托经营协议中对于业主的权利有明确约定，则会成为处理业主和经营者之间纠纷的直接根据；协议没有明确约定时，人民法院通常会认定该类商铺所有人在对商铺进行处置时应遵循如下规则：

（1）基于共有关系的共同决定方式：在本案中，法院认定彭某伟应遵循三分之二以上业主的共同意志，是根据《民法典》第301条①对于按份共有人处分、修缮共有物以及变更其性质或者用途的限制；在（2021）川11民终940号案件中，四川省乐山市中级人民法院认为，案涉商铺系虚拟产权式商铺，性质上属全体业主按份共有，故每一位业主所有权的行使必然受限于业主的共同决定。

（2）不得滥用权利损害其他共有业主的权益：在（2022）湘04民终2339号案件中，湖南省衡阳市中级人民法院认为，根据《民法典》第132条②之规定，在绝大多数业主不同意继续履行协议的情况下，少数业主执意继续履行，属于对民事权利的滥用，侵犯了他人的合法权益；在（2021）皖11民终1794号案件中，安徽省滁州市中级人民法院认为，根据原《物权法》第84条的规定，不动产的相邻权利人应当按照有利生产、方便生活、团结互助、公平合理的原则，正确处理相邻关系。据此，虚拟产权式商铺业主在行使所有权时，不得损害其他业主的合法利益。

从以上判决可以看出，虚拟产权式商铺的经营和处置基本按照共有关系来处理，遵循少数服从多数的原则。但就"大多数业主"的具体比例，部分法院认为过二分之一多数即可，部分法院则参考了《民法典》第301条对于按份共有的规定。这种司法实践中的不一致，需要立法机关或最高法院作出统一规范，以更好的平衡个人利益和集体利益。

【案例2】合资、合作开发房地产合同纠纷案件中，如何通过合作开发过程中形成的各类文件判断合同内容的变化？如何认定合作利润损失？③

【基本案情】

2010年9月29日，张家港某置业有限公司（以下简称某置业公司）与江苏某产业发展有限公司（以下简称某发展公司）及朱某龙签署了《香港城项目开发合作协议》（以下简称《合作协议》），约定：（1）某置业公司提供土地，某发展公司及朱某龙提供项目配套设施费及一切运营资金；（2）某发展公司在2011年2月

---

① 《民法典》第301条规定：处分共有的不动产或者动产以及对共有的不动产或者动产作重大修缮、变更性质或者用途的，应当经占份额三分之二以上的按份共有人或者全体共同共有人同意，但是共有人之间另有约定的除外。

② 《民法典》第132条规定：民事主体不得滥用民事权利损害国家利益、社会公共利益或者他人合法权益。

③ 最高人民法院（2022）最高法民再104号民事判决书。

底前完成规划及建筑设计审批,2011年3月底前建设动工,2012年7月1日前竣工完毕。此后,各方签署了一系列的会议纪要文件,对项目建设具体事宜作出约定。合作项目于2013年2月17日取得施工许可证。

2013年3月12日、3月16日、3月26日,某置业公司三次向某发展公司及朱某龙发函,要求将1750万元工程款支付至专用账户。2013年4月1日,某置业公司以某发展公司未按《合作协议》约定将建设资金汇入专用账户,未按约定时间节点推进合作项目,导致合作目的不能实现构成根本违约为由,通知某发展公司解除《合作协议》。

某发展公司不同意某置业公司的《解除通知》,故诉至江苏省苏州市中级人民法院,要求:某置业公司返还投资款15,484,307元,赔偿合作利润损失8000万元(另案中双方一致同意解除了《合作协议》)。

【争议焦点】

1. 某置业公司是否享有合同解除权?
2. 某发展公司是否有权取得合作项目的相应利润款及如何认定利润?

某置业公司认为:(1)《合作协议》约定某发展公司与朱某龙负责项目的报批并承担项目所需的一切资金,某置业公司根据资金计划报告要求某发展公司将1750万元工程款支付至专用账户,符合合同约定。某发展公司拒绝支付,属于违约行为;(2)某发展公司未按照《合作协议》约定在2011年2月底前完成规划及建筑设计审批,在2011年3月底前建设动工,在2012年7月1日前竣工完毕,导致某置业公司合同目的无法实现,属于根本违约。根据《合同法》第94条第2项、第3项、第4项,^①某置业公司拥有法定解除权。

某发展公司及朱某龙认为:(1)《合作协议》未约定具体的支付时间和金额,资金计划报告也没有确定具体的支付时间,且并非己方参与制定;(2)《合作协议》履行过程中,双方已通过会议纪要、董事会决议等形式变更了《合作协议》约定的项目推进时间节点,某发展公司不存在违约。某置业公司单方解除合同,属于违约行为。

---

① 《合同法》第94条(现为《民法典》第563条第1款)规定:有下列情形之一的,当事人可以解除合同:(一)因不可抗力致使不能实现合同目的;(二)在履行期限届满之前,当事人一方明确表示或者以自己的行为表明不履行主要债务;(三)当事人一方迟延履行主要债务,经催告后在合理期限内仍未履行;(四)当事人一方迟延履行债务或者有其他违约行为致使不能实现合同目的;(五)法律规定的其他情形。

【裁判观点】

本案经苏州市中级人民法院一审、江苏省高级人民法院二审，认定某置业公司构成违约，判决某置业公司返还某发展公司投资款 15,349,000 元，支付某发展公司合作利润款 36,422,892.8 元。后某置业公司申请再审，最高人民法院再审后维持了二审判决。

最高人民法院认为：

（1）虽然《合作协议》约定的合作方式是某置业公司提供土地、某发展公司与朱某龙负责项目报批及承担项目所需一切资金，但合同并未约定某发展公司和朱某龙必须按照某置业公司的要求，在任何时间节点提供任何金额的资金。某置业公司有义务说明，其在 2013 年 3 月 12 日发函，要求在 3 月 18 日前将工程款 1750 万元汇入项目部专用账户，具有合理性。

（2）各方已经以实际履行的行为变更了《合作协议》第 2 条所约定的"项目工作计划"时点，某置业公司 2013 年仍以某发展公司和朱某龙违反《合作协议》约定而主张对方构成根本违约，理据不足。同时，某置业公司主张的资金计划报告中的 1000 万元民工保证金与事实不符，且截至 2012 年 11 月 8 日，项目部专用账户资金额为 659,383.99 元。某置业公司未能说明在项目部尚有一定资金的情况下，其发函要求某发展公司和朱某龙在 3 月 18 日前将工程款 1750 万元汇入项目部专用账户，有何合理事由。

（3）《合作协议》所约定的项目部组成与决策推进机制，已由各方通过共同形成的一系列会议纪要和决议所变更，某置业公司不能再以某发展公司和朱某龙违反《合作协议》相应约定为由，主张其构成根本违约。

（4）本案《合作协议》不能继续履行系因某置业公司的根本违约所致，故其应当赔偿违约行为造成的损失，包括合同履行后可以获得的利益，但不超过其订立合同时预见到或者应当预见到的因违约可能造成的损失。《合作协议》约定，三方按该项目实际所产生的纯利润按股份进行分配。法院最后通过对合作项目的工程造价、房地产估价、项目利润的司法鉴定确定了项目的利润数额，并判决某置业公司根据《合作协议》约定，按合作项目利润的 40.5% 向某发展公司支付利润款。

【纠纷观察】

（1）房地产合作开发项目，合作周期长，土地获取、规划条件变更、施工企业与融资机构选择、三项费用标准核定等涉及合作方利益的变量多，因此，合作方在合同实际履行过程中，经常因便利考量或各方信任关系的变化，通过会议纪要、项目决议等形式，变更项目合作的决策机制与流程。因此，在合资、合作开发纠纷案件中，构成合作方交易文件内容的不仅仅是各方的合作协议，还有大量项目合作过程中形成的各种会议纪要、决议、备忘录或者邮件、微信群记录等内容。该等以各种形式存在的代表合作各方达成一致真实意思表示的内容，都有可能成为合作协议的重要组成部分，并作为案件的裁决依据。

（2）房地产的合资、合作开发，所需资金量大，且资金支付节点往往与规划、设计、开工等关键节点紧密相关，甚至互为条件；同时，在合同实际履行过程中，因项目开发过程中的各种变数导致各方对付款时间、付款条件很容易产生争议。一方未履行合同义务是行使先履行抗辩权还是构成违约，是司法实践中经常需要解决的问题。裁判机构往往无法仅仅根据合同文本中的约定，判断合作方是否构成违约，还需要结合合同目的进行判断。无论供地方或出资方，判断其是否构成违约尤其是否构成根本违约时，不仅应当考察合同约定，还应结合其行为对合同目的的影响，即该行为是否影响土地交付、规划、设计、开工、证照办理等关键节点的推进，是否构成对房地产开发的实质阻碍或严重延迟等进行综合考虑。

（3）本案中，合作开发项目的利润，采取了委托第三方进行司法鉴定的方式。由于合作开发的商业模式通过生产与销售两个环节即可完成（自持除外），且作为鉴定对象的房产，影响其成本与价格构成的要素均已基本确定，可以确保鉴定结论的客观性与准确性。笔者特别强调的是，就项目利润，人民法院分别委托了工程管理咨询公司、房地产土地评估公司、会计师事务所，在其各自专业范围，完成了项目工程造价、项目价值、项目利润的鉴定，从程序上保障了鉴定结论的专业性与可靠性。

【案例3】集体经营性建设用地出租适用《民法典》合同编，还是适用《土地管理法》？超过二十年的部分，合同是否有效？[①]

【基本案情】

2012年8月4日，北京市房山区阎村镇某村经济合作社（以下简称某村经合社）作为出租方，北京某商贸有限公司（以下简称某公司）作为承租方，签署了《场地租赁合同》。合同约定：（1）某村经合社将其所有的闲置建设用地出租给某公司使用，实际面积46亩；（2）租赁期限自2013年3月1日至2053年2月底，租期为40年。随后，某村经合社交付了案涉场地。

后双方就合同效力、土地使用费等事宜产生争议，某村经合社诉至北京市房

---

① 北京市高级人民法院（2022）京民申2220号民事裁定书。

山区人民法院。

【争议焦点】

集体经营性建设用地出租时，合同期限超过20年的部分，合同是否无效？

某村经合社认为：根据《民法典》第705条①的规定，租赁期限不得超过20年。超过20年的，超过部分无效。所以案涉《场地租赁合同》超过20年的部分无效。

某公司认为：案涉土地为集体经营性建设用地，根据《民法典》第361条②之规定，应当依照土地管理的法律规定办理。因此，当《土地管理法》和《民法典》就相关问题规定不一致时，应适用作为特别法的《土地管理法》。根据《土地管理法》第63条③以及《规范国有土地租赁若干意见》第4条④的规定，案涉土地的最长租赁期限不得超过法律规定的同类用途土地出让最高年期，而非《民法典》第705条规定的20年。故案涉土地作为商业用地，租赁期限40年符合现行法律规定。

【裁判观点】

一审北京市房山区人民法院、二审北京市第二中级人民法院以及受理再审的北京市高级人民法院均认为：某村经合社与某公司签订的《场地租赁合同》应符合《合同法》第214条（现为《民法典》第705条）的规定，最终判决《场地租赁合同》超过20年的部分无效。

---

① 《民法典》第705条规定：租赁期限不得超过二十年。超过二十年的，超过部分无效。租赁期限届满，当事人可以续订租赁合同；但是，约定的租赁期限自续订之日起不得超过二十年。

② 《民法典》第361条规定：集体所有的土地作为建设用地的，应当依照土地管理的法律规定办理。

③ 《土地管理法》第63条规定：土地利用总体规划、城乡规划确定为工业、商业等经营性用途，并经依法登记的集体经营性建设用地，土地所有权人可以通过出让、出租等方式交由单位或者个人使用，并应当签订书面合同，载明土地界址、面积、动工期限、使用期限、土地用途、规划条件和双方其他权利义务。前款规定的集体经营性建设用地出让、出租等，应当经本集体经济组织成员的村民会议三分之二以上成员或者三分之二以上村民代表的同意。通过出让等方式取得的集体经营性建设用地使用权可以转让、互换、出资、赠与或者抵押，但法律、行政法规另有规定或者土地所有权人、土地使用权人签订的书面合同另有约定的除外。集体经营性建设用地的出租，集体建设用地使用权的出让及其最高年限、转让、互换、出资、赠与、抵押等，参照同类用途的国有建设用地执行。具体办法由国务院制定。

④ 《规范国有土地租赁若干意见》第4条规定：国有土地租赁可以根据具体情况实行短期租赁和长期租赁。对短期使用或用于修建临时建筑物的土地，应实行短期租赁，短期租赁年限一般不超过5年；对需要进行地上建筑物、构筑物建设后长期使用的土地，应实行长期租赁，具体租赁期限由租赁合同约定，但最长租赁期限不得超过法律规定的同类用途土地出让最高年期。

【纠纷观察】

随着《土地管理法》的修订，集体经营性建设用地入市交易由试点阶段正式进入实施阶段，为建立统一的城乡建设用地市场奠定了基础。在新旧法交替阶段，对于流转过程中的土地租赁合同因超过20年期限产生的效力问题，各地方法院裁判中尚存不同的认识。

本案中，关于集体经营性建设用地出租的期限问题，法院认为应当适用《合同法》第214条（现为《民法典》第705条）有关租赁合同期限的规定，最长不得超过20年。最高人民法院在（2019）最高法民终752号判决书中，也对上述问题持相同观点。但广东省佛山市中级人民法院（2022）粤06民终5054号案件中，法院则认定集体所有土地作为建设用地出租，不受《民法典》第705条的约束，而应当适用《民法典》第361条的规定，依据土地管理法的相关规定办理；租赁期限为30年的约定，未超过工业用地使用权出让的最高年限，应当认定为合同有效。

据笔者观察，由于《土地管理法》并未明确给予建设用地的出租年限可以超过20年的适用空间，因此目前司法实践中，土地租赁合同超过20年部分的期限无效为主流观点。但在集体经营性建设用地流转市场比较发达的地区，地方政府和法院对于租赁期限进行了突破性的规定和裁判，如前述广东省佛山市中级人民法院（2022）粤06民终5054判决。

笔者认为，土地租赁作为《土地管理法》明确规定的土地流转方式之一，不同于一般租赁。首先，在我国以公有制为主体的经济制度下，土地并非一般的"物"，集体土地所有权、使用权的处分也不是纯粹的市场行为，而是需要根据《土地管理法》《土地管理法实施条例》等法律、行政法规所规定的条件与程序进行的权利处分行为；其次，对建设用地一般需要进行建筑物、构筑物的建设后才能投入使用，承租人投入大，回收成本的期限较长，因此，如何解决承租人投入成本和20年租赁期限限制可能带来的利益不平衡，是司法实践应当关注，也是未来立法需要思考的问题。

【案例4】国有房地产开发企业在进行土地和房产转让时，是否受到国有资产交易监督管理层面的特殊限制？[①]

【基本案情】

2013年6月17日，山东省某开发集团青岛公司（以下简称某青岛公司）与

---

① 山东省高级人民法院（2021）鲁民再527号民事判决书。

青岛某置业有限公司（以下简称某置业公司）签署了《房地产合作开发协议书》，约定：某青岛公司将其拥有国有土地使用权及正在开发项目的50%的权益，以1.5亿元的价格转让给某置业公司。项目土地使用权不转让，仍以某青岛公司名义开发建设。

2016年6月20日，双方签署《补充协议一》，约定：合作项目终止开发建设，双方不再投入资金。

2017年2月9日，双方签署《补充协议二》，约定：（1）某置业公司累计投入资金约8190万元，由于某青岛公司未取得《建设工程规划许可证》，违反了协议约定，故合作开发终止；（2）三宗国有土地使用权评估价值约人民币4.15亿元，双方约定开发权益各占50%；（3）某置业公司放弃项目的可期待开发收益，某青岛公司向某置业公司支付2亿元，某青岛公司已支付400万元。

由于某青岛公司未按该协议履行，某置业公司遂向山东省青岛市中级人民法院起诉，要求某青岛公司支付合作补偿款19600万元并赔偿利息损失。在诉讼过程中，双方达成调解协议，某青岛公司同意向某置业公司支付合作款本金19300万元及利息1672万元（双方协商按照年息8%计算），并以调解书予以确认。

后某青岛公司提出再审请求，要求撤销上述调解书，确认《房地产合作开发协议书》及一系列协议无效。

【争议焦点】

1. 某青岛公司与某置业公司签订的《房地产合作开发协议书》及一系列协议是否有效。

某青岛公司认为：（1）案涉协议的签署未按照《企业国有资产法》第32条[①]规定履行企业负责人集体讨论程序，决策违法；（2）案涉协议下的国有资产转让未履行《企业国有资产法》规定的评估程序；（3）某置业公司未尽必要的审查注意义务，一系列协议造成国有资产重大损失。故协议无效。

某置业公司认为：（1）案涉协议的签署符合《民法典》规定，其对某青岛公司内部决策程序既不了解，也无权过问；（2）《房地产合作开发协议书》明确约定某青岛公司承诺协议的签署已经其上级主管部门审批，如有违反也与某置业公司无关，某置业公司已经尽到了充分的谨慎注意义务。

---

① 《企业国有资产法》第32条规定：国有独资企业、国有独资公司有本法第30条所列事项的，除依照本法第31条和有关法律、行政法规以及企业章程的规定，由履行出资人职责的机构决定的以外，国有独资企业由企业负责人集体讨论决定，国有独资公司由董事会决定。

2.双方达成的调解协议以及法院依据调解协议制作的民事调解书是否有效。

某青岛公司认为：调解协议及调解书的决策程序违法，且该交易违反了《企业国有资产法》有关国有资产交易的规定，且存在重大误解，因此调解协议与调解书无效。

某置业公司认为：调解协议及调解书合法有效。（1）某青岛公司属于全民所有制企业，应当优先适用《全民所有制工业企业法》之规定，企业实行厂长负责制；①（2）合同所涉事项不属于《企业国有资产法》第30条②所列举的范围，不适用《企业国有资产法》第32条的规定：由企业负责人集体讨论决定，并且《企业国有资产法》第30条、第32条应为管理性规范；（3）调解协议的基础是双方于2017年2月9日签署的《房地产合作开发协议书补充协议》，该协议约定国有土地使用权经评估价值约人民币4.15亿元，可见事项经过了评估程序。

【裁判观点】

一审山东省青岛市中级人民法院、二审山东省高级人民法院均认为：（1）案涉合作开发协议订立时，作为全民所有制企业的某青岛公司所拥有的国有建设用地使用权，系重要的国有资产，应依法遵循法定的国有资产交易规则。根据《企业国有资产法》第30条、第32条、第47条③的规定，案涉协议应由企业负责人集体讨论决定，并进行评估。某置业公司作为合同相对方应对某青岛公司以国有资产进行交易是否符合法律规定，履行相应的审慎注意义务。双方在订立合同时均未履行相应的法定义务和注意义务，故认定《房地产合作开发协议书》及一系列协议无效；（2）双方已终止合作开发房地产，除某置业公司履行了部分出资义务外，合作协议约定的其他内容并未得到适当履行。双方达成的调解协议实质是针对尚未开发的国有建设用地使用权的价值而进行的分割，有悖于合法原则，故认定调解协议和调解书无效。

---

① 《全民所有制工业企业法》第7条第1款规定：企业实行厂长（经理）负责制。
② 《企业国有资产法》第30条规定：国家出资企业合并、分立、改制、上市，增加或者减少注册资本，发行债券，进行重大投资，为他人提供大额担保，转让重大财产，进行大额捐赠，分配利润，以及解散、申请破产等重大事项，应当遵守法律、行政法规以及企业章程的规定，不得损害出资人和债权人的权益。
③ 《企业国有资产法》第47条规定：国有独资企业、国有独资公司和国有资本控股公司合并、分立、改制、转让重大财产，以非货币财产对外投资，清算或者有法律、行政法规以及企业章程规定应当进行资产评估的其他情形的，应当按照规定对有关资产进行评估。

【纠纷观察】

国有资产属于全民所有的财产，直接关系到公共利益；而国有房地产开发企业基于其经营范围，经常发生土地使用权、房产、在建工程等大宗资产交易，在该等资产转让过程中，区别"企业国有资产"与"国有企业的资产"，判断是否适用或者在什么条件下适用《企业国有资产法》等国有资产监管类法律法规，是需要特别关注的问题。

（1）根据《企业国有资产法》第2条[①]的规定，严格意义上的"国有资产"系指股权或者股权类的其他资产。国有企业的非股权类资产转让并不适用《企业国有资产法》的相关规定，而是应当根据国资委《企业国有资产交易监督管理办法》（以下简称《管理办法》）第四章的规定执行。

（2）基于《管理办法》第48条[②]规定以及《企业国有资产法》对"国有资产"的定义可以看出，国家主要是通过"管资本"而非"管资产"的方式实现对国有企业的监管。对于国有企业的产品生产与销售，企业有完整的经营自主权。国家对国有企业资产交易的程序限制，是为了防止企业设备、厂房等生产资料类资产被擅自转让，妨碍国有企业的正常经营，危害国有企业的利益。

（3）在司法实践中，我们经常发现一些房地产合作开发、项目转让的案例中，国有房地产企业交易房产、土地使用权、在建工程时，由于未履行评估和进场交易程序，而被认定为无效。这种判断往往没有正确理解"企业国有资产"与"国有企业的资产"的概念，没有区分国有房地产企业的资产哪些是作为生产资料的资产，哪些是作为商品或存货的资产，从而作出了错误判决。

国有房地产开发企业的经营范围一般为房地产开发、建设、销售、出租等。国有房地产开发企业转让其开发的房屋及其土地使用权的行为，实质是企业销售商品或存货的行为，无论转让规模如何，都属于企业合法的自主经营行为，不应以企业国有资产管理的视角对其效力进行司法评价，更不应认定为该等转让行为无效。

国有房地产企业转让一定金额以上的，作为生产资料用途的房产、土地使用权、在建工程时，如果未履行规定的审批程序，或未经评估与公开交易程序，则

[①] 《企业国有资产法》第2条规定：本法所称企业国有资产（以下称国有资产），是指国家对企业各种形式的出资所形成的权益。

[②] 《企业国有资产交易监督管理办法》第48条规定：企业一定金额以上的生产设备、房产、在建工程以及土地使用权、债权、知识产权等资产对外转让，应当按照企业内部管理制度履行相应决策程序后，在产权交易机构公开进行。涉及国家出资企业内部或特定行业的资产转让，确需在国有及国有控股、国有实际控制企业之间非公开转让的，由转让方逐级报国家出资企业审核批准。

需要判断其交易的合同效力问题。

本案中，某青岛公司将开发项目的权益转让，是原材料—存货的转化过程中发生的交易行为，不属于房地产开发企业的经营行为，此时应当根据《企业国有资产交易监督管理办法》等国有资产监管制度规定来评价交易行为是否合法有效。

四、热点问题观察

（一）房地产项目烂尾情况频发，因购房者解除买卖合同进而衍生的与银行间金融借款合同纠纷逐步增多。

1. 2022年，房企持续爆雷，项目烂尾情况频出，对于购买烂尾楼的业主而言，房屋不能交付，同时仍需定期偿还银行贷款，造成购房者"钱房"两空的巨大担忧，因此纷纷选择"停贷"维护自己的权益。购房者与房企间的房屋买卖合同纠纷，衍生了大量购房者与银行间的金融借款合同纠纷。据统计，上半年公布相关数据的24家上市银行中，18家银行个人住房贷款不良率较2021年末上升，占比超7成。[①]

2. 最高人民法院（2019）最高法民再245号再审判决书在网络上引起热议：预售楼盘烂尾时，购房者是否有权通过"停贷"的方式维护自己的权益，一时成为社会关注的法律热点。值得注意的是，结合最高人民法院的典型案例和《关于审理商品房买卖合同纠纷案件适用法律若干问题的解释》第21条[②]之规定，购房合同解除、被确认无效或撤销系购房者无需偿还房贷的前提，若购房合同未解除，停贷导致的金融借款合同履行争议将如何解决？

首先，应判断贷款银行是否违规及是否违反《个人购房借款合同》。根据《个人购房借款合同》中的一般约定，贷款银行的主要义务包括：按照监管规定与合同约定的条件发放贷款；按照监管政策的规定将贷款直接汇入房企的监管账户。

其次，司法实践中，法院倾向于支持银行违约或违规向房企发放贷款的，购

---

① 《受累地产风险扩散银行上半年涉房贷款不良率增大丨焦点》，载微信公众号"中国房地产报"，2022年9月5日。

② 《关于审理商品房买卖合同纠纷案件适用法律若干问题的解释》第21条规定：以担保贷款为付款方式的商品房买卖合同的当事人一方请求确认商品房买卖合同无效或者撤销、解除合同的，如果担保权人作为有独立请求权第三人提出诉讼请求，应当与商品房担保贷款合同纠纷合并审理；未提出诉讼请求的，仅处理商品房买卖合同纠纷。担保权人就商品房担保贷款合同纠纷另行起诉的，可以与商品房买卖合同纠纷合并审理。商品房买卖合同被确认无效或者被撤销、解除后，商品房担保贷款合同也被解除的，出卖人应当将收受的购房贷款和购房款的本金及利息分别返还担保权人和买受人。

房者可以在房屋具备交付条件之前停止还贷。由于种种原因，银行违规放贷的现象屡见不鲜。在司法实践中，一些法院认定贷款银行如存在违规或违约情形，购房者可以追究贷款行的责任并中止履行己方义务，如在广东省高级人民法院（2018）粤民申7516号案件中，银行将案涉贷款支付至商品房预售款专用账户之外的银行账户，并出具与实际付款行为不符的具结书，法院认定其存在过错，判决购房者从起诉之日起至案涉商品房具备交付条件之前无需还贷。

笔者认为，需要金融监管机构与房地产主管机关进一步完善商品房预售过程中，贷款银行基于《个人购房借款合同》向房企支付贷款的条件与义务边界，避免贷款银行基于自身强势地位过度限制购房者的权利。同时裁判机关也应穿透交易实质，严格审核贷款银行的贷款行为，平衡各方的权利与义务。

（二）房企频陷流动性危机，商品房的物权期待权、抵押权、建设工程优先权、让与担保物权及其他一般债权等多重权利冲突亟待解决。

在房地产项目上，存在着开发贷抵押权人、建设工程施工方、购房者的物权期待权、贷款抵押权人等诸多权利人。一旦房企资金链断裂，项目出现烂尾，各方权利无法全部得到实现，就会产生权利冲突，由此引发的各类纠纷逐渐增多。如何确定各种权利的顺位，最大可能地平衡多方利益，目前在法律规定中还存在诸多争议之处，各地各级法院的裁判标准也存在差异，仍需进一步解决。

五、结语与展望

2022年末召开的中央经济工作会议为2023年房地产政策指明了方向，提出要"确保房地产市场平稳发展"。时任国务院副总理刘鹤重申"房地产是国民经济的支柱产业"。展望2023年，在配套融资政策的支持下，行业风险有望得到持续缓释，并促进土地市场交易的恢复，使房企重回健康状态。房地产行业或将迎来曙光，并推动房企向高质量发展的模式转型。房地产市场的这一轮变化也将带来诸多新型争议，对裁判机构和法律服务行业提出更高的要求。

（一）行业风险得到持续缓释的同时，房地产行业将重新洗牌，大量的中小型房地产企业将通过破产、重组或并购的方式退出市场，在此过程中，将衍生大量争议案件

据人民法院公告网显示，2022年全年超400家房企宣告破产；2023年，政策

利好，行业风险缓释，但部分房企退出市场也将成为必然，并将衍生大量争议案件：未履行完毕的施工合同争议、未完工工程的工程价款优先权争议、未交付房屋的买受人在破产案件的受偿顺位争议，等等，将对裁判机构和法律从业者对行业的理解和法律的正确适用提出更高要求。

（二）代建模式再度兴起，必将引发委托代建合同纠纷的持续增加

行业困局下，部分房企大力开展委托代建业务。一方面，房企纾困项目增多带来大量续建需求；另一方面，过去两年没有开发经验的国资与城投竞拍了大量土地，需要委托房企代建；此外，保障性租赁住房发展，带来大量政府代建需求。因此，万科、中海、保利、华润、朗诗、雅居乐等大多数头部房企已经布局代建领域。政府代建项目合同性质的认定，委托方、代建方及施工方的权利义务厘清，垫付建设资金的性质等方面，也将带来诸多委托代建方面的法律争议。

（三）乡村振兴战略的提出，导致新型农村集体经济发展、集体土地流转等方面的法律服务需求与衍生的争议将进一步增加

2023年，伴随着乡村振兴战略的全面推进，符合规划条件的集体经营性建设用地的入市，将为房地产的投资建设开辟新的领域；基于集体所有制的建设用地的投资、开发、融资、转让、运营所产生的争议，将在合同的成立、生效、解除方面带来不同的判决标准与价值考量。同时，乡村振兴战略要求各级政府协同推进乡村振兴战略和新型城镇化战略的实施，优化城乡基础设施、公共服务设施等布局，道路畅通、水利工程建设、电网和宽带网络建设、冷链物流系统、污染物处理等方面建设，乡村振兴基建将成为地产和基础设施建设领域新的机会，也必然带来新的争议解决案件。

2022年底，国务院再次强调"推动建立房地产发展新模式"。展望2023年，房企逐渐告别高周转、高杠杆、高风险的传统发展途径，在增量市场持续向存量市场转变的过程中，供给侧依靠个性化产品满足不同群体的需求，运营端提升资产运营能力，盘活存量市场，提升资产周转率，从而有效防范风险，逐步推动房地产行业健康发展，逐步建立房地产发展的新模式。

中国能源争议解决年度观察（2023）

张伟华[①]

一、国内外能源形势和纠纷总体情况

（一）俄乌冲突带来保障能源安全和实现气候目标的双重压力

2022年，俄乌冲突给全球能源市场带来巨大影响，在全球范围内加剧了自2021年以来的能源危机，带来了天然气、石油、煤的价格飙升，能源价格在2022年中达到峰值，现有国际能源体系的脆弱性在此次危机中展露无遗。这一危机可能带来各国能源转型的加速，尤其是转向更可持续和安全的能源体系。作为对世界上最大石油和天然气出口国俄罗斯依赖程度最高的欧洲，在本次能源危机中受到的影响最深。欧洲各国决心在能源供应上和俄罗斯脱钩，寻找替代的能源供应途径，以保障未来安全。德国将"100%可再生能源供给、放弃化石燃料"目标日期提前到2035年；英国、法国、芬兰等国纷纷重启了燃煤发电；法国也宣布了将大规模重振核能发电。更多的国家强调油气供应的多元化以及加速能源的结构性改变，并将能源供应安全上升为核心议题和短期政策的优先目标。国际能源署认为，在保障能源安全和实现气候目标的双重压力之下，各国需要坚定不移地加速能源转型，但同时也应当结合更为强有力的长远期政策手段，从而应对能源危机。而对于发展中国家来说，全球能源价格的升高带来了粮食安全和能源消费的压力，更多发展中国家无法获取更为合理价格下的安全和清洁能源。

这场全球能源危机表明了能源转型是一项长期而复杂的系统工程，需要在能源系统的稳定、安全、经济、清洁等各个维度之间进行平衡。俄乌冲突表明，凡

[①] 张伟华，联合能源集团总法律顾问兼副总裁。

是急于削减化石能源产量而新能源并未能补足化石能源的国家均面临较高的经济和地缘政治风险。

由于俄乌冲突进一步促进能源价格升高，能源公司将面临新一轮的暴利税征收，欧盟、英国、印度等已经对油气公司开征暴利税。批评者则认为，暴利税的征收将打乱能源市场自身的平衡，可能带来投资的削减，从而将能源市场供需不平衡进一步推高。

（二）中国能源战略进一步强化"坚持保障安全、有序转型"原则

党的二十大报告指出，"深入推进能源革命，加强煤炭清洁高效利用，加大油气资源勘探开发和增储上产力度，加快规划建设新型能源体系"，进一步明确了"坚持保障安全、有序转型"的能源战略，强调在保障能源安全的前提下有序推进能源绿色低碳转型，加强转型中的风险识别和管控。在加快形成清洁低碳能源可靠供应能力的基础上，逐步对化石能源进行安全可靠替代。我国的能源战略确立为要先立后破、统筹兼顾实现两大任务：确保能源安全和保障供应；实现能源转型和双碳目标。

2022年，能源安全和能源稳定供应被提高到关系国家安全的前所未有的高度，对于碳中和、碳达峰、传统能源和新能源之间的关系认识更加客观务实和全面科学。这种认识在国家能源局《2022年能源工作指导意见》中体现得非常明显：一方面要"保障供应、增强储备"，即统筹国内外能源资源，适应能源市场变化，充分考虑可能面临的风险和极端天气，适度超前布局能源基础设施，加大储备力度，保持合理裕度，化解影响能源安全的各种风险挑战；另一方面要"绿色发展，平稳降碳"，坚持以立为先，通盘谋划，加快发展非化石能源，夯实新能源安全可靠替代基础，加强化石能源清洁高效利用，推动煤炭和新能源优化组合，稳步推进能源绿色低碳发展。

从保障能源安全的要求看，2022年，中国石油天然气实现了"加大油气资源勘探开发和增储上产力度"的要求，油气产销呈现"两增两减"的杰势。"两增"即石油天然气储量、产量均有提升。2022年，国家能源局组织召开了提升油气勘探开发力度工作推进会，提出更大力度增加上游投资、大力推动海洋油气勘探开发取得新的突破性进展、推动页岩油气成为战略接续领域、大力推动已探明油气资源高效利用、推动油气科技自主创新，突破油气勘探开发关键技术等措施，[①] 围

---

① 《国家能源局组织召开2022年大力提升油气勘探开发力度工作推进会》，载国家能源局网站，http://www.nea.gov.cn/2021-07/16/c_1310065362.htm，访问时间：2023年3月5日。

绕老油田硬稳产、新油田快突破、加大深海油气勘探、页岩油气加快发展、海域快上产等举措，①国内新增石油探明地质储量超过14亿吨，新增天然气探明地质储量超过1.2万亿立方米；原油产量2.05亿吨，回到2亿吨的"安全线"，天然气产量2201亿立方米，同比增长6.07%。"两减"即石油天然气进口量、对外依存度实现下降。2022年国内进口原油50828万吨，原油依存度降至71.2%，同比下降0.9%；进口天然气10925万吨，天然气对外依存度降至40.2%，同比下降9.9%。②

从"保障供应"要求的角度看，俄乌冲突将对中国能源进口格局带来影响，中国需要对俄乌冲突引发的一系列问题进行积极应对：

1.继续坚持能源供应的来源地、进口方式的多元化渠道。中国在2022年从俄罗斯进口的原油比2021年增长8%，达到8625万吨，仅次于沙特的8749万吨。随着欧洲采取措施减少对俄罗斯油气的依赖，中俄的合作关系下中国增加俄罗斯原油进口，中国仍然需要进一步平衡能源保障供应的多渠道，加大与各能源供应方的合作，同时在管道、海运等多种方式之间进行供应的平衡。③

2.应对美国、欧盟等对俄罗斯的制裁和石油限价。中国企业应当谨慎研究美国、欧盟等对俄罗斯制裁和石油限价带来的影响，和俄罗斯的油气贸易需要考虑在传统油气海运贸易项下金融服务、保险和贸易结算的风险控制及替代手段。

3.作为世界上最大的能源消费和进口国，中国一直强调能源安全问题。在俄乌冲突已经深刻改变全球能源贸易市场格局的情况下，在中俄能源合作升级的背景下，不能造成对单一国家能源产生依赖的情况发生。中国政府对此的应对思路是深入推进与重点能源资源国的互利合作，加强与能源生产国、过境国和消费国的协同合作，增强海陆能源运输保障能力，持续巩固西北、东北、西南和海上四大油气进口通道。

从国内能源行业情况总体看，安全有序转型的战略正在积极实施中：

1.非化石能源消费比重继续提高，风电、光伏发电在新增发电中处于主体地位

2022年，全国风电、光伏发电新增装机达到1.25亿千瓦，连续三年突破1亿千瓦，再创历史新高。全年可再生能源新增装机1.52亿千瓦，占全国新增发电装

---

① 《2022年全国油气勘探开发十大标志性成果》，载国家能源局网站，http://www.nea.gov.cn/2023-01/20/c_1310692197.htm，访问时间：2023年3月5日。

② 《蓝皮书预计2023年国际油气价格将出现回落》，载中国石化新闻网，http://www.sinopecnews.com.cn/xnews/content/2023-04/20/content_7063807.html，访问时间：2023年3月5日。

③ 比如，在跨境管道运输的情况下，中亚也是一个可以用来对冲未来俄罗斯风险的一个考量因素。

机的76.2%，已成为我国电力新增装机的主体。

2. 水电、核电重大工程建设项目有序推进

一大批水电、核电重大工程建设项目在2022年稳步有序推进，全国水电装机容量41350万千瓦，增长5.8%；核电装机容量5553万千瓦，增长4.3%。[①]2022年，水电的发电量占到全国总发电量的14.3%，装机占比约为16.3%，全国已核准及在建核电机组共24台，在建机组装机容量连续多年保持全球第一。

3. 氢能被确定为未来国家能源体系的重要组成部分

我国是世界上最大的制氢国，年制氢产量约3300万吨，其中，达到工业氢气质量标准的约1200万吨，在清洁低碳的氢能供给上具有巨大潜力。2022年3月，国家发展和改革委员会发布《氢能产业发展中长期规划（2021—2035年）》，氢能被确定为未来国家能源体系的重要组成部分和用能终端实现绿色低碳转型的重要载体，也是战略性新兴产业和未来产业重点发展方向。[②]

4. 煤电从常规主力电源向基础保障性和系统调节性电源转型

2022年非化石能源装机总量超过煤电装机总量，关于煤电转型，国家能源局对于政协提案《关于"碳中和"目标下煤电产业高质量发展的提案》答复指出，要按需安排一定规模保障电力供应安全的支撑性电源和促进新能源消纳的调节性电源，同时充分发挥煤电、水电、抽水蓄能和新型储能的调节性能力，与风电和太阳能发电协同发展，提高系统消纳清洁能源的水平。

5. 储能项目建设有序推进

2022年3月21日，国家发展改革委、国家能源局联合发布《"十四五"新型储能发展实施方案》，提出新型储能是构建新型电力系统的重要技术和基础装备，是实现碳达峰、碳中和目标的重要支撑。根据北极星储能网的不完全统计，全国已备案、签约、开工了35个吉瓦时级储能项目，总规模达到23.392GW/51.084GWh。[③]

从能源安全国际合作的层面看，中俄天然气东线全线贯通，中国与中东能源合作进一步加强，俄罗斯和中东油气通过人民币结算的安排也在细化中，对外能源合作、供应多元化及结算多元化对于石油对外依存度占71%，天然气对外依存

[①] 《中华人民共和国2022年国民经济和社会发展统计公报》，载中国政府网，https://www.gov.cn/xinwen/2023-02/28/content_5743623.htm，访问时间：2023年3月5日。

[②] 《氢能产业发展中长期规划（2021-2035年）》，载中国政府网，http://www.gov.cn/xinwen/2022-03/24/5680975/files/6b388f7c324a4b1db0b30dc6f52b7e02.pdf，访问时间：2023年3月5日。

[③] 数据来源自北极星储能网：https://news.bjx.com.cn/html/20230302/1291959.shtml，访问时间：2023年3月5日。

度占42%的我国提供更多能源安全保障，非常重要。欧洲能源版图发生剧烈变化，欧洲各国大量减少对全球第一管道出口国和第二大原油出口国俄罗斯油气的依赖，美国、卡塔尔、尼日利亚、阿尔及利亚、澳大利亚等成为欧洲能源的重要供应替代者，传统的全球能源格局发生了巨大变化。中国应当对俄乌冲突后带来的全球能源格局的变化有更为积极的应对，一方面在中俄"战略合作上不封顶"方针指引下增加对俄罗斯油气供应的接纳；另一方面要做好随之而来的风险控制。

（三）能源纠纷总体观察

1.能源争议案件在国际仲裁机构新发案件中继续保持较高比例。中国主要的仲裁机构中，能源争议案件在新发案件中所占比例相对较高，但较之国际主要仲裁机构的比例仍然稍低。

图表1 主要国际仲裁机构能源类案件占比汇总[①]

机构 \ 年份	2022年	2021年	2020年	2019年	2018年
国际投资争端解决中心（ICSID）	44%	47.00%	41.00%	52.00%	41.00%
伦敦国际仲裁院（LCIA）	尚未发布	25.00%	26.00%	22.00%	19.00%
国际商会仲裁院（ICC）	11%[②]	-	18.00%	16.00%	13.00%
北京仲裁委员会（BAC/BIAC）	5.11%	6.99%	9.76%	9.49%	9.26%
中国国际经济贸易仲裁委员会（CIETAC）	7.1%	5.77%	6.20%	4.71%	2.84%
香港国际仲裁中心（HKIAC）	0.9%	1.40%	<0.30%	0.40%	<0.40%
美国仲裁协会国际争议解决中心（AAA-ICDR）	0.6%	3.26%	3.71%	1.60%	3.48%
新加坡国际仲裁中心（SIAC）	N/A[③]	—	—	—	—

---

① 注：（1）"-"指年报中未按行业类别披露案件数量（2018-2021年）或尚未披露（2022年）；（2）AAA-ICDR为能源争议额占比，未披露案件数量；（3）均根据各仲裁机构网站官方数据或报告整理。

② 尽管2022年能源业仲裁案在LCIA案件比例有所下降，但仍然位居统计的行业前三位（与2021年一样，运输及大宗商品业、银行与金融业、能源业）。

③ 新加坡国际仲裁中心在发布的2022年仲裁案件数据中，提到新发案件中包括不同行业的争议，其中包括能源业，但并未就能源业的仲裁案件数进行披露。

进一步分析北京仲裁委员会/北京国际仲裁中心（BAC/BIAC，以下简称北仲）2022年受理的能源领域案件，北仲2022年受理能源案件数及受理案件标的额如下图：

图表2　北仲2022年能源案件立案数量统计（件数，%）

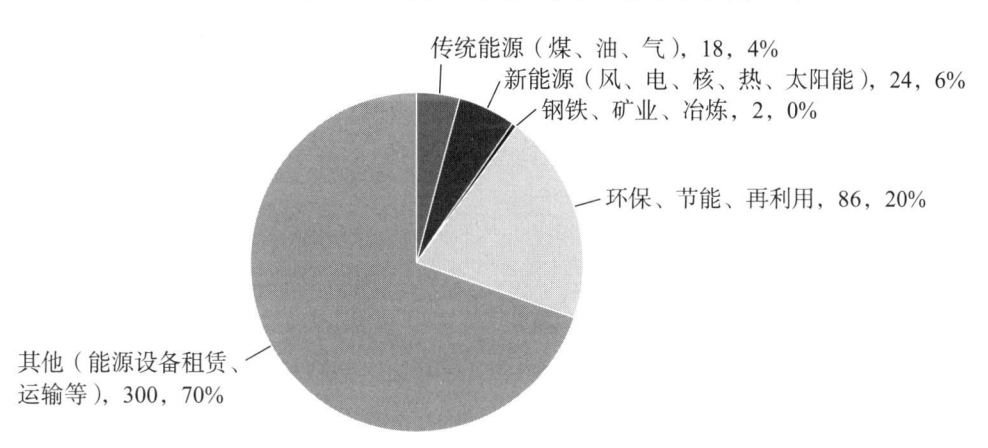

- 传统能源（煤、油、气），18，4%
- 新能源（风、电、核、热、太阳能），24，6%
- 钢铁、矿业、冶炼，2，0%
- 环保、节能、再利用，86，20%
- 其他（能源设备租赁、运输等），300，70%

图表3　北仲2022年能源案件标的额统计（亿元，%）

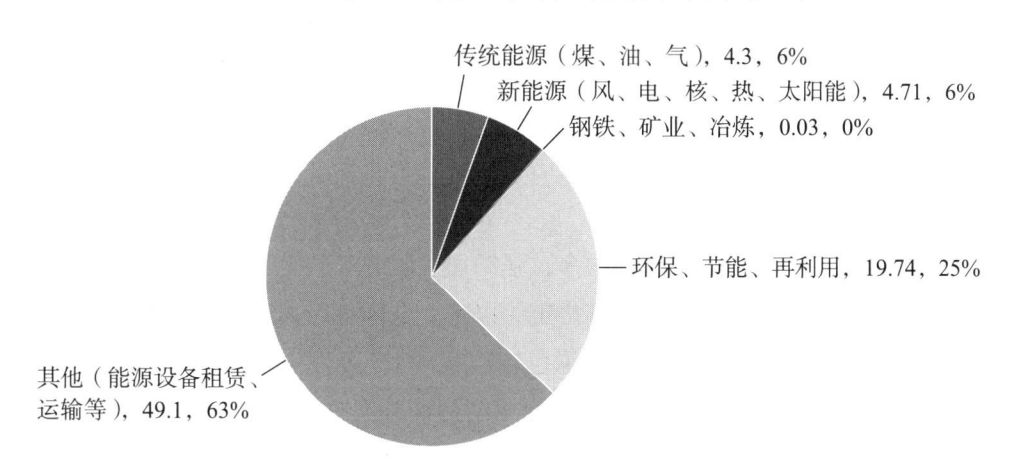

- 传统能源（煤、油、气），4.3，6%
- 新能源（风、电、核、热、太阳能），4.71，6%
- 钢铁、矿业、冶炼，0.03，0%
- 环保、节能、再利用，19.74，25%
- 其他（能源设备租赁、运输等），49.1，63%

2022年，北仲总共立案能源类案件430件，占案件总量的（8421件）的5.11%，总标的额为77.88亿元。该等案件中，涉及传统能源（煤、油、气）的案件共18件，标的额为4.30亿元；涉及新能源（风、电、核、热、太阳能）的案件共24件，标的额为4.71亿元；涉及钢铁、矿业、冶炼的案件共2件，标的额为303.74万元；涉及环保、节能、再利用的案件共86件，标的额为19.74亿元；其他（能源设备租赁、运输等）类型的案件共300件，累计标的额为49.10亿元。

2.新能源争议案件数量及标的额均超过传统能源（煤、油、气）。从北仲

2018—2022 年的统计数据可见，新能源案件在能源案件中，案件数及总标的上升趋势较为明显，这也从另一个维度体现了我国能源经济的转型。需要注意的是，从披露的案件数额来看，和国际仲裁机构相比，无论是传统能源，还是新能源争议标的额，北仲仲裁能源案件的索赔标的额相对还是较小。①

图表 4　近 5 年来传统能源及新能源案件数量及总标的额对比②

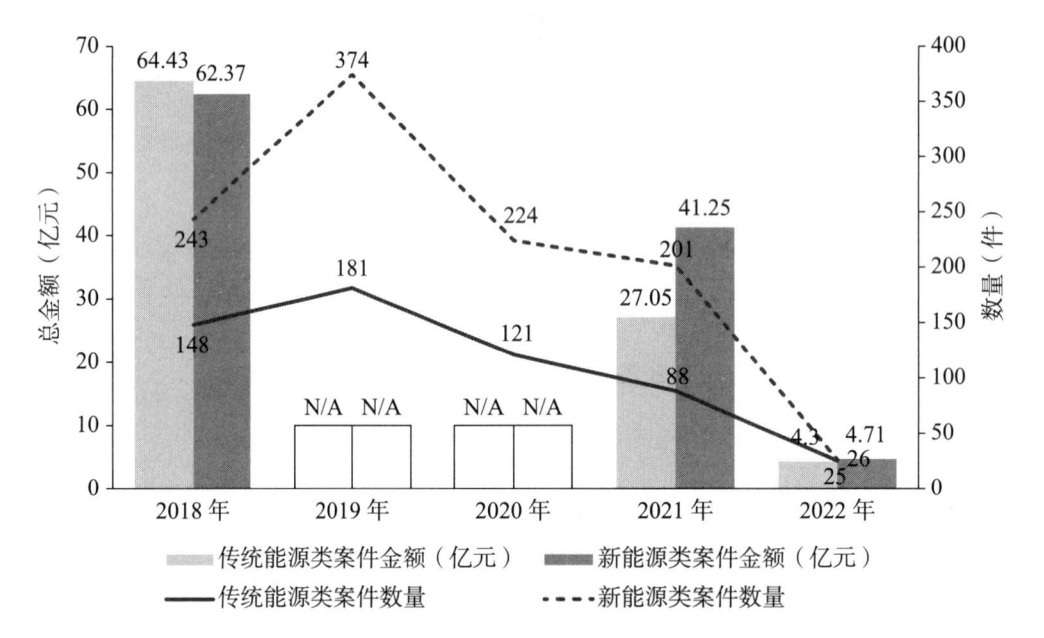

（注：暂缺 2019 年和 2020 年案件总金额数据）

3. 能源纠纷中涉碳案件逐年增多，强调司法服务双碳工作。根据最高人民法院的统计数据，自我国签订《巴黎协定》以来，全国各级人民法院一审审结涉碳案件 112 万件。其中，涉经济社会绿色转型案件 1.5 万件，占比 1.4%；涉产业结构调整案件 13 万件，占比 11.9%；涉能源结构调整案件 90 万件，占比最大，为

---

① 比如，在 ICC 审理的 Medco v. Libyan National Oil Company 一案中，申请人提出 9 亿美元索赔；在 AAA-ICDR 审理的 Andes v. Occidental 一案，申请人提出约 5.6 亿美元的索赔；在 SIAC 审理的 Sinopec and Addax Petroleum v. Repsol and Talisman 一案，申请人提出 55 亿美元索赔。

② 根据北仲历年能源年度争议报告统计，2018 年传统能源类案件数量：148 件，总金额：64.43 亿元，新能源类案件数量：243 件，总金额：62.37 亿元；2019 年传统能源类案件数量：181 件，总金额：暂无数据，新能源类案件数量：374 件，总金额：暂无数据；2020 年传统能源类案件数量：121 件，总金额：暂无数据，新能源类案件数量：224 件，总金额：暂无数据；2021 年传统能源类案件数量：88 件，总金额：27.05 亿元，新能源类案件数量：201 件，总金额：41.25 亿元；2022 年传统能源类案件数量：18 件，总金额：4.30 亿元，新能源类案件数量：24 件，总金额：4.71 亿元。

80.4%；涉碳市场交易案件 600 余件，占比 0.06%；其他涉碳案件 6.9 万件，占比 6.2%。① 另，最高人民法院在五年来审结环境资源案件 129.3 万件，审结环境公益诉讼案件 1.7 万件。②

4. 能源纠纷解决几个值得关注的动向：第一，由最高人民法院出台，2022 年 1 月开始施行的《最高人民法院关于审理生态环境侵权纠纷案件适用惩罚性赔偿的解释》，明确对于生态环境侵权纠纷案件适用惩罚性赔偿的标准。浮梁县人民检察院诉某化工集团有限公司环境污染民事公益诉讼案是我国首例适用民法典惩罚性赔偿条款的环境污染民事公益诉讼案件，此案中法院判罚倾倒化工废液的公司承担环境污染惩罚性赔偿责任；第二，在最高人民法院发布的典型案例中国农业银行某县支行与福建某化工公司等碳排放配额执行案中，执行法院将被执行人的碳排放配额作为与被执行人存款、现金、有价证券、机动车、房产等财产属性相同的可执行财产，系司法上对碳排放配额财产权的认可；第三，上海、深圳证券交易所加强对上市公司 ESG 信息披露要求，并对能源化工行业等提出具体披露要求，这为 ESG 信息披露的纠纷诉讼带来可能的诉由；第四，碳市场交易纠纷、节能纠纷等带来不少新的法律实务问题，近年来的一些案例，提出了交易中心的地位问题、碳市场交易主体资格对合同效力影响问题、招投标和碳交易是否冲突的问题、节能款项计算等；第五，新能源行业的知识产权纠纷较多，最高人民法院在 2020 年、2021 年的知识产权法庭年度报告中，均提到作为新兴行业的新能源是知识产权纠纷的重要来源。

5. 中国能源企业的海外纠纷争议继续呈现增多趋势，具有如下特点：第一，中国企业海外因能源并购交易引起的争议案多发：除了以往的中国企业作为买方在能源并购交易后发现问题提起纠纷解决之外，中国企业作为海外能源并购交易买方或卖方均有争议出现，且中国企业开始主动提起争议解决作为能源并购交易确权的一种手段：Republic of Yemen v. Nexen and others；Jin Cheng Mining Company Limited v. AVZ International Pty Ltd.；Republic of Yemen v. Nexen and others；BEC Limited v. A2 and a1；SinSin Europe Solar Asset Limited Partnership and SlnSin Solar Capital Limited Partnership v. SPI China (HK) Limited and SPI Energy

---

① 《为积极稳妥推进碳达峰碳中和提供有力司法服务——最高人民法院出台首部涉"双碳"规范性文件并发布配套典型案例》，载最高人民法院网站，https://www.court.gov.cn/fabu-xiangqing-389371.html，访问时间：2023 年 3 月 5 日。

② 《最高人民法院工作报告》，载最高人民法院网站，https://www.court.gov.cn/xinshidai-xiangqing-391381.html，访问时间：2023 年 3 月 5 日。

Co. Ltd.；BEC LIMITED v. (1) A2 (2) A1。第二，中国企业石油天然气企业的海外纠纷数量较多，从合资合作、产品分成合同、联合作业协议、液化天然气供应合同到涉及油气贸易、储罐存储等商业合同均有纠纷争议的出现：LIMETREE BAY TERMINALS, LLC v. UNIPEC AMERICA, INC., Servicios Integrados Pañaturi v. Empresa Publica de Hidrocarburos del Ecuador EP Petroecuador。第三，中国企业新能源海外纠纷多发，主要集中在新能源项目建设、供货、技术侵权等领域，且中资企业之间涉及新能源的争议也有通过境外法院或仲裁机构进行争议解决：Totalenergies Renewables USA LLC v. Trina Solar (U.S.) Inc., et al.；Sterling and Wilson International FZE v. Jinkosolar；MU Ionic v. CATL & Opel；VARTA Microbattery GmbH v. Guangdong Mic-Power New Energy Co., Ltd.；Ningde Amperex Technology Ltd. v. Mainland Zhuhai Guanyu Battery Co., Ltd. & Zhuhai Cosmx Battery Co., Ltd.。第四，能源投资仲裁在境内境外均有案例，2022年中资企业在ICSID提了两起能源领域的投资仲裁：中资企业根据东盟—中国投资保护协定在2022年对越南提起了相关投资仲裁，正泰集团旗下荷兰企业Astronergy Solar Netherlands根据能源宪章条约向保加利亚提起投资仲裁，亚化诉中国政府的投资仲裁仲裁庭也作出了裁决：Power China HuaDong Engineering Corporation and China Railway 18th Bureau Group Company Ltd. v. Socialist Republic of Vietnam；AsiaPhos Limited and Norwest Chemicals Pte Limited v. People's Republic of China[①]；Astronergy Solar Netherlands B.V. v. Republic of Bulgaria[②]。第五，在中国企业的境外能源仲裁案及外国能源企业诉中国的投资仲裁案中，均有第三方纠纷融资机构出现的案例。[③]第六，中国企业的海外能源仲裁、纠纷主要以境外仲裁机构仲裁及英美法院诉讼解决为主，中国仲裁机构在跨境能源争议解决方面发挥主导作用尚需时日，需要在国际能源专家仲裁员数量、案例和经验积累、适用于能源国际商事仲裁的规则等方面进行提升。

---

① 2023年2月16日仲裁庭作出裁决，参见https://icsid.worldbank.org/cases/case-database/case-detail?CaseNo=ADM/21/1，访问时间：2023年3月5日。

② Astronergy Solar Netherlands B.V. 系中国企业正泰集团旗下荷兰企业。

③ Carpatsky Petroleum v. Ukrnafta 和 AsiaPhos Limited and Norwest Chemicals Pte Ltd. v. People's Republic of China 案中，申请方均使用了第三方纠纷融资机构提供资助。

二、法律法规及政策的重要变化

（一）能源领域法律法规政策总体情况

2022年，能源方面的立法计划，是加快能源法和矿产资源法修订出台，能源法草案、矿产资源法修订草案提请全国人大常委会审议。国务院2022年立法工作计划中，包括制定生态保护补偿条例、碳排放权交易管理暂行条例，修订放射性同位素与射线装置安全和防护条例等重要内容。

2022年，能源领域的法律法规政策制定有两条主线：一条是在2021年9月中共中央、国务院发布的《关于完整准确全面贯彻新发展理念做好碳达峰碳中和工作的意见》和2021年10月份国务院发布的《2030年前碳达峰行动方案》两份纲领性文件指引下，在"1+N"政策体系中的"1"这个顶层设计框架内，陆续出台能源领域碳达峰碳中和的体系规划、行业中长期规划、实施方案和政策措施；另一条是按照2022年4月10日中共中央、国务院发布的《中共中央、国务院关于加快建设全国统一大市场的意见》的要求，构建全国统一能源市场，推动能源领域市场化改革、持续推进"放管服"改革、优化能源领域营商环境，推动能源基础设施互联互通和公平开放，加快建设统一公共资源交易平台，完善资质信用监管，试行统一规范的行业标准、交易监管机制，破除制约市场竞争的各类障碍和隐形壁垒。

围绕上述两条主线，国家发展改革委、国家能源局等出台了一系列关系能源领域全局性中长期发展的重要政策文件：

1.《关于完善能源绿色低碳转型体制机制和政策措施的意见》中提出了"统筹推进""有序转型"，强调"处理好转型各阶段不同能源品种之间的互补、协调、替代关系，推动煤炭和新能源优化组合"，要求在加快形成清洁低碳能源可靠供应能力基础上，逐步对化石能源进行安全可靠替代。

2.《"十四五"现代能源体系规划》中值得关注的提法是将"保障安全"放在基本原则的最优先位置，将"增强能源供应链稳定性和安全性"进行着重强调，提出强化底线思维，增强油气供应能力，做好煤制油气等安全战略技术储备，加强煤炭安全托底保障，发挥煤电支撑性调节性作用，提升天然气储备和调节能力，确保能源重要基础设施的安全管理。

3.《"十四五"可再生能源发展规划》围绕2025年非化石能源消费比重达到20%左右的要求，设置了"十四五"期间可再生能源增量在一次能源消费增量中的占比超过50%，发电量增量在全社会用电量增量占比超过50%的目标，实现可再生能源大规模、高比例、市场化和高质量的发展特征。

4.《建立健全碳达峰碳中和标准计量体系实施方案》提出碳达峰碳中和标准计量体系三步走方案，到 2025 年，碳达峰碳中和标准计量体系基本建立，到 2030 年，碳达峰碳中和标准计量体系更加健全；到 2060 年碳中和标准计量体系全面建成，服务经济社会发展全面绿色转型，有力支撑碳中和目标实现。

5.《能源碳达峰碳中和标准化提升行动计划》提出到 2030 年，建立起结构优化、先进合理的能源标准体系，能源标准与技术创新和产业转型紧密协同发展，能源标准化有力支撑和保障能源领域碳达峰、碳中和。

（二）新能源

2022 年，新能源行业的法律法规政策，以对新能源产业的鼓励发展和规范合规为主线。

2022 年 5 月 14 日，《国务院办公厅转发国家发展改革委、国家能源局关于促进新时代新能源高质量发展实施方案的通知》，将《关于促进新时代新能源高质量发展的实施方案》公开发布，该方案为新能源的发展提供了长期的政策指导。方案提出，实现到 2030 年风电、太阳能发电总装机容量达到 12 亿千瓦以上的目标，需要加快构建清洁低碳、安全高效的能源体系，主要从如下几个方面着手：创新新能源开发利用模式，加快构建适应新能源占比逐渐提高的新型电力系统，深化新能源领域"放管服"改革，支持引导新能源产业健康有序发展，保障新能源发展合理空间需求，充分发挥新能源的生态环境保护效益，完善支持新能源发展的财政金融政策。

2022 年 3 月 16 日，发展改革委、外交部、生态环境部和商务部四部委联合发布《国家发展改革委等部门关于推进共建"一带一路"绿色发展的意见》，要求中国企业推进在"一带一路"的绿色基建、绿色能源、绿色交通、绿色金融合作，实现到 2030 年，共建"一带一路"绿色发展理念更加深入人心，绿色发展伙伴关系更加紧密，"走出去"企业绿色发展能力显著增强，境外项目环境风险防控体系更加完善，共建"一带一路"绿色发展格局基本形成。

2022 年 3 月，国家发展改革委、财政部、国家能源局联合下发《关于开展可再生能源发电补贴自查工作的通知》，要求通过企业自查、现场检查、重点督查相结合的方式，进一步摸清可再生能源发电补贴底数，严厉打击可再生能源发电骗补等行为。

2022 年 5 月 20 日，水利部发布的《水利部关于加强河湖水域岸线空间管控的指导意见》中，提出对新能源项目建设选址的限制，要求光伏电站、风力发电等项目不得在河道、湖泊、水库内建设。在湖泊周边、水库库汊建设光伏、风电项目的，要科学论证，严格管控，不得布设在具有防洪、供水功能和水生态、水环境保护需求的区域，不得妨碍行洪通畅，不得危害水库大坝和堤防等水利工程设施安全，不得影响河势稳定和航运安全。这一用地政策将对新能源项目选址带来一定的限制。

2022年6月15日，自然资源部、国家林业和草原局、国家能源局联合印发《关于支持光伏发电产业发展规范用地用林用草管理有关工作的通知》（征求意见稿），对新能源企业用地的合规性提出了更为严格的要求。

（三）石油天然气

石油天然气领域的法律法规政策，着重强调提升油气勘探开发力度以及油气管网公平接入、完善价格机制等内容。

2022年7月4日，自然资源部发布对十三届全国人大五次会议第0927号建议的答复，提出油气勘查开采改革取得积极成效，在陆域初步形成油气勘查开采的竞争局面，有力促进中石油、中石化、中海油等加大勘查开采投入，近年来勘查开采投资达历史高位。[1]2022年，国内原油产量重回2亿吨，天然气产量超过2170亿立方米。[2]

2022年5月20日，国家发展改革委印发《关于完善进口液化天然气接收站气化服务定价机制的指导意见》，指导各地进一步完善气化服务定价机制，规范定价行为，合理制定价格水平。

（四）煤炭行业

煤炭领域的法律法规政策，主要强调合理控制煤炭消费增长，抓好煤炭清洁高效利用，合理建设先进煤电，完善煤炭市场价格形成机制。

2022年1月10日，国家能源局公布《能源领域深化"放管服"改革优化营商环境实施意见》，提出支持煤炭、油气等企业利用现有资源建设光伏等清洁能源发电项目，推动天然气发电与可再生能源融合发展项目落地，促进化石能源与可再生能源协同发展。

2022年2月24日，国家发展改革委印发《关于进一步完善煤炭市场价格形

---

[1] 《对十三届全国人大五次会议第0927号建议的答复》，载自然资源部网站，http://gi.mnr.gov.cn/202207/t20220711_2742003.html，访问时间：2023年3月5日。

[2] 《2022年全国油气勘探开发十大标志性成果》载国家能源局网站，http://www.nea.gov.cn/2023-01/20/c_1310692197.htm，访问时间：2023年3月5日。

成机制的通知》，提出在煤炭价格显著上涨或者有可能显著上涨以及出现过度下跌时，采取措施引导价格回归合理区间，引导煤、电价格主要通过中长期交易形成。

（五）电力行业

电力领域的法律法规政策，主要针对统一市场体系、交易规则、打破市场壁垒和提升对新能源消纳能力等方面。

2022年1月18日，国家发展改革委和国家能源局发布《关于加快建设全国统一电力市场体系的指导意见》，提出到2025年全国统一电力市场体系初步建成，国家市场与区域市场协同运行，电力中长期、现货、辅助服务市场一体化设计、联合运营，跨省跨区资源市场化配置和绿色电力交易规模显著提高，有利于新能源、储能等发展的市场交易和价格机制初步形成和到2030年，全国统一电力市场体系基本建成的目标。

（六）司法进一步强调助力能源转型

最高人民法院在2021年发布《关于新时代加强和创新环境资源审判工作为建设人与自然和谐共生的现代化提供司法服务和保障的意见》《最高人民法院关于生态环境侵权案件适用禁止令保全措施的若干规定》《最高人民法院关于审理生态环境侵权纠纷案件适用惩罚性赔偿的解释》一系列助力能源转型的基础上，又发布了《最高人民法院关于完整准确全面贯彻新发展理念 为积极稳妥推进碳达峰碳中和提供司法服务的意见》（以下简称《推进碳达峰碳中和提供司法服务的意见》），[1] 提出依法服务经济社会发展全面绿色转型。

对于如何应对能源转型过程中出现的新类型纠纷争议解决，最高人民法院在《推进碳达峰碳中和提供司法服务的意见》里专门提到要着力提升专业化审判能力，加强对民法典绿色原则，新类型生态资源权益保护、担保融资等重大、前沿性基础理论研究，准确把握产业结构调整、能源体系建设、减污降碳协同、应对气候变化等相关纠纷案件特点和审理思路。加快具有跨部门法学理论，能够综合运用财政、金融和环境工程等基础知识，具有全球视野，通晓国际规则的碳达峰碳中和复合型审判人才储备。探索建立与域外涉碳案例交换分享机制、法律适用

---

[1] 《最高人民法院关于完整准确全面贯彻新发展理念 为积极稳妥推进碳达峰碳中和提供司法服务的意见》，载最高人民法院网站，https://www.court.gov.cn/fabu-xiangqing-389351.html，访问时间：2023年3月5日。

交流机制,加快涉碳案件审判经验积累。

三、典型案例

【案例1】某煤层气有限责任公司(以下简称某煤层气公司)与某能源(百慕大)有限公司(以下简称某能源公司)等案外人执行异议之一审民事判决书①

【基本案情】

2016年12月14日,朝阳区法院针对河南某总机泵业有限公司(以下简称某泵业公司)诉某能源公司买卖合同纠纷一案作出判决,判决某能源公司于判决生效后十日内支付某泵业公司货款5704829元。后某泵业公司申请强制执行,朝阳法院作出执行裁定,查封了山西省寿阳县某公司的68台抽油机。某煤层气公司认为,其对被查封的68台设备享有所有权,故向某泵业公司及某能源公司提起诉讼。某煤层气公司认为:一、某煤层气公司基于与某能源公司的合同约定对设备享有所有权。2002年某煤层气公司与某公司签订《合作开采中华人民共和国山西省××地区煤层气资源产品分成合同》(以下简称分成合同),后经五次修改协议和两次补充协议,分成合同主体变更为某煤层气公司与某能源公司。2015年后,某能源公司在分成合同尚未履行完毕的情况下擅自撤出井场,构成根本违约,分成合同无法履行。在合同正常履行完毕的情况下,合同区井场内的生产设备的所有权应归属于某煤层气公司。某能源公司的根本违约导致合同解除后,合同约定的预期状态无法实现。因此,分成合同约定的资产所有权条款的适用被提前触发,某能源公司遗留在合同区井场的设备所有权属于某煤层气公司。二、某煤层气公司基于法律规定对被查封的68台设备享有所有权。某能源公司根本违约,某煤层气公司已通知某能源公司解除了分成合同。被查封的机器设备是专门用于分成合同的勘探、开采作业的抽油机设备,具有用途特定、难以拆除的特征。某煤层气公司有权对上述设备进行接管、使用,以上述抽油机设备作为某能源公司对其赔偿责任的履行。三、某煤层气公司基于对设备合法占有的事实对被查封的68台设备享有所有权。被查封的68台抽油机设备是某能源公司基于对分成合同义务的履行购置的,并且已交付分成合同的合同区井场使用。某煤层气公司对上述设备进行接

---

① 北京市朝阳区人民法院(2021)京0105民初34011号。

管，继续使用上述设备，实际形成对被查封的 68 台抽油机设备合法的占有、控制。

某泵业公司答辩称：一、某煤层气公司不能证明涉案的 68 台抽油机属于按照工作计划和预算所购置、安装和建造的资产，故不能适用分成合同关于资产所有权归属的约定。二、分成合同仅赋予合同双方终止合同的权利，并没有赋予合同双方终止合同后处置合作中资产的权利。三、某煤层气公司擅自占有、使用涉案的抽油机设备的行为是违法占有行为。四、某煤层气公司对涉案设备违法占有，不能作为对该设备享有所有权的依据。

【争议焦点】

某煤层气公司是否可以依据分成合同下的合同权利对案涉被采取查封措施的 68 台抽油机享有排除执行的权利。

【裁判观点】

朝阳法院认为，根据某泵业公司诉某能源公司生效判决及各方当事人的陈述，某能源公司自某泵业公司采购包括案涉 68 台抽油机在内的设备，某泵业公司已向某能源公司交付设备，某能源公司已取得包括抽油机在内设备的所有权。某煤层气公司主张与某能源公司具有合同关系，并主张根据分成合同应在合同解除后对抽油机享有所有权，但该主张系基于合同关系的债权请求权，相较某泵业公司对某能源公司的债权，并不具有优先性，不能对抗已经采取的执行措施。某煤层气公司对执行标的不享有足以排除强制执行的民事权益，故对某煤层气公司的请求不予支持。

【纠纷观察】

1. 该纠纷是产品分成合同中合同者资产所有权归属的一个重要问题。根据产品分成合同的国际油气惯例，某能源公司作为分成合同的合同者，其因为石油作业而获取的设备、资产属于国家公司（本案中为某煤层气公司）。不同的分成合同下对于该等设备、资产归属于国家公司的时点不同：一种模式分成合同约定在设备一旦购买后，所有权即属于国家公司；另一种模式分成合同约定在设备所对应的成本按照分成合同从事石油作业而得到回收后，所有权方属于国家公司。某煤层气公司与某能源公司签署的分成合同系上述第二种合同模式。这种分成合同下石油作业资产所有权归属的特殊规定，系资源国政府对其国家公司的一种保护。

2. 根据某煤层气公司与某能源公司所签署的分成合同第 8.3.3 条的约定："作业者负责采办装置、设备和供应品，签订与煤层气作业有关的承包合同和服务合同。"第 17.1 条约定："合同区内各煤层气田按照工作计划和预算所购置、安装和建造的全部资产，从合同者在该煤层气田开发期内所实际发生的所有开发费用及其合同利息全部回收完毕之日起，或该煤层气田生产期期满而开发费用未回收完毕则从生产期期满之日起，其所有权应属于某煤层气公司。"因此，本案关键在于，应当分辨：（1）该案涉68台抽油机是否系按照石油作业预算及计划购买而形成的分成合同下的资产；（2）该等资产在所涉煤层气田开发期所实际发生的开发费用及合同利息是否回收完毕；（3）该等资产在所涉煤层气田生产期是否已经届满；（4）在合同提前终止情况下，设备所有权归属应如何考量。

3. 朝阳法院直接采用某煤层气公司与某能源公司之间系合同之间的债权请求权，与某泵业公司对某能源公司之间的债权不具有优先性，不能对抗已经采取的执行措施的分析，并未阐明分成合同项下对国家公司对用于石油作业资产的特定保护以及分成合同中对于所有权归属时点的规定，稍显不足。①

【案例2】吉林某协合风力发电有限公司（以下简称某发电公司）、江苏某重工科技有限公司（以下简称某重工科技公司）买卖合同纠纷民事二审民事判决书②

【基本案情】

某发电公司与某重工科技公司先后签订了《吉林镇赉风险项目（28.5MW）风力发电机组采购合同》和《吉林镇赉风险项目（21MW）风力发电机组采购合同》（以下简称《发电机组采购合同》），第一份合同质保期为30个月，第二份合同质保期为24个月。前述两份《发电机组采购合同》签订后，2007年12月、2008年8月至11月，33套发电机组陆续交付完毕。后某发电公司发现风机设备质量问题，提起诉讼。提出某重工科技公司应当承担质量问题，并进行赔偿，主要诉求如下：案涉合同、技术规范书以及国家、行业相关标准等明确约定和规定了风机设备主要部件设计寿命20年，在20年寿命期间内不必更换，某重工科技公司应当承担问题产品的质量责任，不受质保期限制，仅让生产厂家就齿轮箱、发电机等风机主要部件承担2年左右的质量保证责任，将造成行业秩序混乱，影响电力及新能

---

① 笔者认为，在产品分成合同提前终止的情况下，应当从设备所有权归属条款的目的出发，在设备系满足"按照工作计划和预算所购置、安装和建造的全部资产"条件且设备对应的成本已经回收，则设备所有权归于国家公司；在设备系根据产品分成合同下工作计划和预算购置的资产但相应设备对应的成本尚未回收的情况下，国家公司享有受限的设备所有权；如果不存在本案合同所涉第三人债权，则案涉设备所有权应当国家公司所有；如果有本案合同所涉第三人债权，如国家公司主张设备所有权在第三人主张债权之前，案涉设备所有权归国家公司所有；如果国家公司主张设备所有权在第三人主张债权之后，则视债权是否已经执行决定第三人债权是否优位。

② 最高人民法院(2022)最高法民终74号。

源行业的健康发展。不应以质保期为节点,应对质保期后风力发电机组存在的维修更换费用及因风机质量问题发生的发电量损失进行支持。某重工科技公司认为:某发电公司"将设计寿命与质保期混淆、认为质量责任不受质保期限制"的观点错误,不应支持。某重工科技公司已经在质保期内交付了设备,预验收已经通过、质保期已起算且已届满,而某发电公司并未在质保期内提出异议,因此,应当认定为某重工科技公司交付的设备符合合同约定、也满足各项技术标准的要求,在质保期内不存在质量问题。案涉发电机组质量问题不能成立,其更换维修损失不应由某重工科技公司承担。案涉设备不存在质量问题,且质保期已于2011年5月22日届满,故发电量损失不应由某重工科技公司承担。

【争议焦点】

1.案涉发电机组质量是否符合合同约定,由此产生的损失应如何承担;2.案涉发电机组质保期如何认定,因发电机组质量问题导致的损失应否受质保期的限制;3.因发电机组质量问题导致的发电量损失如何认定,责任如何承担。

【裁判观点】

1.关于案涉发电机组质量是否符合合同约定以及由此产生的损失承担问题,法院认为,案涉《发电机组采购合同》附件《技术规范书》第1.1约定:"风电机组设计寿命20年,其中主要部件(风轮、发电机、齿轮箱、主轴、机舱、主机塔架)在设计寿命期间不必更换。"根据中国电力企业联合会司法鉴定中心(北京)出具的《风力发电机组故障原因司法鉴定意见书》鉴定意见,结合某重工科技公司员工向某发电公司工作人员发送的《叶片折断分析报告》,能够认定案涉发电机组的主要部件叶片存在质量问题,不符合满足产品正常安全运行和长期使用的合同约定标准。一审法院据此判令某重工科技公司承担因叶片质量问题产生的维修更换费用,有事实和合同依据,并无不当。

2.关于质保期如何认定以及因发电机组质量问题导致的损失应否受质保期限制问题,法院认为,根据合同约定及举证规则,酌定以能够认定的发电机组实际运转时间作为本案质保期起算时间,并对各发电机组均以27.5个月为质保期,符合案件实际,并无不当。因案涉叶片存在设计生产质量问题而导致的全部有关叶片更换安装及维修费用,不应受质保期的限制。至于发电机组其他设备,因现有证据不能认定其存在根本质量问题或设计缺陷,故其故障导致的损失认定及责任承担应受质保期的限制。

3.关于发电机组质量问题导致的发电量损失如何承担问题,法院认为,案涉《发电机组采购合同》1.12约定,质量保证期内,卖方某重工科技公司保证合同设备的正常稳定运行并负责排除合同设备的任何缺陷。故此，质保期内因发电机组质量问题产生的发电量损失，属于案涉买卖合同中某发电公司履约后可以获得的可得利益损失，不超过某发电公司一方订立合同时预见到或者应当预见到的因违反合同可能造成的损失范围，应予支持。风力发电机组的发电量受发电机组性能配置、限电指标、产能设置、维护措施是否得当等诸多因素的影响。某发电公司主张质保期外的电量损失属于可得利益损失，应举证证明该电量损失系因某重工科技公司生产的叶片存在质量问题所致，以及能否排除叶片质量以外的原因。风力发电机组的发电量受发电机组性能配置、限电指标、产能设置、维护措施是否得当等诸多因素的影响，而根据本案现有证据，尚难以认定质保期外因叶片质量问题导致的发电量损失。一审法院依据案涉《发电机组采购合同》关于质保期的规定，采用上海某检测技术有限公司出具的《鉴定意见书》中核准的数据，判令某重工科技公司赔偿质保期内的发电量损失，结论并无明显不当。故对某发电公司此项上诉请求，不予支持。

【纠纷观察】

1. 近年来，光伏、风能等新能源项目关于设备质量、发电量损失索赔等类型纠纷频发，其中发电量损失索赔的很大部分原因来自光伏组件、风机等设备质量问题而引发。但由于影响新能源发电量损失的因素较多，如风量、风速、现场的运行维护的水平等，如何认定发电量损失与设备质量问题相关，需要对各种因素进行考量。很多案件引入了鉴定机构和行业专家对设备质量、发电量损失等问题提供鉴定意见，鉴定机构的选用、资质、程序等，也是新能源项目争议各方所关注的焦点问题。

2. 对于新能源项目设备的设计寿命和质保期的问题，最高院的立场是合同中关于设备的设计寿命的陈述和质保期并无必然联系。除非供应的设备存在根本质量问题或设计缺陷，否则对于设备的更换、维修及相关的损失赔偿，均需考虑质保期的限制，设备供应商或者承包商对于设备的设计寿命的表述并不意味着需要在设计寿命期间内一概承担责任。

3. 最高院对于发电量损失赔偿的立场，还是将发电量损失视为可得利益的损失。对于可得利益的计算问题，因为设备质量而造成的发电量损失，如果在设备的质保期内，该等损失视为可得利益的损失，归为设备供应商或承包商订立合同时预见到或者应当预见到的因违反合同可能造成的损失范围；如果设备质量造成了发电量损失，对于超过设备质保期的发电量损失设备供应商或承包商是否应当承担，则需要受损一方举证证明超过设备质保期电量损失系因设备供应商或承包商所提供的设备存在质量问题所致且能排除设备质量以外的原因。

【案例3】A公司诉B公司售电服务费利润分成仲裁案[①]

【基本案情】

申请人A公司与被申请人B公司签署售电服务费代理合同（以下简称服务费合同），约定被申请人授权申请人为其售电业务代理商，并支付申请人代理用户所产生售电服务费的65%作为分成。服务费合同签署后，申请人向被申请人提供了8家公司作为其代理用户，双方签署了代理合同备案表。履行服务费合同过程中，双方对于2021年1月至10月售电服务费计算金额产生争议。对于计算售电服务费的方式双方无异议，认可售电服务费=售电收入－购电成本。对于申请人代理的8家用户，双方对售电侧收入没有不同意见，差异在于如何计算2021年1月至10月的购电成本。申请人认为，购电成本应当以被申请人的电厂平均购电价作为基础进行计算。被申请人认为，应当使用2021年1月至10月售电公司与发电企业之间达成交易的合同价格作为基础进行计算。不同计算方式下得出的售电服务费差异巨大，原因来自被申请人所代理的全部17家用户中，来自××地区的购电成本较低用户使用的电量多，而申请人的代理的8家用户使用的电量主要产生在购电成本较高的地区，因此如使用17家用户加权平均电价来计算申请人的利润分成，和被申请人主张的使用2021年1月至10月售电公司与发电企业之间达成交易的合同价格作为基础进行计算，存在显著差异。

【争议焦点】

在电网公司不提供售电服务费明细的情况下，应当如何计算售电服务费？

【裁判观点】

仲裁庭认为，根据服务费合同第1条第3款"甲方（指被申请人）支付乙方（指申请人）代理用户所产生售电服务费（售电公司所获利润）的65%作为乙方分成，乙方需提供其代理用户的电费结算单作为结算依据"之规定，被申请人向申请人支付的售电服务费应来自申请人代理的8家用户，且申请人需提交相关电费结算单作为结算依据。在2021年1月至10月电网公司在发给电力用户的电费结算单不再载明各用户应缴纳售电服务费具体金额后，申请人主张被申请人应当按照被申请人代理的17家用户加权平均电价作为计算被申请人利润并无明确的合同依据。关于被申请人主张以2021年1月至10月售电公司与发电企业之间达成交易的合同价格来直接计算被申请人的购电成本，仲裁庭认为，售电公司与发电企业之间的合同价格是否应直接拘束

[①] 北京仲裁委员会/北京国际仲裁中心仲裁案。

申请人所代理电力用户从而进行售电服务费计算，服务费合同亦中无明确依据。考虑服务费合同对于售电服务费计算并未明确，仲裁庭认为，计算被申请人平均购电价格更为合理的方式是参照北京电力交易中心公布的 2021 年首都地区发电侧平均成交价格，在被申请人以与电厂约定的购电价格计算出申请人 2021 年 1 月至 10 月应得售电利润 X 元及申请人以被申请人代理的 17 家用户加权平均电价计算被申请人的购电成本计算出的 2021 年 1 月至 10 月应得售电利润 Y 元之间，酌情裁定被申请人应向申请人支付 2021 年 1 月至 10 月售电服务利润分成为被申请人在该期间所获利润的 Z%。

【纠纷观察】

1. 作为电力市场改革的产物，售电公司成为电力市场交易中非常活跃的主体。在售电服务费分成中，对于售电公司的地位问题需要明确。如果售电公司系从电厂统一购电，再卖给下游用户，则此时售电公司在计算售电服务费分成过程中，不能将其购买的电厂价格直接传导作计算购电成本，用其购买的电厂价格的加权平均价进行售电公司购电成本更为合理；如果售电公司仅仅作为传导上游电厂和下游用户价格的中介代理地位，那么用约定电厂价格进行售电公司成本计算则更为合理。

2. 在售电服务费分成合同约定分成机制的情况下，要尽量将售电公司的利润计算进行明确定义。本案中申请人与被申请人之所以产生争议，就是在服务费合同中仅仅依赖电网电费结算单上所显示的售电服务费来进行分成计算。当电网因政策改变而不再在电费结算单上显示售电服务费而服务费合同中又没有其他可依赖的明确计算方式时，争议将不可避免地发生。这提醒我们，在合约中尽量对逻辑上可能发生的情况进行约定，能较为有效地避免争议的发生。

3. 售电公司面临复杂的电力交易规则、电力市场日益成熟、多元售电主体、竞争性增大、留住零售用户压力等多种因素影响，售电业务可能会出现盈利或者亏损的情况，售电公司的角色不能仅仅扮演赚取电力差价的中间商，而是需要应对电力市场改革的需要，成为真正能为客户提供专业服务、贡献价值的电力市场风险管理者角色。

【案例4】某天然气有限公司（以下称某天然气公司）、某市公共交通集团有限公司（以下称公交公司）合同纠纷民事二审民事纠纷[①]

【基本案情】

公交公司与某天然气公司于 2021 年 7 月 20 日签订一年期《公交车车用天然气

---

① 广东省湛江市中级人民法院 (2022) 粤 08 民终 1913 号。

(LNG)供气协议书》(以下称供气协议),其中对于天然气(LNG)公交车供气价格作如下约定:供气价格为固定价格5.58元/公斤,另设冬季价格调整机制,挂钩深圳大鹏挂牌价格。以深圳大鹏液化天然气销售有限公司微信官方账号公布的当期挂牌价格为参考,挂牌价格参考基数为4700元/吨。当深圳大鹏挂牌价格达到4700元/吨,挂牌价格每上调100元/吨,甲方供气价格跟随上调0.1元/公斤,供气价格于次日零时作出对应调整,甲方供气价格最高可上调0.4元/公斤。供气协议签署后,某天然气公司提出2021年7月LNG价格开始上涨,当时其上涨幅度较小,其后上涨幅度远远超出了某天然气公司的预期。2021年年底至今,国际政治环境动荡和俄乌冲突致使国际国内LNG价格暴涨,且无法预测价格平复期。因此,如果按照供气协议的价格继续履行违反公平、等价原则。根据深圳大鹏气价表记录,从2021年8月开始LNG仅采购价已高出供气协议约定的5.58元/公斤,之后LNG的价格持续上涨至7.95元/公斤,直至12月才有所下降至6.75元/公斤,但2022年3月初LNG价格又上涨至9.3元/公斤。某天然气公司采购LNG后向公交公司供气,在此基础上还需加上某天然气公司的运营成本。此时若依旧按照协议约定以少于6元/公斤的固定价继续履行协议,对某天然气公司明显不公平;非某天然气公司过错造成公交公司价差损失,按照协议约定,某天然气公司无须赔偿公交公司的损失。签订协议后LNG价格的异常、持续、长时间的上涨,是历年来没有出现过的。《供气协议》第8.3条约定,本合同所称"不可抗力"包括国内外LNG贸易价格失衡、社会事件如战争(不论是否宣战);第8.2条约定,因不可抗力事件,导致本协议延迟履行或未能履行,延迟(未能)履行协议方,应立即将该事件通知本协议另一方。由此造成的损失由损失方各自承担。从2021年8月9日起,某天然气公司发函给公交公司拟计划于2021年8月13日起暂不按协议约定价格供应,采取函报价方式执行收费。但公交公司均复函表示要按《供气协议》约定价格执行。某天然气公司在没有与公交公司协商一致的前提下自行将双方所约定的加气价格提高,总共对公交公司在2021年8月13日起至2021年12月24日期间1255230.08公斤加气量在充值加气卡上多扣了2128273.26元。公交公司诉至法院要求继续履行合同,并退还多扣气款。

【争议焦点】

1.俄乌冲突等国际形势引起的能源危机,导致国际国内LNG价格暴涨是属于商业风险还是属于不可抗力;2.某天然气公司曾提出反诉希望解除合同,后考虑长期合作关系撤回反诉;如果反诉未撤回,某天然气公司要求解除合同是否有法律依据。

【裁判观点】

《供气协议》是双方当事人的真实意思表示,且不违反法律、行政法规的强制性规定，应属合法有效，双方应遵照履行。根据深圳大鹏 2020 年和 2021 年 LNG 报价走势图显示，2021 年 4 月以来的 LNG 报价就开始持续上涨，且比 2020 年相应时间段的 LNG 报价均要高。此外，双方于 2021 年 7 月 20 日签约前，深圳大鹏 2021 年 7 月 13 日挂牌价已报至 4900 元 / 吨，超出了协议书中冬季价格调整的价格起点，某天然气公司作为天然气的供应商，应当对这个事实有充分了解，在这样的条件下，某天然气公司还是决定与公交公司签订了《供气协议》，故之后天然气的上涨不属于《供气协议》约定中的"本合同签订日之后出现的不可抗力情形"。某天然气公司关于"2021 年 7 月开始国内外价格开始持续异常上涨，其涨幅过大，完全超出某天然气公司的正常预期，属于协议约定的'国内外 LNG 贸易价格失衡'不可抗力情形"的辩称，法院不予采纳。货物价格波动属于商业风险，在双方就合同条款的变更未能协商一致的情况下，某天然气公司应按照涉案的约定内容继续履行，并无不当。某天然气公司违反合同约定，应当退还多收的 2128273.26 元给公交公司。

【纠纷观察】

1. 本案系 2021 年全球能源危机发生后，因俄乌冲突而导致能源供应进一步紧张而导致能源价格跳涨而引发的天然气供应纠纷。这一纠纷体现了全球能源市场受俄乌冲突影响的广泛性、能源系统的脆弱性，更多的商事纠纷将在俄乌冲突持续中暴露出来。

2. 和普通法没有法定的不可抗力概念不同，中国法下的不可抗力除开是法定免责事由外，合约双方可以在协议中增加、排除不可抗力事项。《供气协议》中不可抗力条款中明确将"国内外 LNG 贸易价格失衡"作为不可抗力免责情形，那么可以理解为供需双方在签约时已经有意将部分市场价格变动风险排除出正常商业风险之外。但由于合约双方未能明确"国内外 LNG 贸易价格失衡"的具体情况、衡量标准、引发原因和影响范围等细节问题，使得这一约定的不可抗力情形无法明晰、直接地适用到所发生的事实，从而没有发挥出独立的作用，法院仍然认定买卖价格倒挂属于合理的商业风险范畴。当然，有些遗憾的是，法院在判决书中，并未对于《供气协议》中不可抗力所约定的"国内外 LNG 贸易价格失衡"进行一个更为深入的分析。[①]

---

① 一个有趣的对比是 MUR Shipping BV v. RTI Ltd. [2022] EWHC 467 (Comm) 一案中，英国上诉院认为，美国外国资产控制办公室（OFAC）对俄罗斯实体的制裁并未构成合约中规定的不可抗力，因为合约中不可抗力的含义中有要求"It cannot be overcome by reasonable endeavors from the party affected"的说法，英国上诉院对声称"对因交易对方受到因俄罗斯实体被制裁而构成合约中规定的不可抗力"的一方是否满足了"合理努力义务"进行克服做了深入细致的分析。

3. 某天然气公司曾经提出解除合同的反诉请求。某天然气公司一直主张继续履行合同违反公平、等价原则，其曾经提出的解除合同的反诉请求依据可援引情势变更。《民法典》第 533 条第 1 款规定，合同成立后，合同的基础条件发生了当事人在订立合同时无法预见的、不属于商业风险的重大变化，继续履行合同对于当事人一方明显不公平的，受不利影响的当事人可以与对方重新协商；在合理期限内协商不成的，当事人可以请求人民法院或者仲裁机构变更或者解除合同。当然，能否成功以情势变更为由主张解除合同，最关键的仍然绕不过订立合同时某天然气公司是否可以预见、LNG 价格暴涨是否属于商业风险这一核心问题。在 2009 年最高人民法院印发《关于当前形势下审理民商事合同纠纷案件若干问题的指导意见》的通知中，就能源相关商业合约下的主张情势变更提出了谨慎适用的意见："人民法院应当依法把握情势变更原则的适用条件，严格审查当事人提出的'无法预见'的主张，对于涉及石油、焦炭、有色金属等市场属性活泼、长期以来价格波动较大的大宗商品标的物以及股票、期货等风险投资型金融产品标的物的合同，更要慎重适用情势变更原则。"近年来的司法实践中，在（2022）辽 01 民终 438 号一案中，法院认为"在合同缔约后，由于发改委、中石油相关燃气构成发生变化，进行了调整，进而导致大唐公司、奥德公司双方订立合同的履行基础发生变化"，"如果仍按《供用气合同》约定中石油或国家发改委门站非居民用气价格 1.88 元 /Nm³ 时，燃气价格加 0.12 元，为 2 元 /Nm³ 履行，奥德燃气属于'高进低出'，出现亏损，显然不符合其订立合同的真实意思和目的，亦显失公平"，为天然气买卖合同在何种情势下适用变更提供了可资分析借鉴的案例。

【案例 5】BEC LTD. AND BECB LTD. V. RESPONDENTS[①]

【基本案情】

被申请人向申请人以约 10 亿美元对价出售持有中国近海石油区块的公司（以下简称目标公司）股权，在股权转让协议中明确，被申请人承担交易交割之前目标公司的税务责任及和交易有关的所得税。交易完成后，中国税务机构要求此交易应缴纳 1.94 亿美元和交易相关的所得税。被申请人和申请人就该等税务责任应由谁承担产生了争议。申请人以被申请人应当承担该等税务责任向伦敦国际仲裁院提起了仲裁，要求被申请人承担中国税务机构要求支付的税款。仲裁进行过程中，被申请人向中国税务机构缴纳了税款 1.94 亿美元，但保留其不应承担该等责

---

① 伦敦国际仲裁院案号 No. 153051。

任的立场。在被申请人支付税款后，申请人要求停止仲裁，因为其要求被申请人承担税务责任的请求已经被满足。被申请人向申请人提起不当得利的反请求，要求申请人和目标公司对缴纳税款后中国税务机构和申请人达成的给予目标公司后续税务优惠向被申请人进行返还。① 仲裁庭允许申请人撤回其请求，被申请人的反请求② 成为仲裁庭裁决的主要问题。伦敦国际仲裁院根据双方交易合约中的有关安排，③ 未支持被申请人要求返还1.93亿美元已经缴纳的税款的请求，但支持了被申请人要求返还目标公司所获税务优惠价值的请求，判定税务优惠的价值为1.43亿美元和相关利息约2000万美元，连同被申请人约620万美元的法律费用支出及仲裁费用约62万英镑，申请人需向被申请人进行支付。获得胜诉仲裁裁决后，被申请人在相关法院申请仲裁裁决的执行。申请人认为，仲裁裁决所判金额系针对外国税款进行的执行，考虑到国家主权原则，普通法法院不能取得外国政府的税收收入。因此，仲裁裁决是不可执行的。

【争议焦点】

被申请人请求的仲裁裁决是否能得到执行？

【裁判观点】

BVI法院的裁定认为，本仲裁裁决所涉及执行的内容和政府收入无关。政府并不是仲裁中的一方，也不在其中有任何的直接请求，而且政府所要求的税款已经得到了缴纳。这是交易各方关于税款责任承担的安排，而非涉及外国政府税收收入执行的问题，因此申请人的主张仲裁裁决无法执行的主张不能得到支持。

【纠纷观察】

1.能源并购交易中，不同交易架构涉及的税务问题较为复杂。需要在交易合约中对于交易的税务问题、税务风险和税务优惠进行细致、全面和合理的分配。同时，对于因为一方支付交易税而给目标公司或者他方所带来的税收优惠是否由支付交易税一方享有利益，需要明确。

2.本仲裁裁决的承认和执行仍然在进行中，如申请人在香港法院提出的仲裁裁决不能执行的抗辩理由：这不是香港法院能够执行的仲裁裁决，因为这是中国

---

① 中国税务机构认定被申请人缴纳的交易税款有权使得目标公司享受8年的税务优惠。

② 被申请人的反请求为：（1）申请人返还1.93亿美元已经缴纳的税款；或者（2）返还税务优惠的价值1.72亿美元。

③ 根据股权转让协议的规定，"the responsibility of the Seller for any taxes of the Target Company attributable to the time prior to and including the Closing Date of the transaction, net any tax benefit actually realized by the Buyer or the Target Company with respect to the taxes"。

在纽约公约下的商事保留①事项；根据香港法，本仲裁裁决不是仲裁所能决定的事项，因其系对中国政府税和收入的直接或间接执行；执行本仲裁裁决将导致对公共政策的违反，因为这在中国法下是违法事项。香港法院的认识和BVI法院的认识类似：被申请人向中国税务机构支付了税款，中国税务机构确认了因为税款支付导致目标公司有权享受未来税务优惠，仲裁庭基于上述事实认定了税务优惠已经落实，并根据交易各方签署的股权转让协议中关于税务责任的分配和承担，基于中国法下的专家证据，对目标公司所收到的税务优惠价值进行了认定。香港法院并不认为各方基于合同进行税务责任和优惠的分配违反了中国法和与公共政策相悖。虽然申请人提到了税务机关未来对目标公司享受的税务优惠有调整或者削减的权力，但香港法院认为仲裁庭并未以任何方式剥夺税务机关的该等权力，因此这和中国在纽约公约下的商事保留事项无关，也没有公共政策适用的空间。

3. 近来不少中国能源企业均遇到了在境外仲裁裁决的申请撤裁/被申请撤裁/挑战问题，如在 Addax & SIPC v. ROGCI & TCHL 一案中，被部分裁决认定欺诈中国能源公司的外国卖方就对仲裁庭的三个部分裁决提起了撤裁申请；在 Shanghai Electric Group Company Limited v. Reliance Infra Projects(UK) Limited, Reliance Infrastructure Limited And Sasan Power Limited 一案中，尽管上海电气获得了仲裁庭的支持，预期被申请人仍将就该案裁决提起撤裁申请；在 SinSin Europe Solar Asset Limited Partnership and SinSin Solar Capital Limited Partnership v. SPI China (HK) Limited and SPI Energy Co., Ltd., 一案中，获胜的中国新能源卖方受到了买方在马耳他法院对仲裁裁决的挑战。

四、热点问题观察

（一）矿业权35号文修改/废止

2017年财政部、国土资源部印发的《矿业权出让收益征收管理暂行办法》（35

---

① 我国仅对按照我国法律属于契约性和非契约性商事法律关系所引起的争议适用该公约，根据《最高人民法院关于执行我国加入的〈承认及执行外国仲裁裁决公约〉的通知》，所谓"契约性和非契约性商事法律关系"，具体是指由于合同、侵权或者根据有关法律规定而产生的经济上的权利义务关系，如货物买卖、财产租赁、工程承包、加工承揽、技术转让、合资经营、合作经营、勘探开发自然资源、保险、信贷、劳务、代理、咨询服务和海上、民用航空、铁路、公路的客货运输以及产品责任、环境污染、海上事故和所有权争议等，但不包括外国投资者与东道国政府之间的争端。

号文）确定了矿业权出让收益包括探矿权出让收益和采矿权出让收益，且矿业权的出让收益原则上通过出让金额的形式征收，仅在资源储量较大、矿山服务年限较长、市场风险较高等情况的矿业权，可采用矿业权出让收益率形式征收。35 号文颁布后，对于其立法位阶、对矿业企业带来过重负担、探矿权阶段征收收益等问题，被学者和实务者多有诟病。进一步地，由于 35 号文对矿业权出让的基准价、授权地方制定一次性缴纳、首次缴纳比例和分期缴纳年限标准，导致矿业权出让的基准不一，且一次性收取矿业权出让收益金等方式给矿业权人带来了更高的投资风险，不利于探矿找矿。35 号文中，亦有"已缴清价款的探矿权，如勘查区范围内增列矿种，应在采矿权新立时，比照协议出让方式，在采矿权阶段征收新增矿种采矿权出让收益"和"已缴清价款的采矿权，如矿区范围内新增资源储量和新增开采矿种，应比照协议出让方式征收新增资源储量、新增开采矿种的采矿权出让收益"给矿业企业带来巨大负担的规定。

　　35 号文在实践中出现的一些问题，和探采分立、过分注重探矿阶段收取收益、和力图一次性收取收益到位的思路有关。我国的探矿制度主要还是采取矿税制的模式，国家主要通过收取资源税或者费用和矿业权出让收益金的方式来获取出让矿产资源的价值。从国际通行的矿业财税制度看，探采一体化，鼓励勘探阶段资金和工作量的投入，要求探矿权人多投资，多勘探，且按期进行面积退还的方式来鼓励探矿权人尽快进行工作，而非仅着重勘探阶段的收益（除已经明确资源潜力的富矿）；政府有要求探矿权人垫付选项；[①] 矿税制下国家仍然可以和矿业权人签署矿税合同来对探矿、采矿过程中的技术、商务、法律问题进行约定；在探矿阶段就收取权益出让金的做法并不一定是最佳方式，矿的价值，主要在开采阶段进行体现，探矿阶段，以投入为主，尽量勘查发现更多的矿产资源才是核心目的。在由探转采进入采矿权阶段后，可以更多地采取多种模式来收取矿业权收益，如制定不同阶梯矿产资源的产量收取不同的收益；或者采用资源产出的产量分成模式，国家获得相应比例的产出矿产资源，而非 35 号文规定的原则通过出让金收益模式获取收益；对于新增的资源储量、矿产种类，不一定一味地要求矿业权人以缴纳出让收益的方式，产量分成的模式可能是更好的方式。对于矿业权收益的征收，重点应放在"采矿"阶段，而非探矿阶段，探矿阶段主要应以工作量、资金投入为主。对 35 号文的修改，应当参照国际惯例，立足鼓

---

① 即 Carry，政府在勘探阶段不出资但享有一定比例的权益，在进入商业化采矿阶段后，有权补偿对应比例权益的支出后，享有采矿权的相应比例。

励探矿的投资和投入、在勘查阶段多做工作，进入采矿期后采取多种方式来使国家享有对于矿产资源采出的收益。

2023年3月24日，财政部、自然资源部、税务总局发布《关于印发〈矿业权出让收益征收办法〉的通知》，宣布自2023年5月1日起施行《矿业权出让收益征收办法》，35号文废止。新的《矿业权出让收益征收办法》确立了"矿业权出让收益＝探矿权（采矿权）成交价＋逐年征收的采矿权出让收益。其中，逐年征收的采矿权出让收益＝年度矿产品销售收入×矿业权出让收益率"的模式，部分程度上解决了矿税制下存在的探采分立、过分注重探矿阶段收取收益和力图一次性收取收益到位等问题，但矿业权出让收益率这一模式仍有可能在实践中难以解决"贫矿收高了，富矿收少了"。应当根据不同矿藏的资源禀赋、借鉴国际上的经验，采取矿税制、产品分成、服务合同等不同模式来进行矿权出让收益的收取，在鼓励投资、多采资源、国家获益、投资合理回报等多个考量因素中进行利益平衡。

（二）能源纠纷第三方资助注意的几个实务问题

能源纠纷所涉及的各类问题通常较为复杂、金额通常较大，除商事仲裁纠纷外还有投资仲裁，[①] 因此能源业是在争议解决中使用第三方资助较多的行业。[②]

对第三方资助的司法态度。对于第三方资助，中国法律法规下并无明确的限制规定。2022年发布的几个司法文书中，可以窥见司法对于第三方资助的态度。北京市第四中级人民法院在《董某成等与某飞机租赁（天津）有限公司申请撤销仲裁裁决民事裁定书》中表明："在民事主体选择仲裁作为解决争议方式时，也有权选择签约接受第三方资助，无论是选择仲裁方式解决纠纷，还是选择第三方资助均系民事主体依法行使权利的范围，在上述行为不违反法律，亦不影响仲裁公正裁决时，体现民事主体意思自治的合法选择应当得以尊重。"无锡市中级人民法院在《苏南某航空有限公司、云南某集团有限公司等民事执行异议执行裁定书》中认为：本案中，国银公司向第三方资助人披露仲裁案件的进展，并无任何事实表明该行为会影响裁决结果的公正性。据此，本院认为，在关于第三方资助事项上，贸仲委并未违反《仲裁规则》。但在上海市第二中级人民法院作出的《上海××××

[①] 近年来在一系列能源业纠纷案中，均可见第三方资助的案例：如 Panthera Resources v. India、Carpatsky Petroleum v. Ukrnafta、AsiaPhos Limited and Norwest Chemicals Pte Ltd. v. People's Republic of China 等案。

[②] 品诚梅森和伦敦大学玛丽王后学院联合发布的《国际能源仲裁调查报告》显示，84%的被调查者认为能源业相关的争议中，对第三方资助的使用将上升。

公司与上海××××公司其他合同纠纷民事二审案件民事判决书》中，支持了一审法院认为《诉讼投资合作协议》有悖于公序良俗的观点，并从本案中诉讼投资方与诉讼代理人高度关联，缺乏利益隔离设置，妨害诉讼代理制度基本原则的实现与保障、过度控制B公司诉讼行为，侵害B公司的诉讼自由和设置保密条款，信息不披露，危害诉讼秩序三个角度论述了《诉讼投资合作协议》项下的交易模式及相关约定对于我国的诉讼代理制度与诉讼秩序有所冲击，从而有损公共秩序的观点。从这个判决中，虽然无法得出法院禁止第三方资助的意见，但可见法院对于第三方融资协议的效力是采取个案分析、总体上是持谨慎态度的。而法院对于仲裁庭在第三方资助上的态度，是选择尊重仲裁庭意见的。因此，从实务的角度看，在中国法下，第三方资助的当事方选择仲裁作为争议解决方式，是保障第三方资助有效性的一个较好的方式，也避免选择第三方的当事人实体权利受损的风险。

第三方资助受到越来越多规则上的管理。作为能源投资仲裁占大头的国际投资争端解决中心在2022年修改后的仲裁规则在第14条中加入了明确要求当事人披露第三方资助的义务性要求。[①] 国内的仲裁机构中，北京仲裁委早在2019年发布的《国际投资仲裁规则》就已经将当事人对第三方资助的披露要求写入，中国国际经济贸易仲裁委员会《国际投资争端仲裁规则（试行）》中也有类似规则。对于第三方资助披露的范围，尤其是第三方资助协议仲裁庭是否有权要求披露、在多大范围内进行披露，仲裁机构的规则主要将判断权交给仲裁庭行使。在近年来一些国家间签署的投资协定中，也有明确排除第三方资助的条款。[②]

[①] Rule 14 Notice of Third-Party Funding (1) A party shall file a written notice disclosing the name and address of any non-party from which the party, directly or indirectly, has received funds for the pursuit or defense of the proceeding through a donation or grant, or in return for remuneration dependent on the outcome of the proceeding ("third-party funding"). If the non-party providing funding is a juridical person, the notice shall include the names of the persons and entities that own and control that juridical person. (2) A party shall file the notice referred to in paragraph (1) with the Secretary-General upon registration of the Request for arbitration, or immediately upon concluding a third-party funding arrangement after registration. The party shall immediately notify the Secretary-General of any changes to the information in the notice. (3) The Secretary-General shall transmit the notice of third-party funding and any notification of changes to the information in such notice to the parties and to any arbitrator proposed for appointment or appointed in a proceeding for purposes of completing the arbitrator declaration required by Rule 19(3)(b). (4) The Tribunal may order disclosure of further information regarding the funding agreement and the non-party providing funding pursuant to Rule 36(3).

[②] 如阿根廷和阿联酋之间的双边投资协定中，在第24条中明确表明"Third party funding is not permitted"。

在近年来的 Glaz LLC, Posen Investments LP and Kenosha Investments LP v. Sysco Corporation（LCIA Arbitration No. 225609）一案中，也提出了一个重要的问题，就是在提供资助的第三方不同意客户和解方案的情况下，客户是否能够以第三方的有限同意权来认定第三方的不同意和解方案是不合理的行为？仲裁庭支持了提供资助第三方的临时禁令的请求，要求客户不得在仲裁庭对实体问题进行裁判前签署和解协议，此案值得进一步观察。

五、总结与展望

2023年，俄乌冲突引发的国际能源危机仍将继续，冲突继续带来的国际油气供应保障风险问题仍值得关注。俄乌冲突所引发的大量国际商事仲裁案和投资争端仲裁案在数量上将进一步上涨和推进，从俄罗斯退出的国际投资者、乌克兰和欧洲的企业已经对俄罗斯及俄罗斯的能源企业启动了争议解决的请求，但俄罗斯的一系列针对制裁措施所出台的法律法规，给国际仲裁裁决在俄罗斯的执行将带来困难。另外，因为俄乌冲突引发的制裁、油气供应合约的履行、天然气价格波动带来违约或长期供应合约下的价格调整、全球供应链影响以及带来相应的能源项目建设拖延、价格上涨、变更等问题、油气贸易给全球能源链条上参与者带来的商事纠纷诉讼，可以预见在2023年将会进一步增多。

能源业尤其是油气行业近年来在油气价格波动的情况下，交易双方采取 earn-out（盈利支付）机制的并购交易已经成为市场的普遍做法，earn-out 与油价和交易完成后油气资产的储量、产量和运营表现挂钩，可以预见的是，earn-out 机制在油气交易中的广泛采用会给能源交易带来更多的可能纠纷。

在市场价格波动、液化天然气价格维持高位和不同市场存在价格套利的情况下，长期供应合同下的价格回顾机制、按合同满足供应义务、转运串货等，可以预见在液化天然气供应合同下的纠纷将更多的出现。

2022年年底的第27届联合国气候变化大会达成沙姆沙伊赫行动计划进一步强调，全球现时所面临的能源危机要求能源体系的快速转型，全球在可再生能源的投资在2030年前需要达到每年4万亿美元才能在2050年实现净零排放的目标，而全球达到低碳经济的目标，则需要每年投资4万亿—6万亿美元，同时加强在技术和基础设施的投资。在全球能源转型的大背景下，能源业的纠纷诉讼仍会继续在商事争议中占据重要部分，中国企业应当关注以下能源业纠纷诉讼风险：第一，不断颁布的涉及能源转型的法律法规加大了企业的风险且引发更多争议①；第二，随着能源转型而被日益重视的ESG（环境、社会和公司治理）在全球能源危机的背景下，ESG给能源公司将持续从股东诉讼、董事会责任、公司信息披露②、非政府追责、零排放时间表、绿色清洗、国际投资、社区责任、供应链、人权等角度带来风险。ESG风险已经成为中国能源企业所面临的现实风险，环保压力、降低污染、减碳目标、生态修复、能源效率提升、社区关系管理、积极股东压力、合规披露等都是纠纷风险源，需要采取措施主动积极管控应对这些风险；第三，气候变化诉讼除了继续给能源公司带来风险之外，还能进一步给能源公司的董事会和管理层带来风险。继2021年荷兰海牙地方法院在Milieudefensie et al. v. Shell一案作出判决，要求壳牌公司在2030年将其碳排放量降至2019年的45%水平之后，非政府组织ClientEarth在英国法院起诉壳牌公司13名董事会成员，要求其为壳牌公司未能实现零排放安排承担公司法下的董事责任，这是第一次在能源转型相关诉讼中将公司董事会成员作为起诉对象的案例；第四，能源转型带来的传统能源的环保、弃置责任等常见纠纷责任仍将持续不断，③能源转型带来的大量新能源项目投资、新能源的材料供应、项目建设、融资、新技术的采用等各方面，已经带来并将会带来更多的争议；第五，能源转型过程中的利益相关方众多，监管机构、政府、投资人、非政府组织、激进股东、社区、承包商、融资方等，容易产生争议。2022年ICSID的案件中44%来自能源业，俄乌冲突后不少国家在维持能源转型政策和保障能源安全上的摇摆，以及以往政府废除对新能源补贴和电价优惠支持政策等问题，可能会带来更多的能源业相关投资者和政府之间的争议。在"着力提升企业主动维权能力"的倡导下，中国能源企业也更多的在海外运用双边投资保护协定来维护自身的权益。④根据品诚梅

---

① Rockhopper Exploration Plc, Rockhopper Italia S.p.A. and Rockhopper Mediterranean Ltd v. Italian Republic一案即由意大利颁布严格近海石油开采法规后引发的油气投资者与政府的争议。

② 如生态环境部发布，2022年2月8日起施行的《企业环境信息依法披露管理办法》，规定了"企业应当依法、及时、真实、准确、完整地披露环境信息，披露的环境信息应当简明清晰、通俗易懂，不得有虚假记载、误导性陈述或者重大遗漏"。

③ 根据HIS的相关信息，2021-2030年全球用于海上油气项目弃置义务的花费将达到1000亿美元，参见"Are we entering a decade of offshore decommissioning?", https://www.spglobal.com/commodityinsights/en/ci/research-analysis/decade-of-offshore-decommissioning.html，访问时间：2023年3月5日。弃置义务将可能带来大量的投资者与资产出售方、监管机构、社区、NGO、合作伙伴及承包商之间的争议发生。

④ Suntech Power International Ltd. v. Italian Republic (ICSID Case No. ARB/23/14)是中国企业利用投资保护协定保障权益的一个最新注脚。

森和伦敦大学玛丽王后学院联合发布的最新一期《国际能源仲裁调查报告》[①]显示，被调查者认为，在中短期内，引发能源争议最重要的主要原因，依次为：因为原材料和能源供应带来的价格波动；能源基础设施建设和设备供应（包括供应链）；[②]政府政策变化；油气业上中下游活动；能源供应安全；投资；制裁；气候变化与环境；融资；能源转型；新技术的开发使用；资产老化、困境资产和弃置义务；海商活动。可以预见的是，在能源转型变革下，在复杂的地缘政治形势下，在俄乌冲突带来的能源格局变化环境下，中国能源企业纠纷争议将保持数量上升的态势，尤其是境外纠纷争议数量仍将继续快速上升。从中国能源企业的角度看，随着碳中和碳达峰目标的进一步推进、法律法规和监管的严格要求、对企业ESG合规的要求日益加强、碳市场交易的日益发展、能源转型带来的传统能源和新能源的深刻变革，都可能是引发能源纠纷争议的原因，要做好纠纷的应对，需要从加强能源转型期法律法规和政策的把握和遵守、对ESG风险梳理和提前管控、抓好商事合约的质量、培养商事纠纷处理经验的团队、选择适当的争议解决方式、专业高效的仲裁机构等各方面进行着力。

---

① 《国际能源仲裁调查报告》，https://arbitration.qmul.ac.uk/media/arbitration/docs/Future-of-International-Energy-Arbitration-Survey-Report.pdf，访问时间：2023年3月5日。

② Inpex Operations Australia v. Daewoo Shipbuilding & Marine Engineering一案即因液化天然气储存设施的延迟施工等原因引起。

中国投资争议解决年度观察（2023）

朱华芳　蒋　弘　吴　颖[①]

一、概述

例如，我们在《中国投资争议解决年度观察（2022）》中所作的界定，投资纠纷大体包括五种类型。[②] 立足于中国投资争议解决现状，另考虑到《中国金融争议解决年度观察（2023）》已对资管纠纷、证券投资、金融借款等金融类投资纠纷的争议解决概况作出分析评述，本报告主要以"与公司/企业有关的纠纷""与破产有关的纠纷"为观察范围。总体来看，在投融资活动因疫情肆虐大受影响的情况下，2022年投融资领域的制度建设仍然稳步发展，相关纠纷处理规则日益成熟。

（一）公司法制建设取得重要进展，公司类纠纷裁判规则日益完善

统一的市场主体登记制度实施，公司法等投资法律修订取得重要进展。2022年3月1日，《中华人民共和国市场主体登记管理条例》《中华人民共和国市场主体登记管理条例实施细则》正式施行，取代此前依不同主体类型制定的登记管理规则。全国人大常委会吸收多方意见对2021年年底发布的《中华人民共和国公司

---

① 朱华芳，北京市天同律师事务所合伙人。蒋弘，北京市天同律师事务所合伙人。吴颖，北京市天同律师事务所合伙人。同时，感谢北京市天同律师事务所律师叶一丁为本报告作出的贡献。

② （1）投资者因取得并持有公司股权、企业财产份额等引发的各类"与公司/企业有关的纠纷"，以及投资退出环节可能产生的"与破产有关的纠纷"；（2）投资者因认购资产管理产品与管理人/受托人之间产生的资管纠纷；（3）投资者因购买股票、债券等证券产品与发行人及相关主体之间产生的证券投资纠纷；（4）投资者因从事贷款发放等债权投资活动产生的借款合同纠纷；（5）投资者进行境外投资时与东道国政府、企业等之间产生的国际投资纠纷。参见朱华芳、蒋弘、吴颖：《中国投资争议解决年度观察（2022）》，载《中国商事争议解决年度观察2022》，中国法制出版社2022年版，第299页。

法（修订草案）》（以下简称《公司法修订草案一审稿》）进行修订完善，于2022年12月30日发布《中华人民共和国公司法（修订草案二次审议稿）》（以下简称《公司法修订草案二审稿》），进一步强化股东责任、优化公司治理结构。此外，2022年《中华人民共和国反垄断法》有关经营者集中审查制度的完善，国务院《外商投资电信管理规定》有关外资准入要求的调整，对投融资活动及其争议解决亦有重要意义。

公司纠纷类型集中，裁判规则不断明确。目前公开的2022年"与公司/企业有关的纠纷"裁判文书相较于往年有所下降，[1]案由主要为"股权转让纠纷""损害公司债权人利益责任纠纷""公司清算纠纷""股东知情权纠纷""损害公司利益责任纠纷""股东资格确认纠纷"等，[2]具有较强的类型化特征，多数系由因股权转让、瑕疵出资、控制权争夺引起的争议案件。北京、上海、广东等多地法院先后发布典型案例或审判白皮书，细化股东出资责任裁判规则，[3]并对一人公司股东责任认定问题[4]及涉外公司类纠纷的处理规则[5]作出优化、完善。

（二）破产法制建设步入新阶段，具体破产制度不断优化

破产法修订及破产审判工作有序推进。立法层面，全国人大常委会将修改《企业破产法》列为2022年立法工作计划并已形成相关修订草案。[6]2022年7月25日，

---

[1] 以"与公司有关的纠纷"为案由在"威科先行"平台上检索，2020—2022年民事案件数量分别为107,742件、82,917件、39,364件；以"与企业有关的纠纷"为案由在"威科先行"平台上检索，2020~2022年民事案件数量分别为29,938件、21,683件、9,657件。

[2] 前述案由在"与公司有关的纠纷"中占比分别约为35.58%、12.25%、11.02%、5.33%、5.17%、5.06%。

[3] 2022年3月，上海市第一中级人民法院公布《股东出资加速到期纠纷案件的审理思路和裁判要点》；2022年8月，北京市第三中级人民法院召开涉股东责任承担案件审理情况及典型案例通报会；2022年11月，上海市第一中级人民法院公布《瑕疵出资股东之间催缴出资的请求权探讨实务纪要》。

[4] 2022年9月，上海市第一中级人民法院公布《一人公司法律适用问题实务纪要》。

[5] 2022年7月，北京市第四中级人民法院召开新闻通报会，介绍近五年涉外商事案件审理情况并发布十大典型案例；2022年9月，上海市高级人民法院发布《涉外、涉港澳台商事审判白皮书》《涉外、涉港澳台商事审判经典案例选（2010-2020）》《上海涉外商事审判域外法查明白皮书（2015-2021）》及典型案例；2022年度，广东省高级人民法院先后发布第四批、第五批粤港澳大湾区跨境纠纷典型案例及《关于粤港澳大湾区内地人民法院审理涉港澳商事纠纷司法规则衔接的指引（一）》。其中涉及诸多公司类纠纷。

[6] 《全国人大财经委：企业破产法修订草案已经形成》，载中国人大网，http://www.npc.gov.cn/npc/c2/c30834/202211/t20221115_320411.html，访问时间：2023年2月10日。

最高人民法院（以下简称最高院）发布《关于为加快建设全国统一大市场提供司法服务和保障的意见》，重申要推动企业破产法修改和个人破产立法。12月3日，最高院审判委员会专职委员刘贵祥在中国破产法论坛上特别提出，《企业破产法》修改要注意增设自然人破产、跨境破产、中小微企业破产、金融机构破产、合并破产及预重整专章，并应对管理人、保全解除、执行破产程序衔接等制度规则作出完善。① 司法层面，最高院及四川、江西、福建等地法院发布破产审判典型案例及破产审判工作白皮书，对合并破产、预重整等破产领域新制度的司法适用作出指引。②

破产管理人制度及个人破产机制持续优化。破产管理人工作关涉破产案件的审判质量及效率，优化管理人选任机制、加强管理人管理工作是完善破产审判机制的重要内容。2022年1月1日，上海市人大常委会发布的《上海市浦东新区完善市场化法治化企业破产制度若干规定》正式施行，其中第17条明确债权人或债务人可以向法院提名管理人人选；杭州、北京、重庆等地法院亦相继发布规则，增加破产案件债权人对管理人的推荐权。③ 2022年12月5日，深圳市中级人民法院印发《深圳市中级人民法院加强企业破产案件管理人指定与监督暂行办法》，对管理人指定方式、管理人职责及监督惩戒机制作出详细规定。自《深圳经济特区个人破产条例》施行以来，深圳方面陆续发布配套规则对个人破产机制予以细化完善。2022年5月17日，深圳破产法庭发布《加强个人破产申请与审查工作的实施意见》，明确个人申请破产的程序、材料，以及法院对个人破产申请的审查方式等事项；8月11日，深圳市破产事务管理署印发《深圳市个人破产管理人名册管理办法（试行）》。

---

① 刘贵祥：《在新时代新征程上深入推进中国破产法治建设》，载微信公众号"中国破产法论坛"，2022年12月10日。

② 例如，最高院发布的2022年全国法院十大商事案件中有2件为破产案件；2022年9月22日，四川省高级人民法院发布《四川法院破产审判工作白皮书（2017-2021）》《四川法院破产审判十大典型案例（2017-2021）》；2022年11月1日，江西省高级人民法院发布2022年服务保障营商环境优化升级典型案事例，其中2件为破产典型案例；2022年11月29日，福建省高级人民法院发布11起破产审判典型案例。

③ 2022年3月14日，杭州市中级人民法院对《杭州市中级人民法院破产案件管理人指定工作细则》作出修改，新增关于破产案件债权人推荐权的规定；4月22日，北京破产法庭发布并实施《北京破产法庭接受债权人推荐指定管理人的工作办法（试行）》，明确主要债权人或金融机构债权人委员会有权向法院推荐管理人；5月5日，重庆市第五中级人民法院发布并实施《重庆市第五中级人民法院破产案件管理人指定办法》，规定主要债权人可以推荐重庆法院管理人名册的成员单独或者联合担任管理人。

二、新出台的法律法规或其他规范性文件

(一)《公司法修订草案(二审稿)》

2022年12月30日,全国人大常委会公布《公司法修订草案二审稿》,向社会公众征求意见。相较于2021年12月24日公布的《公司法修订草案一审稿》,《公司法修订草案二审稿》中涉及投融资的内容主要有如下变化:

1. 强化股东出资责任

第一,拟细化股东失权制度。草案一审稿增设股东失权制度,并提出公司对股东出资情况的核查、催缴义务,① 二审稿在此基础上进一步作出细化完善。一是将股东失权制度的适用范围限缩为有限公司货币出资不足情形;② 二是明确对股东出资情况进行核查、催缴的责任主体是董事会;三是规定失权股权未在6个月内转让或注销的,由其他股东按出资比例缴纳出资;四是补充强调股东仍需就瑕疵出资给公司造成的损失承担赔偿责任。③

第二,拟放宽股东出资加速到期制度的适用情形。草案一审稿规定股东出资加速到期的前提是公司"不能清偿到期债务"且"明显缺乏清偿能力",④ 二审稿删除了"明显缺乏清偿能力"要件,同时明确有权主张股东出资加速到期的债权人限于"已到期债权的债权人",以免该项制度被不当滥用。⑤

第三,拟增加股权出让人对瑕疵出资的补充责任。根据草案一审稿,股东将未届出资期限的股权转让后,出资义务完全由受让人承担。⑥ 为避免股东通过将所持股权转让给空壳公司等方式恶意逃避出资义务,二审稿明确在受让人未按期足额缴纳出资的情况下,出让人仍需对此承担补充责任。⑦

第四,拟优化股东瑕疵出资赔偿责任规范。针对瑕疵出资情形,草案一审稿曾规定股东在补足差额、返还出资的同时应当加算银行同期存款利息,给公司造

---

① 《公司法修订草案一审稿》第46条、第109条。
② 若股份公司股东瑕疵出资或有限公司股东以非货币财产瑕疵出资,则适用草案二审稿第52条关于补足差额的规定。
③ 《公司法修订草案二审稿》第51条、第107条。
④ 《公司法修订草案一审稿》第48条。
⑤ 《公司法修订草案二审稿》第53条。
⑥ 《公司法修订草案一审稿》第89条第1款。
⑦ 《公司法修订草案二审稿》第88条第1款。

成损失的还应当承担赔偿责任，①二审稿删除前述利息支付规定。②

2.优化上市公司治理

第一，拟明确禁止违法代持上市公司股票。③草案二审稿新增规定，要求上市公司真实、准确、完整地披露股东、实控人信息，并明确禁止违反法律、行政法规代持上市公司股票。④从条文表述上看，前述规定实质为引致性规范，未直接禁止全部上市公司股票代持行为，而是授权其他法律、行政法规作出规定，上市公司股票代持协议将来是否一律无效仍有待观察。⑤

第二，拟明确禁止上市公司交叉持股。⑥交叉持股有利于公司抵御恶意收购，但可能引致资产虚增、股权结构不清晰等问题，草案二审稿吸收沪深证券交易所股票上市规则有关规定，⑦明确上市公司控股子公司不得取得该上市公司的股份，

---

① 《公司法修订草案一审稿》第47条、第52条。

② 《公司法修订草案二审稿》第52条、第57条。我们认为，该等修订变化具有合理性：一方面，利息即资金占用成本，性质上属于公司因股东瑕疵出资产生的损失，没有必要对此单独作出规范；另一方面，司法实践中主流观点认为应按同期贷款利率/LPR计算逾期出资利息[最高院（2022）最高法民终116号、北京高院（2021）京民终143号、江西高院（2020）赣民终910号、江苏高院（2019）苏民终161号等]，若最终修订出台的《公司法》明确规定仅按同期存款利率计收利息，可能变相鼓励股东迟延出资以获取资金占用差额收益，不利于维护公司及其债权人利益。

③ 《公司法修订草案二审稿》第140条。

④ 《公司法修订草案二审稿》第140条。

⑤ 因上市公司股份代持可能涉及证券市场交易秩序及社会公共利益，司法实践对其效力认定逐渐从有效转变为无效。持有效观点者的主要理由是，现行法并未禁止上市公司股份代持，且代持不存在真正的股份转让、不影响股东责任的承担，如最高院（2017）最高法民申5055号案；持否定观点者的主要理由是，上市公司股份代持协议违反《中华人民共和国证券法》关于上市公司信息披露应当真实、准确、完整的规定，以及证监会《首次公开发行股票并上市管理办法》关于发行人股权清晰的规定，因损害社会公共利益而无效，如最高院（2017）最高法民申2454号、上海金融法院（2018）沪74民初585号案。但在代持行为发生于上市之前[广东深圳中院（2018）粤03民初2960号]、代持比例很小[北京三中院（2021）京03民终6449号]、代持情况已完整披露[最高院（2018）最高法民终359号]等特殊情况下，部分案件仍然肯定上市公司股份代持协议的效力。

⑥ 《公司法修订草案二审稿》第141条。

⑦ 《上海证券交易所股票上市规则（2022年1月修订）》第3.4.13规定："上市公司控股子公司不得取得上市公司发行的股份。确因特殊原因持有股份的，应当在1年内消除该情形。前述情形消除前，相关子公司不得行使所持股份对应的表决权。"《深圳证券交易所股票上市规则（2022年修订）》第3.4.13规定："上市公司控股子公司不得取得该上市公司发行的股份。确因特殊原因持有股份的，应当在一年内消除该情形，在消除前，上市公司控股子公司不得对其持有的股份行使表决权。"

被动持有上市公司股份的不得行使表决权并应当及时处分。①

3.其他重要修订

第一，拟恢复一人公司人格否认举证责任倒置规定。草案一审稿直接删除了现行公司法关于一人公司的特殊规定，但因争议较大，二审稿将一人公司人格否认举证责任倒置规则重新纳入，并提级规定在总则部分。②

第二，拟取消公司章程公示要求。草案一审稿曾规定公司登记机关应当将公司章程通过统一的企业信息公示系统向社会公示，③二审稿予以删除。④

第三，拟确立强制注销制度。在草案一审稿新增公司简易注销制度的基础上，⑤二审稿吸收实践经验⑥进一步规定了强制注销制度，明确公司被吊销营业执照、责令关闭或撤销后三年内未清算完毕，且经公告满60日未有主体提出异议的，公司登记机关可以直接注销公司登记，⑦为僵尸企业退出市场提供法律路径。

（二）《最高人民法院关于适用〈中华人民共和国民法典〉总则编若干问题的解释》（以下简称《民法典总则编解释》）

2022年3月1日，最高院发布的《民法典总则编解释》正式施行，该解释全文共计39个条文，与投融资纠纷解决相关的有如下内容值得重点关注：

第一，明确"习惯"的适用规则。从正反两个方面对习惯的认定标准作出明确，并规定习惯原则上应由主张适用的当事人举证证明，另考虑到习惯的法源属性，允许法院在必要时主动依职权查明。⑧

第二，完善重大误解可撤销制度。在《全国法院贯彻实施民法典工作会议纪要》（以下简称《实施民法典会议纪要》）第2条⑨基础上，《民法典总则编解释》

---

① 《公司法修订草案二审稿》第141条。
② 《公司法修订草案二审稿》第23条第3款。
③ 《公司法修订草案一审稿》第34条。
④ 《公司法修订草案二审稿》第32条第2款。
⑤ 《公司法修订草案一审稿》第235条。
⑥ 2019年6月22日，国家发展和改革委员会、最高人民法院等联合印发的《加快完善市场主体退出制度改革方案》（发改财金〔2019〕1104号）即提出要研究建立市场主体强制退出制度，后各地区先后出台实施方案、工作计划等开展强制注销试点工作。
⑦ 《公司法修订草案二审稿》第237条。
⑧ 《民法典总则编解释》第2条。
⑨ 同《最高人民法院关于贯彻执行〈中华人民共和国民法通则〉若干问题的意见（试行）》第71条。

从四个方面对重大误解的认定及适用情形作出完善。一是将对标的额价格的认识错误增列为重大误解典型情形；二是调整重大误解中"重大性"的判断标准，删除《实施民法典会议纪要》第 2 条规定的"造成较大损失"结果要件，并对行为要件采主客观相结合的标准；三是增加行为人无权请求撤销的除外规定；四是明确第三人转达错误适用重大误解制度。①

第三，细化欺诈、胁迫认定要件。在《实施民法典会议纪要》第 3 条、第 4 条②基础上，《民法典总则编解释》对欺诈、胁迫的认定标准予以细化。一是明确"故意隐瞒真实情况"构成欺诈的前提是行为人负有告知义务，③告知义务可源于法律规定、诚信原则、交易习惯等；④二是强调构成胁迫的核心是被胁迫人基于恐惧心理作出意思表示。⑤

第四，完善无权代理及表见代理制度。首先，就无权代理情形下的损害赔偿，将"相对人知道或应当知道行为人无代理权"的举证责任分配给行为人，强化对相对人的保护。⑥其次，对表见代理的构成要件及举证责任作出完善。一是明确相对人善意的标准是"不知道行为人没有代理权且无过失"；二是将符合"存在代理权外观"和不符合"相对人善意无过失"的举证责任分别分配给相对人及被代理人，减轻相对人的举证负担。⑦

（三）《最高人民法院关于适用〈中华人民共和国民法典〉合同编通则部分的解释（征求意见稿）》（以下简称《合同编通则解释草案》）

2022 年 11 月 4 日，最高院公布《合同编通则解释草案》，向社会公众征求意见。该草案全文共计 73 个条文，涉及对 30 项具体规则的变动和完善，较好回应了司法实践中的争议问题，与投融资纠纷解决相关的有如下内容值得重点关注：

1. 关于合同订立

第一，拟规定第三人缔约过失责任。草案规定第三人在实施欺诈、胁迫或违

---

① 《民法典总则编解释》第 19 条、第 20 条。
② 同《最高人民法院关于贯彻执行〈中华人民共和国民法通则〉若干问题的意见（试行）》第 68 条、第 69 条。
③ 《民法典总则编解释》第 21 条。
④ 郭锋、陈龙业、蒋家棣、刘婷：《〈关于适用民法典总则编若干问题的解释〉的理解与适用》，载《人民司法·应用》2022 年第 10 期。
⑤ 《民法典总则编解释》第 22 条。
⑥ 《民法典总则编解释》第 27 条。
⑦ 《民法典总则编解释》第 28 条。

背当事人对其缔约信赖的情况下，应当承担赔偿责任，责任范围参照当事人缔约过失责任确定。①

第二，拟完善预约合同规则。一是规定在合同具备本约条件而当事人无明确预约合意的情况下，认定成立本约合同；②二是明确当事人磋商本约时违背诚信原则导致未能订立本约的，构成对预约合同的违反；③三是吸收实践经验及"内容区分说""动态缔约说"观点，规定违反预约的责任范围根据其内容完备性在本约缔约过失责任及本约违约责任之间确定。④

2. 关于合同效力

第一，拟完善隐藏合同效力认定规则。针对《民法典》第 146 条规定的通谋虚伪表示，草案明确隐藏合同的效力根据当事人意欲规避的法律、行政法规的性质及内容进行区别处理。⑤

第二，拟确立穿透式审查规则。草案承继《全国法院民商事审判工作会议纪要》（以下简称《九民会议纪要》）确立的穿透式审判思维，重申应结合交易目的、交易结构等事实认定当事人之间真实法律关系，并据此作出效力判断。⑥

第三，拟拓展作为合同无效依据的"强制性规定"范围。草案将为实施法律、行政法规强制性规定制定的地方性法规、规章增设为直接影响合同效力的"强制性规定"，明确违反前述规定的适用《民法典》第 153 条第 1 款。⑦

第四，拟完善代理及代表制度。一是将法律、行政法规作为职权范围的认定标准，明确组织内部的职权限制不能对抗善意相对人；⑧二是确立组织承担责任后的内部追偿规则；⑨三是重申代表制度下的"看人不看章"规则；⑩四是对《民法典》第 164 条规定的代理人与相对人恶意串通规则作出细化，明确"恶意串通"的判断标准及举证责任，解决实践中被代理人的举证难题。⑪

---

① 《合同编通则解释草案》第 6 条。
② 《合同编通则解释草案》第 7 条。
③ 《合同编通则解释草案》第 8 条。
④ 《合同编通则解释草案》第 9 条。
⑤ 《合同编通则解释草案》第 14 条。
⑥ 《合同编通则解释草案》第 15 条。
⑦ 《合同编通则解释草案》第 19 条。
⑧ 《合同编通则解释草案》第 21 条第 2 款、第 3 款。
⑨ 《合同编通则解释草案》第 21 条第 4 款、第 22 条第 3 款。
⑩ 《合同编通则解释草案》第 23 条。
⑪ 《合同编通则解释草案》第 23 条。

3.关于违约责任

第一,拟细化违约赔偿范围确定规则。一是规定可得利益的计算以替代交易或市场价格与合同约定价格的差额为标准,并应当扣除非违约方履约成本,无法确定的,将违约方因违约获得的利益确定为可得利益;① 二是明确可预见性范围按照与违约方处于相同情况的主体所能预见的损失类型确定。②

第二,拟优化违约金调整规则。一是规定即使当事人事先特约放弃调整违约金的权利,如果违约金约定显失公平,法院仍可对此进行调整;③ 二是明确违约方严重违背诚信原则的,无权请求调减违约金。④

4.其他重要修订

第一,拟完善代位权诉讼规则。就债务人与次债务人之间的仲裁/管辖协议能否约束债权人的问题,因实践中争议较大,⑤ 草案提出了两种不同方案。⑥

第二,拟完善债权人撤销权规则。一是在债务人与相对人存在关联关系的情况下,放宽不合理对价审查标准;⑦ 二是针对实践中以不合理对价连环转让行为,允许债权人一并行使撤销权;⑧ 三是规定债权人在取得撤销权案件胜诉判决后可直接代位申请执行相对人,实现撤销权与代位权制度的联动。⑨

第三,拟细化债权/债务转让规则。一是将"通知先后"作为债权多重转让情形下的权利冲突判断标准,明确转让通知先到达债务人的,受让人取得系争债权;⑩ 二是规定债务加入人承担责任后可依据约定向债务人追偿,或在没有约定的情况下要求其返还所获利益。⑪

---

① 《合同编通则解释草案》第63—65条。
② 《合同编通则解释草案》第67条。
③ 《合同编通则解释草案》第68条第1款。目前实践中,对于当事人预先放弃调整违约金条款的效力,法院通常予以认可,如最高人民法院(2019)最高法民终1464号案。
④ 《合同编通则解释草案》第69条第3款。
⑤ 例如,最高人民法院在(2014)最高法民提字八号案中持否定观点,认为债务人与次债务人之间的仲裁条款不能约束债权人;但在2022年审结的(2022)沪0110民初4431号之二案中,上海市杨浦区人民法院即持相反观点认为,债权人系代债务人提起诉讼,仍应受债务人与次债务人之间仲裁条款的约束。
⑥ 《合同编通则解释草案》第39条第2款。
⑦ 《合同编通则解释草案》第42条第3款。
⑧ 《合同编通则解释草案》第46条。
⑨ 《合同编通则解释草案》第48条第2款。
⑩ 《合同编通则解释草案》第51条。
⑪ 《合同编通则解释草案》第52条。

三、典型案例

【案例1】投资人和上市公司股东、实际控制人签订的与股票市值挂钩的回购条款无效：G公司与房某、梁某等合伙份额回购纠纷案[①]

【基本案情】

2016年，G公司与房某、梁某签订《修订认购协议》，约定G公司认购房某、梁某设立的A合伙企业新增出资6500万元，A合伙企业对房某、梁某实际控制的B公司进行股权投资。后各方签订《修订合伙人协议》，约定B公司完成首次公开发行后6个月，G公司有权要求房某、梁某或A合伙企业购买其持有的全部或部分合伙份额对应的收益权；回购价款按发出回售通知前30个交易日B公司股票收盘价的算术平均值计算。

2019年，B公司在科创板上市，但申报发行时未按监管要求披露、清理上述回购条款。2020年7月13日，G公司向房某、梁某、A合伙企业发出《回售通知书》，要求A合伙企业履行回购义务。当日，B公司股票价格达到历史最高即476.76元，此前30个交易日涨幅达155%，但次日起股价一直处于跌势，直至2020年9月11日收盘价183.80元。

因房某、梁某、A合伙企业未按期支付回购价款，G公司遂提起诉讼，请求判令房某、梁某、A合伙企业共同支付合伙份额的回购价款，并赔偿因逾期支付回购价款产生的利息损失。房某、梁某、A合伙企业辩称，案涉回购条款系为规避《公司法》《证券法》对上市公司股票转让的锁定期限制，且违反上海证券交易所关于上市前清理对赌协议的要求，因此该等条款有违公序良俗，应属无效。

上海二中院经审理认为，案涉回购条款违反金融监管秩序，据此判决驳回G公司全部诉讼请求。G公司上诉后，上海高院维持原判。

【争议焦点】

投资方和上市公司股东、实际控制人签订的与二级市场股票交易市值挂钩的回购条款是否有效。

【裁判观点】

上海高院认为，虽然《修订合伙人协议》在A合伙企业的合伙人之间签订，

[①] 参见最高人民法院网站，https://www.court.gov.cn/zixun-xiangqing-387081.html，访问时间：2023年2月10日。截至2023年3月20日，该案裁判文书尚未公开，一、二审案号分别为（2020）沪02民初234号、（2021）沪民终745号。

但房某、梁某系 B 公司的实际控制人，G 公司实质借合伙形式和上市公司股东、实际控制人签订直接与二级市场短期内股票交易市值挂钩的回购条款，该等条款不仅变相架空了禁售期限制规定，而且将对二级市场公众投资人造成不公平对待，严重影响股票交易市场秩序和金融安全，损害社会公共利益，应属无效。

【纠纷观察】

本案是国内首例目标公司上市后对赌协议效力纠纷争议案件，[①] 并入选 2022 年全国法院十大商事案件。关于上市公司股东、实际控制人向投资方作出的保底或补偿承诺，监管层面一直持否定态度：中国证监会《首发业务若干问题解答（2020 年修订）》明确要求，投资机构在投资发行人时约定的对赌协议等类似安排，发行人原则上应当在申报前清理；《上市公司非公开发行股票实施细则（2020 年修正）》等文件亦规定上市公司及其控股股东、实际控制人、主要股东不得向发行对象作出保底保收益或者变相保底保收益承诺。2022 年 6 月 23 日，最高院发布《最高人民法院关于为深化新三板改革、设立北京证券交易所提供司法保障的若干意见》，第 9 条明确"在上市公司定向增发等再融资过程中，对于投资方利用优势地位与上市公司及其控股股东、实际控制人或者主要股东订立的'定增保底'性质条款，应依法认定无效"，体现了加强上市公司金融监管的裁判倾向。我们认为，对赌协议的效力认定仍然应当落脚于《民法典》第 153 条：一方面，《公司法》《证券法》关于股票禁售期的规定并非效力性规定，不具有直接导致回购条款无效的法律效力；另一方面，违反禁售期规定及对赌协议清理规则的股权回购行为是否有效，应结合案件具体情况进行综合判断，关键在于系争行为是否确实会对金融秩序和金融安全造成不利影响以及影响的程度，从而进一步判断是否违背公序良俗。本案中，回购价格完全按照二级市场股票交易市值计算，另结合回购通知前后股票价格走势，不排除存在人为操纵股价的可能，该等与股票市值挂钩的回购条款不仅背离对赌"估值补偿"的基本属性，而且将扰乱证券市场正常交易秩序，存在违背公序良俗的效力瑕疵。

本案形成了司法裁判与证券监管的协同互动，具有良好的社会效应，有利于提升金融市场风险治理绩效。对规避证券监管的行为在司法层面给予否定性评价，能够充分发挥金融司法与证券监管不同的功能优势，防止市场主体通过抽屉协议等隐蔽手段架空监管、侵蚀以信息披露为根基的股票发行注册制。

[①] 参见上海高院研究室：《与股票市值挂钩的对赌条款效力认定》，载微信公众号"中国上海司法智库"，2022 年 11 月 28 日。

【案例2】出资期限未届满但公司虚假公示股东已实缴出资的，以公示的出资日作为股东应缴出资日：X公司与Y公司、张某等买卖合同纠纷案①

【基本案情】

Y公司设立时注册资本为50万元，由自然人张某及A、B认缴，出资期限至2014年9月22日，经公示的年报显示前述资本已于2014年9月22日缴足。后Y公司注册资本增加至100万元，由张某、A、B分别认缴，出资期限至2025年12月31日，经公示的年报显示相关出资于2015年5月18日实缴。2017年，张某将所持股权转让给A、B、C，四人向工商部门确认Y公司实收资本0元。

因Y公司欠付X公司货款，X公司提起诉讼，请求判令：1. Y公司支付货款及利息；2. Y公司股东张某、A、B在未出资本息范围内对前述债务承担补充赔偿责任，且A、B、C连带清偿张某的责任。张某辩称现已不是Y公司股东且已实缴出资，无须对Y公司债务承担责任。

广东省江门市蓬江区人民法院经审理认为，Y公司经公示的年报显示其注册资本100万元已全部缴足，且在出资期限未届满的情况下不宜认定股东未足额出资，另因X公司亦未提供证据证明符合股东出资加速到期条件，该院最终驳回X公司对张某及A、B、C的诉讼请求。②广东省江门市中级人民法院二审维持原判，X公司申请再审后，广东省高级人民法院（以下简称广东高院）改判张某、A、B分别在未出资本息范围内对Y公司债务承担补充赔偿责任，50%利息自2014年9月22日起算，50%利息自2015年5月18日起算；A、B、C在对应份额内连带承担张某的补充赔偿责任。

【争议焦点】

章程规定的出资期限未届满但公司虚假公示股东已实缴出资的，应当如何认定股东履行出资义务的期限。

【裁判观点】

广东高院认为，公示年报信息是企业的法定义务，各股东对Y公司在国家企业信用信息公示系统对外公示的实缴出资信息应当知晓但未依法提出异议，应当

---

① 参见《最高法民二庭发布2022年度全国法院十大商事案件》，载最高人民法院网站，https://www.court.gov.cn/zixun-xiangqing-387081.html，访问时间：2023年2月10日。截至2023年3月20日，该案再审审理文书尚未公开，再审审查案号为广东高院（2020）粤民申3743号。

② 广东省江门市蓬江区人民法院（2018）粤0703民初1176号民事判决书。

认定为其明知且认可年报信息。债权人基于公示信息形成的合理信赖依法应受保护，虽然Y公司增资后章程规定的出资期限尚未届满，但应将Y公司在国家企业信用信息公示系统公示的实缴出资时间作为出资期限届满日。因此，张某、A、B应在各自未出资本息范围内对Y公司欠X公司的债务承担补充赔偿责任，未缴出资的利息起算点按Y公司对外公示的实缴出资时间确定。A、B、C明知张某未出资而受让其所持Y公司股权，应在各自受让股权占张某出让股权的比例范围内，对张某所负补充赔偿责任承担连带责任。

【纠纷观察】

本案确立了在虚假公示的情况下以公示出资日作为股东应缴出资日的裁判规则，彰显了公司登记制度的法律意义，入选2022年全国法院十大商事案件。根据《企业信息公示暂行条例》第9条、第10条规定，企业应当通过企业信用信息公示系统向社会公示有限公司股东或股份公司发起人认缴和实缴的出资额、出资时间等信息。另根据《民法典》第65条规定，法人的实际情况与登记的事项不一致的，不得对抗善意相对人。基于前述，股东注册资本实缴情况属于公司登记事项，且公司登记事项具有对抗效力，即在登记事项与实际信息不一致的情况下，善意相对人有权主张按登记事项发生效力。具体到本案中，虽然章程规定的注册资本实缴期间尚未届满，但因公司对外公示的注册资本已全部实缴，债权人在与公司开展交易时对于该等实缴情况享有信赖利益，应按公示的实缴情况及出资时间对股东是否存在瑕疵出资情形进行判断。一方面，股东应于公示的出资时间履行出资义务，未按期履行即构成逾期，应当承担迟延履行责任；另一方面，股东出资期限在公示的出资日即已届满，嗣后再行转让股权属于《最高人民法院关于适用〈中华人民共和国公司法〉若干问题的规定（三）》（以下简称《公司法解释三》）第18条第1款规定的"未履行或全面履行出资义务即转让股权"的情形，应当根据该条规定确定转让人和受让人的责任。

【案例3】综合运用预重整、实质合并、协调审理制度解决大型综合性民营企业集团重整难题：隆鑫系破产重整案①

【基本案情】

隆鑫系包含隆鑫集团和金菱集团两个子系。自2018年起，隆鑫系陷入债

---

① 参见《最高法民二庭发布2022年度全国法院十大商事案件》，载最高人民法院网站，https://www.court.gov.cn/zixun-xiangqing-387081.html，访问时间：2023年2月10日。

务危机。隆鑫集团相关企业和金菱集团相关企业两个子系内部高度混同,但两系之间的资产和营业关联度弱,另由于两子系债务严重关联,均无法单独成功重整。

2021年9月29日,隆鑫集团等十三家公司分别申请重整并同时申请预重整。重庆市第五中级人民法院(以下简称重庆五中院)对预重整及预重整辅助机构进行备案登记,预重整辅助机构指导隆鑫集团等十三家公司与债权人开展协商谈判,制作重组协议,招募投资人。

2021年11月16日,债权人A公司分别申请金菱集团等四家公司重整。

2022年1月30日,重庆五中院分别受理隆鑫集团等十三家公司重整,并于3月16日裁定其实质合并重整。2022年3月10日,重庆五中院分别受理金菱集团等四家公司重整,并于5月10日裁定其实质合并重整。此后,重庆五中院对隆鑫集团相关企业和金菱集团相关企业的重整进行协调审理,一体化推进。

【纠纷观察】

本案通过灵活运用"庭外重组+重整"及"实质合并+协调审理"机制,解决了大型综合性企业集团的重整难题,在破产领域极具示范意义,被评为2022年全国法院十大商事案件。我国目前尚未对预重整及合并破产制度作出立法规定,相关规则主要体现在最高院指导文件及地方工作指引,统一规则的缺失导致前述制度在实践中的司法适用困境,值此《企业破产法》修订之际,有必要借鉴域外法及我国前期实践经验对预重整及合并破产作出系统规范。

预重整制度是一种融合庭外重组与庭内重整的企业解困模式,旨在通过两种制度的有机衔接市场化、法治化地挽救困境企业。2018年《全国法院破产审判工作会议纪要》第22条提出要探索推行庭外重组与庭内重整制度的衔接,规定企业进入重整程序前可先通过庭外谈判拟定重组方案,重整程序启动后再以重组方案为依据拟定重整计划草案;2019年《九民会议纪要》第115条进一步明确庭外重组协议在重整程序中的效力延伸。基于最高院积极推行预重整制度的工作要求,多地法院先后出台相关规则或程序指引,但因存在认识偏差及本位利益诱导等多方因素,各地构建的预重整制度实质发生异化,主要体现为:[①](1)将预重整设置为法院受理重整申请前的预先审查制度,变相解决实践中重整申请审查期间 /

---

① 参见王欣新:《预重整的制度建设与实务辨析》,载《人民司法·应用》2021年第7期;胡利玲:《预重整的目的、法律地位与性质——基于对我国预重整地方实践的反思》,载《东方论坛》2021年第4期。

重整期间不足的问题;①（2）将预重整等同于法院控制下的庭内程序，参照破产重整程序对预重整进行制度设计，包括由法院决定能否进入预重整程序并指定管理人、②适用破产程序中的执行中止/保全解除规则等;③（3）对预重整期间及预重整适用对象作出限制，将预重整期间限定在3—6个月，④将预重整适用对象限定为债务关系复杂、在行业有重要影响的债务人企业。⑤

我们认为，预重整的本质是"债权人与债务人、出资人等利害关系人进行的庭外商业谈判"，相关制度设计均需以此为基础，否则将使此种新型企业救济模式简单沦为《企业破产法》下庭内重整的前置程序，泯灭其自身独立的制度价值。《企业破产法》修订时对预重整制度的规范应着重注意以下几点:⑥ 一是预重整程序的启动应由当事人自行决定，无须履行申请受理程序；二是预重

---

① 例如，《北京破产法庭重整案件办理规范（试行）》第27条规定:"本规范所称'预重整'，系指……人民法院在以'破申'案号立案后、受理重整申请前指定临时管理人履行本规范第三十六条规定的职责，债务人自愿承担本规范第三十八条规定的义务，由临时管理人组织债务人、债权人、出资人、重整投资人等利害关系人拟定预重整方案的程序。"第33条规定:"自人民法院决定预重整之日起至临时管理人提交预重整工作报告之日止，为预重整期间。预重整期间不计入重整申请审查期限。"

② 例如，《成都市中级人民法院破产案件预重整操作指引（试行）》第2条第1款规定:"申请人提出预重整申请且债务人提交了债务人股东（大）会决议同意履行本指引第七条规定的预重整义务的书面承诺书，本院可以决定债务人预重整。"第4条第1款规定:"决定债务人预重整的，应当作出预重整决定书和指定预重整管理人决定书，决定书应送达申请人和被申请人，并予以公告。"

③ 例如，《深圳市中级人民法院审理企业重整案件的工作指引（试行）》第33条第2款规定:"在预重整期间，合议庭应当及时通知执行部门中止对债务人财产的执行。已经采取保全措施的执行部门应当中止对债务人财产的执行。"《郑州市中级人民法院审理预重整案件工作规程（试行）》第8条规定:"作出预重整决定的，全市法院应中止对债务人为被执行人的相关执行、保全措施。"《衢州市柯城区人民法院审理破产预重整案件工作指引（试行）》第13条第2款规定:"诉讼、执行阶段已经对债务人采取的保全措施，在预重整阶段一般不予解封，但为企业继续经营所必须或不解除保全措施将影响预重整成功的除外。"

④ 例如，《深圳市中级人民法院审理企业重整案件的工作指引（试行）》第29条规定:"预重整期间为三个月，自合议庭作出预重整决定之日起计算。有正当理由的，经管理人申请，可以延长一个月。"《诸暨市人民法院关于审理预重整案件的操作指引（试行）》第5条第2款规定:"预重整期限一般为三个月；有正当理由的，经本院许可，可以延长三个月。"

⑤ 例如，《江西省高级人民法院关于审理企业破产预重整案件工作指引》第6条规定:"债务人具备重整原因、重整价值且符合下列情况之一的，可以进行预重整:（一）债权人人数众多，债权债务关系复杂，或者职工安置数量较大，影响社会稳定的;（二）债务人企业规模较大，占据行业龙头或者重要地位，对行业发展或地区经济发展有重大影响的;（三）上市公司或上市公司的重要关联企业;（四）直接受理重整申请可能对债务人生产经营产生负面影响或者产生重大社会不稳定因素的企业;（五）符合国家产业政策，行业前景较好的当地核心企业或被当地政府列为重点的企业。"

⑥ 王欣新:《预重整的制度建设与实务辨析》，载《人民司法·应用》2021年第7期。

整作为当事人之间自主进行的庭外程序，不具有中止执行、解除保全的法律效力；三是预重整程序中不存在指定管理人的问题，当事人可以聘请相关中介机构担任预重整辅导机构；四是预重整期限应由当事人自行协商确定；五是预重整主要适用于有破产原因发生可能的债务人，已具备破产原因的企业应直接申请破产重整。

关联企业的合并破产包括程序合并（协调审理）与实质合并，前者仅是多个破产案件的合并审理，各企业之间仍然保持人格独立；实质合并则是将多个企业视为单一主体，统一进行资产核查及债务清偿，本质是法人人格否认制度在破产领域的延伸。2018年《全国法院破产审判工作会议纪要》设专章对关联企业实质合并审理及协调审理作出规定，明确实质合并破产的适用前提、审查程序、救济途径，以及两种合并破产方式下的管辖原则和法律后果；2021年，最高院发布第29批3件指导案例，进一步细化实质合并破产裁判规则。但因缺乏详细规范，实质合并破产制度在司法适用过程中仍然存在诸多问题，如（1）《全国法院破产审判工作会议纪要》第32条列明的各项实质合并破产判断标准，是否均为企业进入实质合并破产的必要条件；[①]（2）在部分企业已经先行进入破产程序的情况下，关联企业被裁定实质合并破产后如何确定实质合并破产程序的管理人；（3）实质合并破产对关联企业债务人利益有重大关系，但现有规则中关于听证及复议程序的规定较为简单，实践中可能因通知不到位剥夺债权人参与听证、提出复议的权利。本次《企业破产法》修订应当对前述问题作出回应，在现有规定及实践经验的基础上进一步完善合并破产制度。

四、热点问题观察

（一）股东出资责任争议问题

2022年，股东出资责任仍然是热点争议问题，集中体现在两个方面：一是非破产及解散情形下，股东出资义务能否加速到期；二是未届出资期限的股权转让后，应由股权转让方还是受让方继续承担出资义务。关于前述问题的对立观点在

---

① 实践中，法院基本均将"法人人格高度混同"作为核心要件进行分析，较少论及另外两个标准"区分各关联企业成员财产的成本较高""严重损害债权人公平清偿利益"。例如，在（2020）鲁03破7、8、11、12、22—28号案中，山东省淄博市中级人民法院认为几家关联公司在经营场所、资产、财务、管理等方面高度混同，构成法人人格混同，据此即裁定其合并破产。

本次公司法修订过程中亦有直观反映，相较于草案一审稿，二审稿从强化股东出资责任的角度对有关条款进行了较大改动，体现加强债权人保护的立法倾向。基于对现有文献资料及2022年司法情况的梳理，我们对前述两项股东出资责任问题作如下分析，并对公司法修订草案中的相关条文进行简要评述。

1.股东出资义务加速到期的条件

根据《最高人民法院关于适用〈中华人民共和国公司法〉若干问题的规定（二）》第22条第1款、《企业破产法》第35条规定，股东出资义务加速到期的前提是公司解散或进入破产程序。因2013年公司法全面确立注册资本认缴制时，未同步设置公司运营阶段的债权人保护机制，触发非破产、解散情形下股东出资义务能否加速到期的争议问题，争议核心实质系股东与债权人的利益平衡。

持否定观点者认为，现行法仅规定公司进入破产或解散程序后，股东缴纳出资不受出资期限限制，在其他情形下主张股东出资义务加速到期欠缺法律依据，更深层次的法理基础在于：[1]（1）公司和股东是独立的法律主体，如果公司债权不能获偿后动辄向股东追索，有违法律创设公司制度的初衷，也将架空资本认缴制；（2）股东出资情况已通过公司章程、企业年报进行备案公示，[2]债权人据此与公司开展交易应受股东出资期限限制；（3）赋予单个债权人请求股东提前履行出资义务的权利，可能构成公司在具备破产原因情形下的个别清偿；（4）即使公司不能清偿到期债务，也存在申请破产、债权人撤销权、法人人格否认、申请保全公司对股东未到期债权等救济途径，没有必要诉诸出资义务加速到期制度。

持肯定观点者则认为，在公司无法清偿到期债务的情况下，股东出资义务即

---

[1] 俞巍、陈克：《公司资本登记制度改革后股东责任适法思路的变与不变》，载《法律适用》2014年第11期；刘凯湘：《认缴制下股东出资义务加速到期之否定》，载《荆楚法学》2022年第2期；郝伟明：《股东出资义务"常态加速到期理论"之反思——兼论对不诚信认缴出资行为的可行规制》，载《法商研究》2022年第3期。

[2] 股东出资时间是章程必要记载事项，根据《中华人民共和国公司登记管理条例》（2016年修订，已失效）第20条，第21条及现行《中华人民共和国市场主体登记管理条例》第9条，章程应提交登记机关备案；此外，国务院《注册资本登记制度改革方案》第2条第1款规定"公司应当将股东认缴出资额或者发起人认购股份、出资方式、出资期限、缴纳情况通过市场主体信用信息公示系统向社会公示"；《企业信息公示暂行条例》第9条、第10条规定，股东的出资时间应当通过企业信用信息公示系统向社会公示。

应加速到期，法理基础包括：[①]（1）章程对于出资期限的规定不能约束外部债权人；（2）相较于申请公司破产，允许股东出资义务在非破产情形下加速到期，具有更低成本的救济优势；（3）股东出资义务具有法定性，认缴出资额构成以价值形态而非出资方式存在的公司财产，债权人可直接申请执行该范围内对应的公司财产；（4）根据资本维持原则，公司经营过程中应当避免陷入无法清偿债务的境况，否则即应向股东宣告以未缴出资补足公司资产。为证成非破产解散情形下的股东加速到期，学界及实务界发展出多条解释路径：[②]一是对《公司法解释三》第13条第2款中"未履行或者未全面履行出资义务"进行扩张解释，将股东未履行未届期限的出资义务囊括在内；二是将《公司法》第3条作为法律依据，主张第1款中公司的"全部财产"包括股东认缴的尚未届出资期限的出资，并认为第2款中"股东以其认缴的出资额/认购的股份"不区分届期与否；三是借用合同法下的代位权制度，主张公司怠于向股东请求补足出资时，债权人有权代位行使公司对股东的请求权，且该等权利行使可突破出资期限限制。

与学术界多数意见持肯定观点不同，或为在现行法体系下保持司法的谦抑性，裁判机构更倾向于严格限制股东出资义务加速到期适用情形。[③]以2022年审结的案件为例，各级法院基本均严格按照《九民会议纪要》第6条规定进行审查，仅将"公司无财产可供强制执行+具备破产原因""公司债务产生后恶意延长出资期限"作为非破产解散情形下出资加速到期的例外情形，前述例外或因公司已实质具备破产原因，或因债权人有权对公司延长出资期限的行为主张撤销，在现行法体系下均有一定法理基础，不存在对立法的僭越。

---

① 刘燕：《公司法资本制度改革的逻辑与路径——基于商业实践视角的观察》，载《法学研究》2014年第5期；李建伟：《认缴制下股东出资责任加速到期研究》，载《人民司法·应用》2015年第9期；张磊：《认缴制下公司存续中股东出资加速到期责任研究》，载《政治与法律》2018年第5期；刘铭卿：《股东出资义务加速到期研究》，载《政治与法律》2019年第4期；蒋大兴：《论股东出资义务之"加速到期"——认可"非破产加速"之功能价值》，载《社会科学》2019年第2期；钱玉林：《股东出资加速到期的理论证成》，载《法学研究》2020年第6期；朱慈蕴：《股东出资义务的性质与公司资本制度完善》，载《清华法学》2022年第2期。

② 李建伟：《认缴制下股东出资责任加速到期研究》，载《人民司法·应用》2015年第9期；王建文：《再论股东未届出资义务的履行》，载《法学》2017年第9期。

③ 2015年时任最高院民二庭庭长的杨临萍法官在《关于当前商事审判工作中的若干具体问题》的讲话中即提及，对于债权人请求股东提前履行出资义务的问题，最高院倾向于要求债权人申请债务人破产进而在破产程序中使股东出资义务加速到期；2019年《九民会议纪要》第6条再次强调"债权人以公司不能清偿到期债务为由，请求未届出资期限的股东在未出资范围内对公司不能清偿的债务承担补充赔偿责任的，人民法院不予支持"。

我们认为，是否允许股东出资义务常态化加速到期更多是基于经济效益的考量，不存在绝对对错，但持肯定论者在实证法体系下提出的解释路径可能均不符合法理逻辑及条文解释原则，如果要放宽股东出资义务加速到期的适用条件，只能通过修法方式提供规范依据。与《公司法修订草案一审稿》第48条相比，《公司法修订草案二审稿》第53条采取的立法模式基本值得肯定，但同时也有需要完善或明确之处。

第一，股东加速到期本质上属于债权人救济制度，涉及股东出资期限利益与债权人权益的平衡。一方面，股东在认缴制下享有的期限利益应当受到保护，因出资情况属于需经公示的登记信息，债权人在与公司开展交易前理应知晓股东出资是否以及何时可以到位，且作为交易基础的应为公司责任财产而非其资本实缴情况，原则上禁止股东加速到期并不会对债权人利益造成损害；但另一方面，债权人主张股东承担出资责任实际是代位行使公司对股东的债权，即使出资期限尚未届满，该等缴纳资本的债权亦已现实存在，要求债权人等到出资期限届满后再行权或通过申请公司破产的方式行权，不符合经济理性。基于前述，可以有限度地放宽股东加速到期适用情形，在债权人无法通过执行公司现有财产获偿的情况下，允许其向股东主张提前履行出资义务。

第二，《公司法修订草案一审稿》第48条将"公司不能清偿到期债务""明显缺乏清偿能力"同步列为主张股东出资加速到期的前提条件，在适用时容易引发争议。"公司不能清偿到期债务，且明显缺乏清偿能力"的表述与《企业破产法》第2条第1款规定的破产原因相同，由此产生的疑问是应否按照破产原因对前述股东出资加速到期条件进行审查判断。如果不能，《公司法修订草案一审稿》第48条项下的"明显缺乏清偿能力"应如何理解？如果可以，一方面，对处于相同境况的公司作区别化处理正当性不足，且存在破产程序外的个别清偿问题；另一方面，放宽股东出资加速到期情形原本系为债权人提供更为充分的保护，若将其适用前提等同于公司破产，债权人在行权时仍然面临较重的举证负担。

第三，从股东出资加速到期的制度目的出发，建议将权利主体限定为到期债务未获清偿的债权人，而不包括公司自身。一方面，只有在公司破产、解散情形下，公司为清理核算财产才有主张股东出资加速到期的需要，作为出资关系中的当事人，公司原则上应当尊重股东的出资期限利益，赋予其在其他情形下主张股东出资加速到期的权利缺乏正当性；另一方面，债权人也只有在其债权到期且无法从公司处切实获偿的情况下，才有要求股东提前履行出资义务的必要，合同法下代位权行使亦以主债权到期为前提。基于前述,《公司法修订草案二审稿》第 53 条或可考虑修改为"公司不能清偿到期债务的,该到期债权的债权人有权要求已认缴出资但未届缴资期限的股东提前缴纳出资"。

第四,《公司法修订草案二审稿》第 53 条目前采取的表述是"已到期债权的债权人有权要求……提前缴纳出资",建议直接明确股东出资加速到期后,债权人有权要求股东直接向其履行出资义务,无须将出资归入公司。一方面,《公司法修订草案二审稿》第 53 条规定的是非破产解散情形下的股东出资加速到期,且我国合同法下债权人代位权制度并未采"入库规则",限定股东将出资缴付至公司理据不足;另一方面,即使公司不能清偿到期债务时已有破产之虞,判令股东直接对债权人履行出资义务亦不会损害破产法制度,公司进入破产程序后通过破产撤销权的运用追回相应资产即可。

2. 未届出资期限股权转让后出资义务的承担主体

通说认为《公司法解释三》第 18 条第 1 款中"未履行或者未全面履行出资义务"以出资期限届满为前提,股东转让未届出资期限的股权不适用该等规定,[①] 由此引发未届出资期限的股权转让后,出资义务由谁承担的问题。对此,存在"转让方承担说""受让方承担说"及"共同承担说"三种不同观点。

"转让方承担说"认为,基于出资义务的法定性,应当完全禁止该等义务转移,并提出对《公司法解释三》第 18 条第 1 款进行目的性扩张的解释方案,使其能够涵摄未届出资期限股权转让情形。[②] "受让方承担说"认为,股权转让系对包括出资义务在内的债权债务的概括转移,股权转让后,转让方完全退出出资关系,应

---

① 王建文:《再论股东未届期出资义务的履行》,载《法学》2017 年第 9 期;刘敏:《论未实缴出资股权转让后的出资责任》,载《法商研究》2019 年第 6 期。2015 年 12 月,时任最高院民二庭庭长杨临萍法官在《最高人民法院关于当前商事审判工作中的若干具体问题》中亦指出:"《公司法》司法解释(三)第十八条对虚假出资时补缴出资民事责任作出了规定。但目前尚无法律、司法解释对股东因出资期限未届满而未缴纳出资就转让股权时由谁承担出资责任进行明确规定。因为此时的未缴纳出资为合法而不是非法,所以不能当然适用上述司法解释的规定。"2020 年深圳中院《商事审判工作座谈会(公司纠纷部分)纪要》第 17 条重申"目前尚无法律、司法解释对股东因出资期限未届满而未缴纳出资就转让股权时由谁承担出资责任进行明确规定。此时的未缴纳出资应理解为合法而不是非法,股东未缴纳出资不属于违约行为,因此不能当然适用《公司法解释(三)》第 18 条的规定"。

② 吴斯嘉:《也论未届出资期限股权转让后的出资义务承担——兼与陈克法官商榷》,载微信公众号"天同诉讼圈",2022 年 2 月 8 日。

由取得股东资格的受让方继续履行出资义务。①该等观点立足于股东利益保护，通常以合同法下免责的债务承担理论作为论证基础。②另考虑到对债权人保护的现实需要，部分持"受让方承担说"者或将"恶意转让股权以逃避出资义务"作为例外情形，或建议类比减资引入债权人通知程序；③此外，亦有学者基于发起人的特殊性提出应参照《公司法解释三》第13条第3款规定，苛以发起人对受让方的纵向出资担保责任。④"共同承担说"则认为，股权转让协议不能处理作为第三人的公司对原股东债权，且公司配合办理股权变更手续系对其法定义务的履行、不能解释为同意出资义务转移，股权转让不能免除原股东的出资义务，股权受让方作为登记股东亦应承担相应义务。⑤该等观点立足于债权人利益保护，通常将《公司法》第3条第2款作为转让方继续承担出资义务的法律依据，主张前述条文项下的出资责任具有法定性和强制性，不可基于当事人股权转让合意而解除；⑥亦有法院另辟蹊径将受让方出资义务界定为《民法典》第523条规定的"第三人履行"，明确受让方未履行出资义务时，公司可依据与转让方的合同关系追究其出资违约责任。⑦

以2022年公开并审结的案件为观察范围，多数案件以转让未届出资期限的股权不属于《公司法解释三》第18条第2款、《最高人民法院关于民事执行中变更、追加当事人若干问题的规定》第19条规范情形为由驳回债权人对转让方承担责任

---

① 李志刚等：《认缴资本制语境下的股权转让与出资责任》，载《人民司法·应用》2017年第13期；朱慈蕴：《股东出资义务的性质与公司资本制度完善》，载《清华法学》2022年第2期。

② 陈景善、部俊辉：《股权转让后的未届期出资义务承担》，载《国家检察官学院学报》2022年第6期。

③ 李志刚等：《认缴资本制语境下的股权转让与出资责任》，载《人民司法·应用》2017年第13期。

④ 陈克：《未届出资期限股权转让后的出资义务人是谁？》，载微信公众号"天同诉讼圈"，2021年10月12日；薛波：《论发起人转让出资未届期股权的规制路径——兼评〈公司法（修订草案）〉相关规定》，载《北方法学》2022年第2期。

⑤ 李志刚等：《认缴资本制语境下的股权转让与出资责任》，载《人民司法·应用》2017年第13期。

⑥ 陈景善、部俊辉：《股权转让后的未届期出资义务承担》，载《国家检察官学院学报》2022年第6期；江苏省无锡市中级人民法院（2021）苏02民终1329号民事判决书。

⑦ 山东省青岛市中级人民法院（2020）鲁02民终12403号民事判决书，该案入选2020年全国法院十大商事案例。

的请求；①部分案件以转让股权系为恶意逃避出资义务为由判令转让方仍需承担责任，考量因素包括股权转让零对价、受让方无履行能力、转让股权时系争债务已经产生等。②由此可见，关于未届出资期限的股权转让后出资义务的承担，当前司法实践基本采"受让方承担说"，并辅之以转让方通过转让股权恶意逃避出资义务的例外情形。

我们认为，"受让方承担说"更为可采，且《公司法修订草案二审稿》第88条第1款在肯定受让方承担的基础上进一步规定转让方的补充责任，有利于解决实践中可能出现的恶意逃避出资问题，与《公司法修订草案一审稿》第89条第1款的规定相比，是更为稳妥的解决方案。

第一，股权转让协议中有关出资义务的约定对公司及债权人不具有约束力，不能作为判断出资义务承担主体的依据。在论及未届出资期限股权转让后出资责任的承担问题时，部分学者提出可交由股权转让当事人协商确定，③或区分股权转让协议有无关于出资义务承担的约定设计处理规则。④我们认为股权转让协议对公司及债权人无法律效力，无论其作何约定，仅影响转让双方内部责任分担。

第二，禁止出资义务转移在价值取向方面缺乏正当性（利益衡量层面），且出资义务法定性、第三人履行合同均无法为转让方继续承担出资义务提供合理依据（法理基础层面），全然的"转让方承担说""共同承担说"均不可取。首先，禁止出资义务转移核心是在维持公司资本的基础上保障债权人利益，但现实商事交易实践中，债权人并非系基于对股东出资能力的信赖与公司开展交易，即使债权人在交易前较为关注公司股东状况，其看重的也通常是股东商誉或在特定行业的资源优势，与其能否按期足额缴纳注册资本无关。其次，出资义务源于股东身份，在股东身份转移的情况下，该等义务自然应当随从转移，"法定性"的真正内涵是出资义务不能脱离股东身份单独转移，而非将原始股东套牢在出资责任中。另如

---

① 海南省高级人民法院（2022）琼民终407号民事判决书、四川省高级人民法院（2022）川民再131号民事判决书、北京市高级人民法院（2022）京民申1406号民事裁定书、河南省高级人民法院（2022）豫民终319号民事判决书等。
② 北京市高级人民法院（2021）京民终1000号民事判决书、浙江省高级人民法院（2022）浙民终489号民事判决书等。
③ 俞巍、陈克：《公司资本登记制度改革后股东责任适法思路的变与不变》，载《法律适用》2014年第11期。
④ 王建文教授即曾提出，"若公司以明示或默示方式允许出资义务转移，则除非存在无效事由，股权转让协议中关于出资义务履行责任的约定应予尊重"。参见王建文：《再论股东未届期出资义务的履行》，载《法学》2017年第9期，第88页。

前所述，以出资义务法定性为由禁止其转移者通常将《公司法》第 3 条第 2 款作为法律依据，但前述条文的规范目的是确立公司与股东财产的独立性，进而限制债权人恣意向股东主张权利，以此为据主张出资义务不能随股权转让，显然不符合立法本意。最后，任何合同的形成需要双方达成明确的意思合致，股东对外转让股权的目的即从原有股东权利义务关系中逃脱，显然不具有继续承担出资义务的意思表示，难谓其与公司之间形成由第三人（受让方）履行的合同。

第三，基于发起人身份特殊性，特别要求发起人对受让方出资义务承担担保责任 / 补充责任，理据不足。通说认为，发起人互负出资担保责任系因其基于设立协议成立了合伙关系，[1]但在股权转让情形下，转让方的本意即将包含出资义务在内的全部股东权利义务移交受让方，并无与受让方合伙对公司进行出资的意思，参照《公司法解释三》第 13 条第 3 款关于发起人横向担保责任的规定处理发起人对外转让股权情形下的责任承担问题，不符合类推适用规则。此外，基于股权转让自由原则，也不应当限制发起人逃脱出资关系的权利。

第四，"受让方承担说"符合法理逻辑及经济效益，但有限公司股权转让前置程序 / 公司对新股东身份的确认行为不能构成债务承担中的"债权人同意"，为保障公司及其债权人利益，需同步设置其他救济机制。基于上述分析，"受让方承担说"能够保持股东权利义务主体的一致性，且体现了对股权转让自由的贯彻，有利于公司对外融资，更符合法理逻辑及经济效益。但另两种观点下对转让方逃避出资义务的担忧亦不可忽视，对此可通过设置其他救济机制予以解决。

首先，按照免责的债务承担理论规则，因承担人的清偿能力可能弱于原债务人，该等债务承担行为需经债权人同意，具体到股权转让场合，债权人即公司。因此立法层面可考虑对公司的同意权作出特别规定，该等同意权的行使应基于对股权受让方出资能力的核查，且宜交由负责公司运营管理的董事会而非股东会行使，[2]现行公司法下有限公司股权转让的前置程序或公司对新股东身份的确认（变更股东名册、章程、工商登记等）不能当然解读为"债权人同意"。经公司审查同意的股权转让，如果嗣后发现受让方实际不具备履行出资义务的能力，可进一步向负有责任的公司董事追究相应的赔偿责任。

其次，如前述分析，当前实践中已基本形成恶意逃避出资义务情形下转让方仍需承担责任的裁判规则，并综合股权转让时点、价格、受让方资信状况等因素

---

[1] 吉林省高级人民法院（2018）吉民终 204 号民事判决书。
[2] 朱慈蕴：《股东出资义务的性质与公司资本制度完善》，载《清华法学》2022 年第 2 期。

对转让方的主观状态进行判断。从结果正义的角度，该等处理不失为一种有效的解决方案，但其有如下两点明显弊端：一是转让方恶意的判断个案性较强，容易因裁判机构水平不足等原因出现同案不同判的情况；二是在现行法下缺乏法理依据。有观点提出借用民法项下的恶意串通理论，[①] 但一方面恶意串通的举证难度较大；另一方面当事人恶意串通的直接后果是法律行为无效，直接否定股权转让的效力显然既无必要，亦不利于股权关系的稳定性。

最后，《公司法修订草案一审稿》第89条第1款采完全的"受让方承担说"，《公司法修订草案二审稿》第88条第1款坚持"受让方承担说"的基础上新增出让方对未缴出资承担补充责任的规定。对出让方苛以补充责任的立法模式，一方面体现出资义务的直接责任主体应为受让方，出让方在股权转让后并不负有出资义务；另一方面要求出让方在受让方未按期缴纳的情况下补充承担责任，有利于遏制其通过转让股权逃避出资义务。整体来看，该等规定体现了较强的债权人保护色彩，尤其在股权多重转让情形下，即使受让方系在取得股权后资信状况下降、无力履行出资义务，无过错的转让方及中间人仍需对此承担补充责任。

（二）有限公司股东资格的认定标准[②]

有限公司股东资格的认定标准是公司法实务中的核心争议，股权转让情形下股权变动的时点、隐名投资情形下股权的归属、财务投资情形下的股债之争等实践中的热点问题均系源于我国现行法关于有限公司股东资格认定的规则不够明确，公司法及司法解释的既有规定在商事外观主义及实质穿透原则之间反复。[③] 实践乱象的解决有赖于立法规范的供给，但目前公布的《公司法修订草案一审稿》《公司法修订草案二审稿》尚未对前述问题作出规定，结合业界既有讨论，我们对有限公司股东资格认定标准作以下分析，期待公司法此次修订能明确相关规则。

[①] 陈景善、郜俊辉：《股权转让后的未届期出资义务承担》，载《国家检察官学院学报》2022年第6期。

[②] 因篇幅所限，本报告仅对实践中争议较大的有限责任公司的股东资格认定问题作出讨论，不涉及股份有限公司的相关问题。

[③] 例如，《公司法解释三》第24条分别使用"实际出资人""名义股东"指代双方，并强调实际出资人显名为股东需经其他股东过半数同意，暗含将以名义股东为"真实股东"之意；但《公司法解释三》第25条又规定名义股东擅自转让股权时参照善意取得规定处理，因善意取得的前提是无权处分，如此似乎又否认了名义股东的股东身份。

关于有限公司股权变动模式，主要存在四种观点：① 一是纯粹意思主义（以股权转让合同生效为股权变动要件）；二是修正意思主义（以"合同生效＋公司承认"为股东变动要件）；三是内部的债权形式主义（以"合同生效＋股东名册记载"为股权变动要件）；四是外部的债权形式主义（以"合同生效＋工商登记"为股权变动要件）。虽然司法实践中不乏有案件认为当事人合意即可产生股权变动的法律效果，② 但鉴于股权具有组织法性质，股东资格的确定涉及股东与公司关系，排除公司意志在股权变动中的作用力、直接赋予股权转让合同引起股权变动的"物权效力"理据不足，有限公司股权变动模式理论争议集中体现在后三种。

持修正意思主义者主要从解释论视角出发，一方面基于《公司法》第 32 条第 3 款规定认为商事登记属于宣示性登记，不能直接产生股权变动的效力；另一方面基于有限公司不置备股东名册的现实情况及《公司法解释三》第 23 条规定，认为股东名册自身无法担负起反映股权归属状况的重任③ 且股东名册变更是股权变动后公司对股东应负的义务，由此提出董事会代表公司对股权转让进行一致性（判断股权转让是否符合章程规定）及适当性审查（判断股权转让是否会为公司招致较大风险）的方案，并将股东名册、工商登记、章程记载变更及接受股东行权等作为公司认可方式，实质拓宽股权变动的判断依据。④ 内部的债权形式主义是最高院当前所持观点，2019 年《九民会议纪要》第 8 条即明确有限公司股权转让生效时点以股东名册变更为准，⑤ 另为解决实践中有限公司普遍不置备股东名册以及内部名册与外部登记不一致的问题，刘贵祥专委建议在公司法中明确只有记载于股东名册的股东才能行使股东权利并将股东名册作为登记事项。⑥ 持外部的债权形式主义者则主要从立法论视角出发，认为相较于股东名册变更，工商登记变更在股权交易中是双方更为关注的环节，以工商登记吸收股东名册可以有效节约社会成本，

---

① 李建伟：《谁是股东？——一个中国公司法问题的研究》，载《西北工业大学学报（社会科学版）》2021 年第 1 期。

② 例如，在 2022 年审结并公开的案件中，北京市高级人民法院（2022）京民申 1857 号案即持此种观点。

③ 李建伟、罗锦荣：《有限公司股权登记的对抗力研究》，载《法学家》2019 年第 4 期。

④ 李建伟：《公司认可生效主义股权变动模式——以股权变动中的公司意思为中心》，载《法律科学（西北政法大学学报）》2021 年第 3 期。

⑤ 最高人民法院民事审判第二庭编著：《〈全国法院民商事审判工作会议纪要〉理解与适用》，人民法院出版社 2019 年版，第 133 页。

⑥ 刘贵祥：《从公司诉讼视角对公司法修改的几点思考》，载《中国政法大学学报》2022 年第 5 期。

且在当前工商登记确认制改革背景下，将工商变更作为股权变动生效要件亦不存在公权力机关过分介入公司自治的问题。①

我们认为，上述三种观点均系以"公司认可"作为构建股权变动规则的内核，区别在于采用动态的、综合性的认可判断标准，还是单一的股东名册/工商登记变更标准。从立法论角度，考虑到我国商事登记制度的完备性及成本效用，我们更倾向于外部的债权形式主义方案，即以工商登记（在登记机关办理有限公司股东姓名或名称登记）作为股权变动要件。

第一，要求有限公司一律置备股东名册并将其作为权利发生根据，现实可行性低且亦无必要。首先，对于一人公司或者股东人数较少、关系密切的小型有限公司，投资者在设立公司时通常不会专门制作股东名册等公司章程以外的形式性文件，以上升股东名册法律效力的方式倒逼有限公司置备股东名册可能会对公司开办设置障碍，不利于鼓励大众创业。其次，有限公司的股东情况是法定公司登记事项且非经登记不具有对抗效力，考虑到股权作为无形财产权自身不存在权利公示外观，有限公司股东为避免权属争议通常均会要求公司对其持股情况予以登记，股权转让纠纷中受让方的诉讼/仲裁请求最终均会落脚于"转让方及股东配合变更工商登记"。因此，股东名册层面的公司认可能够被工商登记变更吸收，将有限公司股权变动的"物权效力"强行划分为股东名册变更及工商登记变更两个阶段的意义有限，也在无形中增加了受让方取得对世性股权的风险。最后，如前所述，在内部的债权形式主义模式下，为解决股东资格内外冲突的问题，需要进一步将股东名册增列为工商登记事项，该等对有限公司股东信息及股东名册进行双重登记的处理亦将增加工商登记机关的工作负担，造成资源浪费。

第二，修正的债权意思主义模式虽然立足于公司认可意思表示的探究，据此对股东资格作出认定更符合组织法性质，但存在判断标准不明确的问题，在适用过程中可能引发同案不同判、司法裁量权不当扩大的风险。以实践中争议的"名股实债"投资为例，裁判机构在进行交易性质认定时首要关注的是投融资双方的真实交易目的，但在涉及目标公司债权人等第三方权益的情况下，可能基于工商登记的公示作用将相关交易认定为股权投资，由此造成相同交易模式下股权归属的差异。此外，虽然《公司法解释三》第23条、第24条将签发出资证明书、记载于股东名册/章程、办理工商变更登记作为公司义务并列提出，不排除实务中

---

① 赵旭东、邹学庚：《股权变动模式的比较研究与中国方案》，载《法律适用》2021年第7期。

可能出现公司完成个别事项后反悔股权转让行为，由此将引发股权是否变动的判断难题。司法实践中诸多争议问题出现的根本原因在于立法规范不明确，修正的意思表示在现行法体系下确有较强的解释作用，但值此《公司法》修订之际，应当直接设定明确的股东资格认定标准。

第三，将工商登记作为股权变动要件符合逻辑且有利于提高交易效率。首先，参照我国物权变动模式，不动产物权适用登记生效主义，船舶、航空器和机动车等特殊动产适用登记对抗主义。物权法下将登记作为特殊动产物权变动的对抗要件主要系因船舶、航空器、机动车本身具有动产属性，交付即为其所有权转移的公示外观，但股权作为无形资产本身无法通过"交付"完成权利变动公示，在此情况下，登记应首先充当股权变动生效要件而非对抗要件。其次，在以工商登记作为股权变动生效条件的情况下，股权交易相对方只需要对工商登记信息进行审查即可放心地与转让方开展交易，公司债权人亦可直接基于工商登记信息追究股东瑕疵出资责任，无须另行对公司内部文件进行额外尽调，将极大提升交易效率。最后，经商事登记制度改革，目前工商登记机关仅对公司变更申请进行形式审查且采用电子化登记模式，对历次股权变动进行工商登记具备现实可行性。补充说明的是，考虑到股权兼具财产及成员权属性，建议对股权让与担保的工商变更登记进行特别标注，以便保障担保人的股东身份。

若最终修订出台的《公司法》明确股东资格以工商登记情况为准，当前实践中存在的一股二卖能否适用善意取得、隐名投资股权归属、财务投资股债判断等问题将迎刃而解，具体而言：首先，因工商变更登记完成后才发生股权转移，转让方在此之前将所持股权另行售与他人或提供担保的属于有权处分，受让方只能依据协议追究转让方的违约责任，无善意取得的适用空间。其次，在隐名投资/股权代持情形下，股权归属于工商信息记载的"名义股东"，名义股东对其名下股权的转让、质押等属于有权处分，实际出资人只能依据代持协议追究名义股东的违约责任，无善意取得的适用空间；如果股权对应的出资未缴足，公司债权人只能向名义股东主张瑕疵出资责任；实际出资人亦无权排除名义股东债权人对标的股权的强制执行申请。最后，无论财务投资人的投资目的系为取得目标公司股权还是获取固定收益，若已完成工商变更登记，相关交易即应界定为股权投资。

（三）对赌协议履行的定性问题

对赌协议的履行争议包括定性和定量两个方面，前者涉及公司法律规范对目标公司履行对赌义务的规制，后者则指向如何计算业绩补偿款及股权回购款。① 继《中国投资争议解决年度观察（2022）》就对赌协议履行的定量问题作出分析后，本报告将主要讨论对赌协议履行的定性问题。

目前司法实践基本均遵循《九民会议纪要》确立的履行规制路径，在目标公司未依《公司法》第177条完成减资程序的情况下，驳回投资方股权回购请求，在目标公司不存在可供分配的利润或者可供分配利润不足的情况下，全部或部分驳回投资方现金补偿请求，② 并将目标公司是否完成减资程序、有无足额利润可供补偿的举证责任分配给投资方。③ 因纠纷发生后，投资方实际难以协调目标公司作出决议，亦存在公司利润情况的举证困难，严格的程序限制及举证责任分配使得目标公司股权回购及业绩补偿条款即便效力被认可，实际仍难获支持。虽然投融资双方可通过事先约定对决议问题做好安排，但仍然大大增加了投资方权益实现的难度，长此以往可能制约企业通过对赌机制实现融资。值此《公司法》修订之际，有必要就对赌问题作出立法回应，在刚性的资本维持原则下给予对赌交易一定的弹性空间。④ 结合业界既有讨论，我们对目标公司对赌履行规制的法理基础及相关制度构建作如下梳理分析。

---

① 陶修明：《投资对赌协议纠纷裁判处理的定性和定量问题分析》，载《北京仲裁》（第111辑）。

② 最高人民法院（2020）最高法民申2957号民事裁定书、（2020）最高法民申1191号民事裁定书、陕西省咸阳市中级人民法院（2022）陕04民终2576号民事判决书、山东省济南市中级人民法院（2022）鲁01民终1438号民事判决书、上海市第二中级人民法院（2022）沪02民终3241号民事判决书等。因《九民会议纪要》第5条仅强调"目标公司利润不足以补偿投资方的，驳回诉讼请求"，关于目标公司进行现金补偿是否以履行利润分配决议程序为前提，实践中存在不同处理：有法院直接以目标公司利润足以支付业绩补偿款为由支持投资方补偿请求[最高院（2020）京民终677号]，有法院以投资方未提交利润分配决议为由驳回其补偿请求 [最高院（2019）最高法民申6709号、陕西高院（2020）陕民终619号]；多数法院则仅对目标公司的利润情况进行审查，未特别关注利润分配的决议问题 [湖南高院（2021）湘民终960号、北京二中院（2021）京01民终4057号、湖北宜昌中院（2020）鄂05民初31号]。根据《九民会议纪要》理解与适用，最高院的立场是，投资方主张现金补偿仍应以目标公司作出利润分配决议为前提。参见最高人民法院民事审判第二庭编著：《〈全国法院民商事审判工作会议纪要〉理解与适用》，人民法院出版社2019年版，第118页。

③ 广东省深圳市中级人民法院（2020）粤03民终15518号民事判决书、重庆市武隆区人民法院（2021）渝0156民初2326号民事判决书、甘肃省张掖市甘州区人民法院（2022）甘0702民初3534号民事判决书、北京市朝阳区人民法院（2021）京0105民初95183号民事判决书等。

④ 刘贵祥：《从公司诉讼视角对公司法修改的几点思考》，载《中国政法大学学报》2022年第5期。

1. 履行规制的法理基础

股东与公司之间的交易可分为"资本性交易"与"经营性交易",前者系股东基于出资人身份与公司开展的交易,应受制于股东平等及债权人保护规则;后者指公司在经营活动中与股东之间发生的市场交易。[1] 投资方与目标公司之间的对赌显属"资本性交易",[2]《九民会议纪要》对目标公司对赌进行履行规制的底层逻辑即在于公司法上的资本维持原则及同股同权原则。[3]

2. 可履行性的判断标准

《九民会议纪要》区分对赌类型设置了截然二分的可履行性判断标准:股权回购的判断标准是"完成以债权人保护为核心的减资程序",现金补偿的判断标准是"符合利润分配标准"。针对有限公司回购股权的减资前置要求,最高院以《公司法》第35条作为规范基础,[4] 但《公司法》第35条规定的"禁止抽逃出资"实质系资本维持的兜底规则,能否作为限制有限公司回购股权的法律依据值得商榷。应当认为,虽然股份公司回购公司股份限于《公司法》第142条规定的例外情形,对赌情形下可兹使用的回购事由通常即"减少公司注册资本";[5] 但有限公司回购本公司股权不存在"事由限制",并非必须基于减资。因此,目标公司因对赌失败需要承担的股权回购义务,应区分为"以减资为目的"和"非以减资为目的"。以减资为目的的股权回购,实质是用减资释放的公司资本支付回购价款,因该等资本

---

[1] 刘燕:《"对赌协议"的裁判路径及政策选择——基于PE/VC与公司对赌场景的分析》,载《法学研究》2020年第2期。

[2] 王毓莹:《对赌纠纷裁判的法律适用逻辑与诉讼体系定位》,载《华东政法大学学报》2021年第5期。

[3] 资本维持:从保护公司债权人角度,投资方作为股东从目标公司中取出财产须具备正当依据,符合公司法规定的股权回购、利润分配条件;同股同权:从保护其他股东权益角度,投资方从目标公司定向分得利润、收回出资将打破按持股比例分红的默示规则及既有股权结构,应履行公司法规定的决议程序。补充说明的是,同股同权原则应否适用于对赌履行规制存在争议:一方面,对赌协议的履行并不完全等同于利润分配、收回投资等股权行使行为,其他股东作为目标公司内部人大概率了解相关交易安排并实际通过投资方注入的资本获益;但另一方面,对于交易完成后新加入目标公司的股东而言,可能仍有必要通过决议程序对其权益予以保障。随着公司法修订授权股份公司发行类别股,该项问题或能得到解决。

[4] 最高人民法院民事审判第二庭编著:《〈全国法院民商事审判工作会议纪要〉理解与适用》,人民法院出版社2019年版,第118页。

[5] 也有学者认为对赌情形下的股份回购属于被动回购,应当参照适用《公司法》第142条第1款第4项规定的异议股东回购。参见张保华:《对赌协议下股份回购义务可履行性的判定》,载《环球法律评论》2021年第1期,第95页。

回收行为直接影响公司债权人利益，《公司法》第117条特别规定了通知债权人等程序限制，投资方及目标公司自应遵守；非以减资为目的的股权回购的经济实质则等同于从公司收取利润，① 用于支付回购价款的资金并非源自公司资本，应当落入《公司法》第166条的规制范围。②

基于上述，若目标公司履行的是以减资为目的的股权回购义务（以公司资本支付），应当将"完成以债权人保护为核心的减资程序"作为可履行性的判断标准；若目标公司履行的是现金补偿或非以减资为目的的股权回购义务（以公司可动用资金支付），应当将"符合利润分配标准"作为可履行性的判断标准。③

3. 履行不能的举证责任分配及法律后果

我们认为，目标公司对赌义务因资本维持原则存在法律上的一时履行不能，目标公司基于该等履行不能享有暂时拒绝履行股权回购、现金补偿义务的法定抗辩，且该等抗辩产生延长债务履行期的效果，性质上类似于权利未发生抗辩（而非抗辩权），得由裁判者依职权援引。④ 在《九民会议纪要》既有规范下，目标公司对赌义务的履行仍需受制于同股同权原则，但不同于资本维持原则定位于履行不能的抗辩环节，源于同股同权原则的减资决议、利润分配决议构成投资方请求权成立的要件。⑤ 根据"谁主张，谁举证"的证据规则，应由请求履行回购义务或现金补偿义务的投资方举证证明目标公司作出了相应减资/利润分配决议；完成前述举证后，投资方自然有权依据投资协议约定及公司决议要求目标公司履行义务，如果目标公司以尚未完成减资的债权人保护程序、无合法可用资金支付股权回购

---

① 域外公司法采广义的分配概念，不限于直接的"利润分配"，泛指各种公司向股东转移财产的行为。参见刘燕：《"对赌协议"的裁判路径及政策选择——基于PE/VC与公司对赌场景的分析》，载《法学研究》2020年第2期，第131页。

② 公司资产向股东流出主要表现为利润分配、资本回收，我国资本维持原则具体由如下规则构成：一是《公司法》第35条规定的"禁止抽逃出资"，即统摄各类不当资本性交易的一般性规定；二是针对股东从公司分取利润，《公司法》第166条规定的盈余分配规则；三是针对股东从公司收回资本，《公司法》第177条规定的债权人保护程序。参见王毓莹：《对赌纠纷裁判的法律适用逻辑与诉讼体系定位》，载《华东政法大学学报》2021年第5期。

③ 现金补偿及股权回购义务均系金钱给付之债，是否具有可履行性取决于目标公司可供动用的资金量。除税后利润外，目标公司可用于支付回购价款的资金还包括预先处分标的股权所得，如果前述资金足以支付现金补偿、股权回购价款，则目标公司无须通过减资程序释放资本。

④ 贺剑：《对赌协议何以履行不能？——一个公司法与民法的交叉研究》，载《法学家》2021年第1期。

⑤ 王毓莹：《对赌纠纷裁判的法律适用逻辑与诉讼体系定位》，载《华东政法大学学报》2021年第5期。

款或现金补偿，则应由其提供证据证明。

关于投资方履行请求被驳回后，能否继续向目标公司主张违约赔偿的问题，实践中存在不同观点。持肯定意见者的理由主要是，目标公司未能及时履行减资程序构成对合同附随义务的违反，应承担迟延履行违约责任，违约金的支付不涉及注册资本的减少，不违反资本维持原则。① 持否定意见的主要理由包括：其一，投资方作为目标公司股东有权自行召集股东会商议减资事宜，因此减资程序未完成不能完全归责于目标公司，投资方无权要求支付违约金；② 其二，目标公司基于资本维持原则享有法定抗辩，得因无足够合法可用资金拒绝投资方的履行请求，并不陷入履行迟延；其三，如果允许投资方得到违约救济，则变相达到履行股权回购或现金补偿的效果，同样存在触及资本维持原则的问题。③

我们认为前述观点实质并无本质冲突，目标公司是否负有迟延履行对赌义务的违约责任可从"请求权成立—履行不能抗辩""责任成立—责任承担"两个维度进行分析：首先，虽然作出减资、利润分配决议属于投资方履行请求权的成立要件，但目标公司基于对赌协议负有配合作出相关决议的附随义务，如果决议未作出归因于目标公司，其自应承担违约责任；其次，若目标公司系因无足够合法可用的资金、债权人保护程序尚未完成等客观原因无法履行价款支付义务，因该等情形构成其履行不能的法定抗辩，目标公司不陷入履行迟延，进而无须承担违约赔偿责任；最后，即使认定目标公司应负违约责任，基于资本维持原则，该等责任的承担也应以目标公司具有足够可用资金为前提，否则也存在法律上履行不能。

4. 目标公司间接对赌的可履行问题

关于目标公司间接对赌（为股东/实控人对赌提供担保）的效力，此前存在不同观点。④ 考虑到担保责任的承担与目标公司履行股权回购、金钱补偿义务并无本质区别，且担保情形下目标公司承担责任后享有向对赌义务人追偿的权利，根

---

① 北京市高级人民法院（2021）京民终195号民事判决书。
② 湖南省高级人民法院（2021）湘民终960号民事判决书。
③ 上海金融法院综合审判一庭课题组：《涉契约型私募基金案件法律适用疑难问题研究——以115篇类案数据分析报告为基础》，载《上海法学研究》2021年第8卷。
④ 例如，在2017年"久远案"[最高院（2017）最高法民再258号]、2018年"瀚霖案"[最高院（2016）最高法民再128号]中，最高院对相关协议的效力审查落脚于《公司法》第16条，并未将目标公司为对赌提供担保作为合同无效事由；但在2017年"邦奥案"[最高院（2017）最高法民申3671号]、2019年"万将案"[广东广州中院（2019）粤01民终5895号]中，法院则认为目标公司为对赌义务的履行承担担保责任，将会形成股东变相抽逃出资，损害公司及外部债权人利益，相关担保约定应属无效。

据举重以明轻的法律适用规则，如果符合公司对外担保规定，目标公司为股东/实控人的对赌义务提供担保原则上亦应有效。

在肯定目标公司间接对赌效力的基础上，需要着重讨论的是担保责任的履行。对此，实践中存在不同观点：例如，在（2020）最高法民终762号案中，安徽高院认为目标公司承担的是保证责任而非股权回购责任，不以完成减资为前提；最高院则以原审未审查目标公司的减资、利润情况为由裁定发回重审，体现了对目标公司间接对赌仍应进行履行控制的裁判观点。① 可以窥见，法院系统将来有一定可能会参照《九民会议纪要》第5条规定对目标公司间接对赌进行履行规制。②

我们认为，将目标公司对赌相关规则直接套用于目标公司间接对赌情形的处理方式值得商榷。一方面，担保责任的承担不涉及股份回购，不存在减资规则的适用空间；另一方面，担保责任非终局性责任，目标公司在承担担保责任后可向对赌义务人追偿，原则上不会造成公司资产对股东的单向流出、损害公司债权人利益，因此并非一律要对其进行履行规制。具体而言，回溯至担保合同签订时，如果对赌义务人具备相应履行能力，目标公司间接对赌更多体现"经营性交易"的特点，在符合公司对外担保规定的前提下，可支持投资方要求目标公司履行担保责任的请求（即使嗣后对赌义务人资产状况恶化，目标公司承担担保责任后无从追偿，也属于正常商业风险，不应落入资本维持原则的规制范畴）；如果对赌义务人当时的资产状况堪忧，目标公司将来因对赌失败承担终局性责任应为交易各方所预期，宜将目标公司间接对赌作为"资本性交易"并根据《公司法》中关于抽逃出资、利润分配的规则进行可履行性审查。③

---

① 2022年审结的北京高院（2022）京民终44号亦持相同观点，以目标公司未完成减资程序为由驳回投资人对其连带责任主张。

② 上海市第二中级人民法院在2020年发布的《涉"对赌"案件审判白皮书（2015-2019年）》中亦认为，对赌义务人未履行金钱补偿或者回购股权义务，投资方请求担保人承担担保责任的，目标公司实质是从承担担保义务转化为承担"对赌"义务，履行效果与投资方和目标公司对赌一致，因此仍应依《公司法》关于股东不得抽逃出资及股份回购的强制性规定进行审查。

③ 关于对赌义务人履行能力的判断时点，存在担保合同订立时及担保责任履行时两种观点。例如，刘燕教授认为，"资本维持原则的检验应发生在公司履行担保责任的时点，如果此时公司没有可分配利润，则担保责任的履行就会遭遇法律障碍"；王毓莹教授则指出，"依据履行担保时的受让方股东财产情况判定担保适用'资本性交易'抑或'经营性交易'的规制，似有结果主义倾向，对公司担保的性质判断，恐怕还应回归至合同订立之时，考察受让方股东之财产能力"。参见刘燕：《"对赌协议"的裁判路径及政策选择——基于PE/VC与公司对赌场景的分析》，载《法学研究》2020年第2期；王毓莹：《对赌纠纷裁判的法律适用逻辑与诉讼体系定位》，载《华东政法大学学报》2021年第5期。

值得进一步讨论的是，在目标公司因担保无效承担赔偿责任、因未能依约履行股权回购或金钱补偿义务需要支付违约金时，是否应当参照《九民会议纪要》第 5 条进行履行规制。前述问题在目前审结的案件中已有体现，①但具体处理规则仍有待明晰。我们认为，首先，目标公司因担保无效承担赔偿责任，仍系源于目标公司为股东/实控人对赌提供担保的事实，是否进行履行控制亦应根据该等担保的交易性质进行判断。其次，"资本维持意在规制一切不符合履行标准的公司资产向股东的流出"，②实践中不乏通过约定高额违约金规避目标公司对赌履行控制规则的情况，目标公司因无法履行对赌义务承担赔偿责任与其直接进行金钱补偿在法律性质及效果上无异，相关责任的承担亦应当符合《公司法》第 35 条、第 166 条关于股东不得抽逃出资及利润分配的强制性规定。③

五、结语与展望

回首 2022 年，我国投融资领域的争议解决取得可喜进展：政策支持层面，《中华人民共和国市场主体登记管理条例》及其实施细则正式施行，国务院、最高院等下发文件继续推进营商环境优化、便利中小微企业融资，多地发布规则探索建立管理人推荐制度并对个人破产机制作出优化完善；规范供给方面，吸收多方经验再次修订形成的《公司法修订草案二审稿》年末向社会公司征求意见，《企业破产法》修订草案于年内成稿并即将提交审议，《民法典总则编解释》《合同编通则解释草案》等民事规范的出台、发布亦将为投资纠纷的解决产生影响；裁判规则方面，各地法院相继发布典型案例或审判白皮书，对公司类纠纷、破产纠纷的审理作出指引。

在肯定上述投资争议解决发展成果的同时也应看到，《公司法修订草案二审稿》的相关规则仍有待完善，业界翘首以盼的《企业破产法》何时能够修订出台、

---

① （2021）苏 06 民终 1657 号案中，江苏省南通市中级人民法院未对目标公司的利润情况进行审查，直接判令其在债务人不能清偿部分的 1/2 范围内承担责任；（2021）京民终 495 号案中，北京市高级人民法院认为目标公司基于未履行股权回购义务支付违约金，不会导致注册资本减少，亦不必然损害债权人利益。

② 游冕:《对赌裁判的发展与思索：资本维持、履行标准与法定抗辩》，载微信公众号"天同诉讼圈"，2021 年 9 月 21 日。

③ 上海金融法院综合审判一庭课题组:《涉契约型私募基金案件法律适用疑难问题研究——以 115 篇类案数据分析报告为基础》，载《上海法学研究》2021 年第 8 卷。

是否会对预重整、合并破产、个人破产等重要机制作出规范仍有待观察，目标公司对赌履行等实践热点争议亦有诸多问题需要明确。展望2023年，我国将进一步加大对民营经济及中小企业的扶持力度、持续优化营商环境及投融资便利度，在疫情管控措施全面放开的背景下，国民经济或将迎来发展高峰期，随之而来的投资纠纷亦可能有所增加，另因2022年多家大型房企相继爆雷，如何妥善解决投资人、施工方、购房人等利益相关方的纠纷，亦对我国裁判机构提出挑战。

总体而言，新的一年，各界应当在总结经验的基础上深化研究、探索纠纷解决新路径，从以下几个方面推动投资法制建设及争议解决持续发展：

第一，完善《公司法修订草案二审稿》。相较于一审稿，二审稿已对多数不合理规则作出调整，并进一步强化股东出资责任，体现优先保护债权人的立法倾向，但对于一审稿阶段各界即广泛提出的股东资格认定标准、对赌等热点争议，二审稿仍未作出回应。一方面，股权变动时点、一股二卖能否善意取得、隐名投资的处理等均取决于股东资格认定标准，为纠正当前股东身份认定的司法乱象、从根源上解决同案不同判的问题，进一步对股东资格认定规则作出明确实有必要。另一方面，自2019年《九民会议纪要》第5条将对对赌协议的效力控制转为履行控制后，由此引发的争议是如何判断目标公司对赌协议的可履行性，因《九民会议纪要》的规定较为严格，导致实践中投资方要求目标公司履行对赌协议的权利被架空，需要通过《公司法》修订对对赌协议的履行问题作出规范。

第二，尽快修订出台《企业破产法》。2006年《企业破产法》对预重整、合并破产等制度均未涉及，导致当前实践中只能通过最高院发布指导意见、地方法院出台工作规则等方式引入前述制度，但因缺乏统一的上位法依据，各地政策规则差异化明显且存在理解误区。简易高效的退出或重生机制是市场化、法治化、国际化营商环境的重要组成部分，为建立完善的破产制度、提高重整效率，需要尽快在《企业破产法》中对预重整、合并破产等重要机制作出完备规定，响应实践需要增设个人破产制度，并对现行法下的管理人选任等具体制度设计作出完善。

第三，妥善处理立法与司法的关系。公司类纠纷尤其是与股权交易、出资责任相关纠纷，往往涉及内外部多层法律关系，需要综合平衡股东及债权人利益，现行规范的供给不足及矛盾性，亦为此类纠纷的解决增加难度。裁判机构在处理涉股权、出资责任纠纷时应当注意区分立法论及解释论立场，在《公司法》未对相关规则作出修订改变的前提下，严格在既有法律框架下寻求解释路径，避免突破现行法律规定进行裁判。

中国国际贸易争议解决年度观察（2023）

廖 鸣 于治国 周娅睿[①]

一、概述

2022年，受全球疫情、地区局势等多重因素影响，世界经济持续低迷，中国外贸特别是出口遭遇严峻挑战。面对复杂严峻的国内外形势，中国外贸"乘风破浪"显韧性，为国民经济恢复向好作出了积极贡献。国家统计局发布的数据显示，2022年，中国货物进出口总额420,678亿元，比上年增长7.7%。其中，出口239,654亿元，增长10.5%；进口181,024亿元，增长4.3%。贸易顺差58,630亿元。2022年中国进出口总值首次突破40万亿元关口，规模再创历史新高，已连续6年保持世界第一货物贸易国地位。[②]

全球范围内，由于能源价格攀升、通胀现象普遍、地缘冲突没有结束迹象，主要经济体增长放缓、进口需求疲弱。乌克兰危机导致的高能源价格将挤压欧洲家庭支出并推升企业生产成本；美国收紧货币政策将冲击其住房、汽车和固定投资等对利率敏感的支出领域。同时，不断上涨的燃料、食品和化肥进口价格可能给发展中国家带来粮食安全风险和债务问题。[③]复杂的国际局势和因疫情带来的供应链扰动，在过去两年中对国际贸易秩序和国际贸易规则产生了巨大冲击。各国

---

① 廖鸣，泰和泰（北京）律师事务所合伙人。于治国，中伦律师事务所合伙人。周娅睿，泰和泰（北京）律师事务所合伙人。

② 《2022年中国外贸"乘风破浪"规模首次突破40万亿元 连续6年保持世界第一货物贸易国地位》，载央广网，https://finance.cnr.cn/jjgd/20230121/t20230121_526132998.shtml，访问时间：2023年1月19日。

③ "Trade growth to slow sharply in 2023 as global economy faces strong headwinds"，载世界贸易组织官网，https://www.wto.org/english/news_e/pres22_e/pr909_e.htm，访问时间：2023年1月19日。

努力通过推动自由贸易尽快恢复因疫情而被困扰的经济发展，但同时国际贸易规则的不稳定性、不确定性进一步显现。一方面，国际社会在努力争取推动贸易发展的国际贸易规则。世界贸易组织（WTO）各成员通过谈判达成的《渔业补贴协定》是20多年以来国际渔业补贴谈判取得的最重大成果。《渔业补贴协定》首次为渔业补贴制定国际规则，是2013年以来WTO达成的首个多边协定。渔业补贴谈判的成功，显示了多边贸易体制仍然在努力求索，寻求更公平、更自由的贸易规则和贸易秩序。区域性自由贸易谈判也有成果展现：澳大利亚与印度和英国分别签订自由贸易协定，还与新加坡达成了"绿色经济协定"；[①] 英国在脱欧后推进与美国和印度等国家的自由贸易协定谈判。中国在自贸协定谈判方面也有收获，与新西兰达成了自贸协定升级协议，与韩国、乌拉圭和厄瓜多尔等国家、地区进行了协定谈判。

另一方面，部分经济体在涉及国际贸易的本土规则方面也显示了对抗性和单边性的特点。首先是经济制裁和出口管制方面，部分西方国家对俄罗斯持续加码的经济制裁措施、美国不断加码的出口管制措施，都是过去1年中影响较大的贸易限制措施。涉及俄罗斯的经济制裁和反制裁，对全球贸易规则都产生了直接的冲击。而美国实施的对华出口半导体的管制措施，也导致了中方提出WTO争端解决的反应。其次是美国贸易政策的内顾倾向引起全球关注。美国连续通过《芯片与科学法》《通胀削减法》等法律向本土企业提供大量财政补贴，吸引他国企业落户美国，引起欧盟等主要经济体的强烈反对。为了与之抗衡，欧盟等经济体不排除跟风陆续出台类似措施的可能性，形成全球性地以补贴牵动半导体和新能源行业的布局和发展。最后是气候变化相关贸易规则单方破局。欧盟率先出台了气候变化相关贸易规则，在国际规则缺失的情况下反映了欧盟单方对在国际贸易规则中体现气候变化议题的方案。

在此背景下，中国国际贸易规则和争议解决领域也有一些重要成果和热点领域。

一是进一步扩大对外开放、促进贸易发展。中国外贸法律明显的变化是通过立法取消了外贸经营权的限制，进一步扩大了参与对外贸易经营的主体范围。同时，中国通过深化落实自由贸易战略，推动落实《区域全面经济伙伴关系协

[①] "Singapore-Australia Green Economy Agreement"，载澳大利亚贸工部官网，https://www.dfat.gov.au/geo/singapore/singapore-australia-green-economy-agreement#:~:text=The%20Singapore%2DAustralia%20Green%20Economy%20Agreement%20(GEA)%20was%20signed,investment%2C%20and%20climate%20change%20objectives，访问时间：2023年1月19日。

定》（RCEP）落地生效，为在不利国际环境下外贸发展实现历史新高，提供了政策助力。

二是积极利用国际贸易争端解决机制。WTO 裁定美国在钢铝 232 条款关税争端[①]中败诉，是近年来最有影响的国际贸易争端裁决之一。专家组支持了中方的主张，重申了 WTO 规则中的国家安全概念的范畴，并指明了美国滥用国家安全概念施加贸易限制的违规性质。随后，针对美国对华半导体突然施加的歧视性出口管制措施，中方也依法在 WTO 提出了争端解决的请求。鉴于美国在相关出口管制措施方面仍然沿用错误的国家安全概念，WTO 可能继续支持中方的主张。

三是经济制裁和出口管制措施影响的扩大。涉俄罗斯经济制裁和反制裁，是近年来国际贸易领域影响最大、范围最广的经济贸易限制措施。这些措施对参与国际贸易包括中国在内的全球企业，都产生了额外的贸易合规负担，在一定程度上改变了国际贸易尤其是能源贸易的态势。美国对华半导体相关的出口管制措施，也在一定程度上改变了国际半导体贸易的格局和趋势。经济制裁和出口管制对国际贸易的影响，正日益受到各方关注。

四是环境、社会和公司治理（ESG）概念在国际贸易规则领域的不断延伸。ESG 在国际贸易规则领域，已经成为不容忽视的合规要求。通过要求进出口经营者采取措施，开展环保、劳动和保证可持续性等相关的尽职调查、合规管理等动作，ESG 对未来国际贸易的走势、国际贸易争议的重点都可能有直接的影响。

二、新出台的法律法规或其他规范性文件

（一）外贸经营管理领域持续推进贸易自由化、便利化

2022 年 12 月 30 日，全国人大常委会公布了《中华人民共和国对外贸易法》（以下称《对外贸易法》）的修改决定。此次修改删除了第 9 条，意味着从事货物进出口或技术进出口的企业，今后无须办理对外贸易经营者备案登记。[②]

2019 年 10 月，全国人大常委会通过了关于授权国务院在自由贸易试验区暂

---

① "United States—Certain Measures on Steel and AluminiumProducts"，载世界贸易组织官网，https://www.wto.org/english/tratop_e/dispu_e/cases_e/ds544_e.htm，访问时间：2023 年 1 月 19 日。

② 《全国人民代表大会常务委员会关于修改〈中华人民共和国对外贸易法〉的决定》，载国务院网站，http://www.gov.cn/xinwen/2022-12/31/content_5734366.htm，访问时间：2023 年 1 月 17 日。

时调整适用有关法律规定的决定。① 其中，授权国务院在自由贸易试验区暂时调整适用《对外贸易法》第9条的规定，取消对外贸易经营者备案登记，调整在三年内试行。国务院提出，自上述改革试点实施以来，对外贸易经营者相关手续办理流程得以精简，便利度显著提升，受到市场主体广泛认可；有关政府部门着重加强监管，在管理上未发现风险隐患；改革举措经实践证明可行，具备了在全国范围内复制推广的条件；因此，建议修改《对外贸易法》。②

此次《对外贸易法》的修改，标志着全国所有企业都无须办理对外贸易经营者备案，自动获得进出口权。此外，根据《出口货物劳务增值税和消费税管理办法》，《对外贸易法》修订同时意味着，自2022年12月30日起，不论是自营出口还是委托出口的出口企业，均可享受出口退税政策。③

（二）推动落实自由贸易协定，继续提高区域贸易投资自由化程度

1. 推动RCEP落地实施

为推动实施RCEP，商务部等六部门出台了《关于高质量实施〈区域全面经济伙伴关系协定〉（RCEP）的指导意见》（以下称《指导意见》）。《指导意见》涵盖利用好协定开放承诺和规则、促进制造业升级和提升产业竞争力、推进标准合作与转化、完善金融支持和配套体系、地方因地制宜用好规则、持续做好配套服务等6个方面内容。《指导意见》旨在通过高质量实施RCEP，以更高水平开放促进更深层次改革，将把握RCEP发展机遇与各地方发展战略紧密对接，推动地方高质量发展；引导鼓励企业以RCEP实施为契机，进一步提升贸易和投资发展水平，扩大国际合作，提升质量标准，促进产业升级，增强参与国际市场竞争力。此外，商务部还举办了13期全国RCEP系列专题培训，覆盖全国所有省区市，并开展多次重点行业领域专题培训，累计参训企业代表接近40万人次。④

---

① 《全国人民代表大会常务委员会关于授权国务院在自由贸易试验区暂时调整适用有关法律规定的决定》，载中国人大网，http://www.npc.gov.cn/npc/c30834/201910/8ad8261ea88a4da4ae64c0a81eca6788.shtml，访问时间：2023年1月17日。

② 《我国拟修改外贸法 取消对外贸易经营者备案登记》，载中国新闻网，https://baijiahao.baidu.com/s?id=1753342749319039236&wfr=spider&for=pc，访问时间：2023年1月17日。

③ 取消对外贸易经营者备案使得所有经营者都获得了进出口经营权，不必再区分自营出口和委托出口，从而使所有出口企业都获得了享受出口退税政策的机会。

④ 《全国〈区域全面经济伙伴关系协定〉（RCEP）系列专题培训中小企业专场成功举行》，载中国自由贸易区服务网，http://fta.mofcom.gov.cn/article/zhengwugk/202209/49807_1.html，访问时间：2023年1月17日。

2.《中国—新西兰自贸协定升级议定书》正式生效

2022年4月7日,《中华人民共和国政府和新西兰政府关于升级〈中华人民共和国政府和新西兰政府自由贸易协定〉的议定书》(以下称《升级议定书》)正式生效。

《中国—新西兰自由贸易协定》于2008年4月7日签署,同年10月1日实施。中新双方于2016年11月启动自贸协定升级谈判,并于2021年1月26日签署《升级议定书》。《升级议定书》进一步扩大货物、服务、投资等领域市场开放,进一步提升贸易便利化等规则水平,还新增电子商务、竞争政策、政府采购、环境与贸易等4个章节,更加符合现代经济与贸易发展的需要。

《中国—新西兰自由贸易协定》是中国与西方发达国家商签的第一份自由贸易协定,对中国通过自贸区战略持续改革开放具有重要意义,也对中国其后与瑞士、澳大利亚等发达经济体商签自贸协定具有重要示范意义。《升级议定书》使中新两国自贸关系在《中国—新西兰自由贸易协定》和RCEP基础上实现了进一步增效提质。[①] 升级后,中国对新西兰的贸易和投资会更加便利,出现新的贸易和投资热点,促进开展对新经贸。

3. 中国加入《数字经济伙伴关系协定》(DEPA)工作组正式成立

2022年8月18日,根据《数字经济伙伴关系协定》(DEPA)联合委员会的决定,中国加入DEPA工作组正式成立,全面推进中国加入DEPA的谈判。DEPA由新西兰、新加坡、智利于2019年5月发起、于2020年6月签署,是全球首份数字经济区域协定。

2021年10月30日,中国领导人在出席二十国集团领导人第十六次峰会时宣布,中国决定申请加入DEPA。随后两天,中国正式提出加入申请。在推进加入进程中,中国与DEPA成员国新西兰、新加坡、智利在各层级开展对话,举行了十余次部级层面的专门会谈、两次首席谈判代表会议、四次技术层非正式磋商。

下一步,中国将与成员国在中国加入DEPA工作组框架下深入开展加入谈判,努力推进中国加入进程,力争尽早正式加入DEPA。[②] DEPA以电子商务便利化、数据转移自由化、个人信息安全化为主要内容,并涉及了人工智能、金融科技等领域的规定。加入DEPA会对国际电子商务、跨境服务贸易相关领域的国际规则

---

① 《中国—新西兰自贸协定升级议定书正式生效》,载中国自由贸易区服务网,http://fta.mofcom.gov.cn/article/zhengwugk/202204/48077_1.html,访问时间:2023年1月17日。

② 《中国加入〈数字经济伙伴关系协定〉(DEPA)工作组正式成立》,载中国自由贸易区服务网,http://fta.mofcom.gov.cn/article/zhengwugk/202208/49557_1.html,访问时间:2023年1月17日。

和国内法规带来新的变化。

4.启动和推进多项自由贸易协定谈判

自由贸易协定谈判一方面会扩大中国企业对外贸易便利化程度;另一方面也为我国企业可以适用的国际贸易规则增加新的维度。2022年中国启动和参与了与多国关于自由贸易协定的谈判,其中包括:中国商务部与厄瓜多尔生产、外贸、投资和渔业部签署《中华人民共和国商务部与厄瓜多尔共和国生产、外贸、投资和渔业部关于启动中国—厄瓜多尔自由贸易协定谈判的谅解备忘录》,正式启动中厄自由贸易协定谈判;[1] 中国商务部与尼加拉瓜外交部签署《中华人民共和国政府和尼加拉瓜共和国政府关于自由贸易协定早期收获的安排》,宣布启动中国—尼加拉瓜全面自由贸易协定谈判;[2] 中国与乌拉圭已顺利完成自贸协定联合可研,双方将继续积极沟通,探讨推进中乌自贸合作事宜。[3] 此外,中国还与韩国举行自贸协定第二阶段谈判首席谈判代表会议,与海合会举行自贸协定部级首席谈判代表会议等。[4]

(三)完善出口管制法规,规范反外国制裁工具

1.《两用物项出口管制条例(征求意见稿)》公开征求意见

商务部发布《两用物项出口管制条例(征求意见稿)》(以下称《征求意见稿》),公开征求公众意见。[5]《征求意见稿》依据其上位法《中华人民共和国出口管制法》(以下称《出口管制法》),为两用物项出口管制规则的解读、实施提供更为具体的指引。在《征求意见稿》的《起草说明》中,商务部指出《两用物项出口管制条例》将在中国出口管制体系中起到的承上启下、稳妥创新、精准管放的重要作用。

《征求意见稿》共60条,分为5章,包括总则,管制政策、管制清单和管

---

[1] 《中国与厄瓜多尔正式启动自由贸易协定谈判》,载中国自由贸易区服务网,http://fta.mofcom.gov.cn/article/zhengwugk/202202/47369_1.html,访问时间:2023年4月1日。

[2] 《中国与尼加拉瓜签署自贸协定"早期收获"安排 启动全面自贸协定谈判并建立双边经贸混委会机制》,载中国自由贸易区服务网,http://fta.mofcom.gov.cn/article/zhengwugk/202207/49157_1.html,访问时间:2023年4月1日。

[3] 《商务部新闻发言人就结束中国—乌拉圭自贸协定联合可研答记者问》,载中国自由贸易区服务网,http://fta.mofcom.gov.cn/article/zhengwugk/202207/49182_1.html,访问时间:2023年4月1日。

[4] 《中国与韩国积极推动自贸协定第二阶段谈判》,载中国自由贸易区服务网,http://fta.mofcom.gov.cn/article/zhengwugk/202207/49177_1.html,访问时间:2023年4月1日。

[5] 《关于〈两用物项出口管制条例(征求意见稿)〉公开征求意见的通知》,载中华人民共和国商务部网站,http://tfs.mofcom.gov.cn/article/as/202204/20220403306817.shtml,访问时间:2023年1月17日。

制措施，监督管理，法律责任和附则。在适用范围方面，《征求意见稿》对两用物项的定义与《出口管制法》保持一致，两用物项不限于与"核生化导"有关的两用物项，还包括其他军民两用物项；行为方式包括从中国境内向境外转移两用物项，即两用物项的过境、转运、通运、再出口或者从海关特殊监管区域（包括保税区、出口加工区等）和保税监管场所（包括出口监管仓库、保税物流中心等）向境外出口，以及中国公民、法人和非法人组织向外国组织和个人提供两用物项。

在管理体制、管制政策和管制清单方面，《征求意见稿》也在《出口管制法》的基础上对两用物项出口管制的管理体制予以了进一步明确和细化。在管理体制方面，突出了国务院商务主管部门会同外交、国家安全、海关等部门的管理体制，尤其是统一组织、指导协调有关部门、地方开展出口管制执法的机制。在管制清单方面，明确了以管制清单为基础、以临时管制和出口禁止作为补充的模式。在许可制度方面，取消两用物项出口经营登记，建立单项、通用、免予申请等多类型许可管理的制度。

在最终用户和最终用途管理方面，一方面加强最终用户和最终用途管理，适应对外贸易发展的需要；另一方面建立和完善管控名单制度，并对名单移除提供了法定程序的规定。

在企业合规义务方面，明确了各方法定义务，尤其是服务提供者的义务，并以行政法规的形式规定了相关企业内部合规制度的义务和要求。

在违法责任方面，《征求意见稿》新增和细化了行政处罚，并明确了有效合规减轻法律责任的执法原则。

2. 反外国制裁措施日趋规范

自 2021 年 6 月 10 日《中华人民共和国反外国制裁法》（以下称《反外国制裁法》）生效以来，中国政府已经依法对多个外国个人和实体实施了制裁措施。2023 年 1 月，外交部对余茂春等人的反制裁措施，[①] 首次以外交部部令的形式对外公布和实施，体现了中国适用《反外国制裁法》实施制裁措施更加规范和系统。

3. 数据出境法规关于出口管制许可的规定

国家互联网信息办公室发布的《数据出境安全评估办法》于 2022 年 9 月 1 日

---

① 《关于对余茂春、托德·斯坦恩采取反制裁措施的决定》载外交部网站，https://www.mfa.gov.cn/web/wjb_673085/zfxxgk_674865/gknrlb/fzcqdcs/202212/t20221222_10993979.shtml，访问时间：2023 年 1 月 17 日。

起施行，成为规范数据出境活动，维护国家安全和社会公共利益的重要法律工具。《中华人民共和国数据安全法》第25条规定："国家对与维护国家安全和利益、履行国际义务相关的属于管制物项的数据依法实施出口管制。"《出口管制法》第2条也规定，管制物项包括物项相关的技术资料等数据。因此在数据出境相关法律法规中，同样包括了与数据物项出口管制相关的法定义务。

4.高压水炮类产品临时管制措施

临时管制措施是《出口管制法》授权的临时性的出口管制。继2021年12月底对高氯酸钾实施临时出口管制之后，2022年11月，商务部、海关总署、国家国防科技工业局发布关于对高压水炮类产品实施出口管制的公告。从事高压水炮类产品出口的经营者，须经商务部登记，未经登记，任何单位和个人不得出口。出口经营者应当向海关出具出口许可证件，依照《海关法》的规定办理海关手续，并接受海关监管。海关凭商务部签发的出口许可证件办理验放手续。①

三、典型案例

【案例1】中国诉美钢铝232关税措施WTO争端案（DS544）②

【基本案情】

2018年3月8日，时任美国总统特朗普签署命令，认为进口钢铁和铝产品威胁到美国国家安全，决定对进口钢铁和铝产品分别征收附加关税。③随后4月5日，中国就美国进口钢铁和铝产品232措施，在WTO争端解决机制项下向美方提出磋商请求，正式启动争端解决程序。④2022年12月9日，中国诉美钢铝232关税措施WTO争端案（DS544）专家组发布报告，裁定美国相关措施违反WTO规则，

---

① 《商务部等三部门对高压水炮类产品实施出口管制》载中国出口管制信息网，http://exportcontrol.mofcom.gov.cn/article/gndt/202211/730.html，访问时间：2023年1月17日。

② "United States—Certain Measures on Steel and AluminiumProducts"，世界贸易组织官网，https://www.wto.org/english/tratop_e/dispu_e/cases_e/ds544_e.htm，访问时间：2023年1月17日。

③ "Presidential Proclamation on Adjusting Imports of Steel into the United States"，载美国商务部官网，https://www.federalregister.gov/documents/2018/03/15/2018-05478/adjusting-imports-of-steel-into-the-united-states，访问时间：2023年1月17日。

④ 《商务部条约法律司负责人就中国在WTO起诉美国232措施发表谈话》载WTO/FTA咨询网，http://chinawto.mofcom.gov.cn/article/dh/janghua/201804/20180402729879.shtml，访问时间：2023年1月17日。

驳回美方援引 WTO 安全例外条款进行的抗辩。

【争议焦点】

WTO 规则中"国家安全"概念及其在抗辩中的适用

【裁判观点】

美国援引《1994 年关贸总协定》第 21 条（b）款，即"其认为保护其基本安全利益所必需采取的任何措施"，作为最重要的抗辩主张之一。美国辩称，根据第 21 条（b）款第 3 项，美国的措施是"在国际关系中战时或其他紧急情况下采取的"。

首先，专家组处理了当事方关于 WTO 争端解决机构能否根据《1994 年关贸总协定》第 21 条（b）款审理案件的分歧。专家组认为，《争端解决的谅解书》要求它根据 1994 年《关贸总协定》第 21 条（b）款的规定，并在对有关措施和索赔的客观评估范围内处理美国援引该条款的问题。

其次，专家组驳回了美国关于"国家安全"和"国际关系中的紧急状态"的解读。美国主张全球钢铁产能过剩可能会损害其国内钢铁行业，使其无法增加或维持应对国家紧急情况所需的钢铁产量；这种过剩的生产能力构成了"国际关系中的紧急情况"。专家组依靠"战争"一词来阐述"国际关系中的紧急情况"的含义和背景，认为全球钢铁产能过剩的情况不能等同于国际范围内紧张局势，从而构成"国际关系中的紧急状态"；第 21 条（b）款第 3 项规定的"国际关系中的紧急状态"是指对国际关系行为产生影响的具有一定严重性或严重程度的局势和国际紧张局势。

在此基础上，专家组认为，涉案美国措施不是《1994 年关贸总协定》第 21 条（b）款第 3 项意义上的"在战时或国际关系中的其他紧急情况下采取的"。因此，专家组认为不能支持美国根据《1994 年关贸总协定》第 21 条（b）款第 3 项提出的抗辩主张。

【纠纷观察】

近年来，在 WTO 争端解决中多次出现了援引《1994 年关贸总协定》第 21 条"国家安全例外"作为抗辩依据的案件。2019 年，争端解决机构在乌克兰与俄罗斯间的"过境运输限制和禁止措施"（DS512）案首次就此问题作出了正面回应，为后续类似主张提供了一个分析框架。此后在卡塔尔与沙特等国的世贸争端（DS526），和韩国向 WTO 起诉日本的出口限制措施（DS590）等案件中，专家组通过类似的分析框架对案情能否构成国际关系中的紧急情况进行了分析和判断。

专家组可以通过评估以下四个方面：（1）"国际关系中是否存在战争或其他

紧急状态"能否确定；（2）有关行动是否在战争或国际关系中的其他紧急情况下"及时采取"的；（3）是否已充分阐明其相关的"基本安全利益"，以便能评估这些行动与保护其基本安全利益之间是否存在联系；（4）涉案措施和行动，对于在"国际关系中的紧急情况"下保护其因紧急情况而产生的基本安全利益是不是必要的。

在本案中，专家组对于美国基于钢铁行业状况主张存在国际关系中的紧急状况的主张，采取了类似的分析方法。在上诉机构未基于上诉请求作出进一步规则解释前，可以预计后续其他案件中出现国家安全例外的主张时，专家组可能还会依据类似的分析框架进行判断。这有利于精准化WTO规则中的国家安全概念，在一定程度上抑制滥用国家安全例外实施违反国际贸易规则的措施和政策。但同时也需要注意到，同样由于上诉机构的停摆，美国作为败诉方可以通过上诉拖延专家组报告的生效；本案在专家组阶段的胜诉裁决并不能当然阻止美国继续实施违规的措施和政策。

【案例2】国际货物买卖合同纠纷案（合同约定的支付条件不能成就时公平原则的适用）①

【基本案情】

2015年4月，中国D集团科技工程有限公司（简称D科工公司，系本案买方）与W（汕头保税区）动力设备有限公司（简称W公司，系本案卖方）签订《供货合同》，约定，买方向卖方购买柴油发电机组设备一套，合同总价795000元，最终用户为印度一家大型公司。合同主要条款为：买方收到设计文件及卖方开立的履约保函后，支付20%预付款；货物到达上海港指定地点60天，买方支付该批货物价格的40%；初步验收后30天，买方支付合同价款30%；质保期满（初验后30个月）买方支付10%。合同设备的性能试验应在完成了可靠性运行后的2个月内进行，性能试验由买方负责。成功完成机组性能试验，且卖方提供所有的竣工图纸及运行维护手册后，买方出具初步验收证书。买方应提前14天通知卖方其准备进行性能试验的时间，卖方及时派代表参加。

发货后，D科工公司支付合同项下60%款项。2017年3月14日，W公司向D科工公司发送《敦促函》，要求D科工公司在2017年4月1日前将初验具体日

---

① 北京市高级人民法院（2021）京民终767号，中国D集团科技工程有限公司与W（汕头保税区）动力设备有限公司买卖合同纠纷二审民事判决书。

期通知 W 公司，或积极与 W 公司商榷确定具体初验日期。2017 年 3 月 30 日，D 科工公司向 W 公司发送回函，预计初验将于 2017 年 4 月底前进行，届时 D 科工公司将根据合同约定，办理相应节点付款事宜。

此后，机组初验一直未能进行，D 科工公司未向 W 公司支付剩余 40% 合同款。W 公司要求 D 科工公司支付合同剩余款项。D 科工公司认为案涉项目仍在执行，尚未完成性能试验，机组尚未通过初步验收，尚未取得业主签发的初步验收合格证书，合同剩余 40% 价款不具备支付条件。

【争议焦点】

合同约定的付款条件未成就，卖方是否可以要求付款？

【裁判观点】

法院认为，首先，W 公司于 2017 年 3 月发函催促 D 科工公司确定初验日期，D 科工公司亦在当月底回函告知初验预计将在 2017 年 4 月底进行。其后，D 科工公司并未告知 W 公司原预计 2017 年 4 月底进行的初验延期至什么时间，亦未再按照合同约定提前 14 天通知 W 公司其准备进行性能试验的时间。

其次，《供货合同》中的付款条件条款系由 D 科工公司提供文本。D 科工公司作为条款提供方，具有优势地位，而 W 公司作为合同相对方在签订合同时并不能合理预见到交货后三年甚至五年后业主方尚未进行初步验收，亦未签发验收合格证书，故而无法起算质保期。

最后，合同约定设备的运行试验由 D 科工公司负责，D 科工公司有义务及时进行运行试验。即便案涉设备需要与 D 科工公司负责的项目整个机组进行可靠性运行，基于公平原则，D 科工公司亦有义务积极协调业主方进行机组可靠性运行，而 D 科工公司直至 2020 年 5 月 15 日才开始催促性能验收，W 公司设备交付给 D 科工公司至今已逾 5 年，且 D 科工公司截至庭审时亦不能确认初验合格证书何时能够取得，W 公司在设备交付后的 5 年多时间内并不能控制设备的维护使用，始终不起算质保期缺乏公平性、合理性，D 科工公司以此为由不支付剩余尾款有违公平原则。

此外，无相关证据证明 D 科工公司向 W 公司提出过质量异议。综上，法院支持 W 公司要求 D 科工公司立即支付设备尾款的诉讼请求。

【纠纷观察】

我国现行法律体系中，对显失公平原则未作明确、具体的规定，如何在司法实践中适用显失公平原则，存在一定程度上的争议，在合同有明确条款约定的情况下，法院如果将"公平原则"作为裁判规则，可能构成向一般条款逃逸，违背法律适用的基本规则。[①]因此，在无法律规定及合同约定时，法院不应直接适用"公平原则"。本案中，卖方难以掌控付款条件的实现，付款条件成就与否主要取决于付款方自身的行为。那么如果付款条件一直未能实现，卖方是否就无法要求付款？对此，法院就合同约定的支付条件不能成就时公平原则的适用作了详细论述：

第一，约定条款是否对一方当事人明显不公平。根据《民法典》第6条的规定，签订合同作为一种双方的民事法律行为，应贯彻公平原则。公平原则的实质在于均衡合同双方当事人的利益。因此，对合同显失公平的认定应结合双方当事人的权利义务是否对等，一方获得的利益或另一方所受损失是否违背法律或者交易习惯等方面综合衡量。第二，合同订立中一方是否故意利用其优势或者对方没有经验、弱势。即合同一方在交易中存在明显的经济上、政治上、人身关系上的优势，或另一方处于窘境、紧迫或对交易缺乏经验和判断力，而缔约一方又适当地利用了这些客观条件与对方签订了双方在权利义务划分上过分悬殊，使自己因此取得过多利益的合同，利益受损的一方往往因为缺少经验，或对合同的相关内容缺乏正确认识的能力，并非出于真正的自愿而接受了对方提出的合同条件。第三，法院对履约期限不明的付款条款的法律效力进行探讨。根据《民法典》第158条、第160条，附条件是指将来可能发生、也可能不发生，而附期限则是将来必定会发生。如果认定合同约定的付款内容属于付款条件，条件未成就的，付款方有权拒绝付款，债权人无权要求付款方履行付款义务；如果认定合同约定的付款内容名为付款条件、实为履行期限，那么很有可能构成履行期限约定不明。履行期限不明的，可以按照整体合同内容或者交易习惯确定，无法确定的，债权人有权要求付款方随时履行。

根据本案合同约定，W公司已经履行合同义务，且D科工公司负有明确、必然的付款义务，若此时将合同约定的付款内容认定为付款条件，将意味着付款条件未成就时，D科工公司无须付款，明显不符合合同内容的约定，也不符合双方签订合同的目的，因此应将其认定为履行期限，按照履行期限约定不明来处理。

对于供货企业而言，面对"背靠背"条款，即使处于相对劣势地位，还是应尽量争取约定更为明确的时间，避免买方企业以最终用户业主不付款作为其拒绝付款的理由，如买方企业坚持设置"背对背"条款，可同时约定类似"最迟日期"的兜底条款，届时该时间届满，则前述"背靠背"条款便不再成为货款支付的障碍。

[①] 黄某荣、上海海成资源（集团）有限公司等服务合同纠纷民事再审民事判决书，案号：（2022）最高法民再91号。

【案例3】国际运输合同纠纷案（无单发货的举证责任分配及证明要件）[①]

【基本案情】

2020年10月27日，香港J贸易有限公司（以下简称J公司）与美国Bulk公司签订贸易合同，约定J公司向Bulk公司出售手套500万盒，每盒4.34美元（国内港离岸价）。为履行上述合同，J公司与供应商签订供货合同，并与Y国际货运代理（上海）有限公司（以下简称Y公司）联系安排货物出运事宜。2021年2月至3月，J公司共计出口了涉案共计8票手套货物。Y公司作为Y通运有限公司（以下简称Y通运）在中国大陆的业务代办人，受Y通运委托代为签发了8票货物的全套正本无船承运人提单。提单载明托运人是J公司，起运港为上海港，到达港为洛杉矶港，收货人凭托运人指示，运费到付。8票提单项下共计9个集装箱货物，根据J公司提供的涉案货物出口报关单记载，涉案8票货物的境内发货人为国内供应商。境外收货人均为J公司。2020年11月19日，美国华美银行向J公司开具不可撤销信用证，金额为2170万美元。

涉案货物陆续于2021年2月下旬到3月下旬抵达目的港。Y公司称因疫情原因，为加快集装箱流转，减少费用，在上述货物到港之后即办理清关提货手续，并进行了拆箱操作。根据J公司提供的集装箱流转信息查询单显示，涉案9个集装箱均已经空箱返还，并投入流转。货物运抵目的港后，J公司一直未能收取货款，并得知信用证开证行以提单上货物数量与信用证不符为由予以拒付并退还单证。

为证实涉案货物仍在目的港仓库，Y公司委托境外第三方机构出具调查报告。该报告称，买方Bulk公司委托的洛杉矶港的货运代理人未经卖方许可，从洛杉矶港提货，在不知名的集装箱货运站卸货，此后，洛杉矶代理人与当地仓库签订货物储存协议。仓库工作人员无法提供涉案9个集装箱货物的仓单和位置信息。调查人员核对仓库方给予的清单，该清单是在原始集装箱进行拆解时，根据纸箱的尺寸进行分类编制的，与涉案货物相关的纸箱数比发货数少了近20%。

【争议焦点】

1.涉案货物是否构成无单放货；2.货物损失金额的认定与承担。

【裁判观点】

法院认为：涉案提单记载的交付方式为目的港整箱交货，根据J公司提供的集

[①] 上海市高级人民法院（2022）沪民终426号，Y国际货运代理（上海）有限公司与香港J贸易有限公司海上货物运输合同纠纷二审民事判决书。

装箱流转信息查询记录，涉案集装箱均已完成拆箱和空箱返还。Y公司自认货物到港之后即办理清关提货手续，并进行了拆箱操作。在J公司仍持有涉案货物全套正本提单的情况下，已经形成涉案货物已在目的港未凭提单交付的初步证明。Y公司主张涉案货物仍在目的港仓库，处于承运人的掌控之下。但从Y公司委托境外第三方机构出具的调查报告中可以看出，买方代理在未经卖方许可的情况下提取了货物。由此可知，在未通知J公司的情况下，货物已经在目的港交付给了收货人的货运代理，应当视为未凭正本提单已经完成了货物交付。且由于没有保管链、标记和文件，无法证明清点的所有纸箱都属于相关货物，因此，Y公司未能举证证明涉案货物并未放货，且仍在承运人的掌控之下。

J公司提供了贸易合同以及商业发票，据此主张货物总价1,171,800美元。但涉案货物出口报关单显示的价格则为每个集装箱货物119,400美元，合计1,074,600美元。因出口货物报关单系官方单证，J公司也未能提供涉案货物出口报关单载明货值与其贸易合同不一致的合理理由，故法院以报关单载明的货物价格作为认定货物损失金额的依据。

【纠纷观察】

无单放货纠纷是海上货物运输合同纠纷大类中的一个常见类型。我国《海商法》关于提单项下货物交付的规定比较原则，仅涉及货物交付环节的一般性规定，没有无正本提单交付货物的相关规定。2007年，上海市高级人民法院发布了《涉及无单放货纠纷案件审理若干问题的问答（一）》。2009年，最高人民法院出台《关于审理无正本提单交付货物案件适用法律若干问题的规定》（法释〔2009〕1号）。两级法院对无单放货纠纷案件的裁判标准给出了指引。

结合近期的海事审判实践，无单放货纠纷中证明承运人已经实施无单放货的直接证据——原告在货物交付地提货不着的证明、承运人或者其代理人、受雇人对放货的确认以及货物买方或者其他相关方对已经提货的确认等并不太常见，无单放货的事实往往需要通过在案诸多间接证据形成的证据链来证明，很多时候需要适用《最高人民法院关于适用〈中华人民共和国民事诉讼法〉的解释》第108条规定的优势证据规则来推定。

本案中，上海市高级人民法院明确了海上货物运输合同无单放货纠纷中，判断承运人是否已向非正本提单持有人"交付货物"的核心是货物支配权是否发生转移。在发货人仍持有正本提单的情况下，货物在目的港已被拆箱、清关，发货人未收到贸易合同项下对价的情况下，如承运人未充分证明货物一直处于其持续控制之下，即使货物最终在承运人处，则不影响无单放货事实成立的认定。

结合上海市高级人民法院在《涉及无单放货纠纷案件审理若干问题的问答（一）》中明确的承运人辩称没有实施无单放货行为应当提供的反驳证据，①承运人如果想成功主张涉案货物仍处于自身控制之下，不仅需要证明涉案货物存放于自身合法占有的仓库，存放货物确为案涉货物，仓库确认未放货，以及收货人确认未提货等，还需要对系列证据进行公证，以符合证据形式要件，增强证据的证明力。反之，倘若承运人不能提供证据证明货物处于自身控制之下，抑或提供的证据不符合形式要件，则很有可能承担因无单放货而产生的法律责任。

四、热点问题观察

（一）气候变化议题或成为贸易规则最大增量

气候变化议题正日益成为国际贸易和规则领域的热点问题。2021年7月，欧盟出台了包括欧盟"碳边界调整机制"（CBAM，即通称的碳关税）和循环经济行动计划（CEAP）在内的应对气候变化的一揽子立法提案。②欧盟的碳关税是第一个有可能对全球贸易规则产生深远影响的气候相关措施，并引发美国等开始考虑国际贸易规则中气候变化问题的相关立法和政策。

WTO发布的《2022年世界贸易报告》③即以"气候变化与国际贸易"为副标题，由此可见气候变化议题在国际贸易规划和规则制定领域的重要地位。以碳关税为代表、以碳交易体系为基础的国际贸易新规则，可能会成为今后几年WTO成员间进行国际规则谈判、国内贸易立法等规则制定领域的新方向和新热点。与此同时，WTO成员间就气候变化的国内贸易立法的差异而导致的国际贸易争端，未来一个时期也可能密集出现。

从类型和内容上看，欧盟对外实施碳关税、对内实施绿色行动计划的方案可能为其他国家所效仿。在贸易规则方面，则更多体现为碳关税等拉平境内外碳交易价格差异的关税措施，以及以可持续发展为内涵要求的绿色技术性贸易壁垒等。对参与国际贸易、投资和技术交流的进出口经营者而言，除可能增加的关税负担外，可

---

① 《涉及无单放货纠纷案件审理若干问题的问答（一）》，第5条。
② "Carbon Border Adjustment Mechanism"，载EU Commission官网，https://ec.europa.eu/taxation_customs/green-taxation-0/carbon-border-adjustment-mechanism_en，访问时间：2023年1月17日。
③ "WORLD TRADE REPORT 2022 – Climate change and international trade"，载世界贸易组织官网，https://www.wto.org/english/res_e/booksp_e/wtr22_e/wtr22_e.pdf，访问时间：2023年1月17日。

能还需要进一步考虑贸易尽职调查、碳足迹记录和报告等方面的合规要求。

（二）出口管制和经济制裁问题凸显

2022年，出口管制和制裁措施影响在国际贸易领域的重要性前所未有地展现出来。

首先，部分国家通过持续修改国内法规的方式不断升级出口管制措施，针对半导体芯片、生物技术、新能源等行业领域发力，限制先进设备、原材料和技术等物项的出口。其次，自俄乌冲突爆发以来，部分西方国家接连通过制裁升级的方式向俄罗斯施压，综合运用金融制裁、贸易禁运、出口管制等手段，限制俄罗斯及相关国家和地区参与国际经贸交流的能力和场景。对俄制裁是近年来规模最大、程度最严、范围最广的国家间的经济制裁组合拳；此外，俄罗斯也采取反制措施以抵消制裁影响。制裁和反制裁措施对国际货物和服务贸易、国际投资和经济合作都产生了深远影响：不仅直接限制了所在国别的对外经贸交流，还广泛地影响了其他第三方国家和地区的国际贸易和投资行为。最后，出口管制和贸易制裁措施出现诸边化的表现。在现有瓦森纳安排、澳大利亚集团等多边出口管制之外，也逐渐出现了双边和诸边的与出口管制和经济制裁相关的机制，如美欧之间贸易和技术理事会中设立了出口管制工作组，定期协调美欧出口管制的政策；部分国家对俄出口海运石油设定最高限价，也是经济制裁领域集团行动的案例。

中国政府一方面以维护国家安全和国际安全为目标，不断完善出口管制治理；另一方面在国际上抵制歧视性做法，为各国携手应对全球性问题、构建人类命运共同体作出表率，具体体现在：一是在完善出口管制管理机制和措施方面，中国正在制定《出口管制条例》进一步细化和落实《出口管制法》的法定要求，并通过临时出口管制措施、提出出口管制合规指导意见等方式，提高国内出口管制依法管理水平，引导进出口经营者提高贸易合规工作水平，识别和防范不断突出的国际贸易风险；二是综合运用《反外国制裁法》的反制措施，坚决地同侵犯干涉中国内政、危害国家安全的行为做斗争；三是积极借助WTO申诉滥用国家安全概念、反对歧视性地实施对半导体相关出口管制措施，维护多边贸易规则和体制的权威和稳定。

从国际贸易经营者角度，根据中国《出口管制法》和相关指导意见建立完善贸易合规管理制度能够有效地识别、防范和管控贸易合规风险。同时，出口管制和经济制裁措施增多也是潜在的国际贸易争议突出的领域。

（三）美欧产业补贴轮番登场

近年来，美国试图通过财政、金融等手段，将"制造业带回美国"、实现美国"再工业化"的政策目的。2022年美国通过的《芯片与科学法》[①]和《通胀削减法》，[②]包括对芯片行业、新能源相关制造行业在美国本土投资的财政补贴措施。

《芯片与科学法》通过财政补贴和税收减免等手段，为美国建厂的半导体企业提供多达数百亿美元的财政资助，并为相关政府部门、官方研究机构提供百亿美元的研发经费。美国试图通过《芯片与科学法》，形成以财政资助为重要组成部分的美国半导体和芯片产业政策，影响国际半导体产业布局和供应链分布，提高美国半导体行业的竞争力和统治力。类似的情况出现在《通胀削减法》中。该法对美国本土电动汽车、电池等新能源产品和行业提供税收减免和财政补贴等经济刺激措施，吸引全球电动车企业在美国的布局。《芯片与科学法》和《通胀削减法》引起了欧盟、韩国等国家的强烈反对，认为美国相关补贴措施将严重影响其他国家的相关产业安全、削弱欧盟和韩国等在半导体、电动汽车等关键新兴领域的竞争力。为了对抗美国的财政资助，欧盟、韩国和中国台湾地区相继酝酿和出台各自的芯片法规、新能源相关政策，以补贴对补贴的形式削弱美国财政补贴的负面作用。

美欧在半导体和新能源领域的补贴投入，一方面会对未来的国际产业和产业链布局形成直接影响，影响包括中国企业在内的全球产业和市场布局的考虑和决定，进而引起国际供应链和消费市场的变动。另一方面大量的财政资助或成为未来补贴和反补贴相关国际贸易争端的源头，出现区域间国际贸易纠纷的潜在诱因。

在欧盟通过《外国补贴条例》后，各国针对部分产业的财政资助等补贴，可能会面临更加复杂的法律要求。欧盟委员会开始能够对其认为"扭曲"市场的非欧盟外国政府补贴采取措施；若涉及收购欧盟公司的交易或公共采购投标是由第三国政府补贴支持且达到相关申报门槛，则需要申报至欧委会进行反补贴审查。未来半导体、电动汽车和新能源产品行业的补贴、反补贴的规则博弈，可能亦会成为贸易规则的热点领域。

---

① "FACT SHEET: CHIPS and Science Act Will Lower Costs, Create Jobs, Strengthen Supply Chains, and Counter China", https://www.whitehouse.gov/briefing-room/statements-releases/2022/08/09/fact-sheet-chips-and-science-act-will-lower-costs-create-jobs-strengthen-supply-chains-and-counter-china/，访问时间：2023年1月17日。

② "FACT SHEET: The Inflation Reduction Act Supports Workers and Families", https://www.whitehouse.gov/briefing-room/statements-releases/2022/08/19/fact-sheet-the-inflation-reduction-act-supports-workers-and-families/，访问时间：2023年1月17日。

（四）ESG 领域尽职调查义务的扩展

ESG 是 Environmental（环境）、Social（社会）、和 Governance（治理）的缩写，是一种综合关注企业环境、社会、公司治理绩效而非传统财务绩效的投资理念和企业评价标准。ESG 已经是参与国际经济技术交流企业需要直面的议题。在国际贸易规则领域，有关国家先后出台的 ESG 相关法律法规，也为国际贸易发展提出了新的法律要求。

欧盟及其成员国先后立法和出台的《企业可持续性报告指令》、《企业可持续性尽职调查指令》、《冲突矿产法规》和《关键原材料法》（立法中）、《电池法规》，以及德国《供应链尽职调查法》、挪威《2021 透明度法案》等法律法规，为未来开展对欧贸易和欧盟成员国之间贸易，都提出了 ESG 领域内的尽职调查、合规管理等方面的法律义务。从 ESG 领域国际贸易合规的要求看，除避免在供应链中引入涉及环保风险高等经济成分外，在货物和服务出口中注重尽职调查的开展和记录，也可能成为未来开展国际贸易的"通行证"。

五、结语与展望

当前，世界经济增长放缓，全球化遭遇逆流，地缘政治风险上升，国际能源资源供需不平衡加剧，产业链供应链格局深刻调整。自 2022 年以来，全球疫情反复，通胀高企，主要发达经济体加快收紧货币政策，地缘政治冲突影响持续外溢，粮食和能源安全风险凸显，全球经济承压加大、贸易增长放缓。国际贸易发展面临的不确定、不稳定因素显著增多。

在国际经贸规则和国际贸易争议解决领域，在未来一段时间内，重点和热点领域和问题仍然集中于新的国际经贸格局下国际贸易规则的走向和发展。

第一，多边贸易规则的创新与发展。WTO 规则是国际贸易规则的基石。但近年来包括俄乌冲突、泛化国家安全和应对气候变化等议题，对现有国际贸易规则以及解决国际贸易投资争议都形成了直接冲击。尤其是在气候变化相关的国际贸易规则领域，已经被 WTO 归为国际贸易及其规则领域的重要议题。可见将来 WTO 成员在国际经贸规则谈判、区域性贸易投资协定乃至国内经贸立法等多个层面，气候变化相关法律法规、政策措施将出现明显的发展。

第二，国际贸易争议解决机制作用的弱化。WTO 争端解决机制曾经是处理贸易相关国际争端的首选，虽然目前仍在运转，但是上诉机制缺位导致 WTO 争端解决职能弱化的趋势，也日渐明显。同时，由于部分WTO成员在经济制裁和出口管制领域的频频出击，亦引发了制裁和反制裁措施的直接和尖锐对立，WTO争议解决机制运用的场合和空间都呈现日渐萎缩态势。

第三，气候变化规则登堂入室。经过几年酝酿，欧盟碳关税机制和循环行动计划等气候变化相关的国内和国际贸易规则已经清晰展现。美国等国家和地区亦有针对气候变化议题的贸易规则的立法和政策行动。未来在气候变化相关的国际贸易规则领域，在全球规则缺位的情况下，也可能出现类似"意大利面碗"（Spaghetti Bowl）[①]效应的局面，使国际贸易规则更加碎片化和复杂化。

第四，经济制裁和出口管制风险增大。目前有不少经济体已经体会到经济制裁和出口管制对国际贸易的巨大扰动影响；经济制裁和出口管制可能在未来一段时间还会是难以避免的议题。尤其是中国半导体芯片、新能源、生物医药等行业，可能还会长期面临少数国家出口管制的不公平限制。国际贸易业务中的合规风险显著增加，合规要求也日益提高，因为不同司法领域不同贸易合规要求引起的贸易纠纷，经济制裁和出口管制等合同条款的谈判和适用，都可能成为影响国际贸易争议解决的潜在因素。

第五，国际重点产业和供应链的变化和调整。围绕半导体、新能源等重点行业在全球各国的产业分布，可能会是未来一段时间各国财政、金融、贸易规则博弈的重点领域。与此相伴随的是，基于不同的补贴政策而衍生的国际贸易争端预计增长。产业分布调整的同时，各国对供应链合规的规则亦会对国际供应链分布和稳定带来直接影响。随着尽职调查等相关合规义务的增加，国际贸易业务中的合规成本也将明显提高。

"放眼世界，我们面对的是百年未有之大变局"。在国际贸易规则领域，新的领域和规则都在影响现有的国际贸易规则体系。除了贸易合规正在日益凸显价值之外，未来国际贸易争议解决也会出现新焦点和新理念。

[①] "意大利面碗"现象（Spaghetti bowl phenomenon）源于巴格沃蒂（Bhagwati）1995年出版的《美国贸易政策》（U.S. Trade Policy）。初指在自由贸易协定(FTA)和区域贸易协定(RTA)等贸易协议下，不同协议的优惠待遇和原产地规则纷乱复杂，像碗里的意大利面条纠缠在一起，难以区分和使用。这种现象贸易专家们称之为"意大利面碗"现象或效应。

中国金融争议解决年度观察（2023）

吕 琦 宋少源[①]

一、概述

2022年金融争议解决任务艰巨，系统性风险压力巨大，以群体性风险为代表的金融风险不断向争议解决集聚；裁判理念上，旗帜鲜明地要求与金融治理协同，金融审判需尊重金融监管，要同向发力、优势互补。本年度金融争议解决方面值得关注的总体特征如下：

（一）金融争议解决防线承受巨大系统性风险压力

1. 案件群体性态势突出。群体性争议从近年P2P非法集资类案件转向头部房企违约引发的"保交楼"、债券违约、证券欺诈、存款兑付等案件，同质化类案迫切要求统一裁判尺度。

2. 票据追索类案件激增。受大型企业债务风险爆发、大型企业破产冲击产业链上下游企业结算秩序等影响，2022年全国法院受理票据追索权案件同比增长5.5倍。

3. 中国企业在国际金融市场受到法治考验。中国青山控股的镍空单一度面临数十亿美元损失风险，伦敦交易所也因取消当日交易面临数宗诉讼。

（二）金融争议处置作为国家金融治理的组成部分理念与导向明确

1. 司法与监管协同趋势加强。2023年初，最高院领导在全国金融审判会议上发表讲话，明确金融争议与金融监管同频共振，金融司法职能定位为定分止争，

---

① 吕琦，简法（海南）法律咨询公司首席顾问。宋少源，简法（海南）法律服务有限公司特邀法律顾问。

对监管规则可以拾遗补缺，不能越俎代庖。

2. 金融机构破产重整案件中，监管影响扩大。2022年，网信证券、瑞盈信融（深圳）商业保理、辽阳农村商业银行、易安财产保险、新华信托、忠旺集团财务公司等各类金融机构相继破产。银保监会否决华夏幸福的重组方案，显示监管部门在金融机构风险处置中的话语权进一步加强。

3. 金融特许经营对金融业务合同效力影响加大。在贷款、存款、资产管理、支付、清算、票据贴现、场外配资等业务领域，监管均要求必须持牌经营。无牌放贷的经营性行为，合同无效。场外配资、无牌支付等问题上，是否直接认定相关合同无效，裁判结果仍存在分歧。

4. 强化保护金融消费者。针对金融合同信息与谈判地位不对称的现实，基于契约正义，从强化金融产品销售适当性、消保格式合同、个人信息保护审查等角度予以矫正。从规制金融企业乱收费、减轻疫情所致违约责任等角度，为小微企业减负。

5. 努力保护金融合法债权。提高银行不良资产处置效率，加大过错股东与实控人的责任，拓展金融机构打击金融逃、废债的渠道与手段，加强对金融机构破产债权的保护，多维度发力，保护金融机构合法债权。

（三）2022年金融争议解决方式的新发展

1. 审判体系内，以金融法院代表的金融司法专业化趋势加强。京津冀金融司法协同论坛、金融专业化审判合作论坛召开，五家法院签署《京津冀金融司法协同合作共建备忘录》；首家跨区域金融法院——成渝金融法院成立，一体管辖金融民商事、行政和执行案件。截至2022年12月，北京、上海金融法院审结金融案件超过4.3万件，结案标的额超过1.2万亿元。全国先后设立4个金融法庭、17个破产法庭，在北京、天津、上海等地设立8个"证券期货犯罪审判基地"，300多个法院设立金融审判庭或金融合议庭，专业化金融审判组织体系建设实现历史性突破。①

2. 审判体系外，"诉前调解""一站式""总对总"在线解纷新格局逐渐形成。金融纠纷"总对总"在线多元化解机制取得重大进展，实现"一平台调解、全流

---

① 《专访最高法民二庭庭长林文学：把防范化解金融风险助力金融改革发展作为金融审判的根本性任务》，载腾讯网，https://new.qq.com/rain/a/20230311A01SOL00，访问时间：2023年3月22日。

程在线、菜单式服务、一体化解纷",大大减轻了企业和群众解纷成本,有力促进了营商环境优化。截至2022年12月,人民银行、银保监会、证监会共1192个调解组织、1.3万名调解员入驻人民法院调解平台,大量金融专业调解力量入驻,形成解决金融纠纷的"菜单库"。2022年,人民银行、银保监会和证监会参与诉前成功调解纠纷量与2021年相比,分别增长53倍、5倍和2倍。

3.智慧法院与在线仲裁有力支持金融争议解决。2022年度疫情影响严重,智慧法院、金融审判工作信息平台、在线仲裁正常运转,便利了群体性纠纷当事人参加诉讼。

二、新出台的法律法规或其他规范性文件

（一）《中华人民共和国期货和衍生品法》（以下简称《期货和衍生品法》）

《期货和衍生品法》采用了广义期货概念,规定期货期权交易、衍生品交易的基本规则,确立单一协议、终止净额结算、履约保障等制度,使中国成为一个"干净的净额结算管辖区"。《期货和衍生品法》的颁布实施,提升了调整期货业务的法律规则的效力等级,补齐了法律"短板",期货和衍生品市场有了根本法,对促进期货市场发展繁荣意义重大。

（二）最高人民法院发布的金融争议解决规则

1.《关于审理证券市场虚假陈述侵权民事赔偿案件的若干规定》（以下简称《虚假陈述规定》）

《虚假陈述规定》时隔多年后修订,要点包括：（1）将按照国务院规定设立的区域性股权市场中发生的虚假陈述侵权民事赔偿案件纳入适用范围；（2）取消投资人提起证券虚假陈述民事赔偿诉讼的前置程序；（3）明确发行人住所的管辖原则；（4）增加预测性信息安全港规则,促进发行人和上市公司积极适当披露；（5）完善虚假陈述实施日、揭露日重大性的标准；（6）将因果关系区分为交易因果关系和损失因果关系,确定了过错推定规则。

该文件的生效与实施对于打击资本市场违规违法行为,特别是证券欺诈行为,实现"追首恶"和"打帮凶"目标形成了零容忍的高压态势,对构建资本市场良好生态具有重要意义。

2.《全国法院涉外商事海事审判工作座谈会会议纪要》

本文件与金融争议相关的主要有：（1）独立保函止付申请的初步实体审查规则；（2）信用证通知行过错及责任认定规则；（3）外币逾期付款利息核算规则；（4）不定值保险、超额保险、共同海损分摊相关的海上保险赔偿请求等相关保险规则，对涉外商事海事审判部分前沿疑难常见问题作出回应。

3.《最高人民法院关于修改〈最高人民法院关于审理非法集资刑事案件具体应用法律若干问题的解释〉的决定》

该文件明确以"网络借贷""融资租赁""以提供'养老服务'、投资'养老项目'、销售'老年产品'"等方式非法吸收资金的，可能构成"非法吸收公众存款或者变相吸收公众存款犯罪"。这意味着此类违法违规金融活动引发的民事争议，国家采用先刑后民策略，加大了刑事打击力度。

（三）最高人民法院发布的关于保障金融、实体经济发展的规范性文件

该等文件包括《关于充分发挥司法职能作用　助力中小微企业发展的指导意见》《最高人民法院关于为深化新三板改革、设立北京证券交易所提供司法保障的若干意见》《最高人民法院关于为加快建设全国统一大市场提供司法服务和保障的意见》《最高人民法院关于为促进消费提供司法服务和保障的意见》《最高人民法院关于为稳定就业提供司法服务和保障的意见》。

通过该等文件，最高院明确：对违反普惠小微贷款支持工具政策提出的借款提前到期、单方解除合同，不符合支农支小再贷款信贷优惠利率政策的变相高息不予支持；否定"定增保底""非控股股东业绩补偿"等条款，降低中小企业融资成本；加强预付式消费、个人信息、住房消费者权益的保护，整治消费领域"霸王条件"，加强住房消费者权益保护。不支持金融机构违反金融支持政策提出的借款提前到期、解除合同等主张，支持服务行业因受疫情影响提出的主张变更合同减轻负担的请求。

（四）监管机构发布的金融业务规则文件

按最高法院司法理念，监管规则所体现的精神可以成为公序良俗的渊源，规则本身可以成为权利义务分配的依据，由此，相关重大监管规则对金融争议解决影响重大。

1.《上市公司监管指引第8号——上市公司资金往来、对外担保的监管要求》

本文件由中国证监会、公安部、国资委、中国银保监会联合发布，重点内容如下：（1）上市公司对外担保必须由有权机关决议，特定情形必须由股东会决议；（2）上市公司申请贷款要向银行提交章程、决议原件、披露信息；（3）银行在接受担保时必须依据本文件认真审查贷款合法合规性、决议审批情况、信息披露情况、担保能力、贷款人资信能力等，由此加重了商业银行的审查义务。

2.《关于进一步促进信用卡业务规范健康发展的通知》

文件要求信用卡业务须以明显方式向客户展示最高年化利率，不得默认勾选、捆绑销售。根据最高院最新裁判理念，未以年化利率明示的信贷业务将只支持名义利率核算的利息。结合本文件，信用卡传统创利支柱之一的分期付款业务将面临重大调整。

3.《商业汇票承兑、贴现与再贴现管理办法》

本文件明确票据贴现业务属特许经营，民间票据贴现无效。文件近年积累的存量票据贴现纠纷的裁判有重大影响。

4.《中国银保监会关于进一步规范汽车金融业务的通知》

文件规定金融机构不得向非购车人发放个人汽车贷款，经营机构应在公开渠道展示各项汽车贷款产品的年化贷款利率和加强个人金融信息保护。汽车行业是分期付款应用普遍的行业，如果法院只支持名义利率，将会严重影响汽车金融的盈利水平。

5.《关于证券违法行为人财产优先用于承担民事赔偿责任有关事项的规定》

文件规定违法行为人应当同时承担民事赔偿责任和缴纳罚没款行政责任，缴纳罚没款后剩余财产不足以承担民事赔偿责任的，受害投资者的生效法律文书经法院强制执行或者破产清算程序分配仍未获得足额赔偿后，可以提出书面申请，请求将违法行为人因同一违法行为已缴纳的罚没款用于承担民事赔偿责任。该文件表达了国家不与民争利，优先保护投资人权益的法治理念。

三、重大典型案例

【案例1】混同型证券操纵行为侵权要件认定及民事赔偿优先案[①]

【基本案情】

鲜某作为某上市公司实控人，实控28个证券账户，采用连续买卖、洗售、虚

---

① 上海金融法院(2021)沪74民初2599号。

假申报、利用信息优势操纵等四种手法，于 2014 年 1 月 17 日至 2015 年 6 月 12 日操纵该上市公司股价。中国证监会于 2017 年 3 月对其开出 34 亿元史上最大个人罚单。上海市高级人民法院于 2020 年 12 月判决其构成操纵证券市场罪，判处有期徒刑并处罚金 1000 万元、追缴违法所得。投资人于某等主张在鲜某操纵期间买卖标的股票受损，要求赔偿损失。

【争议焦点】

1. 如何认定复杂证券市场操纵侵权行为中损害后果、因果关系、信息型操纵与虚假陈述的竞合的问题。

2. 刑事罚没较之民事赔偿是否优先。

【裁判观点】

鲜某实施了交易型和信息型混同的拉高型证券操纵，破坏了证券市场价格形成机制，使投资者无法依据真实价格进行买卖决策，额外支付了人为价格与真实价格的差价，由此产生损失；人为价格存在期间即操纵影响起止时点，交易型操纵影响消除取决于力量时长等因素，信息型操纵影响消除取决于信息影响何时消除；操纵侵权适用交易与损失两重因果关系，公开市场中还适用欺诈市场理论和推定信赖原则；应采用"净损差额法""价格同步对比法"精确计算投资损失。最终，法院判决鲜某赔偿投资者损失 470 余万元，并依据证券法关于民事赔偿优先的规定，对其证券操纵刑事案件罚没款作相应保全，优先用于执行民事判决确定的赔偿责任。

【纠纷观察】

本案系全国首例主板市场交易型与信息型操纵混同的证券操纵侵权责任纠纷，涉及多个证券市场操纵的基础性法律问题，也是首例适用民事赔偿责任优先原则，以犯罪处罚款优先赔付投资者损失的证券类侵权案件。本案中，有以下亮点值得关注：

1. 复杂型证券操纵行为的区分与认定。证券操纵行为，根据行为性质区分交易型操纵和信息型操纵。多个操纵行为，可以根据实施目的、实施时间、相互作用、区分难度等因素进行区分，难以区分的，应当在整体视为一个操纵证券市场行为。

2. 操纵行为影响消除日的认定。操纵行为影响消除日，是指因操纵行为而产生的人为价格回归至真实市场价格所需的合理时间。复杂操纵证券市场的行为，需要结合各个操纵行为要素进行整体判断，某项操纵行为结束后，其他操纵行为仍然持续或影响未消除的，应当整体判断影响消除日。

3. 因果关系的认定。证券操纵行为同为证券欺诈行为，在因果关系上应遵循交易因果关系与损失因果关系两重判断，亦应适用欺诈市场理论和推定信赖原则。操纵行为人提出反证证明投资者明知或应知存在欺诈而交易，或投资者出于其他目的而交易，则交易因果关系不成立。就损失因果关系而言，证券价格受到大盘、行业、发行人自身风格等各种因素影响，与证券操纵行为之间不具有损失因果关系。

4. 信息型操纵与虚假陈述的竞合。发布虚假信息属于信息型操纵行为中的手段，同时又构成虚假陈述，构成法律责任竞合，按照目的吸收手段的原则，就相关法定义务主体而言，信息型操纵可以吸收虚假陈述，投资者可择一追责。

5. 民事赔偿优先落地。违法行为人在行政责任和刑事责任追究下，已无力承担本案民事赔偿责任。法院对鲜某操纵证券市场刑事案件中相应款项进行了相应保全，优先用于民事判决确定的赔偿责任，最大限度地实现证券中小投资者权利救济。

【案例2】电子票据线下行使追索权案

【基本案情】

2018年4月13日，A公司向某银行坪山支行借款，提供了四份商业承兑汇票质押。四张票据出票人（承兑人）均为B公司，收票人C公司。据电子商业汇票系统记载，四张票据经过四次背书转让后至A公司处，A公司将票据出质给某银行坪山支行。2019年4月12日汇票到期后，某银行坪山支行通过电子商业汇票系统提示付款。2019年4月16日，提示付款被拒付。2019年4月17日，某银行坪山支行向出票人、背书人寄出《商业汇票到期追索权通知函》，四家公司均已签收。

【争议焦点】

电子票据能否在线下追索，是否产生追索效力。

【裁判观点】

一审法院认为某银行坪山支行向汇票的出票人和背书人行使追索权，符合法律规定。二审法院认为某银行坪山支行必须通过电子商业汇票系统行使追索权，其行为不符合《票据法》《电子商业汇票业务管理办法》有关规定，不属于法定的票据追索行为，对被追索人不发生效力。再审法院认为：《票据法》并未对票据持票人的追索方式予以限定，《电子商业汇票业务管理办法》的上述规定仅系对电子商业汇票的业务办理方式作出规范，并非限定持票人未经线上追索即丧失追索权。二审认定某银行坪山支行通过线下行使电子商业汇票追索权，不产生追索效力，缺乏法律依据。① 最终，法院认为电子商业汇票通过线下追索有效。

【纠纷观察】

电子票据业务的发展也产生了一系列新法律问题，包括出票人伪造身份信息开票的责任认定、电票期前提示的效力争议、② 电票"提示付款待签收"的效力争议③ 等。本案的处理，对电票纠纷的处理有以下示范意义：

1.《票据法》是处理票据业务的基本法律，处理纠纷应准确理解《票据法》的立法目的。保护票据关系当事人的合法权益是《票据法》最重要目的之一，票据追索权是法律赋予票据关系当事人最重要的权利，理应受到司法保护。无论是部门规章，还是相关程序性规范，在法律没有授权的情况下，任何个人、任何机构都无权通过以非法律规范方式限缩、减损当事人的权利。

2. 准确识别规章制度位阶，在法治框架下解决或者裁判电票争议。《票据法》第 109 条规定："票据管理的具体实施办法，由中国人民银行依照本法制定，报国务院批准后施行。"《电子商业汇票业务管理办法》是中国人民银行制定的部门规章，该办法未经国务院批准，并不必然构成《票据法》授权的管理性规范。

3. 正确理解监管规则与法律规范的关系。监管部门制定的业务管理规则，可以改变票据交易关系流程，但并不消灭法律赋予票据关系当事人权利。相关当事人未在特定系统中载入追索通知事项，仅仅是不享有特定系统追索程序权利，但不能因此而剥夺票据关系的法定权利。

4. 鼓励票据当事人通过系统行使票据权利的同时，其他合法渠道解决纠纷也应当得到支持。数字化的时代，应当鼓励票据当事人利用线上去追索，但也应当依法保护法律赋予当事人线下通过仲裁或者诉讼等方式解决争议的权利。④

---

① 广东省高级人民法院（2022）粤民再字 211 号民事判决书。
② 北京金融法院（2021）京 74 民终 162 号民事判决书。本案否定了票据期前提示的效力。本案入选《北京金融法院成立一周年十大典型案例》。最高人民法院（2020）最高法民终 888 号民事判决书、广东省深圳市中级人民法院（2019）粤 03 民终 17421 号民事判决书。本案则并未直接否定期前提示效力。
③ （2022）京 74 民终 652 号。本案认为"提示付款待签收"不视为有效提示付款并获得拒付证明。
④ 卜祥瑞：《通过诉讼方式行使电子商业汇票拒付的追索权合法有效》，载 21 世纪经济报道网站，https://mp.pdnews.cn/Pc/ArtInfoApi/article?id=33174849，访问时间：2023 年 1 月 13 日。本节案例内容及观察部分主要内容援引自本文稿。

【案例3】银行间债券市场主承销商在利益冲突下交易债券应当受到限制

【基本案情】

2015年10月，A公司在银行间债券市场发行短期融资券，主承销商均为B银行。2015年11月A公司召开银行债权人会议，表示"收不抵支，濒临停产"，B银行作为融资银行参会。2016年1月13日至21日，C公司自B银行及其他主体处购入9000万元债券。自2016年1月22日起，应B银行要求，A公司披露自2015年11月开始公司经营恶化、募集资金用途变更等情况，后债券违约。C公司起诉A公司未能获偿，随后以B银行作为债券主承销商，未履行信息披露督导义务，在知晓发行人重大财务问题后，隐瞒内幕信息转让自己持有的债券等为由要求B银行赔偿。

【争议焦点】

主承销商在兼具自有投资的利益冲突下其自有债券交易是否受到限制。

【裁判观点】

B银行作为涉案银行间短融券主承销商（受托管理人）和发行人的融资银行，其多重身份和多重利益之间构成利益冲突，应优先以主承销商身份履行后续管理义务保障债券持有人的利益。在利冲时，主承销商应做好利冲防范，建立完善风控和隔离制度并记录留痕，排除合理怀疑；得知发行人重大不利信息后，在履行后续管理义务查实并督促披露具体不利事项前，对主承销商自有债券交易应有所限制。B银行在构成利冲时优先选择转让自持短融券，再启动短融券后续管理，违背诚信原则，具有主观过错，造成损害后果，应承担相应的赔偿责任。最终，法院判决B银行承担转让短融券本息损失范围内40%的损失赔偿责任，向C公司赔偿损失2140万元。

【纠纷观察】

1. 在裁判理念上，该案按照分类趋同原则，处理原则与证券法下对内幕交易的处理原则一致，符合人民银行、发改委等六部委联合发布的《关于推动公司信用类债券市场改革开放高质量发展的指导意见》要求，顺应公司信用类债券监管规则逐步统一的趋势，对银行间债券市场主承销商后续管理义务和利冲行为作出规制，确定主承销商在利益冲突下交易债券的限制规则，填补了银行间债券市场规范空白。

2. 在裁判依据上，该案从诚实信用原则出发，回答了银行由于包销模式存在兼具主承销人与投资人的角色利益冲突处理问题。投资人银行基于信义义务、忠实义务，不能运用主承销商的信息优势先规避乃至转嫁自身风险、规则的确立，对证券承销商的风险控制模式的优化有重大现实意义。

3. 在认定具体义务内容上，该案还明确银行间债券主承销商作为后续管理义务人，应对发行人及债务融资工具进行动态监测、发现问题督导督促、及时启动突发事件应急响应程序。在动态监测义务内容方面，无合同约定和法律明确规定的情况下，判决围绕当事人争议的发行人业务订单撤销、贷款逾期、募集资金用途变更等焦点，结合事件发展和后续管理行为双主线条分缕析，明确了后续管理义务履行内容、履行形式等的合理性判断标准，对于同类案件具有较强的参考借鉴意义。①

【案例4】风险处置中债委会决议约束力案②

【基本案情】

2016年3月，A公司与包括B银行在内多家银行协议约定：各债权银行以"借新还旧"等方式向A公司发放重组贷款，重组贷款期限为8年；承接贷款到期后，在重组贷款本息结清前，各债权银行应采取"借新还旧"等方式确保贷款到期续作，任何一方除经债委会同意外不得单独或联合其他方诉讼。2019年5月，A公司与包含B银行在内的多家银行召开会议，通过多数决原则通过《会议纪要》，《会议纪要》载明："按照协议和重组方案要求，及时通过借新还旧、展期等方式办理到期贷款的续作，续作后风险分类不下调。"B银行于2019年7月15日提起诉讼。

【案件焦点】

《会议纪要》的效力。

【裁判观点】

债委会是债权银行业金融机构发起成立的协商性、自律性、临时性组织，既要支持实体经济发展，也要依法维护金融机构的合法权益。《会议纪要》符合《中国银监会办公厅关于做好银行业金融机构债权人委员会有关工作的通知》（银监办便函〔2016〕1196号）的要求应为有效。债委会重大事项原则上应当同时符合经占金融债权总金额2/3以上比例债委会成员同意以及经全体债委会成员过半数同

---

① 吴峻雪：《全国首例银行间债券市场主承销商因利冲侵权承担赔偿责任案件判决生效》，载微信公众号"上海金融法院"，2022年12月15日。

② （2021）最高法民申2707号。

意两个条件。在其他债权银行都没有提出异议的情况下，B 银行单方不履行《会议纪要》，单独提起诉讼，缺乏事实和法律依据。法院最终驳回 B 银行的诉讼请求。

【纠纷观察】

1. 该案确定了尊重债委会决议的裁判导向。债委会成员如承诺与其他成员一致行动、除经债委会同意外不得单独或联合其他方处置债权的，其在债务重组协议约定的履行期间届满前，未经债委会同意，单独起诉主张实现其债权的，人民法院应当判决驳回其诉讼请求。

2. 在无明确法律规定情况下，债委会以多数决原则作出的决议约束所有成员问题值得关注。《会议纪要》以多数决原则通过，法院通过认定《会议纪要》为重组文件的一部分与延续的方式，回避了在无明确法律规定的情况下，以多数决规则通过的文件，为何可以约束全体成员的问题。

3. 本案提出的一个重要问题是在重组文件中约定的前提条件未能成就时，银行拒绝履行重组协议是行使在先履行抗辩权还是构成违约，这一问题在法院论理中未能聚焦。这实际是资产重组案件中的常见问题，需要司法精神的指导。

【案例 5】保证保险代位求偿追索案①

【基本案情】

蔡某向 A 保险公司投保个人贷款保证保险，A 公司出具了《保险单》，特别约定：保险人赔偿后投保人需向保险人归还全部赔偿款项和未付保费，从保险人赔偿当日开始超过 30 天，投保人仍未向保险人归还全部赔偿款项，则视为投保人违约，投保人需以尚欠全部款项为基数，从保险人赔偿当日开始计算，按每日千分之一向保险人缴纳违约金。蔡某贷款后逾期未能足额偿还，保险公司代偿。随之，A 保险公司主张蔡某还款理赔款、支付保费以及违约金，违约金以代偿金额与保费之和，按日千分之一计算。

【案件焦点】

违约金的定性与金额。

【裁判观点】

根据《保险法》第 60 条第 1 款"因第三者对保险标的的损害而造成保险事故的，保险人自向被保险人赔偿保险金之日起，在赔偿金额范围内代位行使被保险人对第三者请求赔偿的权利"之规定，本案保证保险合同纠纷中，借款人逾期向

---

① (2022) 川 01 民终 3144 号。

被保险人即贷款人归还借款而造成保险事故，投保人与被保险人为不同主体，保险人有权向投保人行使代位求偿权，但其代位求偿的范围仍应在法定限额内。现案涉保证保险合同约定蔡某应向 A 保险公司支付逾期违约金，实质上是变相突破保险法规定的代位求偿的法定限额，不应受到法律保护。最终，法院对 A 保险公司的违约金不予支持。

【纠纷观察】

1. 违约金的认定。本案明确保险公司在保证保险业务下追索的请求权基础为代位求偿权，而不是不同保证下的追偿权。由此，保险公司的求偿权受到保险法规定的"在赔偿金额范围内求偿"规则的限制，否定了保证保险下对理赔额的约定违约金的条款效力。

2. 资金占用费的认定。本案未讨论保险公司有权代位求偿的时点以及该时点之后是否有资金占用的问题。从单笔业务而言，保险公司的每一笔赔付从理赔之日起就存在资金占用的问题。但从另一角度看，保险公司的盈利模式是整体业务的大数法则，不是单笔业务的收益覆盖风险，理赔后何时能追索成功，甚至能否获得代位追索成功都已在精算环节考虑，是否再支持需要综合考量。

3. 强制搭售的认定。这是保证保险投保人争议焦点，按近期最高法院在《全国金融审判会议》上相关领导讲话精神，原则上应以是否必要和合理作为判标准。如果已有其他足额担保，再要求借款人购买保证保险就是违背借款人真实意愿。

4. 借款人综合借款成本的裁量。保证保险的费率虽然没有刚性监管标准，但根据最高法院最新裁判理念，应当把具有合作关系的贷款人、保险公司及担保公司向借款人收取的费用作为一个整体来计算借款人综合融资成本，如果成本过高，则有可能被法院调整。

四、热点问题观察

（一）不同类别"无追索权保理"收费的请求权基础

《民法典》第 767 条规定的无追保理模式，以应收账款买断为逻辑起点，规定超过融资本息的回款部分归属保理人。市场上，这种业务模式主要是保理商在开展，而银行界在开展无追索权保理业务时，[①] 银行保理人是以获取融资息费与坏账担保

---

① 参见中国银行网站，https://www.bankofchina.com/cbservice/cb3/cb35/200807/t20080703_890.html?keywords= 保理，访问时间：2022 年 11 月 22 日。

费用为主要商业模式，超过融资息费的回款归属融资人。前一种模式可以称为投资型无追索权保理，后一种模式可称为担保型无追索权保理，《民法典》忽略了担保型无追保理的存在，混淆了不同定性的无追保理业务在具体收费上的法律基础：

1. 基础法律关系不同。以银行为代表的担保型无追索权保理的目的不在于获取应收账款溢价，而在于获取金融服务费。其基础法律关系在坏账担保问题上，是担保服务，与银行保函类似，其盈利点在于服务费，银行不保有应收账款的溢价余额，而投资型无追保理以买卖债权为基础法律关系。

2. 融资款的性质不同。在账款到期前客户需要提前使用部分款项时，担保型无追保理业务提供融资不是作为债权转让对价，是保理人坏账担保义务的部分提前履行，也就是预付款融资（PREPAYMENT），因此才可能收受利息。这种情形在投资型无追保理，则是受让账款分期付款的对价支付，其再收息缺乏正当性。

3. 保理商收取保理费的法律基础不同。在投资型无追索权保理模式，账款一旦买入，保理人的尽职调查、售后托收、账款管理都是为自身利益服务，没有理由再另行收取保理费。担保型无追保理中，因账款余额返还，其受益人是账款出让人，保理商提供发票处理、坏账担保、账款管理甚至账款清收等综合服务收取费用既理所当然，也是国际惯例。

4. 资本约束不同。银监部门在对业务的资本计提上，对无追保理是按20%的风险权重计提，与保函业务相同。如果是作为账款的真实转让，则资本计提将是100%。这是银行系的无追保理业务只收费不保留溢价余额的原因，在账款资质上，担保型保理只会做未到期的商业账款。而投资型无追保理没有资本的监管约束，将该业务完全视为债权投资，其受让对象可能是已经到期的不良账款。

5. 坏账担保的法律定性不同。银行担保型无追保理在坏账担保功能上，是银行应债权人要求提供的一种债务担保服务，作用与银行保函类似。保理银行担保的主债务是基础贸易下债务人的欠款，其特色在于银行提供坏账担保的反担保的方式：将应收账款以让与担保的方式转让给银行保理人，如从应收账款债务人处收款数额超了则余额归还债权人，如果收款不足则银行只能追次债务人。该种"担保＋反担保"的法律关系嫁接产生的法律后果是银行保理人承担约定的坏账担保责任，在清收账款产生溢价时返还账款人。而《民法典》第767条关于无追保理人默认无追保理保有账款溢价的规则，将衍生出新的账款投资市场及法律结构的重新解释问题。对这两类账款担保的法律关系的理解错误，会导致法院裁判的错位。例如，允许银行无追保理保留账款余额，而对投资型无追保理又允许其另收融资利息、坏账担保费等，造成市场的混乱，对账款债权人也不公平，不符合无追保理的业务本质。

(二)《虚假陈述规定》实施后证券欺诈诉讼热点问题

2022年1月21日,最高院发布《关于审理证券市场虚假陈述侵权民事赔偿案件的若干规定》(以下简称《虚假陈述若干规定》),标志着证券虚假陈述诉讼进入了全新时代。新三板[1]、科创板[2]、北交所[3]、银行间债券市场均出现证券欺诈首案,银行间债券虚假陈述、混同型操纵证券等新类型案件不断出现,部分地方法院也都处理了证券虚假陈述首案。赔偿责任主体范围进一步扩大,上市公司、中介机构、控股股东及实控人、董监高均被追责,中介机构责任认定进一步细化。

1. 银行间债券市场虚假陈述是否适用《虚假陈述若干规定》。2022年12月30日北京金融法院发布消息宣判"全国首例银行间债券市场虚假陈述案",一审法院判决认定银行间债券纠纷的处理适用《证券法》及其司法解释。本案如果终审维持,不仅将改变银行间市场的违约债券的争议解决方向,重塑银行间市场各参与人的风险分配格局。但同时也有反对观点,认为银行间债券不属于国家(国务院)批准的其他证券市场或全国性证券交易场所,且投资人均为专业机构投资人应自行尽职调查,不必然符合"推定信赖"的适用条件。[4]

2. 证券服务机构责任形式究竟是比例连带责任还是全额连带责任。《虚假陈述若干规定》对中介机构的责任形式并没有明确。在个案中综合考量中介机构的身份角色、所涉事项、过错程度、原因力大小等因素,判决有责任的中介机构承担一定比例的连带责任已经成为主流。例如,北京金融法院"大连机床"案[5]、哈尔

---

[1] 《投票 | 两个全国首例案件参选"新时代推动法治进程2022年度十大案件",快来助力吧!》,载微信公众号"上海金融法院",2022年12月20日。

[2] 《涉嫌欺诈发行,紫晶存储、泽达易盛领巨额预罚单,这些投资者可申报股票索赔》,载新浪网,https://finance.sina.com.cn/stock/s/2022-11-22/doc-imqqsmrp7115996.shtml,访问时间:2023年1月6日。

[3] 《北交所首例!生物谷实控人被立案调查,尚余2.77亿占资未还》,载新浪网,https://finance.sina.com.cn/stock/s/2022-05-28/doc-imizmscu3769106.shtml,访问时间:2023年1月6日。

[4] 邢会强:《银行间债券市场虚假陈述民事责任纠纷的法律适用》,载《多层次资本市场研究》2022年第2期。

[5] 北京金融法院(2021)京74民初1号民事判决书。

滨中院"ARD"案①、重庆三中院"HRSJ"案②、青岛中院"金正大"案③、武汉中院"银都传媒"案④及深圳中院"SL股份"案⑤等。⑥

3.证券服务机构过错认定中要考量的因素。在认定证券服务机构的过错时，司法实务开始区分证券服务机构对具体虚假陈述事项的注意义务性质、介入阶段以及介入范围、故意还是重大过失等，合理确定证券服务机构有无责任及责任范围。区分一般注意义务与特殊注意义务的裁判观点，在司法实践中逐步确立。⑦例如，就财务数据，会计师事务所应当负高度注意义务，律师事务所则只需要负普通注意义务。保荐机构在持续督导期间，证券公司对于上市公司临时报告的职责是督导和审阅，明显有别于在推荐上市阶段和并购重组阶段的审慎的尽职调查职责，体现了最高法院近期相关会议中明确提出区分中介机构不同于内部人的参与度，实施"过责相等"的原则。

4.债券虚假陈述诉讼中，证券服务机构承担责任是否异化。债券虚假陈述案中，不少债券发行人破产或没有兑付能力，案件基本是专业的债券机构投资人与证券服务机构、承销商对抗。债券虚假陈述纠纷潮汹涌，司法实务中如何准确处理侵权责任赔付范围与合同责任赔付范围，如何防止损失向金融机构不当转移，避免证券服务机构的虚假陈述侵权责任异化为本息兑付的"担保"责任，亟须司法实务回应。

（三）资管领域重大热点问题观察

2022年，资产领域除去惯常讨论较多的"增信措施的效力""刚兑的认定及效力""通道是否担责"等热点问题外，以下热点问题值得关注：

1.信托公司受托持有股权，是否应当承担股东瑕疵出资责任。最高院相关个案中，认为信托公司与委托人作为公司的名义股东和实际出资人，其约定只具有内部效力，信托所持股权在外观上并不具备信托财产的标识，故从商事外观主义

---

① 哈尔滨市中级人民法院（2022）黑01民初1299号民事判决书。
② 重庆市第三中级人民法院（2022）渝03民初69号民事判决书。
③ 山东省高级人民法院（2022）鲁民终2563号民事判决书。
④ 武汉市中级人民法院（2020）鄂01民初419号民事判决书。
⑤ 深圳市中级人民法院（2021）粤03民初5209号民事判决书。
⑥ 张保生、周伟等：《证券虚假陈述诉讼2022年度观察与前瞻：证券服务机构篇》，载微信公众号"中伦视界"，2023年1月11日。
⑦ 张保生、周伟、肖强：《证券虚假陈述诉讼2022年度观察与前瞻：十大看点》，载微信公众号"中伦视界"，2023年1月2日。

原则出发认定信托公司应以自有财产承担责任。① 《最高人民法院第二巡回法庭法官会议纪要》则认为，在处理股权收益权信托法律关系中涉及信托受托人是否应承担公司股东的瑕疵出资责任的问题上，应遵循《民商审判会议纪要》关于处理实际权利人与名义权利人的关系的规定，应注重财产的实质归属，而不是单纯地以公示外观的相关原则和精神来决定。笔者认为，信托公司基于信托关系持有标的公司股权，按照信托法的规定，信托财产有独立性，股权的瑕疵出资责任应当由信托财产承担。该问题之所以在实务中产生争议，原因就在于我国信托登记制度尚不健全，登记系统不能将股权登记在具体的信托项下。

2. 未经清算的资管，如何保护投资人利益。一是基金管理人跑路、被解散或因其他原因导致无法正常履职时，合伙基金到期后长期无法清算，无法向增信人追偿，无法更换普通合伙人，投资人的损失也无法确定无法退出，从而陷入基金治理僵局，如何通过有限合伙人派生诉讼机制和有限合伙强制清算程序维权的问题。二是资管产品到期后长期得不到清算，投资人损失长期无法确定情况下，如何实现维权。就该问题，上海金融法院做了有效探索，认为可合理认定投资者损失已客观产生。管理人因过错承担赔偿责任后，若资管计划清算完成后仍有可分配资金的，管理人按赔付比例扣除相应的款项后将剩余资金依约向投资者分配。②

3. 明股实债的认定及破产债权的确认。在信托公司通过增资或股权让与担保方式向项目公司提供融资，退出时由项目公司实控人承诺回购的业务中，项目公司破产，信托公司享有的究竟是股权还是债权，项目公司是债务人，还是实控人是债务人，一直是资管领域热点问题。根据"实质重于形式"以及"穿透审判"的大原则，如果各当事人之间的真实意思确系融资，信托公司也确实未参与经营，融资人也曾经按本付息，则信托公司的债权人身份能否予以认定，值得进一步观察裁判态度。

五、结语与展望

金融法治建设方面，金融稳定法、公司法、银监法、民法典合同编通则等均

---

① 2021年12月25日，方大炭素新材料科技股份有限公司《关于收到民事判决书暨终审判决的公告》，表示收到最高人民法院（2020）最高法民再77号民事裁定书，裁定书维持原审判决，原审法院判决确认信托公司承担股东出资瑕疵责任。
② 邓某诉联储证券有限责任公司等委托理财合同纠纷案，参见《上海高院发布2022年第三批参考性案例》，载微信公众号"上海高院"，2022年12月21日。

在征求意见，《全国法院金融审判会议纪要》预计近期发布，金融争议解决规则将进一步明晰。

金融争议案件方面，资本市场注册制实施后，证券欺诈类案件将引发诉讼浪潮；资管领域群体性存量案件可能持续向法院挤压，销售适当性和管理人尽职问题成为争议焦点；诉讼将持续成为银行不良资产处置的重要手段，追责更多指向股东与实控人；包括个人信息保护在内的金融消费者保护类案件可能进一步增多。

在金融争议裁判理念上，以不发生系统性风险为工作底线，追求与监管及自律组织的规则协同，以司法审判弥补功能监管所未达之效能，司法确保国家金融政策落地的导向将更加突出。

在金融争议解决方式方面，在专业化审判趋势将进一步加强，金融民商事案件集中管辖的基础上，探索金融刑事、民事、行政审判"三合一"。借助专业人员支持的审判模式可能推广，多元纠纷解决机制将在金融纠纷化解中发挥更大作用。

中国知识产权争议解决年度观察（2023）

谢冠斌　李凤凤　李　纯[①]

一、概述

2022年10月，党的二十大召开。习近平总书记在党的二十大报告中强调："深化科技体制改革，深化科技评价改革，加大多元化科技投入，加强知识产权法治保障，形成支持全面创新的基础制度。"回顾过去的一年，我国知识产权法治建设有较为全面的发展，具体体现为知识产权发展态势稳中有进、质量提升，知识产权转化运用不断发展；知识产权立法与时俱进，数字经济等新业态保护逐步加强；多元化争议解决方式持续发展，仲裁调解等方式越发受到重视。

（一）知识产权发展态势稳中有进、质量提升，知识产权转化运用不断发展

根据国家知识产权局2023年工作报告，[②] 2022年我国全年共授权发明专利79.8万件，较2021年同比增长14.7%，注册商标617.7万件，圆满完成审查周期压减目标任务。全年办理专利侵权纠纷行政案件5.8万件，同比增长16.8%，其中，国家知识产权局审结了首批两件重大专利侵权纠纷行政裁决案件，充分发挥了行政保护快速、专业的优势；办理维权援助申请7.1万件，受理纠纷调解8.8万件。

在保障审查进度的同时，知识产权质量明显提升。截至2022年年底，我国发

[①] 谢冠斌，北京市立方律师事务所高级合伙人；李凤凤，北京市立方律师事务所合伙人；李纯，北京市立方律师事务所资深律师。同时，笔者感谢立方律师事务所的高级合伙人吴立，合伙人张焱、徐满霞，律师卢名扬、宋晓月、张畅然、郭寿其对本报告所作出的贡献。

[②] 《国家知识产权局局长申长雨在2023年全国知识产权局局长会议上的工作报告（摘编）》，载微信公众号"国家知识产权局"，2023年1月6日。

明专利有效量达421.2万件，每万人口高价值发明专利拥有量达9.4件；有效商标注册量达4267.2万件；累计批准地理标志产品2495个，核准地理标志作为集体商标、证明商标注册7076件；集成电路布图设计累计发证6.1万件，牢固确立了知识产权大国地位。发明专利平均审查周期由2012年的22.6个月压减至目前的16.5个月，高价值发明专利审查周期压减至13个月，商标注册平均审查周期从10个月压减至4个月，提前完成国务院确定的审查周期压减五年目标任务，为知识产权高质量创造提供了有力支撑。

此外，在过去一年中，通过加强产业知识产权工作协同，深入推进知识产权质押融资，提升地方和创新主体知识产权运用能力，推动高校、科研院所和大型企业开放专利、建设商标品牌指导站等方式，有力地促进了我国知识产权转化运用。2022年我国知识产权转化运用成果显著，专利商标质押融资额达4868.8亿元，连续三年保持40%以上增长；前11个月的知识产权使用费进出口总额达3445.6亿元，同比增长6.5%；国家知识产权局也在"一省一策"方针下分别与各地联合制订知识产权强省建设推进实施方案。总体而言，2022年我国不断推进知识产权的转化运用，为经济的高质量发展提供了保障。

（二）知识产权立法与时俱进，聚焦数字经济新业态保护

在2021年知识产权大规模修法基础上，过去一年，我国的知识产权立法主要结合实践需求以及新发展、新业态中遇到的问题，进一步修订完善了相应的单行法律。专利方面，国家知识产权局于2022年10月31日发布了《关于就〈专利审查指南修改草案（再次征求意见稿）公开征求意见的通知》，以配合《专利法》及其实施细则的修改。另外，国家知识产权局修订了《关于加入〈海牙协定〉后相关业务处理暂行办法》（自2023年1月11日起施行），以保证《工业品外观设计国际注册海牙协定》（1999年文本）在我国顺利实施。商标方面，2022年1月14日，国家知识产权局发布了《商标注册申请快速审查办法（试行）》，以完善商标审查制度。同时，为进一步完善商标制度，解决商标领域存在的突出问题，促进社会主义市场经济高质量发展，2023年1月13日，国家知识产权局发布关于《商标法修订草案（征求意见稿）》，开启了商标法的第五次修订，其中首次明确了仲裁为商标侵权纠纷的争议解决方式之一。

反不正当竞争法的修订是一大亮点。2022年11月22日，国家市场监督管理总局发布关于公开征求《中华人民共和国反不正当竞争法（修订草案征求意见稿）》意见的公告，此次征求意见稿的重头戏是对数字经济环境下利用数据、算法、平

台规则等实施的新型不正当竞争行为进行了细化，加强了规制。此外，最高人民法院于 2022 年 3 月 16 日发布《关于适用〈中华人民共和国反不正当竞争法〉若干问题的解释》，以满足实践中层出不穷的新型不正当竞争行为的法律规制。

另外，值得一提的是，为进一步完善知识产权案件管辖制度，合理定位四级法院审判职能，最高人民法院通过了《关于第一审知识产权民事、行政案件管辖的若干规定》（自 2022 年 5 月 1 日起施行），规范了各中级人民法院第一审知识产权案件类型以及最高人民法院确定的基层人民法院管辖的案件类型；最高人民检察院发布《关于全面加强新时代知识产权检察工作的意见》（2022 年 3 月 1 日发布），对于提升知识产权检察综合保护质效、建立完善知识产权检察体制机制等提出了要求。

（三）多元化争议解决方式持续发展，仲裁调解等方式越发受到重视

知识产权争议解决整体上呈现出以诉讼为主，调解、仲裁、和解为辅的多元化解决方式。全国知识产权法院/法庭已经形成由最高人民法院知识产权法庭、北京知识产权法院、上海知识产权法院、广州知识产权法院、海南自由贸易港知识产权法院及全国 27 家知识产权法庭组成的知识产权大保护格局，构筑知识产权保护的强大合力。2022 年 1 月 1 日至 12 月 31 日，中国裁判文书网可见已裁决的"知识产权与竞争纠纷"案由下共有案件 131799 件，其中，案件审理量排名前五的省份分别为北京市 24394 件、上海市 22999 件、广东省 20932 件、山东省 7776 件、辽宁省 7003 件。同时，在 131799 件诉讼案件中，以判决方式结案的为 35367 件，出具裁定书的为 94082 件（其中包含大量因和解撤诉的情况）。①

仲裁领域，司法部于 2022 年 1 月在官网发布关于印发《全国公共法律服务体系建设规划（2021—2025 年）》（以下简称《规划》）的通知，《规划》中指出，"十四五"时期主要目标包括完善仲裁制度，提高仲裁国际化水平，推进仲裁法修改，加强配套制度建设，完善仲裁制度体系等。实践层面，知识产权仲裁机制不断完善，仲裁机构处理知识产权纠纷经验不断丰富。比如，中国国际经济贸易仲裁委员会加强知识产权保护机制建设，设立贸仲委知识产权仲裁中心，与中华商标协会、中国专利保护协会签订合作协议，成功举办知识产权保护及争议解决研讨会，推动完善我国知识产权争端解决制度，积极参与国际知识产权保护规则制

---

① 参见中国裁判文书网，https://wenshu.court.gov.cn/website/wenshu/181217BMTKHNT2W0/index.html?pageId=08a31bbebcd8a8e5bdfd6aab093d9c48&s8=03，访问时间：2023 年 1 月 15 日。

定。① 再如，北京仲裁委员会/北京国际仲裁中心 2022 年共受理知识产权纠纷案件 393 件，其中，国际仲裁程序案件 16 件，共结案 362 件。争议金额高达 26 亿元，较 2021 年有大幅提高。

前述《规划》中还提到要推进矛盾纠纷多元化解，包括深入推进律师调解工作，加强律师调解室建设，健全诉调衔接机制，利用信息平台强化在线调解；促进基层法律服务工作者积极参与基层矛盾纠纷预防化解；仲裁融入基层社会治理等，探索建立完善调解、仲裁、公证等衔接联动模式。在多元化纠纷解决机制指引下，2022 年，我国建立了包括广东知识产权纠纷调解中心等在内的多家调解机构，进一步落实了相关政策。

综上所述，2022 年我国知识产权领域稳步发展。知识产权量质提升，转化运用不断加强，知识产权价值得以实现。立法方面紧密结合新发展和新业态的需求，及时修订法律，使新型知识产权纠纷解决有法可依。另外，多元化纠纷解决机制进一步发展，知识产权纠纷仲裁调解中心不断涌现，仲裁及调解途径逐步落到实处。

二、新出台的法律法规或其他规范性文件

（一）专利法

《专利法》完成第四次修正后，已于 2021 年 6 月 1 日起施行。为了保障专利法实施，国家知识产权局已启动《专利法实施细则》的修改工作，并就修改建议征求意见稿向社会公开征求意见。目前国家知识产权局已形成《专利法实施细则修改草案（送审稿）》，并已报送相关部门进行审查。送审稿主要涉及以下四个方面的修改内容：一是完善专利审查制度，提升专利审查质量和效率；二是加强专利保护，维护专利权人合法权益；三是落实"放管服"改革要求，促进专利转化运用；四是新增外观设计国际申请专章，与国际规则对接。

为了配合《专利法》及其实施细则的修改，国家知识产权局于 2022 年 10 月 31 日发布了《关于就〈专利审查指南修改草案（再次征求意见稿）公开征求意见的通知》，涉及专利初步审查，遗传资源、疾病诊断和治疗等的实质审查，进入国家阶段的国际申请的审查，包括药品专利纠纷早期解决机制在内的复审与无效请求的审查，专利申请及事务处理，外观设计国际申请等内容。作为《专利法》重

---

① 《贸仲委 2022 年工作报告（文字版）》，载中国国际经济贸易仲裁委员会网站，http://www.cietac.org/index.php?m=Article&a=show&id=18841，访问时间：2023 年 2 月 9 日。

要的配套文件，期待《专利法实施细则》及《专利审查指南》尽快修订完成，为《专利法》的贯彻实施提供具体细化的指引。

此外，国家知识产权局于 2022 年 1 月 7 日印发《外国专利代理机构在华设立常驻代表机构管理办法》，规范了外国专利代理机构在华常驻代表机构的设立及其业务活动。

（二）商标法

我国《商标法》先后经过了四次修改，现行《商标法》于 2019 年进行第四次修订，并于同年 11 月 1 日实施。为了落实党中央、国务院对于知识产权基础制度建设的要求，不断适应随着经济发展、市场主体知识产权意识增强而产生的庞大商标需求以及应对随之而来的一系列问题，2023 年 1 月 13 日，国家知识产权局发布关于《商标法修订草案（征求意见稿）》（以下简称《修订草案征求意见稿》）公开征求意见的通知。本次《修订草案征求意见稿》主要内容包括：第一，新增禁止重复申请条款，同一申请人在相同商品或服务上只能注册一件相同商标，同时规定了重复申请的例外情形；第二，明确了恶意申请的情形以及相应法律责任，列举了"不以使用为目的、大量申请商标注册""以欺骗或者其他不正当手段申请商标注册"等恶意申请的情形；第三，缩短了商标异议期限，商标异议的期限从三个月减至两个月，且商标异议中取消不予注册复审程序；第四，对于恶意抢注等获取的商标，在无效程序中设置商标转移制度，在先权利人可以请求将该注册商标转移至自己名下；第五，在"连续三年不使用"理由之外，增加了三种商标可撤销的理由；第六，新增了商标使用情况说明义务，商标注册人须自商标核准注册之日起每满五年之后的十二个月内，向相关部门说明商标使用情况；第七，明确了恶意诉讼反赔制度，恶意诉讼给对方当事人造成损失的，应当予以赔偿。

特别值得注意的是，《修订草案征求意见稿》第 74 条第 1 款规定，侵犯注册商标专用权引起纠纷的，也可以根据当事人达成的书面仲裁协议，向仲裁机构申请仲裁。该规定首次将仲裁明确为商标侵权纠纷的争议解决方式之一，对于知识产权纠纷争议解决多元化推进和落实具有重大意义。

此外，国家知识产权局于 2022 年 1 月 14 日发布《商标注册申请快速审查办法（试行）》，规定在特定情形下可以请求快速审查，国家知识产权局准予快速审查的，应当自同意之日起 20 个工作日内审查完毕。2022 年 10 月 27 日，国家市场监管总局发布《商标代理监督管理规定》进一步规范了商标代理行为，丰富了监管手段，完善了商标代理违法行为的法律责任。

（三）反不正当竞争法

2022年11月22日，国家市场监督管理总局发布公告，向社会公开征求《中华人民共和国反不正当竞争法（修订草案征求意见稿）》（以下简称《征求意见稿》）的意见。这是自1993年《反不正当竞争法》实施以来，第三次进行修订。

本次《征求意见稿》将新经济、新业态及新模式下出现的新型不正当竞争行为纳入规制范围，以适应社会主义市场经济的发展。具体而言，修改的主要内容包括：第一，重点加强对数字经济下不正当竞争行为的打击，对于通过关键词联想或设置虚假操作选项等方式误导用户、不当拦截或屏蔽他人页面、不正当获取或使用商业数据、大数据算法"杀熟"等新型网络不正当竞争行为增设条款；第二，细化了不正当竞争行为的识别特征，如扩大构成商业混淆的标识范围和行为方式、区分商业宣传与广告、扩大商业诋毁的行为方式和诋毁对象等；第三，新增对具有相对优势地位的经营者实施的影响公平交易行为的规制；第四，合理调整了不同主体及不正当竞争行为的法律责任。

2022年3月16日，最高人民法院发布《关于适用〈中华人民共和国反不正当竞争法〉若干问题的解释》（以下简称《反不正当竞争法解释》），自2022年3月20日起施行。《反不正当竞争法解释》根据2019年修正后《反不正当竞争法》的具体规定，重点对《反不正当竞争法》第2条的适用条件、仿冒混淆的认定、虚假宣传行为的表现形式和损害后果、商业诋毁行为的表现方式、流量劫持和干扰行为等问题作出了细化规定。

（四）知识产权相关规范性文件

知识产权案件管辖方面，最高人民法院于2022年相继发布多项司法解释。2021年12月27日，最高人民法院审判委员会通过《关于第一审知识产权民事、行政案件管辖的若干规定》（以下简称《规定》），自2022年5月1日起施行。《规定》区分了不同类型的知识产权第一审民事、行政案件分别由知识产权法院、中级人民法院及最高人民法院确定的基层人民法院进行管辖，其中，发明专利等七类专业技术性较强的第一审民事、行政案件由知识产权法院、省会城市中级人民法院及最高人民法院确定的中级人民法院管辖，以集中力量公正高效审判专业技术性强、重大疑难复杂案件。

为进一步明确基层法院管辖，最高人民法院同步发布了《关于印发基层人民法院管辖第一审知识产权民事、行政案件标准的通知》，确定了具有知识产权民事、行政案件管辖权的基层人民法院及其管辖区域，以及基层人民法院管辖第一审知识产权民事案件的诉讼标的额标准。

另外，值得关注的是，2022年我国加入了《工业品外观设计国际注册海牙协定》（1999年文本）（以下简称《海牙协定》），并于5月5日正式生效。为保障《海牙协定》在我国的顺利实施，国家知识产权局于2023年1月4日发布了《关于加入〈海牙协定〉后相关业务处理暂行办法》，自2023年1月11日起施行。加入《海牙协定》后，我国创新主体的外观设计专利可更为便捷地进行国际注册，节省了注册成本，同时，国外企业的优质设计也将进入中国，国内企业将面临更大的创新和竞争压力。

三、典型案例

【案例1】国内首例药品专利链接诉讼案

某制药株式会社与温州某药业有限公司确认是否落入专利权保护范围纠纷案[①]

【基本案情】

某制药株式会社为涉案专利的权利人，涉案专利的申请日为2005年2月7日，授权日为2010年12月8日，处于有效状态，涉案专利的上市药品为"艾地骨化醇软胶囊"，适应症为骨质疏松症。某制药株式会社已就上述药品进行登记，上市许可持有人为某制药株式会社，登记信息显示，上市药品与涉案专利权利要求的对应关系为1-7，专利类型为化学药品含活性成分的药物组合物专利，上述登记信息已于2021年7月13日公开。

2021年8月16日，国家药品监督管理局受理了温州某药业有限公司（以下简称某公司）提出的涉案仿制药注册申请，被仿药品（原研药）为涉案专利上市药品。针对涉案专利，某公司在登记平台作出4.2类声明，声明涉案仿制药技术方案不落入涉案专利权利要求2的保护范围。

2021年12月30日，国家知识产权局针对涉案专利作出了无效宣告请求审查决定，宣告涉案专利权部分无效。在无效宣告程序中，某制药株式会社将原权利要求2中的"抗氧化剂是选自dl-α生育酚"加入权利要求1，删除原权利要求2。

某制药株式会社认为，涉案仿制药使用了涉案专利权利要求相同或等同的技

---

① 一审：北京知识产权法院（2021）京73民初1438号；二审：最高人民法院（2022）最高法知民终905号。

术方案,遂向法院提起诉讼,请求确认涉案仿制药落入涉案专利的保护范围,后增加诉讼请求为对某公司作出错误专利声明及违反《药品专利纠纷早期解决机制实施办法(试行)》(以下简称《实施办法》)第6条规定的行为予以批评教育。

【争议焦点】

涉案仿制药是否落入涉案专利权保护范围?

【裁判观点】

一审法院认为:

本案中,涉案专利属于国家药品监督管理局、国家知识产权局发布的《实施办法》第5条规定的专利类型,某制药株式会社有权就本案提起诉讼。虽然涉案专利权已被宣告无效,但该无效决定处于起诉期内,双方当事人均主张应进行实体审理,故本案应对涉案仿制药是否落入涉案专利保护范围进行判断。

从某公司提交的涉案仿制药申报材料可以看出,涉案仿制药使用的技术方案与专利权利要求1的技术特征既不构成相同,也不构成等同。权利要求2-6为权利要求1的从属权利要求,在涉案仿制药的技术方案未落入权利要求1的保护范围的情况下,其仍然不落入权利要求2-6的保护范围。因此,一审法院认为,某制药株式会社关于涉案仿制药落入涉案权利要求保护范围的主张不能成立,判决驳回了其诉讼请求。

最高院二审认为:

关于仿制药品声明是否违反实施办法的规定及如何处理方面:第一,关于仿制药声明与药品专利权利要求的对应性。仿制药品申请人作出声明时,应当针对被仿制药品所对应的保护范围最大的权利要求作出声明。某公司作出的4.2类声明仅对应保护范围更小的修改前的从属权利要求,行为难言正当。但由于某公司的声明所针对的原权利要求2的保护范围事实上覆盖了专利权人修改后涉案专利的保护范围,因而并未对某制药株式会社的实体和诉讼权利造成不利影响。第二,某公司未履行仿制药申请人对上市许可持有人的通知义务,迟至某制药株式会社提起本案诉讼后才提交相关资料且并未给出充分而合理的解释,不符合《实施办法》第6条的规定,最高院特此指出并予以批评。

关于涉案仿制药是否落入涉案专利权保护范围。第一,原则上应以仿制药申请人的申报资料为依据与涉案专利进行比对评断。因此仿制药申请人实际实施的技术方案与申报资料是否相同,一般不属于确认落入专利权保护范围纠纷之诉的审查范围。第二,从某公司的申报资料中可以看出,其采用的抗氧化剂A(因涉及商业秘密,以A指代)并非涉案专利权利要求中所述的dl-α-生育酚。捐献规则与禁止反悔规则都可以构成等同原则的限制。某制药株式会社在无效宣告程序中对涉案专利权利要求的修改，使得独立权利要求的技术方案从可以选择任意一种抗氧化剂，变为仅保护使用 dl-α-生育酚，说明其通过修改放弃采用 A 这一特定抗氧化剂的技术方案的意思表示明确。故本案应当使用禁止反悔原则，不宜将涉案仿制药使用的抗氧化剂 A 纳入涉案专利权的等同保护范围内。

综上，最高院认为涉案仿制药中采用的抗氧化剂 A 与涉案专利权利要求 1 中的 dl-α-生育酚不构成等同的技术特征，涉案仿制药的技术方案不落入涉案专利权的保护范围。据此，判决驳回上诉，维持原判。

【纠纷观察】

药品上市审评审批过程中，药品上市许可申请人因申请注册而生产、使用的相关药品，可能落入药品专利所有权人的专利保护范围，产生专利侵权风险。2020 年《专利法》第四次修正时，新增的第 76 条正式确立中国"药品专利链接制度"，旨在解决此类药品专利纠纷。2021 年 7 月 4 日，国家药品监督管理局、国家知识产权局发布《实施办法》，具体落实该制度。该案作为全国首例适用上述规定的药品专利链接诉讼案，备受关注。

在法律意义上，该案对于此后法院审理药品专利链接纠纷提供了重要的指引。最高院在二审中明确这类案件性质为确认之诉，即"确认仿制药技术方案未／已落入涉案专利专利权保护范围"，同时进一步明确了仿制药声明与药品专利权利要求的对应性、专利权被宣告无效对此类案件实体审理的影响、捐献规则和禁止反悔规则如何从不同角度构成适用等同原则的限制，以及如何认定仿制药企业履行了专利声明和通知义务等问题，对今后类案的审理具有重要的指导意义。

尤其值得关注的是，最高院在二审判决中强调，该类确认之诉与侵害专利权纠纷中专利侵权判定部分的审理并无实质不同，可以适用专利法及相关司法解释关于专利侵权判定的相关规定。因此，尽管理论上可能仍存在争议，但实务中关于此类确认之诉是否可以适用，诸如现有技术抗辩、先用权抗辩等不侵权抗辩理由的相关争议，至此也得以明确和澄清。

从对业界的影响来看，药品专利链接制度的落地实施具有重大意义。将药品专利纠纷提早到药品审评审批阶段解决，既有助于增加原研药企业对市场确定性的判断，以鼓励药品研发创新，又有助于仿制药企业提前确认侵权风险，推动仿制药高质量发展。通过平衡原研药企业和仿制药企业的利益，最终促进公共健康，维护消费者的利益。

【案例2】外观设计专利侵权认定中关于设计空间的考量及赔偿数额计算

D技术有限公司诉北京X吸尘器集团股份有限公司等吸尘器刷头侵害外观设计专利权纠纷案①

【基本案情】

D技术有限公司（以下简称D公司）为涉案专利"吸尘器部件"的专利权人，涉案专利简要说明载明：设计要点为产品整体，最能表明设计要点的图片或照片为立体图。涉案专利权处于有效状态。

D公司主张，北京X吸尘器集团股份有限公司（以下简称X吸尘器公司）制造、许诺销售和销售型号为D-535的X吸尘器（以下简称涉案产品），北京A科技有限公司、北京B科技有限公司（与X吸尘器公司，以下合称三被告）许诺销售和销售涉案产品，侵害了D公司的涉案专利权，诉请判令三被告立即停止侵权，销毁生产涉案产品的专用模具，并赔偿经济损失50万元及合理开支85317元。

【争议焦点】

1.涉案产品是否落入涉案外观设计专利权的保护范围？

2.如构成侵权，损害赔偿金额如何计算？

【裁判观点】

第一，关于涉案产品是否落入涉案专利权的保护范围。一审法院认定，涉案产品与涉案专利均为吸尘器的地刷头刷体，属于相同种类产品。经双方当事人确认，涉案产品与涉案专利的相同点主要在于整体形状，包括主体和刷体分布等，而不同点仅位于凸起形状等局部特征以及前毛刷斜纹间距和倾斜程度。因此，涉案产品与涉案专利的整体视觉效果无实质性差异，构成近似的外观设计，涉案产品落入涉案专利的保护范围。

二审法院根据D公司提供的大量现有设计证据，认为涉案专利产品在整体轮廓、连接方式等方面，外观特点各异和设计风格多样，可以推定地刷头刷体的设计空间较大。在此基础上，考虑到涉案产品使用的外观设计和涉案专利的相同点在于吸尘器地刷头刷体产品的整体形状，相对于其他部位容易被一般消费者直接观察到，会对产品整体视觉效果产生显著影响；而不同点中，除"前毛刷斜纹间距和倾斜程度"外，其他不同点所占面积较小，属于形状细微变化，不易被一般

---

① 一审：北京知识产权法院（2017）京73民初1762号；二审：北京市高级人民法院（2021）京民终15号。

消费者所察觉，应认定为属于"较小区别"，而"前毛刷斜纹间距和倾斜程度"亦不会对整体视觉效果产生实质性影响。因此，维持了一审法院的侵权认定结论。

第二，关于本案的赔偿数额确定。D公司主张按照被告获利计算赔偿数额，为此提交了多份证据，包括被告公司的招股说明书（申报稿）、涉案产品在多个网站平台的销售数据等，并推算出三被告对涉案产品的最小销售额，主张即便以5%的利润率计算，三被告获利也高达88万元，大于D公司诉讼请求额。

法院在一定程度上参照了D公司提供的销售数据，并考虑了涉案专利对该型号吸尘器利润的贡献。法院认为，吸尘器产品技术含量不高，涉案产品是被诉吸尘器的关键构成部件，在该款吸尘器的整体外观构造、产品功能实现等方面均有重要价值，故推定涉案产品的外观设计对利润贡献较大。据此，一审认为D公司主张的经济损失50万元远低于X吸尘器公司的侵权获利，故判决三被告立即停止侵权，对经济损失及合理开支全额支持。二审中，X吸尘器公司等上诉提出，涉案产品中有两项专利，如都主张构成侵权，会构成重复赔偿。二审法院对此认为，涉案的两项专利都是有效专利，二者的保护范围并不相同，二者整体呈现的视觉效果显然存在明显的区别，表明其对现有设计具有不同的创新性贡献。因此，法院基于两项专利在二案中分别确认被告的侵权责任，不存在重复赔偿。据此，对一审判决予以维持。

【纠纷观察】

本案是一起典型的关于外观设计专利的侵权案件。本案涉及的争议焦点包含设计空间在外观设计专利侵权比对中的考量、授权外观设计区别于现有设计的设计特征，即创新性设计特征（限于篇幅，对该焦点未展开）的认定、外观设计对侵权产品利润的贡献率等，这些都是外观设计专利侵权案件中的常见问题。

本案二审法院认为，判断涉案产品与涉案专利是否属于相同或近似外观设计，应当基于涉案专利产品的一般消费者的知识水平和认知能力，遵循"整体观察、综合判断"的方法。据此，二审根据D公司提供的大量现有设计证据，推定涉案专利产品整体形状的设计空间较大，因而一般消费者通常不会注意到不同设计之间的较小区别。而本案中，涉案专利与涉案产品的区别都属于形状细微变化的"较小区别"，因此两者构成近似的外观设计。本案对于设计空间的考量方式对于同类外观设计案件中的侵权认定具有一定的参考价值。

同时，本案确定损害赔偿数额的计算和说理过程也可圈可点。法院在裁量时，不仅采纳了原告主张的关于被告侵权获利的计算思路，还考虑了外观设计对于特定型号的涉案侵权产品利润的贡献率，以及同一产品上其他专利的获赔情况。本案可谓是在外观设计案件中具体落实精细化裁判精神的典型案例，既避免了适用法定赔偿笼统地酌定损失数额，也防止了过高考量外观设计的贡献。当然，最终原告关于经济损失的诉讼请求额能够得到全额支持，也离不开对被告制造、销售数额、利润率等数据的充分举证。本案对知识产权权利人的维权也是积极的启示，权利人要实现较好的维权效果，在诉讼中需要穷尽一切途径尽量充分地完成举证责任，以得到法院支持作出高额判决。

【案例3】具有广泛影响力的防疫商品商标、字号被擅自使用构成侵权案

W医疗用品股份有限公司诉苏州W医疗用品有限公司、苏州H包装有限公司、滑某侵害商标权及不正当竞争纠纷案[①]

【基本案情】

W医疗用品股份有限公司（以下简称W股份公司）是"稳健""winner""稳健医疗"等10类医疗相关用品商标（以下统称涉案商标）的权利人，成立于2000年，从事生产经营医疗器械、医用服装、防护用品等。连续多年被当地政府认定为高新技术企业，其"winner"商标曾被认定为驰名商标、广东省著名商标、被授权使用深圳名牌标志。W股份公司在新冠疫情防控期间作出重要贡献。

W股份公司主张，苏州W医疗用品有限公司（以下简称苏州W公司）、苏州H包装有限公司（以下简称H公司）、滑某在线上及线下宣传与销售医疗用品活动中使用与原告涉案商标近似的标识，且三被告擅自使用W股份公司具有一定影响的企业字号以及将其注册商标作为企业名称中的字号使用，误导公众，其行为构成侵犯商标权与不正当竞争，遂提起本案诉讼，要求三被告停止侵犯商标权与不正当竞争行为，并赔偿经济损失500万元、维权合理支出13万元。

【争议焦点】

1. 苏州W公司、H公司、滑某的行为是否构成侵犯商标权及不正当竞争？
2. 本案的损害赔偿额如何计算？

【裁判观点】

法院认为，苏州W公司在生产的口罩产品上、H公司在官网、网店等处大量使用与涉案商标近似的标识，容易使相关公众对商品或服务的来源产生混淆，侵

---

① 一审：苏州市中级人民法院（2021）苏05民初1725号；二审：江苏省高级人民法院（2022）苏民终842号。

犯W股份公司的商标权。W股份公司的"稳健"企业字号为在行业内具有一定影响力的企业名称。苏州W公司未经授权擅自使用"稳健"文字作为企业字号开展经营活动，主观上具有攀附商誉的故意，客观上误导了相关公众，其行为构成不正当竞争。

滑某系苏州W公司和H公司的绝对控股股东，被控侵权行为系在滑某的策划与控制下，由另二被告进行紧密配合、分工合作所共同实施，三被告构成共同侵权，应共同就全案侵权行为承担民事责任。

关于本案损害赔偿金额的计算，一审法院采取了综合计算模式：（1）对于能够明确被控侵权产品销量的部分，适用被告获利的计算规则，以双方确认的苏州W公司的销售收入乘以W股份公司的营业利润率计算得出被告获利为24331元；（2）本案符合适用惩罚性赔偿的条件，三被告侵权恶意明显，侵权情节严重，对于可以确定苏州W公司销量的部分，适用四倍的惩罚性赔偿倍数，计算赔偿金额为121655元；（3）对于无法查明具体销量的部分，适用法定赔偿进行酌定。基于侵权规模巨大、且系有组织有分工的侵权、持续时间长、损害后果严重、三被告主观恶意明显、原告的商标与字号具有较高知名度、原告支出了大量维权合理开支，以及综合考虑利益衡量等九方面因素，确定适用法定赔偿的损害赔偿金额部分为90万元。以上数额相加，本案的总赔偿金额为1021655元。

综上，一审法院判决苏州W公司、H公司、滑某立即停止侵犯商标权及不正当竞争行为，苏州W公司立即停止使用现有企业名称，共同赔偿W股份公司经济损失及维权合理费用共计1021655元。

一审判决后，三被告不服上诉。二审法院经审理后，驳回上诉，维持原判。

【纠纷观察】

本案是典型的恶意侵犯商标权及不正当竞争案例。一、二审法院在两类侵权行为的认定、共同侵权的界定、损害赔偿数额的精细化计算等方面，裁判说理充分，计算精细化，非常具有典型意义。

本案权利人W股份公司是知名医用卫生材料生产企业，其商标及企业字号在业内知名度极高。在新冠疫情防控期间，中央和地方多家单位先后出具感谢信，肯定其在疫情防控方面作出的贡献。本案中，三被告的侵权行为恶意明显，情节严重，法院条分缕析，在原告举出的扎实证据基础上，依法对侵权行为的性质作出界定，并部分适用了四倍的惩罚性赔偿。这既是全面加强知识产权保护工作的政策导向的体现，同时也对公众生命健康安全具有重要的社会意义。

同时，本案在精细化计算损害赔偿数额方面也非常值得肯定和借鉴。相对于以往很多案件在无法查明和精确计算赔偿数额时，笼统地适用法定赔偿的做法，本案分不同情形进行计算适用法律的方式也树立了典型。本案对于可查明侵权获利的部分，适用了惩罚性赔偿，对于无法查明损失或获利的部分，适用了法定赔偿，并且在适用法定赔偿酌定赔偿数额时也综合考虑了九个方面的因素。该案的计算方式既精准适用了惩罚性赔偿制度，又全面考量了权利人的实际损失，切实维护了权利人的合法权益，同时也避免了惩罚性赔偿制度的滥用，值得其他知识产权案件精细化计算损失赔偿数额时借鉴。

【案例4】盗用他人网站数据信息为网站引流构成不正当竞争案

北京C信息技术有限公司与北京A品牌管理咨询有限公司、赵某不正当竞争纠纷案[①]

【基本案情】

北京C信息技术有限公司（以下简称C公司）是12365auto.com"车质网"网站的经营主体，车质网"投诉"栏目的网页信息为消费者针对各品牌各车型的不同类型的投诉信息，以"投诉列表""投诉视频"方式呈现。自2010年4月15日至本案一审开庭之日，该网站在"投诉"栏目项下已经展示约1.3万页、每页30条，总计39万条的投诉信息。针对"车质网"网站内的所有原创产品、数据、文字等全部内容，C公司在网站作出了版权声明，明确未经书面授权禁止任何人复制、转载、传播。

C公司发现，北京A品牌管理咨询有限公司（以下简称A公司）经营的qichemen.com"汽车门网"展示的投诉信息与车质网存在大量相同或近似，部分投诉信息中配有"车质网"相关水印图片。C公司主张上述系A公司复制其网站投诉信息，并作为自身网站引流方式展示使用、虚构投诉数量和进展的行为，同时构成虚假宣传和违反诚实信用原则的不正当竞争行为，起诉主张被告立即停止侵权，并赔偿经济损失975830元及维权合理支出74170元，消除侵权影响。

【争议焦点】

A公司的被诉行为是否违反《反不正当竞争法》第2条和第8条的规定，是否构成不正当竞争？如构成，应如何确定法律责任？

[①] 一审：北京市朝阳区人民法院（2021）京0105民初41693号；二审：北京知识产权法院（2022）京73民终3718号。

【裁判观点】

法院认为，C 公司与 A 公司均从事汽车投诉咨询业务，商业模式均包含手机汽车消费者投诉信息，协调车企与消费者之间的投诉问题解决，进而直接或间接获取收益，二者营业范围存在交叉，存在竞争关系，系本案适格诉讼主体。

C 公司主张权利的投诉数据系经过长期经营、管理、维护而形成的投诉信息，具有一定的经济价值，上述投诉数据给 C 公司带来了特定的社会效益和经济效益，属于 C 公司的竞争优势。此外，C 公司并非简单的数据收集者，其对于投诉信息付出了大量经营成本，才能使其通过上述投诉信息获取合法经济利益，其对于这些信息的合法利益应当受到法律保护。

关于法律适用，A 公司复制、搬运车质网中涉案 5 万余条投诉信息并在其运营的"汽车门网站"中展示使用的行为，会使浏览汽车门网站的消费者产生错误认知，可能在某种程度上起到虚假宣传的效果。但是 A 公司实施的该等行为本身并非商业宣传行为，其本质仍是不正当利用车质网中的投诉信息、将该等投诉信息据为己有的行为。因此，该行为不应适用《反不正当竞争法》第 8 条规制。该行为不当利用了 C 公司的竞争资源，减少了 C 公司的交易机会，违反了诚实信用原则和公认的商业道德，损害了公平公正的市场竞争秩序，构成《反不正当竞争法》第 2 条规定的不正当竞争行为。

A 公司系一人公司，赵某提供的近两年的审计报告仅能反映 A 公司的负债和利润情况，不能反映公司与股东赵某的财产走向，不足以证明 A 公司财产与赵某相互独立，赵某应当对 A 公司的债务承担连带责任。

综上，一审法院判决 A 公司停止不正当竞争行为、消除侵权影响，并全额支持了原告主张的赔偿金额。二审维持原判。

【纠纷观察】

数据经济时代，企业对经营管理中收集、整理的数据信息和数据资源寻求法律保护的案件已不少见。本案也是关于数据司法保护的典型案件，提供了适用反不正当竞争法保护数据的司法规则。对数据或数据权益的知识产权保护路径，司法实践中有著作权法、反不正当竞争法、商业秘密保护等途径。本案就是适用反不正当竞争法保护的典型案例，本案中法院不仅明确认定加工整理后的大数据信息是一种合法竞争资源，权利人对此享有竞争利益，还对于反不正当竞争法一般条款与特别条款的适用关系进行了阐释。最终，因为现行反不正当竞争法尚无关于数据保护的具体条款可以适用，法院适用了第 2 条的原则性条款对案涉不正当竞争行为进行评价。在判赔金额上，本案考虑侵权行为的具体情况，全额支持了原告主张的赔偿金额，体现了法院对数据类侵权行为的惩治力度。2022年发布的《反不正当竞争法（修订草案征求意见稿）》中已经增加了专门针对不正当获取和使用数据行为的规制条款，相信本案对于促进反不正当竞争法关于这一问题的修订也具有重要的促进意义。

四、热点问题观察

（一）非同质化代币（NFT）涉及的知识产权法律问题

2022年是NFT蓬勃发展的一年。我们目睹了"万物皆可NFT"，无数资本、品牌、机构、文化IP纷纷入场探索。

NFT（Non-Fungible Token），意为"非同质化代币"。NFT表现为区块链上一组加盖时间戳的元数据，其与存储在网络中某个位置的某个数字文件具有唯一的且永恒不变的指向性。该元数据显示为存储特定数字内容的具体网址链接或者一组哈希值，点击链接或者使用哈希值进行全网检索，就能够访问被存储的特定数字内容。

目前看来，数字藏品是NFT最先落地的领域，数字画作、数字文物、视频动画等数字作品，在NFT交易平台上以代币化的形式作为一个NFT进行出售，即"NFT作品"。NFT在给艺术收藏领域开辟了全新赛道的同时，也带来了相应的知识产权法律风险。2022年4月，杭州互联网法院判决的国内NFT侵权第一案——"胖虎打疫苗"案[1]将NFT在国内的受关注度推上了另一个高峰，引发了公众对NFT数字作品及交易平台所涉知识产权侵权风险的广泛讨论。该案中，法院深度剖析了NFT数字作品的性质、NFT数字作品的铸造和交易行为的性质，以及第三方交易平台的属性及法律责任认定，对此类案件的认定进行了有益探索，也为今后NFT数字作品相关案件的审判提供了参考指引。

NFT作品交易中存在一些被学者们广泛讨论的著作权问题，第一，NFT作品交易是否转移著作权？对于该问题，学术界基本上都认同若无约定，则NFT作品交易不产生著作权的转移。第二，NFT作品交易在法律上的定性。有学者认为，NFT数字作品的首次"出售"形成了购买者对"铸造者"的债权，后续"转售"应被定性为债权转让。[2]但也有众多学者认为，NFT模式下的交易对象是作为数字

---

[1] 杭州互联网法院 (2022) 浙 0192 民初 1008 号。

[2] 王迁：《论NFT数字作品交易的法律定性》，载《东方法学》2023年第1期。

商品的数字作品复制件，交易产生的法律效果是财产权的移转。① 第三，未经许可将他人作品铸造为 NFT 并出售的著作权侵权性质。对于此问题，众多学者认为，该行为侵犯了权利人的复制权、信息网络传播权及发行权。但亦有实务界的观点认为，该行为仅涉及侵犯复制权和信息网络传播权，并未侵犯发行权。在"胖虎打疫苗"判决中，法官就持这一观点。② 笔者也赞同该观点，因为现行《著作权法》规定的发行权仅限定于有形载体上的作品原件或复制件的所有权的转移，而 NFT 数字作品属于一种虚拟的数字资产，数字作品出售并非实质意义上的所有权转让，所以无法受到发行权的控制。第四，关于 NFT 交易平台的属性和责任认定，在"胖虎打疫苗"案中法院认为，被控侵权平台属于网络服务提供者而非内容提供平台，鉴于平台对 NFT 数字作品具有较强的控制能力，且涉案平台在铸造时和每次交易时均直接获得经济利益，应对侵权行为负有较高的注意义务，平台未履行其相应注意义务，应承担法律责任。在商标法领域，NFT 尚未引起学术界的广泛讨论，国内亦尚未发生侵权案件。2022 年 5 月，美国纽约南区地区法院受理了世界上第一起 NFT 涉及侵害商标的案例，③ 即爱马仕（Hermès）起诉艺术家 Mason Rothschild 创作「MetaBirkins」系列并以 NFT 在网络上销售，涉嫌剽窃了爱马仕著名的"Birkin"商标。目前该案尚无定论。

NFT 产品能否单独申请专利，目前还存在争议，特别是在国内，NFT 不具有《专利法》所规定的可授予专利权的条件。但是 NFT 与线下发明结合起来，是可能获得专利授权的。目前国际上获得与 NFT 相关专利权的标志性案例是耐克的"CryptoKicks"专利。④ 该专利打破了虚拟世界与现实世界的界限，即耐克在现实中生产一双球鞋的同时，还在虚拟世界发布一件同样样式的 NFT 鞋子，买家购买时，将同时得到实物球鞋与 NFT 虚拟球鞋。实物球鞋可以提供 NFT 球鞋的现实体验，NFT 也可以证明实物球鞋的正品来源。

综上，在区块链技术的加持下，NFT 为互联网环境下的作品传播和商业利用带来了变革性的影响，也对现行法律制度带来巨大的挑战。目前我国 NFT 的发展

---

① 陶乾：《论数字作品非同质代币化交易的法律意涵》，载《东方法学》2022 年第 2 期。余俊缘：《数字作品 NFT 交易的本质、规则及法律风险应对》，载《科技与出版》2022 年第 10 期。
② 王江桥：《NFT 交易模式下的著作权保护及平台责任》，载《财经法学》2022 年第 5 期。
③ Hermès International, et al. v Mason Rothschild, No. 22-cv-384 (JSR), (S.D.N.Y. May 18, 2022).
④ 参见美国专利商标局网站：https://ppubs.uspto.gov/pubwebapp/，US10505726B1，System And Method For Providing Cryptographically Secured Digital Assets，访问时间：2023 年 1 月 5 日。

刚刚兴起，但法律对NFT的规制仍存在许多不可忽视的现实问题。虽然法院在"国内NFT侵权第一案"中对相关问题进行了初步明确，但是关于NFT面对的法律规制问题或知识产权问题，还需要在更多理论探讨和实践摸索基础上，以期最终通过立法修订或法律解释对存在的问题予以明确。

（二）地理标志的保护及权利行使

地理标志保护始于1883年缔结的《保护工业产权巴黎公约》。2021年3月1日《中华人民共和国政府与欧洲联盟地理标志保护与合作协定》正式生效，2021年9月，中共中央、国务院印发的《知识产权强国建设纲要（2021—2035年）》中明确提出，要探索制定地理标志专门法律法规，健全专门保护与商标保护相互协调的统一地理标志保护制度，实施地理标志农产品、地理标志保护工程。近期司法实践中"逍遥镇胡辣汤"和"潼关肉夹馍"维权事件也引发了广泛的关注与争议。在上述背景下，地理标志的权利保护及权利行使界限成为2022年知识产权领域的热议话题。

关于地理标志的保护依据，在我国现行法下主要有《地理标志产品保护规定》《农产品地理标志管理办法》《地理标志专用标志使用管理办法（试行）》等部门规章，对于注册为商标的地理标志，还可以获得商标法的保护。国家知识产权局于2019年启动《地理标志产品保护规定》修订工作，于2020年9月24日发布《地理标志保护规定（征求意见稿）》，向社会公开征求意见。目前学术界主流观点认为，地理标志作为一种商业标识，在我国享有地理标志特有保护及商标保护两种保护，[1] 也有学者称之为商标法保护和地理标志专门法保护两种保护模式，并认为中国现存在商标制度、地理标志产品审批制度、农产品地理标志登记制度三套具体的地理标志保护制度。[2] 地理标志专门保护与传统的商标保护存在明显区别，地理标志的使用是为了将产自特定地域且商品特性同该地区存在直接联系的商品与产自其他地域的商标区分开。因此，地理标志保护的是基于维护市场竞争秩序和消费者权益而形成的防止"假冒"、排除"虚假来源"的竞争法上的法益。[3]

保护路径上，目前对地理标志提供保护依据的部门规章位阶较低，且多头管理

---

[1] 管育鹰：《我国地理标志保护中的疑难问题探讨》，载《知识产权》2022年第4期。

[2] 孙智：《地理标志法律概念溯源及其重新界定——兼论〈地理标志保护规定（征求意见稿）〉的修改完善》，载《知识产权》2022第8期。

[3] 张志成：《地理标志保护的法理基础及相关问题研究》，载《中国政法大学学报》2022年第6期。

导致市场主体使用地理标志时面临不便和保护失灵的情况。对于部分具有显著性符合商标注册条件的地理标志，可以注册为普通商标、集体商标或证明商标，从而在我国受到多重法律保护，包括行政保护、司法保护，以及刑事保护。而对于未注册为商标的地理标志，主要通过向相关行政主管机关投诉的方式寻求行政保护，或者根据《反不正当竞争法》《食品安全法》《产品质量法》《消费者权益保护法》的规定，市场监督管理局通过制止经营者伪造产地的执法行为，从而间接地对地理标志提供行政保护。庞大的地理标志保护全部要依赖于行政执法，但欠缺有效的侵权救济措施，因而对于注册人和经营使用者来说保护效果类似"无牙虎"，无法得到民事赔偿救济。[①] 而基于商标和地理标志的权利效力和权利行使方式不同，地理标志的排他效力往往低于商标，两者的审查要求也不同，以商标模式调整地理标志也有其弊端。[②] 因此，众多学者主张设计专门立法模式来对地理标志实施保护。

除地理标志的保护模式外，"逍遥镇胡辣汤"和"潼关肉夹馍"等事件的发生，也引发了关于地理标志商标权利人行使权利边界的争议。相关事件也以协会停止维权告终，这并不意味着使用地理标志商标的行为不构成侵权。相关协会意欲维护地理标志的初衷并没有错，维权行为之所以备受争议，在于其试图以维权为手段，收取"加盟费"。地理标志证明商标和地理标志集体商标往往代表着某一地区的特有产品质量、历史习俗、地域文化等附加属性，有着巨大的经济价值和文化价值。而侵权行为人假冒地理标志证明商标和地理标志集体商标，声称其产品来源于该地区，但往往与该地区的地理标志商标并无关系，其产品质量和体验也与该商标代表的产品大相径庭。这不仅是一种虚假宣传的行为，更是一种对于该地理标志证明商标和地理标志集体商标代表的声誉和价值的贬损。如果该种侵权行为得不到及时制止，则该地理标志证明商标和地理标志集体商标蕴含的价值和声誉，必然会随着侵权行为的泛滥而受到损害。因此，可以期待，在知识产权界的普遍关注下，未来将建立符合地理标志基本属性的专门保护法律制度。

（三）数据的知识产权保护

2021—2022年见证了数据权益保护热度的大爆发，《网络安全法》《个人信息保护法》《数据安全法》等数据安全领域的三驾马车相继生效，将数据权益纳入知识产权领域进行保护也成为热议话题。

---

① 管育鹰：《我国地理标志保护中的疑难问题探讨》，载《知识产权》2022年第4期。
② 郭禾：《我国地理标志保护制度发展的应然进路》，载《知识产权》2022年第8期。

将数据权益纳入知识产权保护具有一定的法律基础，《民法典》作为我国一部基础性法律，在其第127条中对数据权益的保护作了留白性规定。①《著作权法》第15条规定，不构成作品的数据，若对其内容的选择或者编排体现独创性，则可为汇编作品。2022年11月22日发布的《反不正当竞争法（修订草案征求意见稿）》第18条中对涉及商业数据的不正当竞争行为进行了规制，列举了三类涉及商业数据的不正当竞争行为，包括以不正当手段获取其他经营者的商业数据，违反约定或协议、获取和使用商业数据，披露、转让或使用以不正当手段获取的商业数据等，并以违反诚实信用和商业道德的其他方式不正当获取和使用他人商业数据的行为进行兜底保护。此外，数据与知识产权所保护的客体具有相似性，有观点认为数据及知识产权客体都具有非物质、非竞争性与非排他性特征、非消耗性等特点。②此外还有学者认为，除无形性外，数据还具有信息性、非竞争性和非排他性、内生性、价值来自隐含的，或可能发生、发掘的知识信息等特点，与知识产权保护本质上相似。③

通过何种方式对数据进行保护也是讨论的热点，主流观点认为，对于数据的保护可以通过现有知识产权体系保护模式、数据产权保护模式两种模式实现。现有知识产权体系保护模式即在现有的知识产权体系之下对数据进行保护，有学者认为，对于秘密数据，著作权法和反不正当竞争法中商业秘密保护为主要的保护手段；对于公开信息，专利法、著作权法和可能的公开数据集合保护特殊立法将是合理的选择。④数据产权保护模式即指设立新的数据财产权制度，部分学者对此模式持反对态度，认为授予排他权一定要有清晰的定义，基于数据产生的权益，系民法的占有，而非权利。⑤

司法实践中，目前我国早已有多起对数据权益保护的案例，在大众点评诉百度案⑥中，法院认为大众点评网上用户评论信息是汉涛公司付出大量资源所获取

---

① 孔祥俊：《数据权益的知识产权保护》，载微信公众号"上海交大知识产权与竞争法研究院"，2022年11月1日。

② 冯晓青：《知识产权视野下商业数据保护研究》，载《比较法研究》2022年第5期。

③ 孔祥俊：《数据权益的知识产权保护》，载微信公众号"上海交大知识产权与竞争法研究院"，2022年11月1日。

④ 崔国斌：《优化制度，让数据产权保护更加完善》，载微信公众号"中国知识产权报"，2022年8月1日。

⑤ 冯晓青：《数据财产权》，载微信公众号"冯晓青知识产权"，2022年12月11日。

⑥ 一审：上海市浦东新区人民法院（2015）浦民三（知）初字第528号；二审：上海知识产权法院（2016）沪73民终242号。

的，且具有很高的经济价值，相关信息是汉涛公司的劳动成果。此案虽并未明确提出数据权益的概念，但已实际肯定了特定情形下企业对其数据享有的权益。在后续的案件中，我国司法机关对数据权益保护的裁判思路逐渐清晰，在首例涉及微信数据权益认定的不正当竞争案腾讯起诉某科技公司不正当竞争案[①]及美景公司与淘宝公司不正当竞争纠纷案[②]中，法院都认为网络运营者所控制的数据分为原始数据与衍生数据。对于单一原始数据聚合而成的数据资源整体，数据控制主体享有竞争性利益。司法实践中，多数案件对于数据权益的保护，因为成文法上尚无可以直接适用的具体条款，大多通过援引《反不正当竞争法》第2条的原则性条款作为保护路径。随着理论界对于数据权益保护的探讨逐渐深入，实务中各种层出不穷的案件作为法律规制的丰富素材，可以期待关于数据权益保护的立法将会越来越完善。

五、结语与展望

2022年是知识产权保护工作取得较大发展的一年，世界知识产权组织发布的《2022年全球创新指数报告》显示，我国的排名上升至全球第11位，自党的十八大以来连续十年稳步上升，累计提升了24位。在党的二十大描绘的知识产权强国建设的宏伟蓝图下，我国知识产权法治适应市场经济发展逐步完善，继《专利法》和《著作权法》完成修改后，《商标法》和《反不正当竞争法》的修改也提上日程，修法频率显著提高；知识产权争议多元化解决机制得以落实，司法领域典型案例不断涌现，知识产权侵权纠纷的仲裁解决路径也首次在《商标法修订草案（征求意见稿）》正式提出，各地知识产权纠纷调解中心纷纷设立。

同时，随着社会发展和技术进步，新业态和新模式下知识产权的保护问题显现，如NFT的著作权保护、数据权益保护等。面对这些新的挑战，相信在2023年全面贯彻党的二十大精神开局之年，知识产权相关制度建设将不断完善，未来创新驱动的高质量经济发展将逐步实现。

---

① 一审：杭州铁路运输法院（2019）浙8601民初1987号；二审：杭州市中级人民法院(2020)浙01民终5889号。
② 杭州市中级人民法院(2018)浙01民终7312号。

中国影视娱乐行业争议解决年度观察（2023）

田集耕　张剑豪[①]

一、概述

（一）2022年度影视娱乐行业发展概况

2022年，中国影视娱乐行业在全球新冠疫情持续冲击、地缘政治风险、世界经济下行风险加大的多重压力下受到了挫折。这一年中国电影总票房以300.67亿元收官，相比于2021年的472.58亿元，下降约36%。

针对大环境的不利局面，国家也积极为电影行业纾困解难，为促进电影消费、加快电影市场恢复，国家电影局开展了2022年电影惠民消费季活动，采取了诸如丰富影片供给、发放观影消费券、挖掘农村消费潜力、做好减税退税等惠企政策，活动时间为2022年8月至10月。各地也纷纷采取措施在疫情防控常态化的基础上，有序恢复电影放映场所的开放，对影院加大纾困扶持力度，提振了行业信心。2022年8月，中国电影市场夺得了全球单月票房冠军，以《独行月球》《人生大事》等一批优秀的电影为代表，全国2022年暑期档总票房高达91.31亿元，同比上涨23.8%。由此可见，全国电影市场在2022年下半年恢复迅速，势头强劲，我们有理由相信2023年度中国电影市场将会迎来一个爆发期。

2022年剧集市场也是百花齐放、惊喜连连，《开端》为这一年开了好头，观众们被《人世间》的亲情所感动，为《风吹半夏》里的创业热潮所鼓舞，为年底科幻剧《三体》所兴奋，这几部剧都有非常优秀的原著小说作为依托，赢得了口碑与收视率。观众关注的不再仅仅是某某明星的话题流量，而是作品的剧情、人

[①] 田集耕，北京威诺律师事务所高级顾问。张剑豪，北京威诺律师事务所合伙人律师。

物形象以及作品传递的价值观等，形成了2022年中国剧集市场发展的一大特色。

经过2021年对艺人违法失德问题的大力整顿，2022年虽然国家对艺人违法失德的现象继续加大了惩罚的力度，但总体来说我们看到演艺明星们逐渐洗去浮躁，潜心本行，磨练技艺，实力派演员相继崛起并且获得赞誉与荣誉，好演员的"春天"来临。2022年中国影视圈诸多大奖的颁布，也让我们看到了国家、市场、观众对于好演员专业演出的褒奖。

还有值得欣慰的是，在国家、社会各界长期努力下，未成年人游戏沉迷问题已经得到基本的控制。2022年11月22日，中国音数协游戏工委、中国游戏产业研究院联合伽马数据共同发布《2022中国游戏产业未成年人保护进展报告》，报告显示，在2021年《关于进一步严格管理切实防止未成年人沉迷网络游戏的通知》实施之后的一年中，未成年人游戏总时长、消费流水等数据都有极大幅度减少，为未成年人健康成长营造了良好的社会条件。

（二）2022年度影视娱乐行业新的特点

2022年，中国影视娱乐行业呈现出以下新的特点与趋势，而这种趋势很多是通过互联网平台的形式表现出来，因此下述的互联网平台包括互联网影视娱乐平台：

1. 中华文化出海提质升级

我们在去年的年度观察"总结与展望"部分提到了"不断有优秀的影视作品、游戏、网络文学作品出海"，这一趋势在2022年尤其明显。

凭借2022年北京冬奥会的胜利举办，吉祥物冰墩墩迅速受到了全球运动员、媒体记者以及观众的追捧与自发传播、报道，成为近年来文化IP对外输出的典范。除此之外，中国传统元素的汉服、美食、乐器演奏为主要话题的短视频在TikTok上有高达数十亿次的观看总数，由此也引发了汉服在跨境电商店铺的爆火。而TikTok本身也是国内企业自主研发的影视娱乐平台，现在已经成了全球最大的短视频社交平台。

近年来，受到国内游戏版号审批限制、防止未成年人游戏沉迷规定的出台等多方面影响，越来越多的中国游戏厂商将目光转移至海外。比如，腾讯、网易、米哈游等大平台就通过投资收购海外游戏开发商的股份成立了海外工作室、推出全球游戏发行品牌等方式扩展海外版图，并取得了傲人的战绩。据Sensor Tower数据显示，截止到2022年11月，共43个中国厂商入围全球手游发行商收入榜TOP100。全球手游收入排行榜前三位均为中国企业发行的游戏。

东南亚成为中国影视娱乐行业出海的主要地区。2022年2月，阅文集团在新加坡启动了"2022全球作家孵化项目",培育海外创作者以及海外原创作品,探索网络文学全球发展的新模式、新空间,推动全球文化沟通和交流。此外,许多华语歌手也都在东南亚参加了各种演唱会、音乐节等演出。中国影视剧、网络剧也在东南亚播出,甚至一些影视剧直接将创作背景置于东南亚,或者与东南亚国家合拍,都取得了优异成绩,并得到了海外观众的热烈反响,如中广电国际网络有限公司和印度尼西亚电信公司合作将中国的影视剧在其附属的网络平台上进行播出,印度尼西亚在线观看人数就达到了惊人的一千多万。同时,中国网络综艺节目出海也实现了零的突破,2022年4月22日,优酷原版综艺《这!就是街舞》越南版在越南多家电视台播出并且创造了良好的收视率,开辟了中国节目对外输出的新蓝海。

上述这些新变化都标志着中国影视娱乐行业从模仿者、学习者到创作者、输出者的角色转变。中华文化在国际上的传播力、影响力、竞争力大幅提升。

2. 影视娱乐与体育跨界融合趋势明显

2022年是"体育之年",从年初的北京冬奥会到年尾的卡塔尔世界杯,都是全球范围的盛会。体育赛事IP化属性增强,自带顶级流量,人工智能、大数据、超高清视频等技术的应用,使得体育不可避免地与影视娱乐跨界融合,逐渐成为一股热潮,两者碰撞出闪亮的火花。赛事的曝光、宣传甚至解说,也都能看到影视娱乐明星以及影视娱乐行业公司的频繁身影。甚至通过直播、短视频、社交平台传播裂变推广,如谷爱凌与苏翊鸣等体育运动员极短时间内就能"出圈"成为新的"全民偶像",实现身份的多重转变。

新冠疫情让人们更注重了自身的健康,2022年4月,艺人刘畊宏的健美操在某短视频平台爆火,30天内累计观看人次超1亿,单场直播最高达4000多万人次观看,创造了该平台2022年新的纪录。这也体现了体育与影视娱乐跨界结合背后的底层逻辑,即人们对于健康、积极生活方式的追求。

3. 影视娱乐行业强化了反腐败反舞弊力度

影视娱乐行业近些年在影视剧、游戏、综艺、直播等领域经历了粗放式、高速"野蛮"增长、"烧钱圈地"的阶段,成为腐败与舞弊的重灾区。常见的腐败、舞弊行为包括收受贿赂或回扣;非法使用公司资产,贪污、挪用、盗窃公司资产;利用职务便利,为自己、利害关系人或他人谋取利益;使公司为虚假的交易事项支付款项或承担债务;隐瞒、故意错报交易事项;泄露公司的商业或技术秘密等。本质是通过违法违规手段,谋取个人不正当经济利益,损害公司正当经济利益。

如腾讯PCG影视内容制作部高管张某,曾担任多个影视作品的制片人,利用职务便利，为外部公司谋取利益，最终被人民法院审理认定构成非国家工作人员受贿罪，判处有期徒刑三年。腾讯 PCG 体育直播及节目部高管刘某，也因为同样的犯罪事实，最终被人民法院审理认定构成非国家工作人员受贿罪，判处有期徒刑十个月。此外，曾担任过《士兵突击》《我的团长我的团》等知名剧集制片人的吴某，也涉嫌职务侵占犯罪被公安机关刑事立案侦查，并且已被批准逮捕。

腐败与舞弊现象，已经成为制约影视娱乐行业，尤其是互联网影视娱乐平台发展，甚至成了影响生死存亡的重要因素。马化腾在 2022 年末的腾讯内部讲话中更是用"吓死人""触目惊心"来形容内部的舞弊腐败问题。

由于近年来，互联网影视娱乐平台进入提质、降本、增效、重塑企业文化的新阶段，在增量空间缩小，存量用户博弈的前提下，更加强调内部治理和优化，这就必然要求互联网影视娱乐平台重视腐败、舞弊现象带来的严重问题，并建立健全反腐败、反舞弊机制。因此，在 2022 年，互联网影视娱乐平台对于反腐败、反舞弊不遗余力。腾讯等互联网影视娱乐平台相继对外通报了反腐败、反舞弊的查处情况。通过采取设立内控合规机制，对涉案员工辞退、永不录用，将涉嫌犯罪的员工移送公安机关处理，对涉案企业拉入黑名单、永不合作，平台之间建立"反腐联盟"等措施，营造出"零容忍"的反腐高压态势。在互联网影视娱乐行业海外业务的拓展中，有些国家腐败现象也很严重。因此，建立"反腐联盟"，把反腐败、反舞弊行为从国内延伸到海外，将有利于建立起国内互联网影视娱乐平台在国际商业环境下的企业形象。

4. 云演出崛起成为新的影视娱乐形态

新冠疫情虽然让人们无法参与线下大规模聚集的演出活动，但是无法阻止人们对于精神文化的追求。随着大数据、移动互联网、人工智能、虚拟技术、超高清视频等技术的兴起与应用，重塑了人们的娱乐习惯，云演出成为新的影视娱乐形态。

云演出首先从美国发起并引爆热潮，2020 年 4 月 18 日，世界卫生组织（WHO）、全球公民组织（Global Citizen）和著名歌手 Lady Gaga 共同发起云演唱会，旨在感谢抗疫一线工作人员，鼓励人们。不到一天时间，这场在线演唱会的直播访问量就突破了一千多万。2021 年 10 月 28 日，Facebook 公司正式宣布战略转型，全力布局元宇宙，并且迎来了新名字"Meta"，在扎克伯格的规划里，云演出就是元宇宙虚拟世界的重要组成部分和娱乐方式。

自 2022 年以来，中国的互联网平台和歌手也加入云演出当中，有众多知名歌手举办线上演唱会，吸引了上亿人次的观看，线上演唱会具有更加灵活、低价（甚至免费）、互动性强以及传播性广的优势，随着大型互联网影视娱乐平台的宣传造势，动辄会有上千万人同时观看，人们可以通过弹幕发表观点，通过社交媒体分享传播，实现了线下演出无法带来的全新体验。

除了平台推动的线上演唱会之外，全国各地学校、社区、景区、剧院等社会组织也纷纷自发举办各种内容与形式的云演出、云展览，这些现象均表明，数字化文化消费新场景已经走入人们的日常生活，数字化文化已成为社会文化的重要组成部分。

5. 国家广播电视总局重拳出击整治演员"天价片酬"

2022年2月，国家广播电视总局印发《"十四五"中国电视剧发展规划》（以下简称《规划》），《规划》中明确提到要加强片酬管理，坚决反对"天价片酬"，严格执行每部电视剧全部演员总片酬不得超过制作总成本40%，主要演员片酬不得超过演员总片酬70%的制作成本配置比例规定，加强片酬合同备案与核查。行业组织制定标准化、规范化、制式统一的片酬合同示范文本，在电视剧行业推广使用。

2022年5月，经国家广播电视总局批准，中国广播电视社会组织联合会与中国网络视听节目服务协会共同制定的《演员聘用合同示范文本（试行）》正式发布，为电视剧、网络剧演员聘用合同提供示范文本，将国家广播电视总局的前述片酬要求纳入其中。自此，治理演员"天价片酬"有了制度化、制式化的规范与参考文本。

6. 网络电影、网络剧迎来"网标"新时代

2022年6月1日，国家广播电视总局公布的《关于国产网络剧片发行许可服务管理有关事项的通知》（以下简称《通知》）正式实施，《通知》明确：国家对国产网络剧片发行实行许可制度，广播电视主管部门对国产重点网络剧片实施重点监管，网上播出的国产电视剧片，应当持有广播电视主管部门颁发的电视剧发行许可证。只有取得《网络剧片发行许可证》才能在线上播出，并发布"网标"编号正式取代和覆盖之前的"上线备案号"，实现了网上网下同一标准，《通知》的出台，意味着更加规范、更加严格的"网标"新时代已经来临。

7. 影视娱乐领域的监管态势呈现全面化、常态化、制度化、科技化

在监管执法广度方面，以头部互联网平台为代表的越来越多的业内公司逐渐从单一的内容输出向"内容＋科技"转型，在转型过程中，实现以产品创新驱动用户交互和内容表达，反哺出更具有竞争力的产品，这些产品在形态上均覆盖App和小程序，在内容上均涉及个人信息和数据安全，这种变化就使得监管部门

从原先的中宣部、文化和旅游部、国家广播电视总局、国家电影局、国家知识产权局扩展到了数据和互联网相关的监管部门，包括国家互联网信息办公室、工业和信息化部、公安部等。多部门共同参与清朗系列专项行动，聚焦影响面和危害性大的问题，形成常态化执法。

在监管执法技术方面，监管App合规检测技术已成熟，形成了属地执法＋应用商店"准执法"的常态化检测，强化了对App关键责任链以及小程序、SDK的覆盖，另外，开始对算法技术进行实质性合规检查，并将算法纳入常态化治理。

在监管执法制度保障方面，伴随着2021年出台的两部数据领域大法《个人信息保护法》和《数据安全法》的施行，这一年来，数据和互联网监管部门在个人信息和数据安全保护领域发生了非常大的进展。在司法领域，针对个人信息和数据的司法诉讼案例聚焦在个人信息处理合法性、个人信息权利行使限制、个性化功能管理、人脸识别应用等方面。虽未呈现爆发式增长，但是每一起个人信息保护司法案例都会被媒体进行扩大性报道，具有较大的舆论影响。

另外，《个人信息保护法》确立了个人信息保护公益诉讼制度，检察院的地位逐渐凸显。近年来，由检察院提起的针对个人信息保护相关的公益诉讼案件逐渐增多。基于此，头部互联网平台内部均搭建了专门且有效运作的数据合规组织体系，以更好履行保护处理个人信息和其他数据的责任和义务。

二、新出台的法律法规、其他规范性文件以及监管动态

（一）《中华人民共和国反垄断法》（2022修正）

2022年6月24日，十三届全国人大常委会第三十五次会议通过全国人民代表大会常务委员会关于修改《中华人民共和国反垄断法》（以下简称《反垄断法》）的决定，新修订的《反垄断法》于2022年8月1日实施。

新修订的《反垄断法》增加了互联网平台反垄断的条款，体现了国家对于互联网平台经济创新引发的新问题的有力回应。

在2021年的年度观察"反垄断扩展至整个影视娱乐行业"的论述中介绍了"横向垄断协议"以及"纵向垄断协议"，除此之外，还有一种既有横向关系又有纵向关系的混合垄断协议——"轴辐协议"。此次新修订的《反垄断法》另一大亮点就是新增了"禁止轴辐协议条款"，即"经营者不得组织其他经营者达成垄断协议或者为其他经营者达成垄断协议提供实质性帮助"。

新修订的《反垄断法》表明我国从法制层面加强互联网平台尤其是对头部平台反垄断的治理，有利于维护网络安全，防范系统性金融风险，激发市场主体活力，促进互联网平台包括互联网影视娱乐平台的高质量发展。

（二）《数据出境安全评估办法》

为落实《中华人民共和国网络安全法》《中华人民共和国数据安全法》《中华人民共和国个人信息安全保护法》，2022年7月7日，国家互联网信息办公室出台了《数据出境安全评估办法》（以下简称《办法》），《办法》自2022年9月1日起正式施行。

《办法》明确了重要数据和个人信息（以下简称数据）出境应当申报出境安全评估的适用范围，数据出境风险自评估的内容，评估流程与期限，数据出境安全评估重点以及数据处理者应当承担的数据安全保护责任义务。《办法》涉及的领域和类别包括但不限于在线影视音乐、网络直播、短视频和演出票务。

《办法》的适时出台，完善了我国网络安全、数据安全以及个人信息保护领域的法律框架，为这类企业依法合规经营提供了制度遵循，有利于促进企业健康有序发展。

（三）《娱乐场所管理办法》（2022年修订）

为规范娱乐市场秩序、促进娱乐市场繁荣健康发展，2022年5月13日，文化和旅游部印发了《文化和旅游部关于修改〈娱乐场所管理办法〉的决定》，对《娱乐场所管理办法》（以下简称《办法》）进行了部分的修订。

《办法》修订的主要内容是首先将与上位法不符的内容进行了调整，如新增幼儿园周边不得设置娱乐场所和全面取消外商投资娱乐场所限制。其次不再将获得消防许可、环保达标作为文化和旅游行政部门审批娱乐场所的前置条件。最后，加大了对擅自从事娱乐场所经营活动的监管力度，明确了"取缔"可以采取责令关闭等具体措施，对无证经营取得的违法所得予以没收。

由此可见，2022年政府行政部门对娱乐场地的管理特点是放松管理和加强管理两头抓。在审批程序上的管理上尽量减少障碍，但对娱乐场所经营管理上则是加强了监督，尤其对影响未成年人身心健康成长等诸多因素列为监管的范围。

（四）《关于加强剧本娱乐经营场所管理的通知》

2022年6月25日，文化和旅游部、公安部、住房和城乡建设部、应急管理部、国家市场监督管理总局等五部门联合发布了《关于加强剧本娱乐经营场所管理的通知》（以下简称《通知》）。

《通知》首次在全国范围将剧本杀、密室逃脱等剧本娱乐经营场所新业态纳入监管。剧本娱乐经营场所应当依法进行工商登记并领取营业执照，经营范围登记为"剧本娱乐活动"。开业经营之后，剧本娱乐经营者也应当及时备案经营场所地址以及剧本脚本名称、作者、简介、适龄范围等信息。《通知》明确要求剧本娱乐经营场所采取多种措施加强未成年人保护，防止未成年人沉迷。

《通知》的出台，体现了"放管结合"的思想，对剧本娱乐经营场所实施包容审慎监管，从传统的事前审批转向事中事后监管，大幅简化优化了备案程序，促进了该行业的健康有序发展。这一思想在上述新修订的《娱乐场所管理办法》也有所体现。

（五）《关于规范网络直播打赏加强未成年人保护的意见》

2022年5月7日，中央文明办、文化和旅游部、国家广播电视总局、国家互联网信息办公室等四部门联合发布了《关于规范网络直播打赏加强未成年人保护的意见》（以下简称《意见》）。

《意见》明确要求禁止未成年人参与直播打赏，严控未成年人从事主播，网络平台不得为未满16周岁的未成年人提供网络主播服务，网站平台应在《意见》发布一个月内全部取消打赏榜单。

从2021年出台的《关于加强网络直播规范管理工作的指导意见》，到《关于进一步严格管理切实防止未成年人沉迷网络游戏的通知》，再到2022年《意见》的出台，表明国家对于未成年人保护工作一以贯之的重视。《意见》切实规范了网络直播行业，切断了损害未成年人身心健康的直播打赏活动，为未成年人健康成长营造出了良好的环境。

（六）《关于进一步规范明星广告代言活动的指导意见》

2022年10月31日，国家广播电视总局、国家市场监督管理总局、中国银行保险监督管理委员会、文化和旅游部、中央网络安全和信息化委员会办公室、中国证券监督管理委员会、国家电影局等七部门联合发布了《关于进一步规范明星广告代言活动的指导意见》（以下简称《指导意见》）。

《指导意见》进一步规范了明星、企业以及广告发布单位三方的责任，细化了明星广告代言行为规则，通过列举案例，明确了明星广告代言活动的红线、底线清单。同时，要求各相关部门压实企业主体责任，确保广告内容真实，妥善选用明星代言。此外，其还明确指出，各相关部门要加强对广告发布单位的监督管理，督促广告发布单位加强广告审查和内容管理，坚决遏制违法失德明星广告代言行为。

《指导意见》站在推进影视娱乐领域综合治理的高度，充分整合现有法律、法规和政策性文件，综合运用市场竞争、行业管理、监管执法、行业自律、社会监督等多种措施，构建起规范明星广告代言活动的治理体系，为维护好明星代言领域清朗空间提供新的制度支撑。

（七）《关于切实加强网络暴力治理的通知》

2022年11月2日，中央网络安全和信息化委员会办公室发布了《关于切实加强网络暴力治理的通知》（以下简称《治理通知》）。

网络空间是亿万民众共同的精神家园。党的二十大报告明确指出，要"健全网络综合治理体系，推动形成良好网络生态"。而网络舆论生态建设又是网络综合治理体系的重要组成部分。近年来，网络舆论生态整体趋好，但是依然存在侮辱谩骂、造谣诽谤、侵犯隐私等网络暴力现象，网络暴力造成的后果之严重，让人触目惊心。

《治理通知》首先要求互联网网站平台加强内容识别预警，构建网暴技术识别模型，建立涉网暴舆情应急响应机制；其次，要求互联网网站平台强化对于网暴当事人的保护，设置一键防护功能，优化私信规则，建立快速举报通道；再次，要求互联网网站平台严防网暴信息传播扩散，加强评论环节管理，加强重点话题群组和板块管理，加强直播、短视频管理，加强权威信息披露；最后，要求互联网网站平台对于参与网暴的账号或者借网暴恶意营销炒作的行为依法从严处罚。

《治理通知》要求互联网网站平台通过技术方式对网络暴力行为做到及时预警、及时响应、及时保护、及时处理。压实了互联网网站平台的主体责任，是2021年6月开展的"清朗"系列专项整治行动的延续，《治理通知》的出台，给予了网暴当事人强有力的保护与救济，有利于构建网络文明，共建良好网络生态。

（八）2022年专项整治活动

在内容安全领域，为做好党的二十大网络安全保障工作，落实《中华人民共和国反电信网络诈骗法》以及《互联网交互式服务安全管理要求》，全国多地的公安机关网安部门积极开展网络安全专项检查工作，压实互联网企业网络安全"第一责任",指导督促企业开展自查工作。2022年12月15日,《互联网跟帖评论服务管理规定》修订稿正式施行,明确了跟帖评论服务提供者跟帖评论管理责任,水军、键盘侠、网络喷子再也不能为所欲为了。

在数据合规领域,2022年3月,国家网信办联合多部门启动2022年"清朗·算法综合治理"专项行动,目标是聚焦网民关切、解决算法难题,维护网民合法权益等。此外,2022年5月18日,北京市通信管理局发布《关于开展2022年电信和互联网行业网络与数据安全检查的通知》,组织开展网络与数据安全检查工作,集中通报了多款App存在侵害用户权益和安全隐患等问题。

在大市场监管领域,2022年5月,市场监督管理总局印发《关于开展"百家电商平台点亮"行动的通知》,组织对百余家与群众日常生活密切相关的电商平台开展"点亮"行动,引导平台和商户"亮照、亮证、亮规则"。推动信息公开,切实保护消费者和中小经营者的合法权益,促进平台经济规范健康发展。

三、典型案例

【案例1】网络主播违约纠纷:最高人民法院指导案例189号——上海熊猫互娱文化有限公司诉李某、昆山播爱游信息技术有限公司合同纠纷案①

【基本案情】

被告李某原为原告平台公司创办的某直播平台游戏主播,2018年2月28日,平台公司与李某以及另一位被告李某的经纪公司签订《主播独家合作协议》,约定李某在该直播平台独家进行游戏直播和游戏解说。该协议的违约条款约定,协议有效期内,李某的经纪公司或李某未经平台公司同意,擅自终止该协议或在直播竞争平台上进行相同或类似合作,构成根本性违约,李某的经纪公司应向平台公司支付如下赔偿金:(1)平台公司累计支付的合作费用;(2)违约金5000万元人民币;(3)平台公司为主播李某投入的培训费和推广资源费。主播李某对此承担连带责任。

2018年6月1日,李某的经纪公司向平台公司发出催款单,催讨欠付主播李某的两个月合作费用。2018年6月27日,主播李某在社交媒体公开发布称其将

---

① 上海市静安区人民法院(2018)沪0106民初31513号、上海市第二中级人民法院(2020)沪02民终562号。

带领直播团队至竞争直播平台,并公布了直播时间及房间号。2018年6月29日,主播李某在竞争直播平台进行首播,李某的经纪公司也于官方媒体上发布主播李某在竞争直播平台的直播间链接。

2018年8月24日,平台公司向人民法院提起诉讼,请求判令主播李某和李某的经纪公司两被告继续履行独家合作协议,立即停止在其他平台的直播活动并请求判令两被告支付平台公司违约金300万元。李某的经纪公司不同意平台公司请求,并提出反诉请求:判令解除三方签订的《主播独家合作协议》,平台公司支付合作费用并支付律师费。

一审法院判决李某的经纪公司向平台公司支付违约金260万元,主播李某对上述付款义务承担连带清偿责任;平台公司向李某的经纪公司支付2018年4月至2018年6月的合作费用;驳回李某的经纪公司其他反诉请求。主播李某不服一审判决,提起上诉,上海市第二中级人民法院终审判决驳回上诉,维持原判。

【争议焦点】

1.《独家合作协议》及违约金条款的效力问题;

2.协议各方违约责任的承担;

3.违约金调整的主要考量因素。

【裁判观点】

对于争议焦点1和2,法院认为,第一,根据本案查明的事实,平台公司与李某的经纪公司、主播李某签订《主播独家合作协议》,自愿建立合同法律关系,而非主播李某主张的劳动合同关系。协议系三方的真实意思表示,不违反法律、法规的强制性规定,应认定为有效,各方理应依约恪守。从该协议的违约责任条款来看,该协议对合作三方的权利义务都进行了详细约定,主播李某未经平台公司同意在竞争平台直播,且主播李某和李某的经纪公司均以行为明确表示不再继续履行该协议,有悖于诚实信用原则,导致平台公司的合同目的无法实现,构成根本违约,应当承担赔偿责任。

第二,法院认为,平台公司存在逾期付款行为以及尚欠李某的经纪公司合作费用,虽然存在履约瑕疵,但并不足以构成根本违约,李某的经纪公司和主播李某不享有法定解除权。而且从解除的方式来看,合同解除的意思表示也应当按照法定或约定的方式明确无误地向合同相对方发出,主播李某在网络平台上向不特定对象发布的所谓"官宣"或直接至其他平台直播的行为,均不能认定为向平台公司发出明确的合同解除的意思表示。

对于争议焦点3,法院认为,当事人主张约定的违约金过高请求予以适当减少的，应当以实际损失为基础，兼顾合同的履行情况、当事人的过错程度以及预期利益等综合因素，根据公平原则和诚实信用原则予以衡量，而且应当充分考虑网络直播这一新兴行业的特点。本案中，人民法院结合主播李某在游戏直播行业中享有的人气、知名度和收益情况、合同剩余履行期间、合同各方违约及各自过错大小、原告平台公司能够量化的损失、平台公司已对约定违约金作出的减让、平台的现状等予以考虑，综合直播行业的特点、直播平台的投入、李某的经纪公司的参与等因素，根据公平与诚实信用原则，以及利益平衡，酌情将违约金调整为 260 万元。

【纠纷观察】

本指导案例系统性地明确并阐述了网络主播与平台签署的合同整体法律效力，网络主播违约行为应当承担的违约责任以及人民法院在调整违约金时应考量的因素。本案被选为最高人民法院指导案例，对同类法律纠纷具有较高的参考价值和示范意义，对于网络直播行业的规范健康发展具有积极的推动作用。

近年来，网络直播成长为新兴产业。网络主播与经纪公司、平台公司签订的合同具有鲜明行业特征，兼具中介、委托、代理、劳动的综合属性。平台通过向主播投入大量成本提升流量，再通过主播的流量变现进行盈利，观众与主播之间的正向关联度很强，一旦优质主播跳槽，将直接导致原平台观众随主播转换至新平台，势必会减少原平台的流量，并削弱原平台的竞争力。

因此，一方面，网络直播行业内的企业竞争，实际上就是平台主播资源的竞争。网络主播"跳槽"导致的损失，不能仅限于实际发生的具体损失，还要考虑平台整体估值的降低，预期利益损失，特定对象广告收益减损等因素。但是，这些因素往往又是难以量化的，这样就会加重网络直播平台在损失举证方面的责任，有违公平原则，法院此时会考虑网络直播平台的特点以及签订合同时对网络直播平台成本及收益的预见性，适当降低网络直播平台运营主体的证明标准。

另一方面，对于违约金合理性的判断，应当立足于行业健康有序发展，并从营造良好与理性的市场竞争环境方面去考虑。无论是网络直播平台不断"烧钱"来提升流量，还是约定高额的违约金阻止主播的"跳槽"，一定程度上都是非理性竞争，不利于网络直播平台的可持续发展。因此，无论是从建立稳定、有序、健康的网络直播行业业态，还是为网络直播平台营造良好的营商环境，抑或促使主播市场价值回归理性的角度，对于不合理的高额违约金，应适当予以调整。

【实操建议】

对于网络直播平台而言，在约定违约责任尤其是要求违约主播承担违约金时，应当具备一定的合理性,明确违约金的计算依据、细化不同程度违约行为对应的法律后果。避免因为盲目约定天价的违约金而被人民法院或仲裁机构不予认可。同时,要做好主播的日常管理工作,对于后台数据、直播打赏、粉丝人数、培训宣传成本费用等证据做好留痕工作。

对于网络主播而言,应当在签署书面合同时尽到审慎注意义务,在履行合同时也要尊重契约精神,及时完成自身义务,跳槽需谨慎。同时,对于网络直播平台恶意天价的索赔,也有权依据《中华人民共和国民法典》第585条第2款的规定请求裁判机构适当减少违约金。

【案例2】《剧集作品专有许可使用合作协议》违约纠纷：浙江某技术公司与北京某文化传媒公司针对《剧集作品专有许可使用合作协议》违约纠纷在北京仲裁委员会提起争议仲裁案

【基本案情】

申请人浙江某技术公司（以下简称A公司）与被申请人北京某文化传媒公司（以下简称B公司）于2018年4月25日签订了《剧集作品专有许可使用合作协议》（以下简称本案合同），约定由B公司承担剧集制作并向A公司交付剧集介质和版权文件的义务，由A公司获得剧集作品相应的著作权及相关权益，作为获取上述权益的对价，A公司向B公司分期支付上亿元合作费用。

按照本案合同的约定，B公司向A公司交付剧集介质及版权文件的最晚时间为2018年11月30日前。但B公司向A公司实际交付剧集介质的时间是2019年9月3日。据此，A公司要求B公司承担逾期交付剧集介质的违约金。但是，B公司认为A公司逾期支付合同尾款，遂提出仲裁反请求，要求A公司支付尾款以及逾期付款违约金。

【争议焦点】

1. B公司是否延迟交付了剧集介质并构成违约；
2. A公司欠付的尾款数额及是否存在违约行为的认定。

【裁判观点】

针对争议焦点1，仲裁庭认为，本案合同对于B公司向A公司交付剧集介质的标准有明确的约定，但交付剧集的方式没有约定，可以理解为B公司有权通过包括硬盘交付在内的任何方式交付剧集介质。

虽然双方当事人均未能向仲裁庭提供直接或具有说服力的证据证明B公司在2018年11月30日之前是否向A公司交付了剧集的介质，但是从本案合同约定来看，B公司交付剧集介质的时间应是其拍摄完毕后交付的时间，不包含审片和备案的时间。而B公司提供证据证明公安部宣传局向"金盾影视文化中心"下发了涉案剧集的审看意见，涉案剧集在上映前也取得了国家广播电视总局的备案号。

仲裁庭认为，基于上述证据，并且从时间点进行倒推，B公司应是在向"金盾影视文化中心"审核之前已经向A公司交付了涉案剧集介质，且交付时间不会与本案合同约定的交付时间相距过远。因此，仲裁庭对于A公司要求B公司支付延期交付介质违约金的仲裁请求不予支持。

针对争议焦点2，仲裁庭认为，根据涉案剧集官方微博发布的"追剧日历"，该剧于2019年10月30日首次播出完毕，根据本案合同约定，尾款应于2019年11月27日前支付完毕，但A公司未进行实际支付。因此，仲裁庭支持了B公司要求A公司支付尾款的仲裁反请求。

【纠纷观察】

影视产业的核心是版权经济，本案涉及的是版权合同中标的物交付、合同价款支付这一部分。不同于不动产或者设备、车辆等实物资产，版权属于无形资产，版权作品的转让方需要承担交付义务，实践中，往往采取纸质文件、硬盘拷贝、发送电子邮件、微信等方式。对于义务的履行情况，应由负有义务的一方承担举证责任，因此，转让方交付版权作品时更需要注意留痕，及时要求受让方对交付的作品进行确认与验收，避免因不明确导致纠纷。

本案中，A公司对于本案合同关键条款"标的物交付"没有进行详细的约定，实际上就使得B公司履行合同义务少了一些约束，而B公司虽然没有直接证据证明履行了交付义务，但通过剧集备案、审核流程的先后顺序，间接证明B公司完成了交付义务。

【实操建议】

《剧集作品专有许可使用合作协议》属于私法范畴，在不违反法律、法规的强制性规定的前提下，合同合法有效，仲裁机构充分尊重合同双方的意思自治。由此，也要求合同双方充分利用意思自治的原则，在许可协议中尽可能作出全面、清晰、量化的约定，在完成作品以及交付作品的过程中留痕，这也是对自身权益的一种保护。

【案例3】国内首例NFT数字藏品侵权纠纷[①]：原告某文创公司与被告某科技公司侵害作品信息网络传播权纠纷案

【基本案情】

漫画家马千里以"不二马"为笔名，"不二马大叔"为微博名，创造的"我不是胖虎"动漫形象以一只憨厚可掬的东北虎为原型，近年来成为广受用户欢迎的爆款IP，并发展出一系列联名、周边、表情包等衍生作品。原告某文创公司经作者马千里授权，享有"我不是胖虎"系列作品在全球范围内独占的著作权财产性权利及维权权利。

某知名平台也曾发布《我不是胖虎》系列NFT，分时段售卖，每个时段中《猛虎上山》和《猛虎下山》各限量8000份，引起了巨大关注。

原告发现，被告经营的"元宇宙"平台上，有用户铸造并发布《胖虎打疫苗》NFT，售价899元。该NFT作品与马千里在微博发布的插图作品完全一致，甚至是在右下角依然带有作者的微博水印。而被告平台未要求用户就作品提交任何权属证明，同时收取一定比例的交易费用，原告认为，被告行为构成信息网络传播权帮助侵权，故诉至杭州互联网法院，要求被告停止侵权并赔偿损失。

法院审理后确认了被告存在侵权行为，要求被告立即停止侵害原告《胖虎打疫苗》美术作品信息网络传播权的行为，并赔偿原告经济损失及合理支出。

【争议焦点】

1. NFT数字作品铸造、交易的法律性质；
2. 被告平台的属性及责任认定。

【裁判观点】

针对争议焦点1，法院认为"NFT数字作品的铸造"，指的是平台注册用户将作品上传到NFT数字作品交易服务平台区块链上的过程，由于区块链的特性，能够指向发布者的唯一身份，平台用户的"铸造"行为等同于将作品置于网络传播。而"NFT数字作品的交易"，指的是NFT数字作品交易服务平台上的买家，在通过数字钱包支付对价和服务费之后，就可以成为平台上公开显示的该NFT数字作品的所有者，NFT交易实质上就是"数字商品"所有权转移，并呈现一定的投资和收藏价值。因此，NFT数字作品铸造、交易包含对该数字作品的复制、出售和信息网络传播三个方面的行为。

[①] 杭州互联网法院（2022）浙0192民初1008号。

本案中，NFT数字作品是通过铸造被提供在公开的互联网环境中，交易对象为不特定公众，每一次交易通过智能合约自动执行，可以使公众可以在选定的时间和地点获得NFT数字作品，故NFT数字作品交易符合信息网络传播行为的特征。法院认为，尽管NFT数字作品铸造过程中存在将作品上传、复制到平台的行为，但是复制行为是网络传播的一个步骤，而且复制造成的损害后果已经被信息网络传播给权利人造成的损害后果所吸收，无须单独对此予以评价。最终，法院认为网络用户未经原告许可，在被告平台铸造并交易《胖虎打疫苗》NFT数字作品的行为，应认定为侵害原告作品的信息网络传播权。

针对争议焦点2，法院认为，NFT属于新型商业模式，对于提供NFT数字作品的交易服务的网络平台的性质，应结合NFT数字作品的特殊性及NFT数字作品交易模式、技术特点、平台控制能力、营利模式等方面综合评判平台责任边界。综合上述因素，法院对NFT数字作品交易服务平台课以了较高的注意义务，平台不仅需要履行一般网络服务提供者的责任，还应当建立一套有效的知识审查机制以及侵权预防机制。

本案中，原告在被告平台明显地遭遇到了侵权，而被告平台对此并没有进行任何审查，没有履行必要的注意义务，没有及时采取有效制止侵权的必要措施，存在主观过错，故应当承担相应的帮助侵权责任。

【纠纷观察】

本案属于国内NFT数字作品侵权第一案，在当前法律、法规没有明确规定的情况下，法院对于NFT数字作品的定义，NFT数字作品交易模式，NFT数字作品交易服务平台的属性以及责任认定等均进行了有益的、积极的探索，论述翔实而专业，具有较高的参考价值。

除了上述的探索之外，本案中，法院首次明确NFT数字作品交易不适用"发行权一次用尽"原则。虽然该原则并没有在《中华人民共和国著作权法》（以下简称《著作权法》）中进行明确，但是我国司法实践和主流学术观点均已经认可了这一原则。为了平衡作品著作权人与合法享有作品有形载体的所有权人、占有权人的权利边界，对著作权人的发行权进行"一次用尽"的合法限制。

但是NFT数字作品无须通过转移有形载体就可以获得复制件，而NFT数字作品铸造、交易的行为并不导致该作品有形载体的所有权或者占有权转移，自然不受《著作权法》中"发行权"的控制，也就缺乏了适用"发行权一次用尽"原则的前提和基础。

【实操建议】

近年来，NFT 数字作品从爱好者小圈子逐渐扩大了传播范围，而且具有了商品属性以及收藏价值。一些平台也意识到了其中蕴含的商机，成为 NFT 数字作品交易服务平台，为注册用户提供传播、交易服务并收取服务费用。

本案法院首次通过判例方式对这类平台课以较高的注意义务，意图规范平台对于新型商业模式以及新兴科技的应用，保护数字作品的著作权，推动数字文化创意产业的发展。建议平台明确用户注册、交易等规则，建立知识产权审查机制和侵权预防机制，必要时可要求铸造用户提供担保机制。平台用户在铸造、交易 NFT 数字作品时，需要提供初步证据证明其为著作权人或者相关权利人；一旦平台上流通的 NFT 作品被认定侵权时，将侵权 NFT 数字作品在区块链上予以断开并打入"地址黑洞"，最大限度制止侵权作品继续传播。

【案例4】国内首例算法推荐案：北京爱奇艺科技有限公司诉北京抖音信息服务有限公司侵害《延禧攻略》信息网络传播权纠纷案

【基本案情】

北京爱奇艺科技有限公司（以下简称爱奇艺）享有热播剧《延禧攻略》在全球范围内独占的信息网络传播权，北京抖音信息服务有限公司（以下简称抖音）未经授权，在该剧热播期间，通过其运营的今日头条 App，利用信息流推荐技术，将用户上传的截取自《延禧攻略》剧集内容的短视频向公众用户传播并推荐，单条最高播放量超过了 110 万次。

爱奇艺起诉称，抖音侵害了爱奇艺对《延禧攻略》的信息网络传播权，请求法院判令抖音赔偿经济损失 2921.6 万元以及维权开支 78.4 万元。爱奇艺认为抖音在明知或应知用户上传侵权内容情况下，未尽到合理的注意义务，存在主观过错，构成帮助侵权。最终，北京市海淀区人民法院一审判决抖音的涉案行为构成帮助侵权，并判定赔偿爱奇艺经济损失 150 万元及诉讼合理开支 50 万元，共计 200 万元，二审双方达成调解结案。

【争议焦点】

作为信息存储空间和信息流推荐技术提供者的抖音是否与侵权用户之间存在分工合作，或者为用户的侵权行为提供了帮助，从而应当承担相应的侵权责任。

【裁判观点】

首先，一审法院认为，客观方面，抖音作为今日头条 App 的运营者，并未参与用户所实施的上传、发布侵权短视频的行为。主观方面，也没有证据证明抖音与侵权用户之间存在相应的意思联络。即用户的侵权行为与抖音的信息流推荐，属于各自独立进行决定和实施的行为，不构成分工合作共同侵权。

其次，判断抖音是否存在帮助侵权行为，关键就在于其是否知道或者有合理理由应当知道其用户实施了侵权行为，却仍未采取制止侵权的必要措施并继续提供技术支持。

法院认为，判断抖音是否明知或应知，应当考虑如下重要因素：《延禧攻略》爆红网络的知名度和影响力；爱奇艺向抖音连续发送20余封预警函、律师函进行预警及告知；涉案侵权短视频位于今日头条App栏目中非常显著的位置，传播期间长、侵权账号多、侵权传播广，抖音实质接触、审核视频内容，以上种种均能证明抖音应当知道侵权行为。

法院认为，判断抖音是否采取了合理措施，一方面应查明抖音作为网络服务提供者是否根据用户侵权行为的方式以及自身所提供服务的性质、技术水平、信息管理能力等，实际采取了包括但并不限于删除、屏蔽、断开链接等方式的措施；另一方面，应当判断上述措施的采取是否产生了制止和预防明显侵权的处理结果。前者要求采取合理的手段与方式，属于形式要件；后果要求实现应有的效果与目的，属于实质要件。只有在同时满足这两个方面要求的情况下，网络服务提供者方可免于承担侵权责任。

本案中，虽然法院认定抖音针对用户的侵权行为采取了删除、屏蔽等措施，但是并没有达到必要的程度，没有实现制止和预防明显侵权的效果。在此情况下，抖音仍为实施侵权行为的用户提供相应的信息存储空间服务和传播技术支持，构成帮助侵权，应当与其用户承担连带责任。

【纠纷观察】

本案判决对短视频平台如何依法合规利用算法推荐技术具有重要的借鉴、指导意义，本案判决作出之后，在诉讼风险和不确定性的压力下，双方达成和解，2022年7月19日，爱奇艺与抖音宣布达成合作，双方将围绕长视频内容的二次创作与推广等方面开展探索。除此之外，抖音与搜狐视频、快手与乐视视频、B站与腾讯等也达成版权合作，长视频平台、短视频平台合作共赢，放弃零和博弈成为趋势。

【实操建议】

本案是国内首例涉及短视频算法推荐技术侵犯作品信息网络传播权纠纷，法院进行了充分的论述，创造性地认定像抖音这种采取信息流推荐服务的短视频平台，与不采用算法推荐、仅提供信息存储空间服务的其他经营者相比，具有获取更多优势、利益与带来更大侵权风险并存的情况，理应对用户的侵权行为负有更高的注意义务。

法院在本案中明确，算法推荐尽管是实现服务不可或缺的重要部分，但绝不是全部。在算法推荐环节之外，短视频平台仍可以通过在其服务和运营的相应环节中施以必要的注意、采取必要的措施加以完善，实现及时、有效地制止和预防明显的侵权行为和后果。否则即便是履行了注意义务，但没有实现制止和预防明显侵权的效果时，依然要承担侵权责任。

因此，从本案的判决中可以得出，"技术中立""避风港"原则不再成为平台规避侵权责任的"挡箭牌"，本案中，抖音采取的是协同过滤算法推荐技术，这也是许多平台经常采取的经典算法。针对采取算法推荐技术的平台，要严格遵守国家互联网信息办公室、工业和信息化部、公安部、国家市场监督管理总局四部门于2022年1月4日联合发布的《互联网信息服务算法推荐管理规定》中规定的义务，落实算法安全主体责任；定期审核、评估、验证算法机制机理、模型、数据和应用结果；发现违法信息的，应当立即停止传输，采取消除等处置措施，防止信息扩散等。

四、热点问题观察

（一）政策热点：文化产业上升至国家战略高度

1.《"十四五"文化发展规划》中关于影视娱乐行业的概述

2022年8月，中共中央办公厅、国务院办公厅印发了《"十四五"文化发展规划》（以下简称《规划》），《规划》提出"建设全媒体传播体系"，打造一批具有强大影响力、竞争力的新型主流媒体；《规划》要求"建好用好管好网上舆论阵地"，强化对网络平台的分级分类管理，加快完善平台企业数据收集、使用、管理等方面的法律规范；《规划》将继续深化影视业综合改革。深化影视娱乐领域综合治理，加强明星代言、违法失德艺人规范管理；《规划》明确"十四五"期间将推出更多精品力作，推动文艺创作从"高原"迈向"高峰"；《规划》鼓励引导网络文化创作生产，鼓励文化单位、网民、网络文化创作生产平台推出更多优秀的产品、节目、服务，引导和规范网络直播健康发展；《规划》指出将"加强版权保护和开发利用"，重点是完善版权保护体系，加强数字版权保护，加强传统文化、传统知识等领域的版权保护，加大对侵权盗版行为的执法监管和打击力度；《规划》鼓励有国际竞争力的文化企业走出去,讲好中国故事、传播好中国声音,"扩大中华文化国际影响力"。对于从事相关影视娱乐行业的企业,《规划》将落实增值税优惠政策以及国家有关产业扶持优惠政策。

为了推动文化产业高质量发展,《规划》提出,第一,"加快文化产业数字化布局",推动文化企事业单位基于文化大数据不断推出新产品、新服务;第二,"健全现代文化产业体系",鼓励多种形式的企业进入文化产业,加快发展数字影视娱乐等新文化业态,推动文化与旅游、体育、教育、信息等跨领域融合发展;第三,"建设高标准文化市场体系",落实统一的市场准入负面清单制度,清理破除文化市场准入隐性壁垒,探索文化企业融资模式,全面促进文化消费;第四,"推动科技赋能文化产业",建立健全文化科技融合创新体系,建立健全文化产业技术标准和服务标准,推进产学研相融合,加快文化产业发展关键技术的研发与运用。

2.《规划》的重要意义

《规划》是党的二十大报告中提出"繁荣和发展文化事业和文化产业"的实现路径。《规划》系统擘划了"十四五"时期文化发展的上述重点目标任务、重要政策举措和重大工程项目,是文化领域唯一的综合性国家重点专项规划。影视娱乐行业是文化产业的重要组成部分,《规划》对于影视娱乐行业在"十四五"期间的发展也起到了提纲挈领的指导作用,值得深入学习并贯彻落实。

(二)学术热点:《反垄断法》的修改使包括互联网影视娱乐平台在内的互联网平台经济得到了监管力度加强,"互联互通"有了上位法的基础

1."互联互通"提出的背景以及含义

现实中我们曾遇到过类似的情景:比如,在某短视频平台发现好的视频作品,想要推荐给微信好友,结果链接却是一堆口令,无法直接打开,还需要重新下载。究其原因,就在于这些平台之间通过技术手段互相屏蔽,设置封禁。但是,目前尚无法律、法规对"互联互通"作出明确的定义,一般而言,互联网平台之间的互联互通指的是开放 API 接口,允许不同的 App 之间能够互相通信。

为了解决上述问题,在 2022 年两会期间,有多位人大代表、政协委员在意见建议中提到了互联网平台互联互通。有人大代表就建议着力率先推动智能小程序领域的互联互通,也有人大代表在议案中也建议推进数据共享互通及流量互联。"互联互通"因为这些议案再次成为社会热议话题。

2.互联网平台经济领域反垄断执法、立法、司法的发展历程概述

2021年是国家的反垄断大年,也是平台经济的反垄断元年。互联网平台是反垄断重点规制的对象,国家也在不断通过专项整治行动以及立法,完善互联网平台经济治理体系。2021年2月7日,国务院反垄断委员会出台的《关于平台经济领域的反垄断指南》,将互联网平台经营者通过屏蔽店铺、流量限制、技术障碍等行为,认定为限定交易行为。

2022年6月24日新修正的《反垄断法》新增的第9条规定:"经营者不得利用数据和算法、技术、资本优势以及平台规则等从事本法禁止的垄断行为。"新增的第22条第2款规定:"具有市场支配地位的经营者不得利用数据和算法、技术以及平台规则等从事前款规定的滥用市场支配地位的行为。"

2022年11月17日,最高人民法院举行新闻发布会,发布人民法院加强反垄断和反不正当竞争司法有关情况和典型案例,并回答记者提问。对于未来进一步发挥反垄断司法职能的举措,最高人民法院将加强对平台经济等重点领域和关键环节的反垄断司法力度,严厉打击垄断协议行为,有力制止滥用市场支配地位行为。并且将根据新修正的《反垄断法》,适时出台新的反垄断民事诉讼司法解释,提供更加清晰具体的裁判规则。

2022年11月27日,国家市场监督管理总局对外公布了《中华人民共和国反不正当竞争法(修订草案征求意见稿)》(以下简称《征求意见稿》)。《征求意见稿》第16条新增将"无正当理由,对其他经营者合法提供的产品或者服务的内容、页面实施拦截、屏蔽等"行为认定为不正当竞争行为。

3.打破隔阂、互联互通对于影视娱乐行业的积极意义

根据上述规定,平台之间技术手段屏蔽链接,强迫用户"二选一",就明确构成了法律意义上的经营者滥用市场支配地位的垄断行为。互联网平台"互联互通"有了上位法基础。当然,实现"互联互通"不能一蹴而就,应当避免一刀切的方法,"互联互通"并非要求互联网平台全面开放,不设安全限制,而是要引导互联网平台摒弃零和博弈,拥抱竞争。

实现"互联互通"之后,海量优质的影视娱乐App和影视娱乐内容可以在其他互联网平台里呈现,被更多用户浏览,为消费者增加了选择范围,有利于回归"内容为王"的良性竞争。实现"互联互通"之后,不会导致互联网平台竞争优势丧失,而是能够打破信息孤岛,充分释放网络效应,催生新的影视娱乐需求场景,实现各互联网平台相互引流,提高了用户黏性与活跃度,各互联网平台之间的流通成本大大降低,实现了降本增效的作用,也有助于互联网平台之间合作,共同

打造更加优质的影视娱乐产品,最终实现互利共赢。同时,互联网平台之间软件和硬件得以兼容,用户以及数据能够在不同的互联网平台之间转换,有助于促进新兴技术的发展。

(三)实务热点:在新冠疫情下,影视娱乐行业情势变更原则的认定与建议

2022年对于许多电影、电视剧和综艺节目的经营者来说,由于受新冠疫情爆发以及政府管控措施的影响,许多电影先后宣布撤档,电视剧和综艺节目等也陷入了拍摄停机甚至就地解散的地步。影视剧制作项目具有长期且非常复杂的过程,势必会牵扯多方角色、影响合同的履约,如果合同未按约履行,极有可能构成违约责任。

为此,通过对2022年典型案例的观察,我们发现"情势变更"原则与"不可抗力"具有相似之处,实践中有可能构成混淆,因此,我们需要在今后的司法实践中对情势变更原则进行分析和厘清。

1.情势变更原则的法律变迁

早在2009年5月13日起施行的《最高人民法院关于适用〈中华人民共和国合同法〉若干问题的解释(二)》(简称《合同法司法解释二》,现已废止)第26条就规定了"情势变更原则":"合同成立以后客观情况发生了当事人在订立合同时无法预见的、非不可抗力造成的不属于商业风险的重大变化,继续履行合同对于一方当事人明显不公平或者不能实现合同目的,当事人请求人民法院变更或者解除合同的,人民法院应当根据公平原则,并结合案件的实际情况确定是否变更或者解除。"

2009年7月7日最高人民法院印发《关于当前形势下审理民商事合同纠纷案件若干问题的指导意见》的通知,该通知提出应当慎重适用情势变更原则,对于部分当事人在诉讼中提出适用情势变更原则变更或者解除合同的请求,法院应当依据公平原则和情势变更原则严格审查,要求法院合理区分情势变更与商业风险。

《民法典》在总结司法实践经验的基础上,吸收了《合同法司法解释二》第26条的相关规定,并首次以立法形式对情势变更原则进行了明确。《民法典》第533条规定:"合同成立后,合同的基础条件发生了当事人在订立合同时无法预见的、不属于商业风险的重大变化,继续履行合同对于当事人一方明显不公平的,受不利影响的当事人可以与对方重新协商;在合理期限内协商不成的,当事人可以请求人民法院或者仲裁机构变更或者解除合同。人民法院或者仲裁机构应当结

合案件的实际情况，根据公平原则变更或者解除合同。"

2. 情势变更原则的构成要件以及与不可抗力的异同

相比于《合同法司法解释二》的内容，《民法典》不再将不可抗力排除在情势变更的事由之外，取消了情势变更事由导致合同目的不能实现的规定，而且增加了当事人积极沟通的义务。具体而言，情势变更的构成要件包括：

（1）存在情势变更的事实，即合同赖以存在的客观情况、基础条件确实发生变化；

（2）情势变更应当发生在合同订立后、履行完毕前；

（3）情势变更，须为当事人所不能预见的，不属于商业风险的情形，否则视为双方自愿承担风险；

（4）情势变更的发生不可归责于合同主体；

（5）继续履行对一方当事人显失公平。

由此可见，在《民法典》颁布生效之后，不可抗力成为情势变更的事由之一，但是两者对合同的影响程度不同，发生不可抗力且导致合同目的无法实现时，当事人享有法定的合同解除权；而发生情势变更事由（尤其是不可抗力且继续履行显失公平的）时，当事人仅有请求变更或者解除合同的权利。

3. 疫情期间情势变更的认定与应用建议

2022年4月10日，上海市高级人民法院发布了《关于涉新冠肺炎疫情案件法律适用问题的系列问答之三（2022年修订版）》（以下简称《问答三》），如果合同虽然仍有可履行性，但是因疫情或者疫情防控措施使得合同的基础条件发生了当事人在订立合同时无法预见的、不属于商业风险的重大变化，继续履行合同对一方明显不公平的，则可能构成情势变更。受到不利影响的当事人可以根据《民法典》第533条第1款的规定与对方重新协商；在合理期限内协商不成的，当事人可以请求人民法院变更或者解除合同。

据此，当疫情或者疫情防控措施使得合同的基础条件发生了当事人在订立合同时无法预见的、不属于商业风险的重大变化时，建议当事人采取必要措施避免损失扩大，并保留相关证据，同时及时通知合同相对方，积极协商解决，妥善处理后续事宜，如果协商无法取得一致，当事人就可以请求人民法院或者仲裁机构变更或者解除合同。此外，要做好复工相关的准备工作，确保复工时影视剧项目各方能够排期妥当。

五、总结与展望

随着文化发展规划上升为国家战略，以及近年来各种新兴技术的推广应用，影视娱乐行业更新迭代，势必会产生巨大动能，拓展出广阔的增长空间。

诚然，政策因素与技术因素是重要的影响因素，但是，"打铁还需自身硬"，在微观层面，要求影视娱乐行业从业者以及公司规范自身行为，提升自身建设，遵守法律、制度的刚性约束，明确红线、守住底线、革除积弊，培育符合新时代影视娱乐行业发展的人才队伍。在宏观层面，对文化领域的"守正创新"是新时代影视娱乐行业发展的核心要求。要求影视娱乐行业从业者以及公司坚持以人民为中心的创作导向，打造群众喜闻乐见的文化品牌，提供更多既能满足人民文化需求、又能增强人民精神力量的文化产品。在文化强国的实践路径中找准定位与目标。全面复苏的春天，我们相信就在眼前。

中国民用航空争议解决年度观察（2023）

高峰 金喆 李志宏[①]

一、概述

2022年世界经济呈现复苏显著放缓态势。新冠病毒不断变种传播，地缘政治格局改变，能源短缺背景下油价大幅震荡等多重风险因素叠加，航空客运量尚未恢复到疫情前的水平。国际航空运输协会（IATA）发布的报告显示，2022年全球航空公司总收入预计较2021年增长43.6%，达到7270亿美元；航空公司净亏损预计为69亿美元，明显好于2021年和2020年的420亿美元和1377亿美元的亏损金额；2022年客运收益率预计增长8.4%，客运收入预计增长至4380亿美元，高于2021年的2390亿美元；航空货运收入预计达到2014亿美元，与2021年基本持平。[②]

在疫情防控新形势下，我国民用航空运输市场安全稳健恢复。根据2023年全国民航工作会议公布的数据，2022年全行业完成运输总周转量599.3亿吨公里、旅客运输量2.5亿人次、货邮吞吐量607.6万吨，分别恢复至疫情前的46.3%、38.1%、80.7%；全年完成固定资产投资超过1200亿元，连续三年超千亿；运输机场总数达到254个，通用机场达399个；京广大通道历时八年实现全线贯通，形成了纵贯南北2000多公里的空中大动脉，京津冀和粤港澳大湾区之间航路通行

[①] 高峰，独立仲裁员。金喆，国浩律师（北京）事务所合伙人。李志宏，北京仁人德赛（上海）律师事务所合伙人。

[②] IATA: Global Outlook for Air Transport—December 2022，载国际航空运输协会网站，https://www.iata.org/en/iata-repository/publications/economic-reports/global-outlook-for-air-transport---december-2022/，访问时间：2023年1月30日。

能力提升35%。①

航空制造业取得重大突破。ARJ21飞机稳步推进批量化生产、规模化运营、系列化发展，累计交付达100架，通航118座城市、开通316条航线，安全运行18万小时，载客近600万人次；②2022年12月18日，ARJ21飞机交付首家海外客户印度尼西亚翎亚航空，正式进入海外市场。③2022年9月29日，C919飞机获得中国民用航空局（以下简称民航局）颁发的《型号合格证》；2022年11月29日，中国商用飞机有限责任公司（以下简称中国商飞公司）获得C919飞机《生产许可证》；2022年12月9日，全球首架国产C919大型客机正式交付首家用户中国东方航空股份有限公司，我国民航运输市场首次拥有中国自主研发的喷气式干线飞机。历经几代人的努力，国产大飞机事业迈入规模化系列化发展新征程，并将继续推动全球航空产业链合作创新，助力构建国内国际双循环相互促进的新发展格局。④

截至2022年年底，我国通用机场数量达到399个、民航拥有通用航空器3177架；十年来，通航业务年均飞行小时增速8.9%，无人机年飞行达到千万小时量级；⑤实际在运行的通用及小型运输航空公司达到399家，从业飞行人员3371名（其中持有商用驾驶员执照2823人、航线运输驾驶员执照494人、运动类驾驶员执照54人）。⑥

民用无人驾驶航空器产业发展迅猛。2022年全国共颁发无人驾驶航空器执照152790个，相较于去年增加31946个；其中教员4423个，超视距驾驶员46125个，视距内驾驶员102242个。根据无人驾驶航空器执照颁发情况数据显示，多旋翼机型为无人驾驶航空器执照的主流机型，其余依次是垂直起降固定翼、固定翼、直升机和飞艇。⑦

---

① 《2023年全国民航工作会议》，载中国民航局网站，http://www.caac.gov.cn/XWZX/MHYW/202301/t20230106_216778.html，访问时间：2023年1月29日。

② 《社论 | 奋进，向"以客户为中心"的征程》，载中国商飞网站，http://www.comac.cc/xwzx/gsxw/202212/31/t20221231_7354623.shtml，访问时间：2023年2月9日。

③ 《ARJ21首次交付海外》，载中国商飞网站，http://www.comac.cc/xwzx/gsxw/202212/18/t20221218_7353860.shtml，访问时间：2023年1月30日。

④ 《全球首架C919交付中国东方航空》，载中国商飞网站，http://www.comac.cc/xwzx/gsxw/202212/09/t20221209_7353393.shtml，访问时间：2023年1月30日。

⑤ 《我国通用机场数量达到399个、民航拥有通用航空器3177架》，载网易网，https://www.163.com/dy/article/HQEDNEKN0552LIXC.html，访问时间：2023年2月10日。

⑥ 《民航局发布〈2022年通用和小型运输运行概况〉》，载微信公众号"商贸物流与供应链分会"，2023年2月20日。

⑦ 《回顾2022：全国无人机执照报考情况数据分析》，载广东能飞航空科技发展有限公司网站，https://www.gdpowerfly.com/articles/hg2022.html，访问时间：2023年1月30日。

通过公开渠道查询数据显示,2022年我国国内公共航空运输相关一审民事纠纷案件663件、通用航空相关一审民事纠纷案件296件、无人机相关一审民事纠纷案件546件。具体统计数据详见下表:

	合同、无因管理、不当得利纠纷	侵权责任纠纷	知识产权与竞争纠纷	其他纠纷(劳动争议、物权、保险、票据、人格权等)	合计
公共运输航空案件	472	18	11	162	663
通用航空案件	195	2	4	95	296
无人驾驶航空器案件	305	33	21	187	546

二、新出台的法律法规或其他规范性文件

(一)一般性民航规定

1.批准《制止与国际民用航空有关的非法行为的公约》(以下简称《北京公约》)

2022年10月30日,十三届全国人大常委会第三十七次会议审议并批准了《北京公约》,该公约于2010年由国际航空安保公约外交大会在北京制定,截至目前已有45个国家批准。《北京公约》作为国际民航安保公约之一,对1971年《制止危害民用航空安全的非法行为公约》(《蒙特利尔公约》)进行补充修订并吸收了联合国其他反恐公约有关规定,在刑事打击危害国际民航安全行为的范围和力度上都有所提升。此次批准彰显了我国对于严惩针对民航业的国际犯罪活动、维护航空运输安全的决心,将对保障我国航空运输业安全健康发展、保证旅客生命财产安全发挥重要作用。

2.多项民航规章修订

2022年2月,中华人民共和国交通运输部(以下简称交通运输部)发布了新版《民用航空器维修单位合格审定规则》(CCAR-145R4)。本次修订根据"放管服"精神明确了监管措施以及维修单位的基本条件和管理要求,并按照新修订的《中华人民共和国行政处罚法》规定了相应的法律责任,契合维修单位的实际运行需要,有利于推动建立持续适航安全管理体系。

2022年6月，交通运输部正式发布关于修改《民用航空安全信息管理规定》的决定（CCAR-396-R4），在原规定的基础上结合行业不断发展的新需求对相关条款进行修改和完善。

2022年7月，交通运输部公布了关于修改《民用航空器国籍登记规定》的决定（CCAR-45-R3）。新规明确了民用航空器登记国应承担《国际民用航空公约》（《芝加哥公约》）规定的职责和义务；增加国内首次登记外国设计型号的航空器应通知其设计国的规定；细化民用航空器登记标志的构成，并明确不得与国际常用信号、遇险信号等混淆；进一步完善了民用航空器国籍标志和登记标志位置、字高等方面的要求和限制。

2022年11月，交通运输部发布了新版《民用航空器事件调查规定》（CCAR-395-R3），主要对照1944年《国际民用航空公约》（《芝加哥公约》）及其附件13《航空器事故和事故征候调查》的要求，对民用航空器事件调查的定位、目的和组织程序等内容作出完善，进一步提升航空器事件调查国际化水平。

3. 民航标准化工作进程不断加快

2022年3月，民航局航空器适航审定司对民航领域现行有效的标准进行了整理，编制并公布了标准目录。截至2021年12月31日，现行有效的民航领域国家标准36项（强制性国家标准1项，推荐性国家标准35项）、民航行业标准255项（含民航工程建设类行业标准61项）、民航计量技术规范68项，涵盖了机场建设、空中交通管理、航空器适航审定、飞行运行等诸多方面。[①]

4. 民航局不断优化调整疫情防控政策

2022年12月底，民航局发布《关于恢复国际客运航班工作方案的通知》，明确自2023年1月8日起实施以下具体措施：不再对国际客运航班实施"五个一"和"一国一策"等调控措施，中外航空公司按照双边运输协定安排运营定期客运航班；逐步恢复受理中外航空公司国际客运包机申请；不再定义入境高风险航班，取消入境航班75%客座率限制等。

---

① 《关于公布民航领域国家标准、行业标准及计量技术规范目录的通知》，载中国商飞网站，http://www.caac.gov.cn/XXGK/XXGK/TZTG/202203/t20220304_212195.html，访问时间：2023年3月11日。

（二）通用航空领域相关规定

2022年1月，按照通用航空的不同运行种类，交通运输部公布了最新《一般运行和飞行规则》《民用航空器驾驶员学校合格审定规则》《特殊商业和私用大型航空器运营人运行合格审定规则》《小型商业运输和空中游览运营人运行合格审定规则》四部通航运行管理规章，通用航空运行管理的规章架构更加合理，监管措施与运行风险更加匹配，有利于统筹通用航空业的安全与发展。

2022年4月，交通运输部制定公布了《通用航空安全保卫规则》，明确了通用航空器运营人对通航安保工作承担主体责任；允许运营人通过签订安保协议委托安保服务机构具体执行安保措施，但不转嫁其法定责任；要求运营人对相关人员开展背景调查、安保培训，提高从业人员安全素养；并对载客类、载货类等通用航空活动的安全检查和运输管理提出了更高要求。该规章贯彻"分类监管"的理念，将通用航空领域安保管理与公共航空运输安保管理进行区分，推动通用航空业高质量发展。

为进一步释放非经营性通用航空的活力，2022年4月，交通运输部废止了《非经营性通用航空登记管理规定》，2022年7月，民航局发布《非经营性通用航空备案管理办法》，大幅简化了备案手续。民航局规范性文件明确了非经营性通航活动主体的法律义务、退出机制等内容；对于使用《一般运行和飞行规则》中规定的超轻型飞行器的，不要求其具有国籍登记证、适航证或驾驶员执照；个人可租借通用航空器开展个人娱乐飞行。

（三）无人驾驶航空器管理

2022年6月，民航局印发《"十四五"通用航空发展专项规划》，提出大力发展无人驾驶航空器广泛应用，促进新型智能无人驾驶航空器驱动的低空新经济，具体包括深化农业服务、拓展工业应用、支持物流配送、推动跨界融合等领域。

2022年9月，民航局发布《民用轻小型无人驾驶航空器物流配送试运行审定指南》《民用无人驾驶航空法规标准体系构建指南V1.0》。同月，交通运输部发布了《无人机物流配送运行要求》，自2022年12月13日起正式实施，该标准适用于支线及末端无人机物流的运行，对无人机物流配送的基本要求、场地设施、作业要求、信息交互和安全要求作出规定。

三、典型案例

【案例1】航空运输合同纠纷[①]

【基本案情】

2021年6月30日，一旅客通过航空公司App购买了六张于2021年7月18日从海口美兰至上海虹桥的公务舱机票，承运机型为波音789（双通道客机）。旅客在2021年7月8日发现预订航班被取消并临时改签至就近航班（执飞机型为单通道客机），其致电航空公司要求降舱和退还差价，或改签为三亚至上海的航班，航空公司客服回复无法操作。2021年7月12日，航空公司以短信形式通知旅客其原订航班被取消，并为其改签为相近时间海口美兰机场至上海浦东机场的航班，承运机型为空客321-200（单通道客机），旅客舱位仍为公务舱。因更改后的航班实际起飞时间比计划时间推迟四小时，旅客于凌晨到达上海浦东机场后乘车回家。旅客认为航空公司擅自变更机型给自己造成损失，故诉至法院，请求航空公司赔偿其交通费和机票差价。

【争议焦点】

航空公司变更机型的行为是否构成航空运输合同违约。

【裁判观点】

本案经两级人民法院审理。一审法院认为，承运人应当按照有效客票记载的时间、班次和座位号运输旅客，并认为机票价格由机型、时间、目的地等因素决定，不同机型的公务舱对旅客的舒适度有差异，认定航空公司变更机型构成违约，又未能及时告知和提醒旅客，应赔偿旅客的损失，具体金额由法院酌定。

二审法院纠正了一审法院关于变更机型构成违约的认定，认为本案中旅客与航空公司就变更航班和机型已经达成合意，变更机型没有给旅客造成财产损失，不予赔偿机票差价。

【纠纷观察】

本案两级法院对于机型变更是否属于航空运输合同违约有着不同的认识。此外，在该一审法院审理的另一类似案件[②]中，法院在判决书中更是进一步明确了"机型系旅客与航空公司运输合同的组成部分"。鉴于机型变更在航空旅客运输实践中较为常见，本案提出的争议焦点具有行业代表性，笔者认为，一

[①] （2021）沪0115民初95634；（2022）沪01民终6109号。
[②] （2021）沪0115民初51335号。

审法院"机型系运输合同的组成部分,航空公司变更机型构成违约"的观点有待商榷。

《中华人民共和国民用航空法》(以下简称《民用航空法》)第111条第1款规定,客票是航空旅客运输合同订立和运输合同条件的初步证据;第112条第2款规定,行李票是行李托运和运输合同条件的初步证据;第118条第1款规定,航空货运单是航空货物运输合同订立和运输条件以及承运人接收货物的初步证据。在纸质客票时代,机型不会显示在客票上,因此从初步证据的角度,旅客无法主张机型构成运输合同的组成部分,除非他能够举证证明与承运人就机型另行达成了足以对抗初步证据的协议。随着运输凭证进入电子化时代,旅客完成订票程序后不会取得机票,而是收到航空公司的确认短信,列举的内容仅限于航班日期、始发地/目的地机场、航班号、票号、旅客姓名以及运输条件的链接,部分航空公司会在短信中发布"旅客出行明细",其中会提到机型、餐食等信息,那么这样的信息会成为运输合同的组成部分吗?

依据《民用航空法》的上述规定,运输条件才是法定的运输合同当事人权利、义务和责任的载体。民航局发布的《公共航空旅客运输服务管理规定》(以下简称《新客规》)要求承运人应当制定并公布运输条件细化相关服务,旅客在订立运输合同时应认真阅读并遵守运输条件的相关内容。实践中,各航空公司均会花费大量的精力制定或修订自己的运输条件,报民航管理部门备案,通过官网、手机App、直销或代理人进行展示或提供获取完整内容的渠道,并在订票环节确保旅客主动阅知并接受后才能完成购票。据此,运输条件属于运输合同的组成部分,对运输合同当事人具有约束力。"旅客出行明细"仅起到提示作用,不能也不构成对运输条件的变更或否定。

《新客规》第15条规定了客票销售时承运人或销售代理人通过网络销售客票时,应告知购票人的主要服务信息,但该信息并不包括机型。实践中,航空公司亦会在其运输条件中明确,旅客购票时显示的机型为预计而非确定执飞的机型。如本案所涉航空公司的《国内运输条件》第9.2条明确规定"航班时刻表或其他地方显示的航班时刻或机型,仅是预计的时间和机型而非确定的时间和机型,该航班时刻或机型不构成X航与旅客之间的运输合同的组成部分"。因此,笔者认为既然运输条件构成运输合同的组成部分,且航空公司在运输条件中明确排除了机型成为运输合同的组成部分,订票环节也通过旅客主动勾选的程序履行了格式条款的通知义务,就应该作为判断本案争议焦点的依据。就航空公司在旅客购票过程中设置勾选程序的效力,法院在司法实践中亦予以肯定[①]：航空公司采取的该种提醒方式已能足以引起普通消费者的注意，尽到了告知义务，该种提示方式在旅客与航空公司订立航空运输合同时属于有效行为。

综上，在作为初步证据的客票并没有显示机型的情况下，判断机型是否属于运输合同的组成部分，应着重审查航空公司公布的运输条件是否有相关内容；只要航空公司对运输条件尽到了法定的告知义务，其内容，包括机型不属于航空运输合同的条款，对当事人有约束力。至于这样的条款在各家航空公司的运输中为何普遍存在，是基于航空运行的特点，为保证安全和特殊的运行要求，航空公司须保留机型调配的主动权。本案并未涉及运输条件内容是否公平合理的争议。

【案例2】政府机关与航空公司补贴协议纠纷[②]

【基本案情】

本案申请人A市交通运输管理局与被申请人B航空公司以川航与市政府签订的《杭州—昭通—丽江航线保底经营协议》为基础，签订一份《杭州—昭通—丽江联合营销协议》（以下简称补贴协议）。协议履行过程中因川航航路发生变化，申请人与被申请人对补贴标准产生争议提起仲裁，昭通仲裁委员会（以下简称昭仲）于2020年8月11日裁定驳回B航空公司的全部仲裁请求。2021年4月29日，昭通市中级人民法院（以下简称昭通中院）作出（2021）民特12号《通知书》要求昭仲重新仲裁，后昭仲作出（2021）昭裁重字第2号裁决书，裁定本案申请人A市交通运输管理局向被申请人B航空公司支付协议下的补贴款。本案申请人A市交通运输管理局认为重新仲裁未另行组成仲裁庭违反法定程序，向昭通中院提出撤裁申请。

【争议焦点】

1. （2021）昭裁重字第2号裁决书是否违反法定程序；
2. 补贴协议是否属于行政协议，是否属于仲裁的受理范围。

【裁判观点】

昭通中院认为昭仲在重新仲裁时仍由原仲裁庭人员审理不属于《最高人民法院关于适用中华人民共和国仲裁法若干问题的解释》第20条规定的"违反法定程序"的情形，本案适用的仲裁规则亦未明确法院通知重新仲裁的案件要另行组成仲裁庭进行审理，故对申请人的主张不予支持。

---

① （2021）沪0115民初51333号。
② （2021）云06民特59号。

【纠纷观察】

笔者认为，案涉补贴协议是否属于仲裁的受理范围是法院撤裁与否需要考量的因素之一。本案中，对于行政机关与航空公司之间签订的补贴协议能否由仲裁委员会受理并裁决，首先需要依据协议的内容确定其性质。若是行政协议，则不属于《中华人民共和国仲裁法》（以下简称《仲裁法》）规定的受案范围；若是行政机关作为平等民事主体与其它民事主体签订的与行政管理或公共服务无关的、不具有行政法意义的协议，则属于仲裁委员会的受案范围。最终法院未支持申请人主张的撤裁申请，也间接表明法院认可仲裁委员会对此类协议的管辖。南京仲裁委员会于2022年受理并审结的某航空公司与铜仁市人民政府之间因《航线保底奖励协议》纠纷仲裁案亦可为例。

关于行政协议范围的认定，《最高人民法院关于审理行政协议案件若干问题的规定》第1条给予了原则性规定，在司法实践中，辽宁省大连市中级人民法院在受理的一起申请撤销仲裁裁决案件中审查是否属于行政协议时认为，行政协议应当具备"为了实现行政管理或者公共服务目标"（目的要素）、"行政机关与公民、法人或其他组织"（主体要素）、"协商订立"（意思要素）、"具有行政法上权利义务"（内容要素）四个方面的基本要素，[①]而不具备目的要素和内容要素的协议不属于行政协议。北京市第四中级人民法院在审理一起申请确认仲裁协议效力的案件中认为，申请人与被申请人签订的《经营协议》的一方当事人虽为政府，但综合合同的签订过程、目的、内容及双方当事人的权利义务及违约责任等内容，体现了平等民事主体的意思自治原则，该《经营协议》具有明显的民商法律性质，对该案政府一方主张《经营协议》为行政协议的观点不予支持。[②]

在民航领域，以地方政府和航空公司为主体签署航线补贴协议鼓励航空公司经营特定航线并结合客票收入给予航空公司补贴的形式非常常见。对于类似补贴协议，笔者认为其虽然满足上述行政协议应当具备的主体要素和意思要素，但目的要素和内容要素并不符合，应属于平等民事主体之间签署的民商事合同，如果协议中有符合法律规定的仲裁约定，则双方基于补贴协议产生的争议应属于仲裁的受案范围。

---

① （2022）辽02民特163号。
② （2021）京04民特1001号。

【案例3】无人机财产损失保险合同纠纷[①]

【基本案情】

2019年2月27日，Z公司在本案保险人处就一架青龙JH-01型无人机投保了民用无人机保险，根据保险合同约定，在保险期间内，由无人机驾驶员使用、操控无人机的过程中，因自然灾害或意外事故造成无人机的直接物质损坏或灭失，保险人按保险合同的约定赔偿。案涉无人机于保险期间内发生失联坠海事故，Z公司要求理赔保险标的损失，但保险人援引合同免责条款"……（三）被保险人、无人机驾驶员违反国家关于民用无人机管理相关规定使用、操控无人机"，主张其不应承担保险责任。故Z公司诉至法院，要求保险人赔付无人机理赔款并连带赔偿逾期付款利息。

保险人辩称，本案保险标的为青龙JH-01型垂直起降固定翼无人机，根据民航局飞行标准司于2018年8月31日颁发的《民用无人机驾驶员管理规定》（以下简称《管理规定》）应配备持有垂直起降固定翼Ⅳ超视距驾驶员或教员资质的飞行员，但Z公司无人机观察员牛某和地面站手姜某的飞行执照均为隔离空域多旋翼Ⅳ教员，该二人及当日实际参与作业的驾驶员团队其他两位成员的飞行执照在类别等级上均不符合操控青龙JH-01型无人机的资质要求，不符合《管理规定》的相关规定，存在违反国家关于民用无人机管理相关规定使用、操控无人机的情节，应适用保险合同免责条款。

【争议焦点】

无人机驾驶员持有与所操作机型类别不同的驾驶员执照是否构成保险合同约定的免责条件，即违反民航局咨询通告是否属于违反国家关于民用无人机管理相关规定。

【裁判观点】

一审法院认为，Z公司驾驶员均已取得民用无人机驾驶员合格证，保险人提交的证据不足以证明驾驶员不具备操作案涉无人机的资质，Z公司提交的无人机厂家出具的培训证明亦对驾驶员资质作出佐证，法院认定无人机未被用于违法或违规活动。法院指出，保险人虽对Z公司提交证据（如无人机厂家出具的事故报告和驾驶员操作合格证明）提出质疑，但未提交足以反驳的证据，未能对其免责主张进行充分举证，应承担赔偿保险金的责任。二审法院维持一审判决，法院认

[①] （2022）辽02民终2273号。

为，从效力等级来看，保险人抗辩理由中主张适用的《管理规定》为民航局飞行标准司颁布的咨询通告，并非法律或行政法规，在厂家出具证明证实驾驶员已经过固定翼无人机操作培训并具备操作能力的情况下，不能仅依据该咨询通告认定驾驶员不具备操作资质，法院依法不予采纳保险人的抗辩理由。

【纠纷观察】

上述案例中，保险人援引的《管理规定》文件性质为民航局的咨询通告，该咨询通告要求无人机系统驾驶员实施分类管理，驾驶员应持相应类别、等级的驾驶员执照。而本案保险人正基于此，主张驾驶员不具备操作案涉无人机的资质。法院认为上述咨询通告并非法律或行政法规，不具备强制性法律效力。但笔者认为，上述裁判未充分考虑《民用航空法》的规定及民航行业管理的特点，值得商榷。对于民航领域无人机相关咨询通告的行政约束力如一概持否定观点，可能不利于树立操作无人机应持相应类别资质证照飞行的意识，强化无人机驾驶员的规范化管理。

司法实践中关于咨询通告的效力认定问题，在山东某公司与保险人就无人机坠毁事故引发的财产保险合同纠纷案例中，法院亦指出案涉咨询通告并非法律或行政性法规，因而未予适用。二审法院维持原判。① 但在航空公司与飞行员的众多劳动纠纷案例中，大多数法院认可并适用咨询通告的具体规定，② 指出该咨询通告由民航相关部门出具且文件要求即日起按其执行，对航空公司具有约束力，应予以适用；此外，也有部分法院就案涉具体民航领域争议问题采取向民航管理部门发函咨询的做法。③

根据《民用航空法》第3条，民航局作为国务院民用航空主管部门，在本部门的权限内，可以发布有关民用航空活动的规定、决定。因此，我国民航法律体系按效力位阶，除《中华人民共和国立法法》规定的法律、行政法规、民航规章外，还有民航局发布的大量行政规范性文件。在2019年7月1日施行的《民航局行政规范性文件合法性审核管理规定》（以下简称《合法性审核规定》）之前，民航局及其机关各部门会根据其职权，针对不同的专业领域发布管理程序（Aviation Procedure）、咨询通告（Advisory Circular）、管理文件（Management Document）、工作手册（Working Manual）、信息通告（Information Bulletin）等五类文件对行业进

---

① （2018）鲁0502民初5872号；（2019）鲁05民终1192号。
② （2014）渝一中法民终字第03938号；（2016）闽02民终1273号；（2017）闽02民终3051号。
③ （2016）京02民终5517号；（2016）闽02民终1273号。

行监管。《合法性审核规定》生效之后，则明确了今后行政规范性文件应以民航局名义制定发布。①此外，民航局还会制定并发布行业和技术标准等规定。无人机属于新兴技术领域，民航领域的法律、行政法规和民航规章尚未制定具体规则，无人机行业目前最主要的管理依据还是民航局发布的有关文件。

《中国民用航空总局规章制定程序规定》第2条第2款规定，民航总局、民航总局职能部门或者民航地区管理局制定并对外发布的涉及行政管理相对人权利、义务、具有普遍约束力的其他规范性文件不得与民航规章相抵触。也就是说，除非相关规范性文件中另有说明，民航局制定的规范性文件应具有普遍约束力。《民用航空行政检查工作规则》也明确规定，民航行政机关在行政检查中发现违反规范性文件的，应当发出整改通知书责令立即改正或者限期改正。②因此，笼统认为民航局发布的咨询通告（尤其是《合法性审核规定》实施之前发布的咨询通告）不具有约束力是值得商榷的，在实践中也容易引发混乱。

参照金融领域的最新裁判指导思想，金融规章、规范性文件是落实党中央关于金融工作决策部署的重要载体，是金融法律规范体系的重要组成部分。在认定民事权利义务及相应民事责任时，法院在一些情况下要借助监管规章甚至规范性意见、业务规则进行判断。③民航业作为和金融业类似的"强监管"行业，其规范性文件同样具有重要的规范作用。

适逢2022年民航局统筹编制并发布了《民用无人驾驶航空法规标准体系构建指南V1.0》，按照民航局对民用无人驾驶航空法规标准体系构建的总体思路，采用1+N+X的管理模式，其中的N即指规范性文件和政策文件。可见，行政规范性文件在民航行业管理中是必不可少的，也是有法律依据的。当然，为了增强民航行业管理的有效性，对行政管理事项设置相应的法律责任是有必要的，因此目前的民航行政规范性文件应进行系统梳理，将重要或者条件成熟的部分纳入部门规章、法规等更高位阶，通过有"牙齿"的立法规制，为无人机管理工作提供更加强有力的法律依据。

---

① 《民航局行政规范性文件合法性审核管理规定》第5条第1款，行政规范性文件应当以民航局名义制定发布，不得以民航局机关各部门名义制定发布。
② 《民用航空行政检查工作规则》第26条。
③ 刘贵祥：《关于金融民商事审判工作中的理念、机制和法律适用问题》，载微信公众号"法律与适用"，2023年2月6日。

【案例4】无人机植保作业引发的财产损害赔偿纠纷①

【基本案情】

原告 A 与被告 B 的案涉承包地块隔道相邻。2020 年 6 月初，被告 C 操作自有无人机应邀为被告 B 种植的农作物有偿喷洒除草剂，原告主张除草剂喷洒发生漂移致其农作物药害受损，要求二被告连带赔偿损失。诉讼过程中，原告申请对被告喷洒除草剂行为与农作物损害后果之间是否有因果关系、原因力大小等进行司法鉴定。根据法院委托的鉴定机构出具的司法鉴定意见显示，被鉴定地块内农作物形态表现符合受药害症状，属于非正常绝产。

被告 B 辩称，无人机的航线和高度固定，除草剂喷洒没有发生漂移，且双方地块存在数十米距离，原告农作物受损并非被告喷洒除草剂导致。由于除草剂喷洒、航线确定、药量配比等均由无人机驾驶员负责，即便二被告需要承担责任，也应由承揽人即无人机驾驶员赔偿。被告无人机驾驶员 C 抗辩认为，无人机作业风力向下，即使有风的因素，根据气象局信息显示当日为西北风，而原告地块位于被告 B 地块的西北方向，相邻地块其他农户均未受损，除草剂不可能漂移到原告地块。其作为无人机驾驶员在喷洒除草剂过程中没有任何过错，不应承担责任。

【争议焦点】

1. 相邻农作物药害受损是否因无人机喷洒除草剂发生偏移所导致；
2. 责任主体为无人机植保作业的定作人还是承揽人无人机驾驶员。

【裁判观点】

法院认为，原告所举证据已高度佐证其农作物药害受损与被告利用无人机进行植保作业存在因果关系。二被告虽抗辩认为根据无人机飞行高度及天气情况，事发当日不可能产生除草剂漂移，但未提供充分证据予以证明，其抗辩事由不能成立。关于农作物受损的责任承担主体及如何承担的问题，根据法律规定，因承揽人在完成工作过程中对第三人造成损害的，定作人不承担赔偿责任。但定作人对定作、指示或者选任有过失的，应承担相应的赔偿责任。本案中，被告 C 作为操作无人机的专业人员，对无人机作业环境是否符合要求应当具有专业判断，对无人机能否飞行作业具有最终决定权，故其对使用无人机喷洒除草剂致原告农作物受损应承担主要赔偿责任；定作人被告 B 在存在风力可能影响无人机作业的隐患时仍要求被告 C 作业，属于定作指示不当，应承担次要责任。

---

① （2022）辽 14 民终 1215 号。

【纠纷观察】

随着无人机技术发展、商业应用场景的拓展以及消费群体的扩大，无人机越来越多地融入日常生产生活，在智慧农业领域彰显出巨大的市场潜力。借助植保无人机进行农药喷施可以大幅提升农药利用率和植保作业效率，与之相关的无人机药害纠纷数量也明显加剧。关于此类案件的责任承担问题，在上述案例中法院认为无人机驾驶员因未尽谨慎注意义务，对农作物损害结果存在过错，应承担主要赔偿责任。该判决意见与司法实践中的大量裁判观点保持一致。但是，笔者认为，此类案件法院一般根据侵权责任法律规定判定无人机驾驶员是否应该承担责任的做法值得商榷。

我国《民用航空法》第157条和第158条规定，因飞行中的民用航空器或从飞行中的民用航空器上落下的人或者物造成地面财产损害的，由民用航空器的经营人负责赔偿。①《民用航空法》作为特别法，如果无人机造成地面第三人损害的情形可以适用，则应优先适用《民用航空法》，而不是适用一般性的侵权责任相关法律规定。

适用《民用航空法》关于侵权的特别规定，首先要判断植保类无人机是否属于《民用航空法》所定义的"民用航空器"。《民用航空法》对"民用航空器"的定义较为宽泛，规定除用于执行军事、海关、警察飞行任务外的航空器均为民用航空器，但对于航空器本身并未进一步规定。1944年12月7日订立的《国际民用航空公约》（以下简称《芝加哥公约》）第8条则将无人机表述为"无人驾驶航空器"并进一步明确为"无人驾驶而能飞行的航空器"，并明确要求缔约国承诺对无人驾驶的航空器加以管制。②因此，无论是我国《民用航空法》，还是《芝加哥

---

① 《民用航空法》第157条第1款规定：因飞行中的民用航空器或者从飞行中的民用航空器上落下的人或者物，造成地面（包括水面，下同）上的人身伤亡或者财产损害的，受害人有权获得赔偿；但是，所受损害并非造成损害的事故的直接后果，或者所受损害仅是民用航空器依照国家有关的空中交通规则在空中通过造成的，受害人无权要求赔偿。《民用航空法》第158条规定：本法第157条规定的赔偿责任，由民用航空器的经营人承担。前款所称经营人，是指损害发生时使用民用航空器的人。民用航空器的使用权已经直接或者间接地授予他人，本人保留对该民用航空器的航行控制权的，本人仍被视为经营人。经营人的受雇人、代理人在受雇、代理过程中使用民用航空器，无论是否在其受雇、代理范围内行事，均视为经营人使用民用航空器。民用航空器登记的所有人应当被视为经营人，并承担经营人的责任；除非在判定其责任的诉讼中，所有人证明经营人是他人，并在法律程序许可的范围内采取适当措施使该人成为诉讼当事人之一。

② 《芝加哥公约》第8条规定：无人驾驶航空器，任何无人驾驶而能飞行的航空器，未经一缔约国特许并遵照此项特许的条件，不得无人驾驶而在该国领土上空飞行。缔约各国承允对此项无人驾驶的航空器在向民用航空器开放的地区内的飞行加以管制，以免危及民用航空器。

公约》，都倾向于将无人机作为民用航空器予以管理。此外，《管理规定》则明确将无人机定义为"由控制站管理（包括远程操纵或自主飞行）的航空器"，其中植保类无人机属于第Ⅴ类无人机，要求其驾驶员取得相应分类登记的驾驶员执照。

对于无人机经营人的认定。《民用航空法》第158条第4款规定："民用航空器登记的所有人应当被视为经营人，并承担经营人的责任；除非在判定其责任的诉讼中，所有人证明经营人是他人，并在法律程序许可的范围内采取适当措施使该人成为诉讼当事人之一。"因此，无人机登记的所有人应首先视为经营人，除非有证据证明经营人是他人。在一般的植保类无人机造成地面第三人损害的案件中，除非无人机操作者/驾驶员本身就是无人机的所有人或有证据证明的经营人，否则不宜超出《民用航空法》的规定追究不是无人机经营人的操作者/驾驶员的损害赔偿责任。

在损失认定方面，尽管民用航空器经营人对地面第三者承担的是无过错责任，但仍要以直接因果关系为归责的基本要件。司法实践中，较多原告选择委托鉴定机构通过鉴定证明农作物损害与植保无人机喷施农药之间是否具有直接因果关系并评估经济损失数额。

【案例5】海航集团实质合并重整案[①]

【案例背景】

海航集团有限公司（以下简称海航集团）以航空运输为主业，旗下控股、参股航空公司14家，机队规模近900架，开通国内外航线约2000条，通航城市200余个，年旅客运输量逾1.2亿人次，参与管理机场13家。2017年年底，海航集团爆发流动性危机，并转为严重资不抵债的债务危机。2021年3月海南高级人民法院（以下简称海南高院）依法裁定，海航集团与大新华航空有限公司等关联公司整体上具备破产重整法定原因，关联公司之间法人人格高度混同，区分关联企业成员财产的成本过高，对其合并重整有利于保护全体债权人的公平清偿利益，对海航集团有限公司等321家公司进行实质合并重整。[②]10月，海南高院裁定批准《海航集团等321家公司实质合并重整案重整计划》。[③]同年12月，海南高院裁定确认三家上市公司及其子公司重整计划执行完毕。2022年4月，海南高院裁定确认海

---

① 最高人民法院2021年全国法院十大商事案件之四。
② （2021）琼破1号之一案件民事裁定书。
③ （2021）琼破1号之六案件民事裁定书。

航集团等321家公司实质合并重整计划执行完毕。

【案例观察】

根据《中华人民共和国企业破产法》第73条第1款规定，在重整期间，经债务人申请，人民法院批准，债务人可以在管理人的监督下自行管理财产和营业事务。海航集团重整案是国内第一例公共航空运输企业在重整期间持续经营的案例。自2005年1月15日起施行的《公共航空运输企业经营许可规定》原第41条规定，发生破产的公共航空运输企业，其经营许可证自破产之日起自动失效，并由民航总局予以注销。该条规定并未考虑虽进入破产程序、但经过重整仍有可能避免破产的情况。因此，交通运输部于2018年对该规章进行了大范围修订，其中修订后的第30条规定，公共航空运输企业被依法宣告破产的，经营许可证自破产宣告之日起自动失效，由民航局注销其经营许可证并予以公告。这样修订以后的民航规章就与破产重整制度保持一致，为陷入债务危机的公共航空运输企业提供了转机，即只要公共航空运输企业未被宣告破产，其经营许可证的效力不会受到破产程序的影响。因此，在海航集团合并重整案中，14家航空公司的航空运输主营业务活动和生产运行仍维持正常，海航集团最终通过重整顺利化解了债务问题，实现对业务、管理、资产、负债、股权的全方位重组。

2021年9月，香港高等法院批准了海航破产重整案管理人向香港高等法院申请认可与协助破产管理人行使相关职权的申请，这是香港法院首次对于内地的重整程序给予承认和协助。香港法院在决定是否适当给予承认和协助时，考虑了数个问题，其中包括互惠原则。根据最高人民法院与香港特别行政区政府签署的《关于内地与香港特别行政区法院相互认可和协助破产程序的会谈纪要》以及最高人民法院《关于开展认可和协助香港特别行政区破产程序试点工作的意见》（以下简称《试点意见》），上海市、福建省厦门市、广东省深圳市为内地试点地区，可以依据《试点意见》认可和协助香港破产程序。香港依据普通法原则认可和协助内地破产程序，协助的范围，不限于上述试点地区人民法院所进行的破产程序。[①] 鉴于上述安排，香港法院最终根据海南高院的请求，对海航集团的重整程序给予了承认和协助。

此外，海航集团旗下航空公司广泛开展国际客货运输业务，客货飞机等主要经营资产频繁出入不同法域。为确保重整期间航空主业安全、正常营运，海航集

---

① http://www.scio.gov.cn/xwfbh/gfgjxwfbh/xwfbh/44193/Document/1704779/1704779.htm，访问时间：2023年2月5日。

团重整管理人正式向海南高院提出申请,请求向管理人出具授权能担任外国代表的《决定书》,以帮助海航集团获得比利时法院承认中国境内重整程序并保护公司在比利时的资产。最终,比利时法院认可了海航集团在中国境内的重整案件,开创了中欧破产领域裁决互认的先河。无独有偶,近日,北京市第一中级人民法院适用法律互惠原则承认了德国亚琛地方法院作出的破产裁定,并承认德国破产管理人身份、允许其在我国境内履行职责,是我国首例适用法律互惠原则承认外国破产程序的案件。①

作为国内首家,也是全球最大规模的航空公司破产重整案例,海航集团重整案为经营困难的国内公共航空运输企业如何保证安全和公共利益、尽力保持连续经营、积极寻找债务解决方案、避免宣告破产进行了成功探索,并且有效推进了我国和境外法院在破产领域的互认和司法协助,尤其在中国大型航空公司在全球广泛开展业务而又在宏观经济环境下面临种种经营挑战的今天,开辟了一条跨境有序解决债务风险问题的途径。

四、热点问题观察

(一)国产民机产业化发展

随着 ARJ21 飞机的规模化运营和 C919 飞机即将投入商业运营,国产民机进入产业化发展阶段。相对于研制阶段,产业化发展将主制造商与客户、公众、市场以及更多的产业链主体关联在一起,挑战更为系统化,风险更具传导性,其中尤其需要关注持续适航、持续合规两个方面。

1. 关于持续适航

适航工作是一切安全工作的源头,适航工作就是为民用航空的安全把关。②《民用航空法》第 34 条规定设计民用航空器应申请领取型号合格证书,第 35 条规定生产民用航空器应申请领取生产许可证书,上述两个型号飞机项目的主要成就之一就是全面地完成了初始适航,为国产民机飞向市场、飞向世界注入充足底气。民用航空器进入商业运营后直至整个使用寿命期内,仍需满足持续适航的法律要求。

国际民航组织(ICAO)在其《适航手册》(Airworthiness Manual DOC9760)中

---

① 《全国首例:北京一中院适用法律互惠原则承认德国破产程序》,载北京法院网 https://bjgy.bjcourt.gov.cn/article/detail/2023/01/id/7119227.shtml,访问时间:2023 年 2 月 5 日。
② 赵越让:《适航理念与原则》,上海交通大学出版社 2013 年版,第 97 页。

给出持续适航的定义是：持续适航涵盖了为保证航空器在全寿命期间的任何时候遵守现行有效的适航要求，并处于安全运行状态的所有工作过程。[1] 持续适航的主体包括：

（1）航空器主制造商：持续适航的理念在设计研发阶段就得到贯彻，表现在相应的设计准则要考虑运行合格审定要求、运营后维护检查的可达性、维修工作的可靠性及经济性等。航空器投入运营后，主制造商须时刻关注这些设计准则的实施情况，为航空器运营人、维修单位和适航管理当局提供强有力的技术支撑和全面的服务，对于使用或维修过程中出现或发现的任何涉及航空器的不安全状态，有义务收集所有相关信息进行分析，制定针对性的纠正措施，通过"服务通告（SB）"的形式通知客户进行实施。

（2）航空器运营人：是持续适航的第一责任人，履行法定的持续适航义务，包括《民用航空法》第38条、《民用航空器适航管理条例》第14条、《大型飞机公共航空运输承运人运行合格审定规则》等民航规章的相关要求。新型号航空器运营初期，运营人需要与主制造商进行充分的技术交底，确保相互之间的持续适航管理体系顺畅衔接。

（3）航空器维修单位：在航空器由运营人之外的独立维修机构（MRO）进行维修保障的情况下，该维修单位也成为持续适航的义务主体，承担保持航空器持续适航的责任。《民用航空器维修单位合格审定规定》对维修单位的一般性资质进行了规定，如需承担特定航空器的维修工作，还须通过航空器主制造商的评审并进入其授权维修单位清单，并与航空器运营人签署相关的维修保障协议。

（4）航空产品和零部件供应商：由于民用航空器属于高度集成的工业产品，其研发和制造普遍采用"主制造商—供应商"模式，供应商也应纳入主制造商的持续适航管理体系，双方可以通过协议约定各自的持续适航义务和责任。

（5）适航管理当局：如同初始适航审定过程是基于审定国家的适航标准而不是（直接）基于ICAO国际标准[2]，民用航空器的持续适航也需要通过航空器设计国、航空器制造国、航空器登记国适航管理机构进行持续监管，主要通过制定、颁发适航指令（AD）并监控其得到贯彻。

随着国产民机逐步从国内市场走向国际市场，持续适航工作还涉及符合其他

---

[1] 马超、王玉娜、张雄飞、姜春生：《民用航空发动机持续适航维修特性评估》，载《航空发动机》第45卷第4期。

[2] ［意］Filippo De Florio：《适航性：航空器合格审定引论》，张曙光等编译，北京航空航天大学出版社2011年版，第8页。

国家适航要求的情况。如前所述，虽然 ICAO 通过《国际民用航空公约》附件的形式确立了民用航空器适航的国际标准，但适航管理仍属于各国主权事项，仍需要通过国家之间的双边协议进行安排。

美国航空制造业起步早、体系完整，美国的适航审定能力也随之不断提升，美国联邦航空局（以下简称 FAA）也发展成为当今世界经验最丰富、最强大的适航管理当局，主要标志就是全球民用飞机交易中普遍接受 FAA 颁发的适航证，甚至作为定价和交易的主要条件。早在 1986 年，中美两国民航部门即签署《中美航空技术合作协议》，20 世纪 90 年代，我国研制生产的 Y12IV 型飞机在国内开展适航审定时，FAA 同步开展"影子审查"，并于 1995 年为该机型颁发了《型号合格证》；2016 年 2 月，FAA 同步认可审查并为 Y12F 飞机颁发《型号合格证》。标志着两国在小型飞机适航领域开展了卓有成效的合作。

进入新时代，中美两国之间的适航合作领域继续拓展。2017 年 9 月 28 日和 2017 年 10 月 17 日，民航局与 FAA 分别签署《中华人民共和国与美利坚合众国促进航空安全协议关于设计批准、生产和监督活动、出口适航批准、设计批准证后活动及技术支持的适航实施程序》，自 2017 年 10 月 17 日起正式生效。该协议实现了两国民用航空产品（包括大型民用飞机）的全面对等互认，内容涵盖适航审定在设计批准、生产监督活动、出口适航批准、设计批准证后活动及技术支持等方面的合作。

欧洲是全球民用航空领域适航管理的另一个主要代表是，我国与欧盟之间保持适航领域的深度合作。2019 年 5 月 20 日，我国与欧盟签署了《中华人民共和国政府和欧洲联盟民用航空安全协定》，确立了双方在民用航空器适航和环保审定、飞行运行、空管服务、人员执照与培训等民航安全领域进行广泛合作的法律框架，特别是适航和环保审定附件的签署，给中欧双方航空产品的适航审定合作创造了条件。2020 年 9 月 3 日，民航局与欧洲航空安全局（以下简称 EASA）签署《关于适航和环保审定的技术实施程序》及其附件《中国民用航空局与欧盟航空安全局民用航空产品运行/维修实施程序》。这两份程序是从适航审定和航空器评审合作方面对 2019 年协定的内容细化。中国商飞公司已为 C919 飞机向 EASA 提出《型号合格证》认可申请，为潜在的出口订单做准备，并获得了 EASA 的受理。

2. 关于持续合规

对于民机产业而言，由于其研发、制造、销售和运营的全球化、国际化合作特性，合规管理的外向性更加明显，进入商业运营以后面临的合规挑战更为复杂。主制造商除了持续遵守自身所处法域的合规义务以外，还需要持续关注产品和服务所涉及的全链条合规风险，防止任何一个环节的合规问题对产品和服务的持续供应形成实际干扰，更要避免对企业生存发展产生根本性影响。

专项合规管理制度首先需关注供应端。民机产品一般供应商数量众多，分布在不同的法域，主制造商在合规管理中发挥主导作用，不仅必要，而且已成为行业的通常实践。以美国的航空产业代表联合技术公司（UTC）为例，其在《供应商行为准则》（Supplier Code of Conduct）①中明确要求供应商应确保其董事、管理人员、雇员、代表以及商业伙伴理解并遵守该准则的条款，并在遵守法律、质量与环境健康、公平竞争、利益冲突、国际贸易合规、政府采购、信息保护等方面提出了具体合规要求。

可见，对供应商的合规管控，除要求其出具合规承诺外，还要建立相应的日常审查机制，主制造商可以自行检查、调查，也可以委托专业机构进行合规审计，随时掌握供应商的合规管理现状，发现问题及时采取措施。当然，主制造商与供应商开展持续的交流、培训也是必要的，可正向促进供应商的合规理念与管理水平与自己保持同步。

专项合规管理制度还应关注销售和售后服务端。民机产品既要树立市场和客户理念，也需要关注市场拓展和客户服务中的合规风险。原本在金融领域实施的"识别客户规则"（Know Your Customer）已在航空业得到普遍应用。即使面临市场竞争压力，主制造商也有必要在销售阶段及早开展潜在客户合规筛查与背景调查；开展出口许可证的评估和申请；通过合同等形式约定相关的合规义务，必要时签订合规承诺；以可行的方式进行合规义务传递和合规管理延伸。当然，面对已有客户的合规管理要采取更加灵活的方式，让客户清楚意识到运营阶段的合规问题会反映在持续生产和服务上，是需要共同面对的挑战，双方共同建立灵活有效的反应机制。

专项合规管理制度还应考虑民机产品运营中的其他主体，如维修单位，虽然并不与主制造商产生直接的合同关系，但也是合规管理的重要一环，同样需要通过一定的方式纳入主制造商的合规管理体系。类似的主体还包括民机产品全生命周期内通过交易不断加入的所有权人、出租人、抵押权人、留置权人等，也会触发合规警报，对正常的飞机生产、交付和提供客户服务造成影响。

---

① https://otiscontractors.wp.onsitetrackeasy.com.au/wp-content/uploads/sites/59/2017/08/UTC-Supplier-Code-of-Conduct.pdf#:~:text=This%20Supplier%20Code%20of%20Conduct%20%28the%20%E2%80%9CCode%E2%80%9D%29%20sets,business%20conduct%20requirements%20to%20be%20followed%20by%20suppliers，访问时间：2023年2月10日。

（二）飞行员流动的解决路径

飞行员作为《民用航空法》规定的"航空人员"，需要具备特定的资质，承担特定职责，其流动关系着飞行队伍稳定和航空安全，也是长期以来民航主管部门、行业协会、各民航单位持续关注的问题之一。至今，飞行员尤其是成熟机长仍处于供需失衡状态，相关的离职纠纷不断发生，主要通过劳动仲裁和诉讼的模式，繁冗复杂的程序消耗双方大量的精力，往往造成两败俱伤的局面。

早在 2005 年 5 月，中国民用航空总局、人事部、劳动和社会保障部、国务院国有资产监督管理委员会和国务院法制办公室联合下发《关于规范飞行人员流动管理 保证民航飞行队伍稳定的意见》（以下简称《意见》），明确规定"逐步建立和完善飞行人员依法有序的流动机制"，"对招用其他航空运输企业在职飞行人员的，应当与飞行人员和其所在单位进行协商，达成一致后，方可办理有关手续，并根据现行航空运输企业招收录用培训飞行人员的实际费用情况，参照 70—210 万元的标准向原单位支付费用"。最高人民法院随后转发该《意见》，在审判工作中参照《意见》确定的处理原则及流动费用参照标准。2017 年，民航局发文取消了《意见》中的流动费用参照标准，由接收方与原用人单位基于飞行员人力资源市场供需状况协商确定，《意见》确定的处理原则继续有效。

然而在现实中，大量的飞行员流动仍体现为飞行员与原用人单位之间的劳动纠纷，新的用人单位有意无意躲在幕后，《意见》所确立的"有序流动、三方协商、市场化定价"原则被架空。事实上，飞行员的流动，不仅涉及劳动合同、培训服务期合同，还涉及引进协议、安家补贴协议等，笔者认为后者的法律性质不属于《中华人民共和国劳动合同法》（以下简称《劳动合同法》）第 17 条所规定的与飞行员提供劳动所对应的劳动合同条款，其履行也不涉及最高人民法院《关于审理劳动争议案件适用法律问题的解释（一）》第 1 条列举的其他劳动争议，不应笼统纳入劳动争议，应作为商事纠纷处理。

我们注意到，在司法实践中，各地法院对《意见》的贯彻落实程度不一。一些法院在该《意见》指导下，支持了航空公司根据合同约定主张飞行员应支付的违约金，[①] 更多的法院则根据《劳动合同法》第 25 条，认为劳动者承担违约金的情形仅限于违反培训协议的服务期约定或者违反竞业限制约定。

关于飞行员解除劳动合同所涉及的培训费，法院通常会根据《劳动合同法》

---

① （2016）川 01 民终 869 号、（2021）新 01 民终 5999 号。

第 22 条并结合劳动关系存续时间、飞行员工作经历等情况进行裁判。① 在航空公司无法举证其培训费支出情形的情况下，法院会参照民航业培训费的一般标准，酌定培训费损失。② 但对于航空公司要求返还飞行经历时间训练费的主张，法院则基于飞行员作为劳动者，在劳动关系存续期间为航空公司提供劳动必然占用飞行时间而认定航空公司要求返还飞行员积累的飞行经历时间相应的训练费没有事实及法律依据。③ 对于安家补贴，法院认为不属于培训费用，不适用《劳动合同法》第 22 条的规定，判决飞行员应根据双方签署的《安家补贴协议》的约定返还全部安家补贴。④

关于飞行员离职应否支付损害赔偿问题，相关案例中航空公司主张由离职飞行员赔偿因其提前解除劳动关系而另聘机长的费用，但法院认为在飞行员已对航空公司作出损失赔偿的前提下，另聘机长的费用不应作为飞行员提前解约引发的直接损失，故未予支持。⑤

可见，目前飞行员流动的诉讼解决路径，并未区分不同合同的法律性质，纯粹费用补偿式的思路已不能反映航空人员的市场价值，被架空的三方协商机制更是导致流动市场尚未达到《意见》所要求的规范有序。笔者认为，飞行员流动可以参考我国体育赛事中足球职业运动员转会制度，如我国足球职业运动员转会相关制度中规定，涉及转会补偿的，原俱乐部与新俱乐部应签署转会协议并由球员签署确认。转会协议应当载明转会补偿数额、两家俱乐部的权利义务、违约责任等条款，转会补偿数额由原俱乐部与新俱乐部协商确定，但不得低于培训补偿和 / 或联合机制补偿的标准。⑥ 另外，赔偿金数额需要结合下列因素确定：现有合同和 / 或新合同所确定的薪酬及其他福利；现有合同剩余时间；由原俱乐部支付或承担的赔偿；违约是否发生在保护期内；同时明确了赔偿金应当由球员和新俱乐部共同承担。⑦

在建立飞行员职业化流动制度的基础上，为更为专业化解决争议，可以引入第三方专业调解或仲裁机构参与调解或仲裁，丰富航空调解和航空仲裁的内容，充分体现飞行员等专业航空人员的市场价值，合理平衡流动两端企业的诉求，从

---

① （2020）鲁 0214 民初 16228 号。
② （2022）京 03 民终 8132 号；（2022）新 0203 民初 2760 号。
③ （2020）鲁 0214 民初 16228 号。
④ （2021）京 0115 民初 21383 号。
⑤ （2015）合民一终字第 01982 号。
⑥ 《中国足球协会球员身份与转会管理规定》第 17 条、第 18 条、第 19 条。
⑦ 《中国足球协会球员身份与转会管理规定》第 48 条。

而维护各方的合法权益，同时推动建立和完善民航人力资源要素的交易市场和交易机制，推动民航稳健安全发展，实现法律效果和社会效果的统一。

作为飞行员有序流动的积极尝试，在中国航空运输协会和中国民航飞行员协会的主导下，42家国内航空公司于2014年11月共同签署《航空公司飞行员有序流动公约》（以下简称《流动公约》），截至2019年年底，《流动公约》已实现对行业内航空公司的全面覆盖，有部分通用航空企业也申请加入。《流动公约》明确规定了流出方和接收方航空公司的责任和权利以及接收方对流出方的经济补偿原则，对流出调控幅度作出原则要求，以保持飞行队伍稳定。为保证流动公约得到切实履行，由航空公司和飞行员代表等组成"飞行员有序流动监督协调委员会"（以下简称监督协调委）进行日常监督。根据有序流动实际需要，监督协调委修订了《航空公司飞行员有序流动池工作规则》，并于2019年6月3日正式启用飞行员流动池管理系统。[①]我们理解，《流动公约》及其实施机制在司法实践中的价值和作用应值得关注。

五、总结与展望

航空运输市场将迎来全面快速复苏，民航在综合交通体系中的地位和作用将日益显著，民航法治体系建设更应紧跟民航高质量发展的步伐。2023年，民航局提出，要全面推进民航各方面工作法治化，在法治轨道上推动民航高质量发展，包括完善民航法律法规章体系，充分发挥立法对改革的引领和推动作用，继续加快推进《民用航空法》全面修订，聚焦安全、应急、发展等重点领域规章制修，切实提高行政规范性文件质量，持续推进民航法治建设。

此外，近年来国际贸易摩擦不断，作为实体贸易和服务贸易的组成部分，航空制造业和航空运输业均容易受地缘政治的影响，航空领域国际贸易与合作纠纷的风险大幅增加。贸易冲突、出口管制、航权分配、客货运市场反垄断、碳排放等都给后疫情时代航空业的发展带来新的挑战。航空企业在应对挑战的过程中，需不断加强自身能力建设，提升运用法律武器在国际上维护自身合法权益的能力，同时相关的研究机构、中介机构、争议解决机构等也要关注行业需要，针对热点难点法律问题进行预先研究，为具体问题处理提供有效的智力支持，共同助力我国航空事业的高质量发展。

---

① 《〈航空公司飞行员有序流动公约〉实现运输航空公司全覆盖》，载中国民航网，http://www.caacnews.com.cn/1/2/201912/t20191231_1288723.html，访问时间：2023年2月3日。

图书在版编目(CIP)数据

中国商事争议解决年度观察.2023/北京仲裁委员会（北京国际仲裁中心）编.—北京：中国法制出版社，2023.11

ISBN 978-7-5216-3964-3

Ⅰ.①中… Ⅱ.①北… Ⅲ.①商事仲裁－研究－中国－2023 Ⅳ.①D925.704

中国国家版本馆CIP数据核字（2023）第214226号

责任编辑：侯 鹏　　　　　　　　　　　　　　　封面设计：李 宁

中国商事争议解决年度观察.2023

ZHONGGUO SHANGSHI ZHENGYI JIEJUE NIANDU GUANCHA.2023

编者 / 北京仲裁委员会（北京国际仲裁中心）
经销 / 新华书店
印刷 / 三河市紫恒印装有限公司
开本 / 787毫米×1092毫米　16开　　　　　印张 / 18　字数 / 322千
版次 / 2023年11月第1版　　　　　　　　　2023年11月第1次印刷

中国法制出版社出版
书号ISBN 978-7-5216-3964-3　　　　　　　　　　　　　定价：86.00元

北京西单横二条2号　邮政编码100031　　　　传真：010-66031119
网址：http://www.zgfzs.com　　　　　　　　　编辑部电话：010-63141826
市场营销部电话：010-66033393　　　　　　　邮购部电话：010-66033288

（如有印装质量问题，请与本社印务部联系调换。电话：010-66032926）